JN223710

雑賀一向一揆と紀伊真宗

武内善信

法藏館

雑賀一向一揆と紀伊真宗＊目次

第Ⅰ部　戦国・織豊期の紀伊真宗

雑賀一向一揆と紀伊真宗

まえがき——本書の課題と構成

一　室町・戦国期の紀州史概略

最初に本書の前提を理解するために、『和歌山県史 中世』（和歌山県、一九九四年、以下『県史』と略）や『和歌山市史』第一巻（和歌山市、一九九一年）を参考にして、室町期から戦国期に至る紀州の歴史を簡単に見ておきたい。

紀州の守護でもあった大内義弘が応永六（一三九九）年一二月、「応永の乱」により敗死した。新しく紀州の守護に起用されたのが管領の畠山基国（はたけやまもとくに）で、これが紀州における「狭義の室町時代のはじまり」（『県史』三二九頁）といわれている。以後畠山氏が河内・能登・越中とともに紀伊守護を世襲することになり、領国として掌握することに尽力した。畠山基国は各荘への守護役を強化しており、彼が仕えた足利義満の時代に守護領国制がより一段と展開を見せている。もちろん、室町時代の守護は在京が原則で、ましてや管領の畠山氏は京都に詰めており、分国支配は守護代・小守護代・郡奉行等が担った。

鎌倉幕府の滅亡と南北朝の内乱により地頭が没落し、湯浅党や隅田（すだ）党といった旧来の武士団が解体ないし変質して、代わって新しい国人（こくじん）や土豪が成長してきた。特に日高郡の湯河氏と玉置氏、牟婁郡の山本氏は有力な国人領主であり、室町幕府の奉公衆となっている。

他方、紀州には高野山をはじめ粉河寺、根来寺、[1]熊野三山といった強力な寺社勢力が存在した。寺院では学侶方にも武装した僧がいたが、戦国期には行人方が僧兵の中心となる。これは行人方の勢力拡大が、紀州をはじめとした和泉・河内など南近畿の国人・土豪層と連携して進められたからだ。守護領国制とともに守護の被官となる国人がいたが、他方では宗教権門と結束した国人・土豪層もいたのである。

紀州では守護と寺社勢力との衝突や、逆に寺社勢力同士や内部の紛争に守護が介入する事態が生じている。特に長禄四（一四六〇）年、根来寺と守護畠山義就勢が衝突した「長禄の根来合戦」では、守護側が大敗した。守護畠山氏は家督をめぐって分裂していたが、この敗北がさらなる混迷にみちびいたと評価されている。

この畠山氏の家督争いとはどのようなものだったのであろうか。畠山家の家督は、将軍足利氏の干渉で紆余曲折があるものの、基本的に基国の後、満家、そして持国に引き継がれる。持国の跡目として弟の持富に決定していたが、庶子の義就に家督を譲ったため、持富の子の弥三郎を擁立しようとする一派との間で家中に内訌が生じた。この畠山氏の内紛は、分国の紀伊・河内はもとより、大和・和泉の国人たちをも巻き込んだ争乱へと発展する。弥三郎が死去したため、その弟の政長と義就との間で畠山氏の家督が争われることになり、紀州国内も両派に分かれて戦われた（**畠山氏略系図**参照）。

折から将軍継嗣をめぐっても分裂が起き、細川勝元と山名宗全との対立と結びつき、応仁元（一四六七）年、京都での畠山政長と義就との戦闘（上御霊神社の戦い）がひきがねとなって応仁の乱が勃発する。この応仁の乱が戦国時代の幕開けとなった。応仁の乱終結後も、紀州など畠山氏の領国では延長戦のように両派のはてしない争乱が繰り広げられ、両者の死後も政長流（畠山尾州家）と義就流（畠山総州家）の二派の戦いが続く。だが、紀州に関しては政長の子の尚順が在国したこともあり、次第に政長流による組織化が進んだ。守護の軍事動員権は放棄していないものの、他の分国では守護代等による下克上が強まるが、紀州に関しては秋高（あきたか）の代まで畠山氏がある程度勢力を保つことができた。ただし、守護大名の領国支配が弱体化したのは間違いない。

南北朝期から室町・戦国期にかけて、公家や武家たちの対立・抗争をよそに、農民や商人・職人らの日々の営みの中で、紀州の農業生産や商品流通はますます発展した。特に紀州北部では、池の築造や牛馬耕と草木灰の肥料利用の普及により、農業生産は全国で最も先進的であったという。こうした状況により中世後期において、他の畿内・近国と同様に、紀州では北部だけでなく南部においても「惣」と呼ばれる農民の自治組織の結成が進んだ。とりわけ紀ノ川流域は惣結成がさかんに行なわれた代表的な地域で、下流域では惣を基盤に地縁的な一揆が形成された。それが雑賀（さいか）一揆（「さいが」とは決して濁らない）である。

戦国期紀州の権力地図は次のようであったという。「すなわち伊都郡は高野山の勢力圏、那賀郡は粉河寺と根来寺の二つの勢力圏、名草郡・海部郡（現和歌山市・海南市）は雑賀一揆の勢力圏、有田郡は守護畠山氏の勢力圏、日高郡は幕府の奉公衆湯河氏と玉置氏の二つの勢力圏、牟婁郡は同じく奉公衆の山本氏と熊野の二つの勢力圏とい

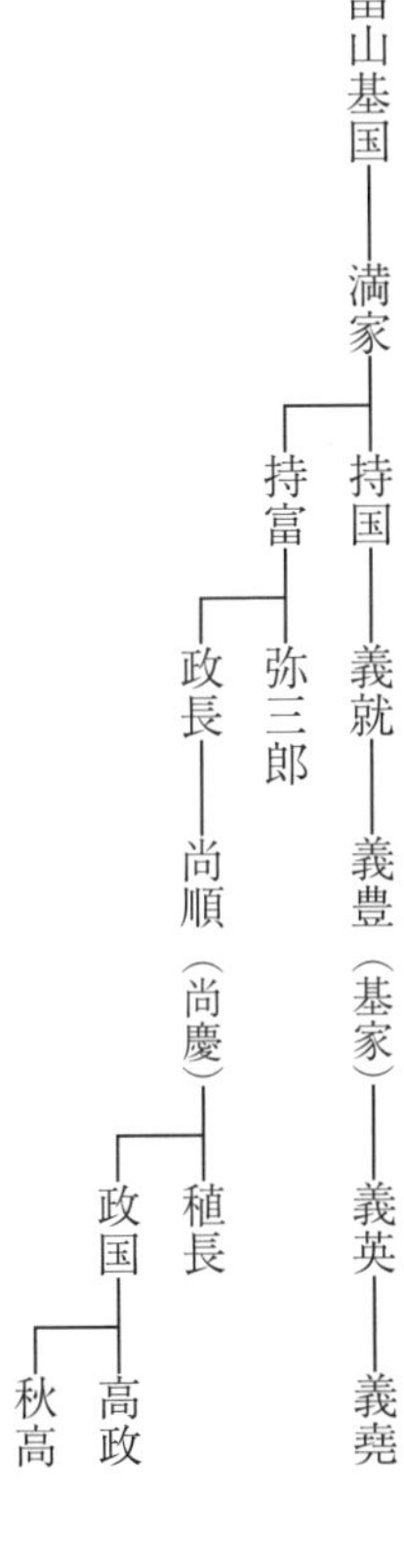

う、九つの勢力圏にわけることができる」（『県史』五四七頁）と述べられている。ただし、紀州では梶原氏や愛洲氏、安宅氏、小山氏、有馬氏等の水軍領主や在地領主の存在も忘れてはならない。

紀州では、このように自立した権力が分立しており、また守護畠山氏が政長流と義就流の二派に分かれて対立・抗争を繰り返していたため、いわゆる一国を支配下におさめるような戦国大名は生まれなかった。他方、戦乱が続くなか、紀州において浄土真宗が名草郡・海部郡から日高郡にかけての海岸部を中心に急激に広がってくる。とりわけ、雑賀一揆において真宗勢力は重要な役割を担うまでに発展した。ただし、これまで雑賀一揆は一向一揆であるかのように理解されているが、そもそも雑賀一揆と雑賀一向一揆は同じものといえるのだろうか。

そこで本書において、戦国・織豊期を中心に紀伊真宗の開教と発展の歴史と問題点を詳しく考察する。その上で、雑賀一向衆の実態を明らかにし、雑賀一揆における真宗勢力の位置づけについて検討を加えるとともに、「石山合戦」における動向についても言及した。以下、章ごとに本書の課題と構成について紹介しよう。

二　戦国・織豊期紀伊真宗の諸問題

紀州の歴史、とりわけ戦国・織豊期において浄土真宗は重要な位置を占めている。いうまでもなく、雑賀一向一揆において真宗勢力は中心的役割を担い、「石山合戦」で活躍した。また、日高郡に本拠を置く国人領主で奉公衆の湯河氏とも真宗は結び付き、戦国期紀州の政治勢力として大きな存在であったといえよう。それゆえ、紀伊真宗の開教と発展の歴史を解明することは、単に一宗派の沿革を示すだけにとどまらない重要なテーマである。だが、これまで雑賀一揆の論考に比べ、関係の深い紀伊真宗に関する研究は少なかった。そこで第Ⅰ部において、戦国・

織豊期を中心とした紀伊真宗史のさまざまな問題を取り扱う。
第一章では、紀州における真宗開教の歴史を考察した。まずこの問題では、鷺森御坊の輪番を勤めた雲晴寺宗意が元禄六（一六九三）年に著した『鷺森旧事記』（鷺森別院蔵）が一番の基本文献であり、紀伊真宗の歴史像の原形が造られたといえる。次に、最も重要な研究書は宮崎圓遵氏の一連の著作であり[2]、氏の研究により紀伊真宗史の通説がほぼ定まったといえよう。

通説では、浄土真宗の信仰が紀州に及んだのは南北朝時代にさかのぼるが、本格的な開教は本願寺第八世蓮如のときに始まるとする。そして、紀伊真宗の起源を物語る歴史的記念物が、文明八（一四七六）年一〇月二九日付蓮如裏書のある親鸞・蓮如の連座像、いわゆる「二尊像」（鷺森別院蔵）である。この年の来訪は伝説であるが、文明一八年には蓮如自ら紀州に下向した、といわれてきた。つまり、紀州における真宗の本格的な開教は、蓮如の布教以後であり、その起源を文明年間に求めているのである。

通説において第一に問題なのは、蓮如以前における真宗開教の歴史が前史としてしか扱われていない点にある。これは紀伊真宗の歴史を、あくまで本願寺教団を主にした視点で見ているためだ。真宗といえばどうしても本願寺派を中心に考えがちであるが、そうした偏向を克服しなければならない。解明されるべきは、蓮如来訪以前に紀州において真宗が、本願寺教団ばかりでなく仏光寺教団を含めて、どの程度開教していたのかという点にある。そこで新たな資史料を紹介し、蓮如以前の紀伊真宗史について問題提起を行なった。第二に、二尊像裏書をめぐって近年いくつか疑問が出され、紀州の本願寺教団の起源について再検討が求められている。紀州における本願寺教団の開教についても、これまでの議論を吟味し、考察を加えた。以上が第一章である。なお補論1では、文明一八年に蓮如が紀州を訪れた際に、自ら綴った「紀伊国紀行」について考証している。

第二章では、被差別民と真宗との関係について、紀州を中心に検討した。この問題は以前から注目されており、紀伊真宗史においてこれは重要な課題である。この点でまず取り上げなければならない論考は、井上鋭夫『一向一揆の研究』[3]だ。井上氏の著作は、単に紀州のみを研究対象としているわけではない。この本で提出された「ワタリ・タイシ」論は当時の学界で注目された。しかし、他の地域は不勉強で判断しかねるが、こと紀州に関しては事実誤認や地理的条件を無視した議論が見受けられる。この点については、すでに渡辺広氏がかなり的確な批判を行なっていた。しかし、その後も井上氏の見解を無批判に引用した文献が散見される。また、渡辺氏の批評も、氏の研究領域である部落史研究の範囲内での反論であり、真宗史研究の視点で見た場合、紀州に関する井上氏の議論について言及すべき点がなお残されている。

他方、渡辺広氏は紀州を中心とした被差別民の歴史を明らかにし、その実証的研究[4]は高い評価を受けている。本書では、紀州における「皮田（かわた）」や「夙（しゅく）」の成立の問題については触れないが、基本的に氏の研究に依拠している。しかし、渡辺氏の「部落寺院」についての議論は、疑問な点が少なくない。ここでいう「部落寺院」とは、近世紀州において「皮田（多）」と呼ばれて、いわれなき差別を受けてきた「被差別部落」に立地する寺院・道場のことである。渡辺氏に対する批判はすでにあるが[5]、本書ではあくまで寺院史料に基づいて論証した。なお、「被差別部落」やその略称である「部落」という呼称は前近代にはなかったが、本書では通例に従って用いることにする。

紀州に限らず「部落寺院」についての論稿は少なくない。多くの研究があるにもかかわらず、真宗教団と被差別民との関係についてのこれまでの歴史的究明には大きな片寄りが見られた。それは、「部落寺院」に考察が集中している感が否めないのである。しかし、この問題を検討する際、第一に、「皮田（エタ）」に限定することなく、「夙（宿）」などを含めて、全体として被差別民と真宗との関係を分析する必要があろう。第二に、これと関連して、近世に比べ解明が進んでいない、中世における被差別民の真宗受容の実態をもっと明らかにしなければならない。そこで第二章で、全体的な紀伊真宗の歴史を踏まえつつ、この地における「皮田村」や「夙村」に位置する寺院の開基について、本願寺第九世実如の時代を中心として実証的に考察する。その上で真宗教団と被差別民との関係について一つの仮説を提示した。以上が第二章である。

「被差別部落」の起源として「一向一揆起源説」が、かつて一世を風靡した。これにより、紀州における被差別民と真宗との関係について、さらに注目を集める状況が生じたのである。というのは、石尾芳久氏がこの見解を力説する上で重要な根拠としたのが、紀州那賀郡井坂（現、紀ノ川市）の蓮乗寺が所蔵する「正月廿四日付大田退衆中宛顕如消息」であったからだ。石尾氏は、この消息を太田城水攻めに関係した天正一四（一五八六）年のものと推定し、秀吉に対し「筋を通して転向を拒否し執拗に抵抗した民衆に対しては身分をおとす、身分貶下の一つの動かぬ証拠だろう(6)」と述べ、この説を主張したのである。

しかし、通説ではこの書状は天正五年のものであり、史料の解釈の点で異論が出された(7)。また、「一向一揆起源説」は、本質的あるいは理論的な批判により、現在では支持する者は少ない。それにもかかわらず、あえて本書で取り上げたのは、紀州においてはなお解決すべき課題として残っているため、補論2でこの問題を史料に基づき実証的に検討し、議論に決着をつけようと考えたのである。

第三章では雑賀における御坊の歴史を中心に考察した。まず、清水道場が鷺森御坊の起源であることは間違いない。だが、ここが御坊であったわけではない点を注意する必要がある。黒江で御坊が成立する以前に、清水（現、冷水(しみず)）に御坊が形成されたと考えるむきもあるが、誤りであろう。清水は安永七（一七七八）年に御坊となったが(8)、江戸前期まで道場であったからだ。二尊像裏書にも、方便法身尊像裏書にも「清水道場」と明記されている。

実はこれに関連して、紀伊真宗史には大きな謎が存在する。それは、清水道場を開基した了賢とその一族がどうなったのかという点だ。文明一八（一四八六）年に紀州を訪れた蓮如に相まみえ、宿所を提供し、その後実如ではなく蓮如から直々に二尊像と方便法身尊像を下付された了賢こそ、蓮如の直弟子であり、この時点で紀州において唯一の直参身分というべき存在であった。直弟子となったからこそ、摂津富田にあった二尊像をわざわざ蓮如が了賢に下付したのである。他に授けた法宝物を再度別の所に下付するといったことは、あまり聞かない話であり、蓮如がいかに了賢を重要視していたのかが窺えよう。その了賢と彼の一族が、紀伊真宗の歴史から全く姿を消してしまっている。それはなぜか。

この点で、二尊像が清水から黒江へ移された永正四（一五〇七）年という時期に注目する必要があろう。これは永正三、四年頃と推測されている「河内錯乱」・「大坂一乱」に連動したものだったのではなかろうか。本願寺において非常に深刻な事件であった「河内錯乱」・「大坂一乱」は、これ以外にも紀伊真宗に影響を与えている節があり、その点にも言及した。

次に、黒江において御坊がいつ成立し、どのように運営されたか明確になっていない。しかし、本願寺第一〇世証如の『天文日記』に記載されている天文五（一五三六）年の「黒江十八人衆」と「黒江与力衆（惣中）」との訴訟で、その状況がある程度窺える。また天文の畿内一向一揆終結後、山科から大坂へ寺基を移した本願寺にとって、後背地に位置する紀伊真宗勢力の役割が増大するが、それを巡るさまざまな問題を考察した。

最後に、雑賀における御坊は、雑賀五組の南郷に属する黒江から雑賀庄の和歌浦御坊山、さらに同庄宇治郷鷺森へと変遷するが、その意味を究明し、移転にともなう伝承を検討する。また、鷺森御坊を運営した「辻本三十六人」の史料も紹介するなど、雑賀における御坊をめぐる諸問題について論及した。以上が第三章である。

平成二四（二〇一二）年度から二七年度までの「鷺ノ森遺跡（城北小学校）」発掘調査により、戦国期の鷺森御坊や鷺森寺内を考える上で重要な情報が得られた。特に、かつての御坊境内（第二次大戦後、境内が縮小）があった少し南側から、深さ二メートル余りで上端幅最大約一七メートルもある大規模な堀跡が検出されたのである。(9)これで天正二（一五七四）年の鷺森御坊増築整備の意味を推測できるようになった。また発掘成果により、鷺森御坊だけでなく、鷺森寺内の実態や戦国期の雑賀庄宇治の構造が想定できるようになり、補論3で明らかにした。

ところで、紀州とは紀伊国の別称である。現在どちらを使うかは、個人の好みにすぎない。ただし、だいたいの傾向のようなものがある。幕末維新期の研究で、薩摩はあまり薩州と書かないのに対し、長州はおおよそ長門とは表記しない。紀伊の国名の場合、蓮如のように概して「紀伊国」と書く例もあるが、戦国期の史料では「紀州」の方が多く使用されている。(10)本書も国名は「紀州」と記載した。ただし、この地の真宗について語る場合、「紀州真宗」では非常に呼びづらい。このため、統一の点でやや難があるかもしれないが、「紀伊真宗」と表記することを、お許しいただきたい。

三　雑賀一向一揆と「石山合戦」

第Ⅱ部および第Ⅲ部では「石山合戦」期の雑賀一向（門徒）衆と雑賀一向一揆を中心に考察した。ここで注意しなければならないのは、雑賀一揆について大きな誤解が存在するという点である。これまで雑賀一揆は一向一揆であるかのように理解されていた。しかし、雑賀一揆と雑賀一向一揆とが同じといえるだろうか。この点を究明するには、必然的に雑賀衆と雑賀一向衆との異同ということが問題となろう。この課題を検討したのが第Ⅱ部である。

なお、本来「一向宗（衆）」という語は、浄土真宗や本願寺門徒とイコールではなく、もっぱら阿弥陀仏のみを重んずる傾向のある宗派や念仏集団を意味する言葉であるが、本書では現在の通例に従い「一向衆」を、真宗門徒を指す言葉として使用する。

「雑賀衆」は、「石山合戦」において多数の鉄砲を駆使し、また水軍としても奮闘して織田信長と抗戦し、本願寺を支えた集団としてあまりにも有名だ。この活躍に幻惑され、雑賀衆は土橋（つちはし）氏のような非門徒もいるが、基本的には門徒集団であり、雑賀一揆は一向一揆であるというのが今も通説となっている。たとえば、『国史大辞典』（吉川弘文館、一九八五年）は「雑賀衆」の項目で、「室町時代後期、紀州鷺森御房を中心に結束した本願寺門徒」と定義し、「その門徒組織は雑賀五組といわれ、それぞれ社家郷（宮郷）・中郷（中川郷）・南郷（三上）・雑賀庄・十ヶ郷を基盤として形成されていた」と解説している。だが、雑賀衆は門徒集団といえるだろうか。また、雑賀五組は門徒組織なのだろうか。

まず、雑賀庄・十ケ郷・宮郷（社家郷・神宮郷）・中郷（中ツ郷）・南郷（三上（みかみ）郷）という雑賀五組（搦（からみ））を基盤に、惣村さらに惣郷・惣荘単位に一揆を結んだ地縁集団である雑賀衆と、雑賀（鷺森）御坊を中心に結束した本願寺門徒集団である雑賀一向衆とは分けて検討すべきであると考える。というのは、両者の混同が、雑賀衆や雑賀一揆についての誤った理解や議論の混乱を招いているように思うからだ。補論2で取り上げた「被差別部落」の「一向一揆起源説」は、その代表ではなかろうか。また、紀州における「惣国」の解釈についても、この問題が影響している気配がある。両者が混同されてきた原因の一つは、雑賀一向衆の全体像を窺える史料がなかったためであろう。そこで、本願寺文書の雑賀一向衆に関する史料を紹介し、この点を明らかにしたのが第四章である。

ここで注意すべきは、本願寺関係史料に登場する「雑賀衆」は、雑賀一向衆の意味で使われているという点だ。

これは同史料の「紀州衆」や「近江衆」などが紀州や近江の人々全体を指すのではなく、紀州門徒や近江門徒を意味しており、ひとり「雑賀衆」だけが非門徒も含まれるとは考えられない。

ところで本書では、引用文を除き本文において、「雑賀」と書く場合は雑賀五組全体を示し、五組の一つである雑賀は「雑賀庄」とし、また雑賀庄内の一つの郷である雑賀は「雑賀本郷」と明記する。雑賀本郷とは雑賀庄全体の鎮守である矢ノ宮を村の産土神とする関戸、西浜、宇須、塩屋、小雑賀の五村に、和歌浦と雑賀崎を加えた雑賀庄南部の地域である。史料に「雑賀」と出てきても、それが示す範囲はそれぞれ異なっており、この点も議論の混乱に拍車をかけているように思う。たとえば、宮郷の「太田党」は雑賀衆ではないとの意見があるが、これなどは雑賀衆を門徒や雑賀庄のみに限定して捉えているといえよう。なお、宮郷は社家郷や神宮郷と、また中郷は中川（ツ）郷と、さらに南郷は三上郷と表記されることもあるが、本書においては宮郷・中郷・南郷という表記に統一することにした。

それでは、雑賀衆と雑賀一向衆とはどのように違い、いかなる関係にあるのだろうか。この点を考察したのが第五章である。もちろん、雑賀一向衆の大半は雑賀衆の一部である。だが、雑賀衆そのものではない。雑賀一向衆の分布と雑賀衆の範囲、すなわち雑賀一揆の領域とは異なっていた。

また、フロイスをはじめ多くの人たちが、雑賀を真宗地帯であるかのように思っている。この思い込みが、雑賀衆や雑賀一揆についての誤認を生んできたのではなかろうか。だが、全体として雑賀は北陸のように真宗勢力が地域を圧倒してはいない。それでは、実態はどうだったのだろうか。今まで、この問題が十分解明されてこなかった。このため、第五章ではこの点も確認した。さらに、紀伊真宗の構造が雑賀一向一揆にどのような影響を与えているのかを考察している。なお、補論4では雑賀五組の範囲や五組それぞれの境界について推察した。

第Ⅲ部では「石山合戦」期を中心に雑賀一揆と雑賀一向一揆の動向を明らかにした。第六章では、まず本願寺文書の天正三（一五七五）年の史料を、次に第七章で同文書の天正六年の新史料を紹介して、各時期の雑賀一向一揆の状況を検討した。その上で、「石山合戦」の開戦要因や雑賀衆と火縄銃との関係という重要事項に言及しつつ、「石山合戦」の各段階における雑賀一揆と雑賀一向一揆の動きを、これまでの分析を踏まえ、一部以前の章の結論を再録しつつ、時代を追って記述したのが第八章である。

「雑賀一揆」について『日本史大事典』（平凡社、一九九三年）は「石山合戦期に紀伊国雑賀を中心に蜂起した一向一揆」とし、『日本歴史大事典』（小学館、二〇〇〇年）も「紀伊国雑賀莊を中心とする一向一揆」と定義しており、雑賀一揆は一向一揆であるというのが通説となってきた。

しかし、結論を先に述べておくと、雑賀一揆は宗派に関係なく、雑賀五組の惣郷・惣荘・惣村を基盤にその代表が一揆を結んだ戦国時代の地域権力であり、一種の郡中惣ないしは惣国一揆と考える。これに対し、雑賀一向一揆は、雑賀庄・十ケ郷を中心とした個々の有力土豪と雑賀一向衆とによる、天正期に結成された反信長連合であると定義できよう。つまり、雑賀一向一揆は天正二、三年頃に成立し、天正八年の「石山合戦」の講和で役目を終えたのである。他方、戦国期に成立した雑賀一揆が遅くとも弘治三（一五五七）年に存在したのは間違いないが[11]、雑賀一揆がいつ結成されたのかは分からない。終焉は明確で、天正一三年の秀吉による紀州攻めである。

ただし、本書が課題としたのは、あくまで雑賀一向衆と雑賀一向一揆の考察である。地域の主体は雑賀一向衆ではなく、雑賀衆であった。しかし、これまで雑賀衆と雑賀一向衆、雑賀一揆と雑賀一向一揆が同じものであるかのように認識され、議論されてきた。それゆえ、まずはその違いを明らかにするために両者を比較吟味し、「石山合戦」との関係を述べることに本書の重点を置いたのである。このため、これまでの雑賀衆と雑賀一揆の研究について、個々に言及しているものの、研究史を整理検討しておらず、雑賀衆と雑賀一揆自体について十分に究明したわけでは決してない。

「雑賀衆（惣国）研究史」については、弓倉弘年氏が『中世終焉』でまとめているので、差し当たりそちらを参照されたい(12)。また、雑賀衆だけでなく紀州における「惣国」の研究史については、紀州惣国研究会「紀州「惣国」研究の課題と展望(13)」が、また、その後の研究は海津一朗氏が「紀州惣国一揆と根来寺(14)」で触れている。

雑賀一揆について考察するには、守護畠山氏や湯河氏らの国人領主、それに周辺の寺社勢力との関係を明らかにしつつ、地域における権力秩序のあり方を構造的につかみ取る必要があろう。また、近国である紀州でも雑賀は畿内に隣接し、物村が発達しており、この地域固有の社会的特徴や雑賀衆という独自の存在形態がどのようなものであったのか、分析しなければならない。さらに、列島全体の中で、あるいは他地方との関係において、紀伊湊が所在する雑賀という地域がどのような位置にあったのか解明することも重要である。ところが、雑賀衆が一向衆であり、雑賀一揆が一向一揆であるとの誤解が影響し、雑賀衆や雑賀一揆自体の研究については少ししか進んでいないのが現状ではなかろうか。もっとも、本書が課題とした雑賀一向衆と雑賀一向一揆の考察も、十分満足できるものとはいえないだろう。今後この分野を研究する上で、何らかの参考になれば幸いである。

近年、豊臣秀吉の朝鮮侵略（文禄・慶長の役）における降倭部将沙也可（さやか）が、「雑賀孫市」の嫡男である「雑賀孫市郎」であるかのような議論がさかんに行なわれている。これはもともと沙也可を小説にした神坂次郎『海の伽倻琴——雑賀鉄砲衆がゆく——』（徳間書店、一九九三年）で語られたフィクションであった。しかし最近、これが史実であるかのように語られるだけでなく、和歌山において政治家や行政に働きかけて石碑や看板を設置して、既成事実化されようとしている。

他方、鈴木孫一とその一族についての新しい史料が、彼の寺として有名な和歌山市平井の蓮乗寺で発見された。これにより、水戸藩史料で「雑賀孫市」と記載のある鈴木孫三郎重朝が、「石山合戦」で活躍した鈴木孫一重秀の「一子」である可能性が強まったのだ。すなわち、沙也可が「雑賀孫市」の嫡男である「雑賀孫市郎」という議論は成立しなくなったのである。補論5でこの史料を紹介し、前記の誤った主張に終止符を打つとともに、これまで論議されてきた鈴木孫一と彼の一族について新たな判断材料を提供することにした。

ただし、本論は中身の点で「石山合戦」と雑賀一向一揆の「補論」というのは相応しくないかもしれない。しかしこれにより、雑賀一向一揆ばかりでなく雑賀一揆を代表する人物である鈴木孫一とその一族が、一揆終焉後どうなったのかが明らかになったと考える。その意味で他と同じく補論として扱うことにした。

四 「石山合戦」という歴史名称について

最後に、「石山合戦」という歴史名称について言及したい。

吉井克信氏が、「石山本願寺」という名称は江戸時代になってからのものであり、「大坂本願寺」と呼称すべき点を指摘[15]して以降、研究者の間では「大坂本願寺」との表記が定着した。それゆえ、「石山合戦」に関しても「大坂本願寺合戦」と言い換えるべきであるとの主張が一方で存在する。しかし他方、主戦場が大坂本願寺を中心とした摂河泉だけでなく、近江、伊勢長島、越前、加賀、紀伊雑賀、播磨など広域にわたり、その総体を表現するには、合戦名について「石山合戦」という広く普及しているこの言葉を使用すべきであるとの意見も根強い。筆者もこれまで、合戦名についてカギ括弧付きでこの呼称を表記してきた。

ところが、近年大澤研一氏が、「石山」が豊臣大坂城の別称であることを明らかにした(16)。そうなると、「石山合戦」が豊臣大坂城をめぐる武力衝突の意味となり、もはや信長と大坂本願寺との戦いを示す名前としては使用すべきでないとの意見が優位になる状況が生じたのである。ただし、前述したように「大坂本願寺合戦」という呼称では、これまで「石山合戦」で表現していた戦いの全体を示すことはできないと考える。それでは、どのように名付けるべきか。「石山合戦」に替わる言葉は難しいが、次善の表現としては「信長本願寺合戦」ぐらいしかなかろう。

それでは「合戦」ではなく「信長本願寺戦争」という呼称はどうであろうか。たとえば、大桑斉氏は「戦争」という名称を使用して「石山戦争」と呼ぶことは、「実に危険なことがらである」と主張した。「「戦争」呼称は、近代における国家間武力抗争に用いられ、それが国民国家の「総力戦」であったことを意味するのであるから、前近代戦乱に「戦争」呼称を用いれば、近代の「戦争」が、その独自性ではなく、歴史的普遍において捉えられることになる。さらにいえば、近代の「戦争」を相対化してしまうことになるからである」と述べている(17)。

たしかに、「戦争」という言葉は、近代のイメージが強い。しかし、「「戦争」呼称は、近代における国家間武力抗争に用いられ、それが国民国家の「総力戦」であったことを意味」すると大桑氏は述べているが、果たしてそうであろうか。たとえば、戊辰戦争や西南戦争は内戦であり国家間武力抗争ではない。特に戊辰戦争は明らかに国民国家成立以前であり、両戦争ともいわゆる「総力戦」でもない。さらに、西洋史では前近代から「戦争（War）」の呼称が使用されている。一向一揆研究ではよく比較されるドイツ農民戦争ばかりでなく、英国の薔薇戦争も国家間の戦争ではない。それゆえ、積極的に「戦争」表現を使用するという意味でなくとも、「信長本願寺戦争」の呼称を使用しても差し支えないのである。

しかし、日本史においては薩英戦争や戊辰戦争以前に「戦争」呼称は、ほとんど使われない。それゆえ、どうしても違和感が残る。それを解消するには、「七年戦争」や「三十年戦争」のように期間を入れ、「信長本願寺十年戦争」とするのがよいのではなかろうか。しかし現段階では、「石山合戦」に比べ今一つしっくりこない。

ところで「石山合戦」の期間について、延べであろうが「十一年」と書いている文献が散見される。だが、勃発が元亀元年九月一二日（一五七〇年一〇月一一日）で終焉が天正八年八月二日（一五八〇年九月一〇日）であるから、実際は丸一〇年に少し満たない。織豊期なら一〇年でも一一年でも違いがないのかもしれないが、もともと近代史を研究してきた筆者などにとっては、なぜ「十一年」と記述するのか不思議でならない。

それはともかく、「石山合戦」という歴史名称は今後改めるべきであろう。しかし、「大坂本願寺合戦」や「大坂本願寺戦争」という名称も、まだ定着していない。上記のように筆者も「信長本願寺合戦」や「信長本願寺十年戦争」という代案を一応提示したものの、「石山合戦」に変わる歴史名称は確定していないのが現状だ。このため、本書の元になった各論文で「石山合戦」と記述してきたものに、変更を加える状況にはまだないと判断した。この問題については、戦国・織豊期の専門家による今後の進展を見守ることにして、本書ではあくまでカギ括弧付きであるが、「石山合戦」と記載することをご容赦いただきたい。

註

（1） 根来寺を「ねごろじ」と読むことが近年横行しているが、粉河寺や大和の長谷寺、和泉の松尾寺や水間寺、京都の清水寺や鞍馬寺、近江の石山寺のように訓読みの地名を冠する場合、「てら」と読むのが基本である点は、小山靖憲氏が常に主張していたが、妥当だと考える。

（2） 宮崎圓遵著作集全七巻、思文閣出版および永田文昌堂、一九八六〜九〇年。もちろん、氏の研究は仏教史、真宗史全般にわたるが、出身地である紀州についての研究も多い。

（3）井上鋭夫『一向一揆の研究』吉川弘文館、一九六八年。
（4）渡辺広『未解放部落の史的研究』吉川弘文館、一九六三年。同『未解放部落の形成と展開』吉川弘文館、一九七七年。同『未解放部落の源流と変遷』部落問題研究所、一九九四年。
（5）石尾芳久「一向一揆の終焉と被差別部落の形成」（『差別戒名と部落の起源』京都松柏社、一九八二年）、および寺木伸明「紀伊国那賀郡における一近世部落の成立」（『被差別部落の起源』明石書店、一九九六年）。
（6）石尾芳久『一向一揆と部落』三一新書、一九八三年、四二頁。
（7）小山靖憲『中世寺社と荘園制』塙書房、一九九八年、一九〇～一九三頁。
（8）安永八年春に書かれた『貽謀録』（鷺森別院蔵）に、清水について「安永七年戊戌八月、賜御坊之号」と書いている。
（9）井馬好英「鷺ノ森遺跡第8次調査」（『和歌山市埋蔵文化財発掘調査年報――平成24年度――』和歌山市文化スポーツ振興財団、二〇一五年）四一頁。
（10）寺西貞弘「紀伊国の名称について」（『和歌山市史研究』一一、一九八三年）。
（11）「岩橋荘神主等連署芝去状」（『和歌山市史』第四巻、和歌山市、一九九一年）九九二～九九三頁。
（12）弓倉弘年「雑賀衆（物国）研究史」（『中世終焉』清文堂出版、二〇〇八年）二一〇～二一一頁。
（13）紀州惣国研究会「紀州「惣国」研究の課題と展望」（『和歌山地方史研究』四六、二〇〇三年）。
（14）海津一朗「紀州惣国一揆と根来寺」（『中世都市根来寺と紀州惣国』同成社、二〇一三年）。
（15）吉井克信「大坂本願寺「石山」表現の創出について」（『大谷学報』七三―一、一九九三年。同「戦国・中近世移行期における大坂本願寺の呼称――「石山」表現をめぐって――」（『ヒストリア』一五三、一九九六年）。
（16）大澤研一「「石山」呼称の再検討――豊臣大坂城評価の視点から――」（『ヒストリア』二五四、二〇一六年）。
（17）大桑斉「石山合戦編年史料をめぐる諸問題」（『大系真宗史料　文書記録編12　石山合戦』法藏館、二〇一〇年）四六一頁。

第Ⅰ部　戦国・織豊期の紀伊真宗

第一章　紀伊真宗の開教と展開

――蓮如期を中心に――

はじめに

紀州において仏教の勢力地図は、概略大きく三つに分かれる。第一は伊都郡、那賀郡それに有田郡の山間部で、ここは高野山や根来寺（ねごろでら）が位置するように、圧倒的に真言宗の勢力圏だ。第二に、日高郡の山間部と牟婁郡（熊野）は禅宗が多数を占める。第三に、海部、名草両郡から有田、日高の平野部にかけては浄土教系が多く、真宗寺院も大半がここに集中している(1)。

「まえがき」で述べたように、紀州の歴史、とりわけ戦国期において浄土真宗は重要な位置を占めている。いうまでもなく、雑賀一向一揆において真宗勢力は中心的役割を担い、「石山合戦」でも活躍した。また、日高郡に本拠を置く国人領主の湯河氏とも真宗は結び付き、戦国期紀州の政治勢力として大きな存在であった。それゆえ、紀伊真宗の開教と発展の歴史を解明することは、単に一宗派の沿革を示すだけにとどまらない重要なテーマである。だが、雑賀一揆の研究が比較的多いのに対し、関係の深い紀伊真宗に関する考察はまだまだ少ない。

紀伊真宗の開教史を研究するときまず繙かねばならないのは、鷺森御坊の輪番を務めた雲晴寺宗意が元禄六（一六九三）年に著した『鷺森旧事記』（『大日本仏教全書』六九巻、鈴木学術財団、一九七二年。以下『鷺森旧事記』の引用は同書の頁数のみ記載）である。[2] これは鷺森御坊の由緒来歴を中心に記すが、広く紀伊真宗の歴史も語ってくれている。また、本尊をはじめとする法宝物の裏書や書簡等の原史料を調べ、その原文を引用している。それゆえ、牽強付会の説もまま見られるが、紀伊真宗史の最も基本となる文献であることは間違いない。この『鷺森旧事記』により、紀伊真宗の歴史像の原形が形成されたといえる。

次に、紀伊真宗史における最も重要な研究書は、宮崎圓遵氏の一連の著作である。[3] 宮崎氏は『鷺森旧事記』の伝承部分に批判的検証を加えるとともに、後述の「一向専修念仏名帳」等の史料を解明し、より豊かな歴史像を描いてみせた。宮崎氏の研究により、紀伊真宗史の通説がほぼ定まったといえよう。

通説では、浄土真宗の信仰が紀州に及んだのは南北朝時代にさかのぼるが、本格的な開教は本願寺第八世蓮如のときに始まるとする。そして、紀伊真宗の起源を物語る歴史的記念物が、親鸞・蓮如の連座像で文明八（一四七六）年一〇月二九日付の蓮如裏書のある二尊像（鷺森別院蔵）であり、この年の来訪は伝説であるが、文明一八年には蓮如自ら紀州に下向した、といわれてきた。つまり、紀州における真宗の本格的な開教は、蓮如の布教以後であり、その起源を文明年間に求めているのである。

通説において第一に問題なのは、蓮如以前における真宗開教の歴史が前史としてしか扱われていない点にある。これは紀伊真宗の歴史を、あくまで本願寺派を中心にした視点で見ているためだ。解明されるべきは、本願寺教団ばかりでなく仏光寺教団を含めて、蓮如来訪以前に紀州において真宗がどの程度開教していたのかという点にある。そこで本章では新たな資史料を紹介し、蓮如以前の真宗史について問題提起を行ないたい。

第二に、二尊像裏書をめぐって近年いくつか疑問が出され、紀州の本願寺教団の起源について再検討が求められている。このため、これまでの議論を吟味し、紀州における本願寺教団の開教についても究明したい。

第一節　蓮如以前の紀伊真宗――仏光寺教団の開教

1　日高郡高家西円寺伝来の「一向専修念仏名帳」

通説で南北朝時代に真宗の信仰が紀州に及んだとする根拠は、日高郡高家西円寺に伝来した「一向専修念仏名帳」と、『存覚袖日記』の一条による。

まず、西円寺の「一向専修念仏名帳」は、一向専修念仏の正統性と名帳作成の意義を述べた「序題」と、了心房・円心房という道場坊主夫婦を筆頭に信者一二〇余人の名前を列記した「交名」部分からなり、序題と交名記載の間には、「興国四年正月十三日始之」「後ニ文明五年癸巳六月八日ニ此名帳写」「釈自了（マヽ）忍房相伝之」と書かれている[4]。つまり、一向専修念仏の教えが興国四（一三四三）年にこの地に伝来し、了忍房より教えを相伝された道場坊主の了心房が文明五（一四七三）年にこの名帳を筆写したのである。

この名帳の存在は、南北朝時代の一四世紀中頃に紀州日高地方へ真宗の教えが伝来したことを示している。ただし、この名帳こそ仏光寺教団が用いた名帳そのものであるという評価があるように[5]、本願寺系というよりはむしろ仏光寺系の信仰と考えてよい。

次に、『存覚袖日記』の一条に、六字名号を中尊とする光明本尊の図様を示し「和泉光明本　今安置紀州……貞和五年二月日」と書いている[6]。存覚は本願寺第三世覚如の長男であるが仏光寺やその開祖了源と因縁が深く、また光明本尊は仏光寺教団が多く用いたものである。つまり、貞和五（一三四九）年に和泉の光明本尊が紀州に伝来していたということは、仏光寺の教線が一四世紀中頃には和泉から紀州に伸びていたことを示しているといえよう。

紀州のどこであるかは不明である。しかし、日高地方には仏光寺系とおぼしき念仏集団がすでに存在した。和泉から紀北を飛び越えて、いきなり日高に伝来したと考えるのも不自然だろう。なぜなら、覚如期開基といわれる寺が雑賀に存在するからだ。

「紀伊国御宗門寺院略記」(7)や『紀伊続風土記』(8)（和歌山県神職取締所、一九一〇年復刻、以下『風土記』と略）によると、蓮如以前の覚如期に開基したといわれている寺が、紀州に五カ寺ある。海部郡宇須の真光寺（江戸期和歌山城下新中通に本寺を置く）、同郡和歌浦の性応寺と法福寺、同郡小雑賀の浄明寺、そして日高郡高家の西円寺である。ただし、この二つの書物は江戸後期の作であり、そのまま信用できるものではない。それに、真光寺は紀州との関係は深かったが、当時は泉州嘉祥寺（現、田尻町）にあり、天文一一（一五四二）年に海部郡宇須へ移ってきた。また、同じく性応寺も天文一九年に泉州堺の阿弥陀寺が移転・改号したものである（ただし、煩雑なので天文一九年以前も性応寺と表記する）(9)。

ここで注目すべきは、覚如期開基とする前記の五カ寺が全て興正寺末であるという点だ。ところで、江戸時代の本末関係を見ると、紀州の真宗寺院は圧倒的に西本願寺末であったが、その半数近くが興正寺末である。さらに、興正寺末のほとんどが真光寺か、性応寺の末寺であり、西円寺、法福寺、浄明寺は全て性応寺末であった。

再び日高郡高家の西円寺の「一向専修念仏名帳」に注目すると、この名帳の人名の右肩に一七の地名がカタカナで書かれている。このうち一三は、宮崎氏によって比定されているが(10)、その信徒の所在地を見ると、日ノ御埼の海岸部から日高平野の各地にかけて広く分布している。『御末派記』(11)によると、近世においても真宗寺院・道場が存在するのは、一三カ所のうち**表1**の八カ所である。八カ所のうち六カ所の寺院は、江戸中期まで性応寺末であった。すなわち、西円寺自身が性応寺末というだけでなく、名帳に書かれた信者の所在地の多くに性応寺末寺院が存在し

表1　「一向専修念仏名帳」記載地名と近世真宗寺院（名帳記載順）

名帳記載	比　定　地	寺　院　名	本　末　関　係
アヲ	三尾荘阿尾浦	光徳寺	性応寺末のち薗御坊付
コクマ	矢田荘小熊村	金蔵寺	性応寺末のち薗御坊付
ヨシハラ	小池荘吉原浦	閑壽寺	性応寺末
ミヲ	三尾荘三尾浦	光明寺	性応寺末
シマ	財部荘島村	遍照寺・善妙寺	ともに直末薗御坊付
ワサ	川上荘下和佐村	光源寺	性応寺末のち薗御坊付
ワカノ	川上荘若野村	道場	性応寺末
ヲサカ	三尾荘小坂村	大恩寺	直末薗御坊付

ているのである。特に、名帳の最初の方で出てくる地域の寺院は全て性応寺末だ。また、名帳で三人の肩書きにある「キホフシ」とは和佐光源寺の木坊子家と関係があるのではないかとの説もある[12]。

日高地方では亀山城主湯河氏が本願寺証如に帰依し、天文年中に吉原に坊舎を建立したといわれている[13]。この吉原坊舎がのちに薗へ移転し薗御坊（日高御坊）となるが、こうした経緯から日高地方の真宗寺院の大半が、江戸時代は薗御坊付である。このなかにあって、唯一、性応寺末寺院が対抗している。

性応寺末は**表1**の場所以外に和田浦常徳寺、入山村三宝寺、田井村常福寺、丸山村浄念寺、原谷村超宣寺、富安村大専寺、財部村好浄寺、小松原村教応寺（のち、鷺森へ移転）、薗村天性寺、松瀬村正覚寺、南谷村明応寺、印南原村専福寺と、これも日ノ御埼の海岸部から日高平野の各地に広がっている。なお寺伝にすぎないが、薗村天性寺は文明五年開基と伝え、これはちょうど名帳を筆写した年にあたる。

日高地方では、湯河氏が本願寺に帰依したとされる以前に、仏光寺（のち興正寺）系の念仏集団が広く存在していたことが分かる。西円寺ばかりでなく、信徒の分布した地域のほとんどが性応寺末であるということは、その開教にあたって性応寺が関与したことは十分考えられよう。南北朝期に開基したとする同じ性応寺末寺院が雑賀にあるということは、仏光寺系の念仏の教えが、和泉から紀北を飛び越えて、いきなり日高に伝来したわけではなさそうだ。

2　覚如の紀州来訪と仏光寺教団の開教

前出の西円寺を除く他の四カ寺が、覚如期開基とする根拠は江戸期の由緒書や寺伝にすぎない。『性応寺史』[14]によると、年紀は不明であるが、覚如の教化により天台宗から改宗したという。また真光寺は、同寺の「由緒書」によると「康永元年三月二十八日」に覚如の教化で真言宗から改宗したとする。他方、覚如の関与は触れていないが、『風土記』によると、法福寺は興国年中、浄明寺は暦応年中の開基とある（第一輯四七〇～四七六頁）。北朝年号である康永元（一三四二）年三月は正確にはまだ暦応五年であり、南朝年号の興国三年にあたる。すなわち、興国四年と記した名帳のある西円寺を含め、いずれも開基を一三四二年頃に求めているのである。

覚如の紀州来訪は「慕帰絵詞」巻七第一段に描かれており、間違いない。歌人であった覚如が、和歌の神様である和歌浦の玉津島明神に参詣したのである。しかし、「慕帰絵詞」に「何の年記といふ事ハいとさたかならず」とあるように、来訪時期はこれまで不明とされてきた。ただし、巻六第一段が元享元（一三二一）年三月、巻七第二段が貞和二（一三四六）年閏九月の事項を描いており、この期間内であると考えてよかろう。

ここで興味深いのは、真光寺の「由緒書」である。この「由緒書」は、安政六（一八五九）年に死去した第二〇代住職遵賢の筆によるもので、当寺への本願寺宗主の来訪も記述している。これによると、覚如は「康永元年三月四月」に逗留したことになっている。真光寺は当時、泉州嘉祥寺にあったから、紀州来訪の行き帰りに立ち寄ったという意味であろう。蓮如も嘉祥寺から紀州に向かっている。ただし、「慕帰絵詞」には「吹上浜」と題して、「又やミむわすれもやらぬ浦風の　ふきあけのはまの秋のおも影」という秋の歌を詠んでおり、季節が合わない。また、建武四（一三三七）年に『改邪鈔』を著して仏光寺教団を厳しく批判し、門徒らに絶縁するよう求めた覚如が、自ら仏光寺系の寺院を訪問したとは考えにくい。

他方、法福寺と浄明寺もほぼ同時期に開基したことになっている。もちろん、これは各寺がこのときに開基したことを意味するものではない。しかし、伝説はある種の事実を含んでいる。すなわち、実際に覚如が真光寺に立ち寄らなかったにしろ、康永元年頃、彼が泉州を通って紀州へ旅した可能性は高いのではなかろうか[15]。というのは、本願寺の末寺において、寺の起源を意図的に本願寺宗主の来訪と関係させて権威づけようとする傾向が強いからだ。たとえば、蓮如の文明八（一四七六）年熊野詣伝説に開基を求めた寺が、紀州に多いのはこのためだ。まして、覚如は実際に紀州を訪れた。そうであるなら、寺の起源を来訪時以外に求めても意味がないのである。

図1　法福寺蔵親鸞木像

それでは、この覚如期創建という寺は、実際にはいつ頃開基したのであろうか。覚如期かどうかは不明であるが、蓮如の布教以前に仏光寺の下で開基した形跡が、西円寺の「一向専修念仏名帳」以外にも存在する。

第一に、像内に以下の銘文を彫り込んだ親鸞木像が法福寺にある（**図1**）。

文明九丁酉仲冬中蜀
無量寿仏垂迹尊像
於江湖諸窺奉写造之
願主釈蓮祐

まず、蓮如が文明八年に熊野に詣でたという話は伝説にすぎないから、この木像（図1）が造られたのは蓮如の紀州来訪以前である。次に、親鸞木像は、「木像より絵像、絵像より名号」という一般的にいわれる蓮如の考えに反する。まして、親鸞が「無量寿仏垂迹」であるという教えは、蓮如のものではない。なぜなら、蓮如の意義は師匠＝人師＝善知識＝仏という考えを否定し、如来と人間との区別を主張したことにあるからだ[16]。それゆえ、この木像は本願寺派以外の真宗が、蓮如来訪以前に紀州に伝来したことを示している。

ただし、この木像の銘文に問題がある。というのは、干支の書き方がこの時期の横並びでなく、江戸期に多い斜めに彫られているからだ。また、字体も近世のものである可能性が高い。ただ木像の様式上、文明頃のものと考えてよい[17]。また、のちに補修したあとがあるとともに、銘文に墨の痕跡が認められる。これは、もともとは墨筆の銘文であったのを、近世の補修時に彫り直したものと思われる。

第二に、『風土記』の浄明寺の項に興味深い記述がある。すなわち、「開基は暦応中明善といふ僧興正寺門弟となり辻本道場を立て」（第一輯四七〇頁）たと書いている。興正寺とは、当然分裂前の仏光寺のことである。

これと同様の史料が、五カ寺以外にも見つかっている。それは、名草郡井ノ口の報徳寺の書上の写しである。そこには、「応永三十年癸卯三月三日紀伊国住人井口右ヱ門大夫行正京都於仏光寺剃髪法名法観ト改ム」と書いている。この書上は、明治五（一八七二）年に当寺第二四代義鳳が書いたもので、その写しを上寺である名草郡狐島の覚円寺が所持していた。江戸から明治にかけて、末寺は中本寺を離脱して本願寺の直末になろうとする志向が強い。まして、本願寺の直末となるこの時期に、仏光寺の門弟と書くことに何らメリットはない。応永三〇（一四二三）年かどうか検討を要するが、信憑性は高いといえる。

西円寺の名帳、法福寺の木像、浄明寺の寺伝、報徳寺の書上など断片的な資料であるが、どうも蓮如が紀州に来訪し、本願寺教団の教えが広まる以前に、仏光寺系の信仰が紀州にもたらされていた可能性がきわめて高いといえよう。

3　明応年間の方便法身尊像についての検討

真宗の道場においては、「方便法身尊像（形）」と名付けた阿弥陀仏の絵像を開基仏と呼ぶように、一般にはこの絵像の裏書に記された下付年代をもって開基とする。紀州に現存する方便法身尊像の裏書で最も古いのが、和歌山市岡崎西の西教寺にある裏書で、文明九（一四七七）年正月二六日に下付されている。しかし、これは表の絵像が残っておらず、裏書も切り貼りされている。また、裏書で二番目に古いのが和歌山市の念誓寺にある延徳四（一四九二）年二月二〇日付のもので、これは絵像も現存している。しかし、この裏書は、作為による不自然な削除のあとが見られるのである。以上については、第三章で詳しく検討したい。

今のところ完全な形で残っているなかで一番古いのが鷺森御坊の前身とされる清水道場のもので、「延徳四年」すなわち明応元（一四九二）年一〇月二三日に下付されている（**図3**）。以下、現存する明応年間の方便法身尊像のうち、取次名・所在地・寺院あるいは道場の形態等を記した裏書の所付部分の異なるものを三点掲げた。

①了賢寺（現、海南市冷水）

大谷本願寺釈蓮如（花押）

延徳四年壬子十月廿三日

紀伊国名草郡清水

方便法身尊形

道場常住物也

願主釈了賢(18)

②光源寺（現、有田市野）

大谷本願寺釈実如（花押）

明応二年癸丑八月廿八日

興正寺門徒真光寺下

方便法身尊像　紀州在田郡宮崎庄

野村

願主釈法了(19)

③専光寺（現、和歌山市専光寺門前町）

□□本願□□実如（花押）

明応三年甲寅九月三日

□□□□徒阿弥陀□□

方便法身尊像

紀州海郡（ママ）雑賀庄中嶋

願主釈妙慶(20)

専光寺は興正寺末の性応寺末である。性応寺は天文一九（一五五〇）年以前は阿弥陀寺と号したから、欠損した所付部分の一行目は「興正寺門徒阿弥陀寺下」と書かれていたと考えてよい。これを見ると、第一に、本願寺の直末と興正寺末とでは所付部分の書き方が明らかに違う。すなわち、この本末関係の構造はすでに明応期には形成されていたのである。第二に、真光寺や阿弥陀寺（性応寺）は単なる道場ではなく、すでに寺号を持つ寺院だったことが分かる。

紀州では、明応年間になって一斉に方便法身尊像が下付された形跡がある。というのは、現存する方便法身尊像の裏書で確認できるのはこの三カ寺を含め七カ寺だが、書上、由緒書、寺伝等で明応年間下付ないし開基という寺が、紀州に三六カ寺ある。紀州では蓮如の来訪にともない文明年間開基伝承が流布しているなかで、あえて明応年間開基とするのは、開基仏の下付等のそれなりの根拠があってのことと思われる。

先の覚如期開基とする寺でも、真光寺に方便法身尊像が実如から下付されたのは、「由緒書」によると明応五年であり、実に末寺の②光源寺より遅い。文明九年銘の親鸞木像のある法福寺も、実如から方便法身尊像を下付されたとの伝承がある。このことは、明応年間開基の寺はそれ以前にすでに道場を開いていた可能性が高いことを示している。すなわち、裏書に興正寺門徒とある前記の寺院は、以前から真光寺や性応寺取次の興正寺門徒として道場を開いており、その後、明応年間に本願寺から方便法身尊像を下付された際、その旨を裏書に記された場合が少なくないのである。これを逆に本願寺側から見れば、方便法身尊像の下付は、道場創設の承認を与えるためだけでなく、旧仏光寺教団の真光寺や性応寺といった地方大坊配下の末寺・道場を掌握するためのものでもあった。

周知のように、仏光寺教団においては文明一三（一四八一）年（一説では文明一四年）に経豪が多くの門徒を率いて仏光寺を出て本願寺蓮如に帰し、興正寺を建てた。明応年間開基とする三六カ寺のうち、端坊末を含め興正寺末は三分の二、二四カ寺に及ぶ。このなかには、蓮如が来訪した文明一八年以降に開基した道場もあろう。しかし、それ以前のものもかなりの数に上ると思われる。たとえば、応永三〇（一四二三）年開基とする報徳寺は江戸時代、興正寺末の真光寺末の覚円寺末である。真光寺はもちろん、この覚円寺も明応二年開基といわれているが、報徳寺の開基以前に仏光寺の門弟になった可能性が高い。すなわち、蓮如の布教以前に仏光寺の教線は、覚如期開基とする五カ寺以上に広がっていたと考えてよかろう。

紀州の興正寺末の大半が、性応寺末か真光寺末であった。開教において、この両寺が重要な役割を果たしたものと推察してよい。性応寺は堺に、真光寺は泉州嘉祥寺にあり、ともに海上交通の拠点に位置している点は注目される。しかも、性応寺は歴代「安満氏」が住持を相承しており、『性応寺史』によると源流は「海人」に求められるという[21]。

4　興正寺末道場の分布とその特徴

覚如期開基とする性応寺末の法福寺は和歌浦、浄明寺は小雑賀にあり、いずれも紀ノ川の古代流路と考えられる和歌川河口の両岸に位置する。その後の性応寺末寺院の分布を見ると、和歌浦周辺の雑賀庄南部一帯は当然のことながら、一方では中之島→小倉→貴志川と紀ノ川南岸を飛び石伝いに遡上し、他方南へは、海を渡って有田川河口とその流域、それに日ノ御埼の海岸部から日高平野一帯に広まり、さらに田辺湊、見老津、新宮、木ノ本の大泊と、熊野の港々に点在する。

真光寺の筆頭末寺は雑賀庄狐島の覚円寺と同庄湊の妙慶寺である。この両地はまさに当時の紀ノ川の河港である紀伊湊に接している。その後の真光寺末寺院の分布を見ると、狐島周辺の雑賀庄北西部一帯から、一方では栗栖から小倉までの紀ノ川南岸の下流域に広がり、他方湯浅を南限にして海を渡って加茂谷（下津町）一帯と有田川河口に広がっている。

以上のことから、紀州において仏光寺（のちに興正寺）は、もっぱら「海の道」、さらには「川の道」に沿って、教線を伸ばしたといえるだろう。

第二節　蓮如期の紀伊真宗――本願寺教団の開教

1　文明八年蓮如の熊野詣伝説

蓮如は、「吉野紀行」に見られるように、応仁二（一四六八）年高野山にのぼっている。しかし、このとき紀伊真宗門徒との交渉があったのかは分からない。

『鷺森旧事記』では、文明八（一四七六）年春に蓮如が熊野に詣で、その帰途に清水の喜六大夫（了賢）を勧化したのが清水道場の開基であり、これが鷺森御坊の濫觴とする。これについて宮崎圓遵氏は、文明八年春に蓮如が旅に出た形跡はないし、また、もしこのとき紀州に来ていれば、文明一八年の紀州下向を記した「紀伊国紀行」のように、何らかの形でそのことを筆端に表したことと思われるが、蓮如自身はもとより家族や門弟たちもこのことを記録にとどめていないとして、史実とすることに疑問を投げかけた(22)。これ以後、蓮如の文明八年紀伊下向は、伝説の域を出ないというのが定説となっている。

ところが近年、「文明八年の蓮如下向を記す由緒書・寺伝を目にすることが多い」とし、また「文明八年は正月と六月に出口にいた外は、消息は明らかではない」から、「熊野詣の可能性は皆無ではないようにも思われる」と石田晴男氏は主張している。そして、蓮如が興正寺の門末を記した帳面を借り、彼らの家に止宿して熊野に詣でたと綴っている「円明寺由緒書(ママ)」を取り上げ、「信憑性があると判断される」とした(23)。

和歌山市関戸の円明寺は興正寺下性応寺末であった。「円明寺由緒書」は正しくは「円明寺由諸記」と考えるが、最後の方に「天明年中」の記述があり、それ以後に記されたものである(24)。この由緒記には、文明八年の熊野詣の帰りに蓮如が「冷水浦」で勧化し、「当寺左近入道」もそれを受け、翌年河内出口へ行き十字名号を下されたと書いている。しかし、訪問が確認できる文明一八年の紀州下向については何の記述もない。蓮如がすぐ近くの紀三井寺や清水を訪れているのに、「左近入道」は会いに行ってもいないのである。

他方、「紀伊国紀行」には興正寺の門末が参上したとの記載は全くない。一〇年前に世話になったのなら、蓮如がその人々と会わないのも腑に落ちない。この由緒記には、門末を記した先の帳面が「日高ノ内或家ニ残シタマイ今ニ所持有之由」と、日高のある家に残っていると記している。だが、この帳面について触れたものは管見の限りこれ以外に存在しない。一八世紀末まで残っていたのであれば、何らかの記録があってもよさそうなものだ。「円明寺由緒記」の文明八年の熊野詣の記述が、「信憑性があると判断」できるとは思えない。

有田郡湯浅町の福蔵寺は、証如期の直末の中心で、当時の紀州では数少ない直参であった。だが、同寺の「福蔵寺諸記」には、「文明年中」に蓮如が「冷水」に下向した際に、勧化を受けたとしか書いていない。福蔵寺は、もともとは熊野街道沿いの有田郡宮原荘滝川原で開基した。もし、蓮如が熊野に詣でていたなら、当然その記述があってもよさそうなものだ。つまり、わざわざ清水に行かなくても、直接勧化を受けられる場所に位置しているのである。文明八年の蓮如熊野詣は伝説の域を出ないと判断すべきであろう。

2　鷺森別院蔵二尊像をめぐって

定説では、文明八年の紀州来訪が伝説であるにしても、同年一〇月に蓮如が清水（現、海南市冷水）の了賢に二尊像を下付したのは歴史的事実であるとする。だが、近年「二尊像」について二、三疑義が出されている。問題の二尊像の裏書（**図2**）は左記のとおりである。

釈蓮如（花押）

文明八年丙申十月廿九日
摂州嶋上郡冨田常住也
雖然此御影紀伊国阿間郡（海部）
清水道場之本尊定之者也
願主　釈了賢

大谷本願寺親鸞聖人御影

定説に対し、早島有毅氏が裏書の筆跡から、所付の「雖然……」以下二行の文章と願主名の「釈了賢」の部分は「冨田から清水道場に移された際、蓮如以外の人物によって、あらためて記されたものではなかろうか」と疑問を提出した。(25) 次いで、寺西貞弘氏が三行の所付の部分のみを問題とし、以下の理由から後ろ二行は別筆であり、「文明八年十月二十九日という年紀は、摂津国の富田に下付された時期を示」すと主張した。理由の第一は、所付の一行目と二、三行目の位置が違う。第二に、「摂州」と「紀伊国」という国名の使用法が異なっている。第三は、親鸞と蓮如の連座像であるのに「本尊」という言葉を使用しており、真宗の教えから逸脱している、という三点である。(26)

この寺西説に対し、草野顕之氏は次のように反論した。第一に、所付の一行目と二、三行目の位置が確かに違うばかりでなく、大きさや墨の色も異なっている。しかし第二は、二尊像以外でも蓮如は摂津を全て「摂州」と表記したのに対し、紀伊は「紀伊国」と記しており、国名の使用法が違うからといって「別筆」の理由とはならない。また、第三の裏書の「本尊」という言葉も、寛正三（一四六二）年正月二八日付「親鸞蓮如連座像裏書写」（守山市延命寺円立寺蔵）と寛正五年五月一四日付「親鸞絵像裏書」（守山市福正寺蔵原本）でも使用しており、この点も「別筆」の根拠とするには薄弱であると批判した。(27)

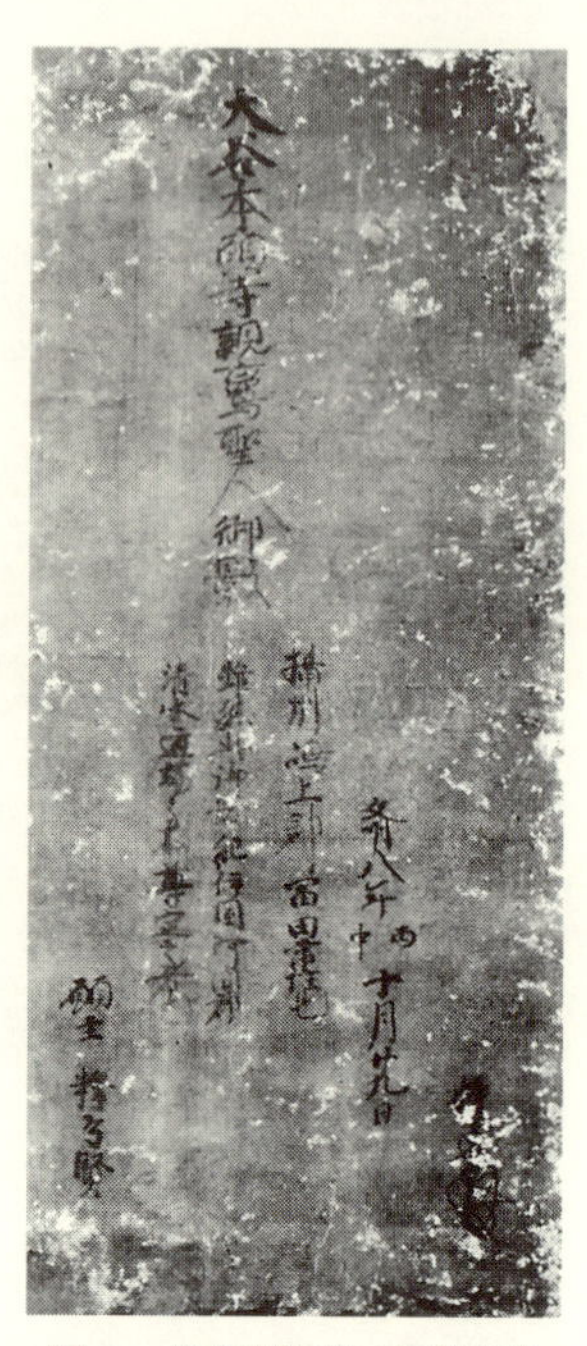

図2　鷺森別院蔵二尊像裏書

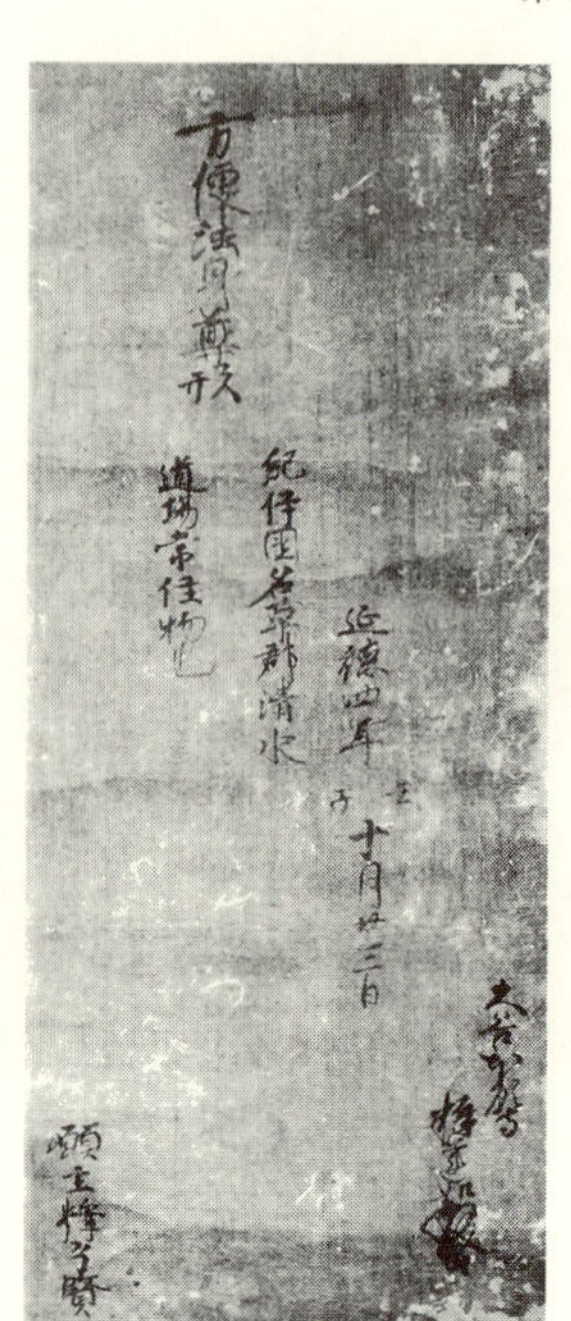

図3　了賢寺蔵方便法身尊像裏書

草野氏は、この問題を論ずるにあたっては、あくまで原本の筆跡を検討することによって判断されるべきものである、と主張した。この点で、早島氏が別筆とした部分は、「追筆」ではあるが、蓮如自身が記したものであるとする。

この問題はあくまで筆跡によって判断されるべきものであるという主張は、全く正しい。蓮如の真筆である了賢寺の方便法身尊像裏書（**図3**）と、この二尊像裏書（**図2**）とを比較すると、「紀伊国」「清水道場」「釈了賢」等の文字が酷似しており、二尊像の追筆部分も蓮如の筆と考えてよかろう。なお、願主名の部分は、のちに紙が継ぎ足された可能性がある。というのは、上に文字のある裏書本来の継目は横に走っているのに、所付と願主名の間にそれを引き裂くような縦の継目が存在するからだ。すなわち、願主名の部分は清水に再下付する際、元の名が書かれた紙を切り取って、新しい紙に記されたのかもしれない。

それでは、追筆部分はいつ書かれ、清水道場に下付されたのであろうか。寺西氏は『鷺森旧事記』の「賜二尊像事」の章に、了賢が河内出口に行き「去春南紀ニ御下向アリテ」（三二頁）以来紀州で真宗の教えが広まっているのに親鸞の図像がないので下付してほしい、と申し出て賜ったという記述を引用し、「前年の春の蓮如の紀州下向とは、「蓮如上人紀伊国紀行」に記す文明十八年の紀伊国への布教の旅にほかならない」として、文明一九年下付説を主張している。

これに対し、草野氏は『鷺森旧事記』は文明八年蓮如紀伊下向説に立って記されたものである以上、「この部分のみを文明十八年に引き合せることには無理がある」と批判する。そして、「道場本尊たる方便法身尊像（号）下付以前に、連座像や親鸞絵像が下付されている例はない」として、「この二尊像の了賢への下付年代は、少なくとも道場本尊たる方便法身尊像が下付された、延徳四年（一四九二）以降と考えるべき」であるとする。次いで、当初の下付先と考える富田坊（教行寺）を取り上げ、重要な什物である二尊像を簡単に譲り渡したとは考えられず、二尊像に替わり「安城の御影」の模本が「教行寺に安置された、あるいは安置される事が決定した、明応七年の秋頃こそ、蓮如によって二尊像が清水道場に再下付された時期ではないかと推測」している。(28)

それではまず、寺西氏の文明一九年下付説について検討しよう。氏が引用した『鷺森旧事記』の構成を見ると、「賜二尊像事」の章は、文明八年の蓮如下向について述べた「濫觴」の章の後で登場するが、文明一八年の下向について記述した「二度蓮如上人御下向事」の前であり、「去春南紀ニ御下向」の「御下向」は明らかに文明八年の下向を指している。それだけでなく、氏が依拠する「去春」という文字は『鷺森旧事記』の筆者の誤記である可能性が高い。というのは『鷺森旧事記』の鷺森別院所蔵本（江戸本）には、「此記間有差誤因加点撿」として朱筆で訂正が施されており、この部分にも「同年ノ十月」との訂正がある。すなわち、了賢が河内出口に行ったのは「同年ノ十月」であって、下向は「去春」ではなく「今春」のことというのである。この「同年ノ十月」とは二尊像裏書の日付に基づくものであろうが、いずれにしろ文明一九年下付説には無理がある。なおこの訂正は、天明三（一七八三）年六月に鷺森輪番玄智（慶証寺景耀）が施したものである。

次に、草野氏の明応七年下付説について検討したい。第一に、「方便法身尊像（号）下付以前に、連座像や親鸞絵像が下付されている例はない」といわれる点は疑問だ。たしかに、方便法身尊号下付以前に連座像や親鸞絵像が下付された例はない。しかし、方便法身尊像下付以前に下付された例は存在する。たとえば、美濃河野門徒が伝持する史料によると、「河野惣門徒安置物」として「親鸞聖人御影」を下付したのは文明二年一二月一七日とある。これに対し、この裏書は写本しか現存しないが、同時に下付した御絵伝の裏書が存在しており、十分信頼できる。これに対し、現存の裏書によると方便法身尊像を蓮如が下付したのは文明一八年九月一二日だ。[29]すなわち、尊号→御影→尊像という順に下付されている。

『鷺森旧事記』によると、清水道場に二尊像を下付する以前にまず六字名号を与えている。また、信憑性に問題があるが、「冷水道場賜絵本尊」の章をもうけ「冷水道場ニ。九字十字ノ尊号ト。二尊像ト是ヲ安置」した後に「阿弥陀如来ノ画像」（三三頁）を下付されたと書いてある。さらに、裏書に記された蓮如の署名と願主名との位置関係を検討すると、二尊像に比べ方便法身尊像の願主名の位置は、実如期のように下がっている。[30]

第二の疑問は、二尊像の裏書には「摂州嶋上郡富田常住也」とあるだけで、これが富田坊（教行寺）を指しているとは限らないという点だ。「教行寺略記写」によると、富田坊舎が開基されたのは文明一二年の山科本願寺建立の後のこととなっており、文明八年には存在しないことになる。また、富田坊舎建立以前に他の真宗寺院の光照寺（のち、本照寺）が、すでに富田で開基していたとの説もある。[31]二尊像の裏書の記述から、文明八年に富田坊が「建立の準備段階には入っていた事は疑いない」と草野氏は述べているが、「疑いない」とも言い切れないのではなかろうか。

さらに、方便法身尊像が下付された延徳四年以降に二尊像を賜ったとするると、次の点が問題となる。それは、方便法身尊像が「紀伊国名草郡清水道場」と正しい郡名が書かれているのに、二尊像では「紀伊国阿間（海部）郡清水道場」と郡名を記入している点だ。すなわち、清水は郡境に隣接しているが、名草郡であって海部郡ではない。後で書いたものが郡名を間違えるのは、可能性はあるが不自然であろう。二尊像の清水への再下付時期は、文明一八年来訪以後で延徳四年以前の可能性も捨て切れないのではなかろうか。

3　文明一八年蓮如の紀州来訪

「紀伊国紀行」によると、蓮如は文明一八（一四八六）年三月八日に河内出口を出発し、堺を経て泉州海生寺（現、嘉祥寺）に宿泊。九日は海生寺を発って雄山峠を越えて長尾（現、永穂）の権守を訪問し、紀ノ川を渡って岩橋（いわせ）に泊まる。一〇日は岩橋から鳴神、田尻、三葛を経て紀三井寺に参拝し、黒石浜（現、黒江）から舟で渡って藤白坂を登り、引き返してその夜清水（現、冷水）に投宿した。その後、清水を舟で発って吹井（現、深日）で一泊し、堺を経て出口へ帰っている。

「紀伊国紀行」において検討を要するのは、蓮如が清水を出発したのが三月一一日か一二日かという問題である。真筆本における問題の箇所は、墨の滲みでどちらとも読め、字面だけでは判断できない。河内願得寺蔵の実悟書写本をはじめ、ほとんどの写本や刊本は一二日としている。一一日となっている写本は、管見の限り『鷺森旧事記』だけである。なお、「紀伊国紀行」の真筆本と諸本との比較、ならびに問題点は補論1で検討しているので、そちらを参照されたい。

本書で一一日説を採用する理由は、一二日説だと「紀伊国紀行」において一一日が全く空白となってしまうからだ。すなわち、蓮如はこの紀州への旅において、三月八日の河内出口出発以後、九日、一〇日と、毎日の行動を和歌や俳句を添えながら紀行文に綴っている。一二日説だと、一一日のみ全く何も書かなかったことになる。これは、あまりにも奇妙であろう。

通説では、この蓮如の紀州下向は、単なる和歌を詠ずるための物見遊山の旅ではなく、布教活動の一環であるといわれている。そして、この旅の最大の目的は、清水の喜六大夫（了賢）に会うためであったとされてきた。それは文明八年の蓮如紀州下向が伝説であるなしにかかわらず、この清水の地に門徒勢力の拠点が所在したことは十分認められ、だからこそ蓮如はこの地を訪問したというのである。

この通説の根拠の一つとなっているのが、一二日説だ。すなわち、一〇日に清水に投宿し、翌一一日もこの地に逗留したのは、ここが真宗の拠点であり、蓮如はここを中心に精力的に布教活動を行なったからだ、というのである。しかし、「紀伊国紀行」を読む限り、蓮如は当初から喜六大夫に会うために、紀州へ旅したとするのは疑問だ。「紀伊国紀行」では清水投宿について、「思外ニ此所ニ一宿ス」とある。この文章を素直に読めば、清水に泊まったのは予定外の行動といわなければならない。もし、清水がすでに真宗門徒の拠点であり、喜六大夫に会うことが蓮如の旅の目的であるならば、「紀伊国紀行」に「長尾の権守」の名が記されているのに、喜六大夫が出てこないのも腑に落ちない。

もちろん、喜六大夫の了賢が清水道場の開基主であり、彼に二尊像が下付されたこと、また、このことが御坊形成の起源となったことは、事実である。だからといって、それが、文明一八年以前から清水の地に真宗の拠点があった証拠とはならない。

ところで、泉南と紀州には興正寺の有力寺院や門信徒が多数存在した。本願寺に帰依して間もない彼らを布教するために、蓮如は泉南から紀州へ旅したとも考えられる。蓮如が訪れた泉州海生寺には、興正寺門徒の有力寺院である真光寺があるからだ。しかし、本願寺宗主の来訪を記した前述の真光寺の「由緒書」に、伝説の文明八年はあるが文明一八年蓮如来訪の記載はなく、真光寺を訪れなかったと考えてよい。また、蓮如は紀三井寺を参拝しながら、覚如が来訪した名勝の地和歌浦には、すぐそばまで来ているのに足を向けていない。和歌浦やその周辺には、法福寺や円明寺など興正寺派の門信徒が存在した。真光寺や和歌浦を、蓮如が訪れなかったということは、文明一八年の段階では経豪門下はまだ完全に本願寺に服していなかったのであろうか。いずれにしろ、文明一八年の蓮如の紀州来訪は、興正寺門徒への布教を目的としていなかったことだけは間違いなかろう。

それでは、蓮如の紀州来訪の当初の目的は、単に和歌を詠ずるための物見遊山の旅であり、教化は目的ではなかったのであろうか。

4　浄光寺了真と浄光寺末道場

本願寺教団において、蓮如の紀州来訪以前に別の人物が、すでにこの地に教線を伸ばしていた形跡がある。この点で、蓮如が三月九日に投宿した岩橋の湯橋家に、興味深い史料が伝来している。それは「長泰年譜」[32]という史料で、その一節に「蓮如上人御時代泉州鳥取庄海生寺村浄光寺了真は御本山之御代僧として勧化之ため度々当国江被巡行候故門徒多帰依せしめ浄光寺末に相成候」とある。蓮如が文明一八（一四八六）年三月八日、海生寺（嘉祥寺）村に投宿したのは、この浄光寺である可能性が高い。

浄光寺（現、吹田市）にある「過去簿」の了真の項には、彼が蓮如の直弟子であり、また、時期は書いていないが、蓮如が海生寺に来て浄光寺の寺宝となる木像を彫ったと記載している。木像云々は伝説であるにしても、蓮如が浄光寺を訪れたことは間違いなさそうだ。なお、この「過去簿」には、了真の先代了寂が蓮如の直弟子で浄光寺の寺号を賜ったとある。

「紀伊国紀行」に登場する長尾（永穂）の権守とこの浄光寺了真との結び付きは、明応七（一四九八）年閏一〇月付蓮如の帖外の「御文章」で確認できる。[33]すなわち、子を亡くして悲しんだ泉州鳥取庄桑畑の志岐大夫が、粉河観音の示現により紀州長尾の権守に教えを請うと、海生寺の了真を訪ねるよう勧められ、彼のもとで信者となり、この年大坂御坊の蓮如の所に聴聞に来た話である。

この海生寺の了真とは、浄光寺了真と考えて間違いなかろう。この「御文章」から、了真が蓮如の信頼する弟子であったこと、また、長尾の権守が了真の教えを受けていたことが分かる。文明一八年に蓮如は長尾の権守を訪れているから、長尾の権守と了真との関係、さらに了真と蓮如との関係は、このときまでに成立していたと考えてよい。

湯橋家の手次寺である岩橋法照寺の「観池山法照寺縁起」[34]と先の「長泰年譜」によると、紀州と泉南の浄光寺末の門徒僧俗が寛永年間に離脱して本願寺直末になったという。すなわち、両史料では少し地名に違いがある（括弧内は「長泰年譜」）が、紀州では永穂・山口（藤田）・田井（川辺）・直川・加納（黒田）・新在家・岩橋・岡崎の八カ村、泉南では岡田・桜井・志達（信達）・樫井・新家・吉見・馬場・桑畑・安松・出在家など一〇余村となっている。

「観池山法照寺縁起」は長泰とは別の湯橋眠龍なる人物が、宝暦一〇（一七六〇）年に著したものであるが、田井や加納には真宗寺院はなく、「長泰年譜」の記述の方が正しい。ただし、黒田の願立寺は江戸後期も浄光寺末であり、離末していない。

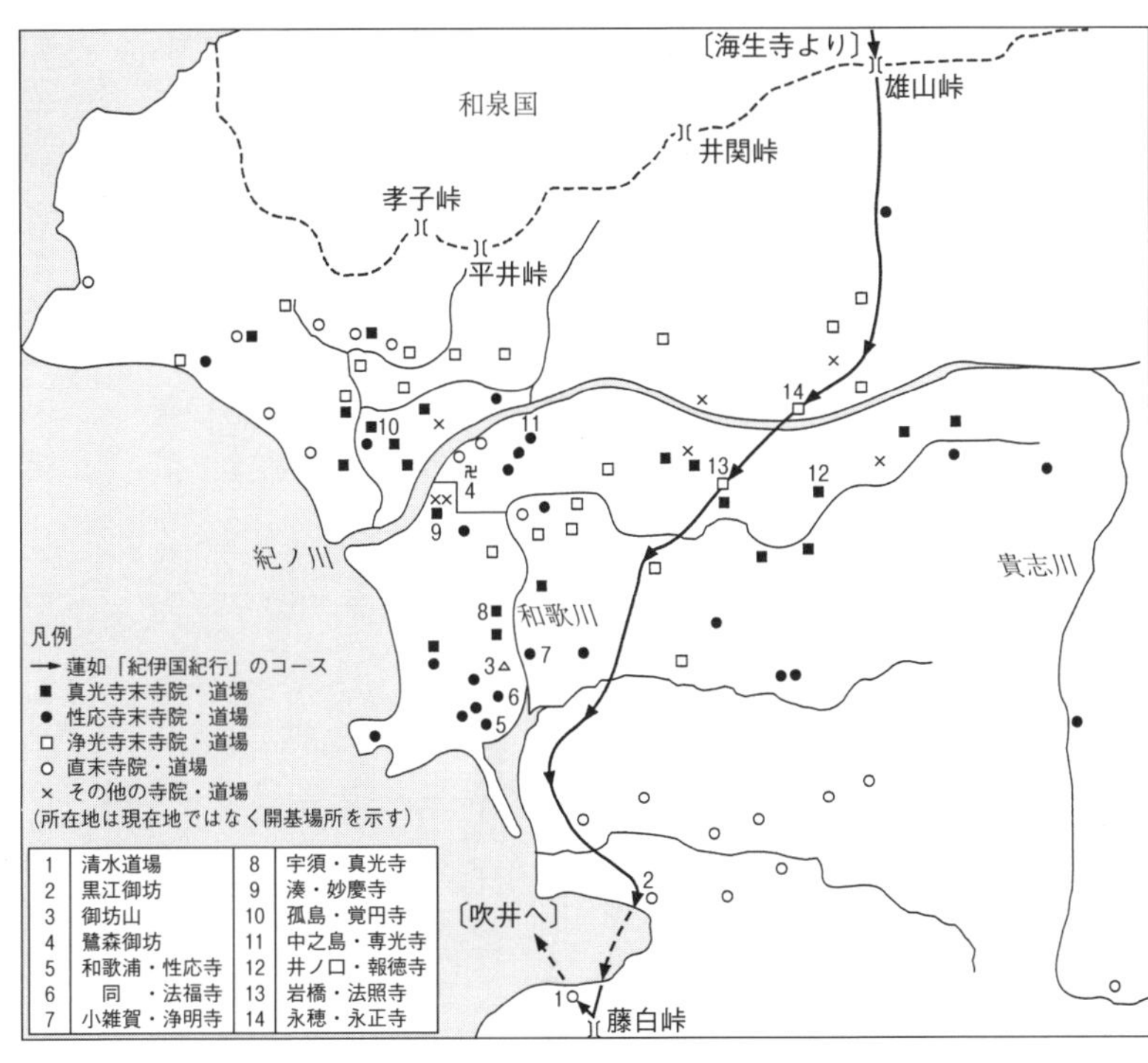

図4　顕如期における紀ノ川下流域の真宗寺院・道場分布

　この浄光寺からの離末のことは、直川浄永寺の「明治二十五年四月顕如上人三百回御忌・逆修講追悼法会荘厳録」にも、「寛永ノ頃中本山大阪沙場浄光寺ト故ヘヲ争ヒ」、准如から「恩裁ヲ賜ハリテ直末」となったとある。なお、浄光寺は江戸期大坂江戸堀に本寺を置いたが、「沙場」とはそのことだろう。また、「観池山法照寺縁起」には湯橋家の道場へ証如から下付された方便法身尊像の裏書に「浄光寺門徒」と書かれていたとあるが、長尾の権守の寺である永穂永正寺へ証如が下付した方便法身尊像の裏書に「浄光寺門徒」との記載があり、浄光寺からの離末のことは間違いなさそうだ。

　このうち、嘉祥寺→樫井→志達（信達）→藤田→川辺→永穂→岩橋という雄山峠越えのルートは、まさに「紀伊国紀行」で蓮如が歩いたコースだ。さらに、その先の鳴神にも浄光寺末寺院が存在する。浄光寺了真が「勧化之ため度々当国」へ来たという先の「長泰年譜」の記述と考え合わせると、以上の村々の寺が直末ではなく、もともとは浄光寺末であったということは、蓮如の布教というよりも、浄光寺の教線がこの道筋に沿って紀州にまず伸び、そのあとを蓮如が歩いたと考えるべきであろう。

蓮如の紀州来訪の目的は、浄光寺了真と彼が勧化した門徒たちに会い、彼らをさらに教化するためであったといえよう。ただし、紀州における浄光寺末の寺院分布を見ると南限は岡崎で、教線はこれより南には伸びていない。岡崎は「紀伊国紀行」のコースからはずれているようだから、蓮如が浄光寺門徒を訪ねたとしてもせいぜい鳴神までであり、その先の紀三井寺や藤白は単なる遊覧が目的のようだ。

浄光寺から離末した村々のうち、嘉祥寺→吉見→岡田→樽井→馬場→桑畑→直川→新在家→黒田というルートは、井関峠を越えて紀州に至る道筋だ。さらに、他の浄光寺末寺院の分布を見ると、一方では雄山峠越えと井関峠越えの両ルートの先にある鳴神・岡崎・太田・新内・雑賀庄岡へと伸び、他方、泉南の孝子村と平井峠・孝子峠を越えた本脇から大谷にかけての紀ノ川北岸に広がっている。すなわち、本願寺教団の浄光寺了真による教線は、仏光寺のような「海の道」ではなく、もっぱら峠越えという「陸の道」を通じて伸びてきたといえよう。

なお、その後の調査で浄光寺にも上寺があり、それが「紀伊国紀行」の出発地である河内出口にあった本遇寺である可能性が出てきた。また、本遇寺も雑賀に教えを広めていたことが判明したのである。そうであるなら、蓮如の紀州来訪は本遇寺・浄光寺の教線に沿った旅であったといえるかもしれない。ただし、本遇寺末の道場はその後浄光寺末となり、その痕跡は消えてしまっていた。この点については、第三章で述べることにする。

5　清水道場と直末の拡大

文明一八（一四八六）年の蓮如来訪以前、仏光寺教団ばかりでなく本願寺教団も浄光寺了真によってすでに紀州に教線を伸ばしていた。このため紀伊真宗は、仏光寺教団の真光寺末や性応寺末と本願寺教団の浄光寺末といった諸派が入り乱れていた。仏光寺の経豪が蓮如に帰依したとなると、当然本願寺に直接結び付きを持ち、かつ、こうした各派を統合する地域の核となる寺院が必要となろう。しかし、本山の代理となるべき一門一家衆寺院は紀州には存在しない。また、浄光寺、真光寺、性応寺といった地方の大坊は、全て和泉という他国に位置していて、紀伊真宗の拠点とはなりがたい。となると、あとは御坊の創設という道しか残っていないのである。

そこで、蓮如が来訪したとき宿泊した名草郡清水（現、冷水）の道場が、御坊へと発展することになったといわれている。それは、清水道場に二尊像が下付されているからだ。本願寺においては親鸞画像こそ、地域教団を編成する象徴的存在であった。というのは、「諸国の直参衆は本願寺の親鸞祖像への出仕を義務づけられて」いたように、「各地の門末は地域の直参身分の所に常住している親鸞画像へ出仕」する、一元的な「出仕勤役」体制が本願寺教団の特徴であったといわれているからだ(35)。ただし、第三章で述べるように、清水は当時は道場であっても、御坊ではなかった。以後、紀伊真宗の拡大にともない、二尊像が黒江へ移されて御坊が形成され、御坊山（現、秋葉山）を経て鷺森へと移転する。

それでは、なぜ二尊像の下付先として後発の清水道場が選ばれたのだろうか。その最大の理由は、紀州において喜六大夫（了賢）こそ蓮如の最初の直弟子であり、清水道場こそ本願寺の最初の直末道場だったから、という点が考えられる。たとえば、同じく蓮如が訪れた長尾の権守や岩橋の湯橋吉良大夫の道場が、選ばれてもよさそうなも

表2　紀伊真宗寺院・道場の開基

時代＼郡名	伊都郡	那賀郡	名草郡	海部郡	有田郡	日高郡	牟婁郡	合計
前蓮如期（康正まで）	0	0	1〔A1〕	3〔B3〕	0	1〔B1〕	0	5〔A1 B4〕
蓮如期（明応まで）	0	4〔A1 B2 D1〕	18〔A5 B4 C6 D3〕	11〔A4 B4 D1 F2〕	4〔A2 D1 F1〕	2〔B1 E1〕	0	39〔A12 B11 C6 D6 E1 F3〕
文明期開基伝説	0	0	8〔B1 C1 D6〕	5〔A3 C1 D1〕	7〔B1 D3 E1 F2〕	6〔B2 D4〕	0	26〔A3 B4 C2 D14 E1 F2〕
実如期（大永まで）	1〔F1〕	3〔D1 F2〕	14〔B2 C4 D5 F3〕	5〔A1 D3 F1〕	12〔A1 B4 D1 E5 F1〕	12〔D6 E6〕	0	47〔A2 B6 C4 D16 E11 F8〕
証如期（天文まで）	0	1〔D1〕	15〔A3 B2 C4 D5 F1〕	5〔A1 B2 C1 D1〕	4〔B1 D2 E1〕	7〔B4 D2 E1〕	1〔B1〕	33〔A4 B10 C5 D11 E2 F1〕
顕如期（天正まで）	0	1〔D1〕	9〔B1 C3 D4 F1〕	3〔A1 B1 D1〕	5〔A1 B1 D1 F2〕	5〔B3 D1 E1〕	1〔D1〕	24〔A2 B6 C3 D9 E1 F3〕
合計	1〔F1〕	9〔A1 B2 D4 F2〕	65〔A9 B10 C18 D23 F5〕	32〔A10 B10 C2 D7 F3〕	32〔A4 B7 D8 E7 F6〕	33〔B11 D13 E9〕	2〔B1 D1〕	174〔A24 B41 C20 D56 E16 F17〕
江戸期	11	25	112	51	56	58	19	332

註（1）各寺院の開基時期は、方便法身尊像裏書以外に寺社改帳、書上、寺院明細帳、『紀伊続風土記』、地誌類に年紀が記載されたもののみ掲げた。ただし、「文明期開基伝説」とは蓮如紀州来訪時に開基を求めた寺院で、なかには可能性の高いものもあるが伝説の域を出ないので別にした。

（2）開基不明の寺院や、他国から移転した寺院は除いている。また、紀伊国内での移転は元の開基場所に入れた。

（3）江戸期の寺院数は『紀伊続風土記』による。なお、和歌山城下のうち湊と吹上は海部郡に、それ以外は名草郡に入れた。

（4）日高郡由良町は前近代は海部郡の飛び地であるが、江戸期は日高郡令支配の志賀組に編入されたように、実態として日高郡に近いので全て日高郡に入れた。

（5）〔 〕内は内訳で、Aは真光寺末、Bは性応寺末、Cは浄光寺末、Dは直末、Eは福蔵寺末、Fその他、の寺院を表す。なお、できるだけもともとの本末を調べた。

のだ。だが、彼らは浄光寺了真の弟子であって、蓮如にとっては孫弟子にあたるのだ。

ところで、蓮如が文明一八年に清水を訪れた際、大病の信者がいたので、このとき信心獲得章の「御文章」を著したとの伝説があり、「二尊合体の御文」と呼ばれている。(36) その由来は、蓮如が書いている途中で文章に詰まり、思案していると、親鸞が現れて文を示唆したというのである。これは、二尊像だけでなく「二尊合体の御文」を書き与えられたということで、蓮如ばかりか親鸞との結び付きを顕示し、本願寺教団における清水道場の特別な位置を強調するための伝承であろう。

清水が重視されたもう一つの理由として考えられるのは、清水の地理的条件である。紀州において真宗の教えはほとんど和泉から入ってきたのであるが、仏光寺教団はもっぱら「海の道」を通って、本願寺教団の浄光寺は峠越えという「陸の道」から教線を伸ばしてきた。清水は重要な港であるとともに、熊野参詣道の王子のなかでも五体王子の一つである藤白王子に隣接し、「海の道」と「陸の道」の結節点にあたる。その意味で、海と陸の両ルートで広がってきた門徒集団を統率するには、清水は格好の位置であったといえる。

さらに、蓮如来訪当時、隣の海部郡には仏光寺教団が教線を伸ばしていた。また同じ名草郡の北部には仏光寺だけでなく、本願寺教団の浄光寺が布教を進めていた。しかし、清水が位置する名草郡南部はまだ真宗の空白地帯であった。この後、本願寺の直末寺院の分布を見ると、清水より北では、まず名草郡南部一帯と那賀郡野上に広がっていく。これ以外の分布を見ると、清水の地理的条件をいかして、藤白峠を越えて熊野街道沿いと海沿いに直末寺院が点在している。

明応年間、海岸部はほとんど興正寺末であったが、永正年間には、浦や湊近郊に直末が進出してくる。たとえば、加太、木本、宇治、大崎、椒、栖原、由良などが挙げられよう。ところで、紀州の海民は、近世だけでなく中世においても全国各地へ渡っていったことはよく知られている。真宗においても、清水の隣の藤白の住人が島根に渡り、この地で浄土真宗の教えを広めたとの伝承がある(37)。

他方、熊野街道沿いへの浸透は早く、明応四（一四九五）年の方便法身尊像が現存する下津町一坪（橋本）の浄満寺は、まさに藤白峠を越えたところだ。また、有田から日高にかけて多くの末寺を持った福蔵寺は、同寺の「福蔵寺諸記」によると、文明年中に清水に詣でて教化されたとある。時期の点は検討を要するが、清水から教線が伸びたことは間違いなかろう。福蔵寺は当初有田郡宮原荘滝川原にあったが、ここも熊野街道沿いである。

ところで、証如の『天文日記』にしばしば登場する「紀州宮原浄祐」とは、福蔵寺第四代浄祐のことと考えてよい。彼は大坂本願寺の祖師・前住忌に出勤しており、証如期の紀州直末の中心的存在であったと思われる(38)。その後、福蔵寺は永禄一一（一五六八）年に湯河直春の寄進で海部郡由良荘衣奈浦に移り（のち天正一三年、有田郡湯浅に移転）、このときまでに寺号を賜っている。なお、福蔵寺が有田から日高にかけて多くの末寺を有したのは、本願寺において重要な役割を担った同寺の教化によるものか、湯河氏の影響力のもとで各道場を末寺に再編したものかは、第二章で検討する。

おわりに

浄土真宗の信仰が紀州に及んだのは南北朝時代にさかのぼるが、それは本願寺ではなく仏光寺の教えであった。蓮如が来訪する以前、仏光寺教団は、定説でいわれていた以上に、この地に浸透していたと考えてよい。仏光寺の教線は泉州からもっぱら「海の道」を通って紀州に伸び、さらに「川の道」に沿って広がったといえる。

他方、本願寺教団においても、蓮如が布教する以前に、泉州海生寺の浄光寺了真がすでに紀州に教えを広めていた。浄光寺の教線はほとんど峠越えという「陸の道」から伸びてきた。文明一八年に蓮如は、この道筋に沿って紀州に来訪したのである。蓮如の旅の目的は浄光寺了真と彼が勧化した門徒たちに会い、彼らをさらに教化するためであったといえる。

清水の喜六大夫がこのとき蓮如と出会ったことにより、彼が紀州における最初の直弟子となり、了賢となった。以後、直末道場は清水を拠点に広がっていく。また、これ以後の紀伊真宗の拡大（表2参照）にともない、清水道場が黒江、御坊山を経て鷺森御坊へと発展する。清水道場という一道場がどのような形で御坊に発展していったのか、まだまだ不明な点が多い。御坊の成立と展開については第三章で詳しく述べることにする。

註

（1）真宗ばかりでなく仏教全体の紀州における発展については、薗田香融「日本仏教の地域発展――紀伊――」（『仏教史学』九―三・四、一九六一年）がある。

（2）『大日本仏教全書』収録文は漢字片仮名文であるが、鷺森別院所蔵本の本文は、漢字平仮名文である。鷺森別院には『鷺森旧事記』が二冊所蔵されている。一冊は明治の写し（明治本）であるが、もう一冊は果たして原本だろうか。残念ながらこれも写本（江戸本）と思われる。筆跡は最初から終わりまで一貫しており、文末に「鷺森旧事記跋」が記され、「塔頭浄明寺現住　弘教敬白」とある。鷺森の塔頭であった浄明寺の弘教による写本と考えてよかろう。写し終えた日付として「于時享保八龍集癸卯五月日」とある。しかし、「八」と「癸卯」は貼紙の上に書かれている。「鷺森旧事記跋」の最後に、「享保かのへねのとし五月雨のつれ〳〵に此一巻を書写し畢て跋す」とあり、実際は庚子の享保五年に筆写されたと考えてよい。なぜ、享保八年に訂正したのか疑問である。この年、鷺森の新しい本堂が完成したことと関係があるのかもしれない。

(3) 宮崎圓遵著作集全七巻、思文閣出版および永田文昌堂、一九八六〜九〇年。もちろん、氏の研究は仏教史、真宗史全般にわたるが、出身地である紀州についての研究も多い。
(4) 宮崎圓遵「初期真宗における門徒名帳の一例」(『国史学論叢』魚澄先生古稀記念会、一九五九年、のち宮崎圓遵著作集第四巻『真宗史の研究(上)』一九八七年に収載)。
(5) 神田千里『一向一揆と真宗信仰』吉川弘文館、一九九一年、七六〜八一頁。ところで、宮崎氏をはじめこれまで、この名帳は興国四年に作成したものを文明五年に写した文書であると理解してきた。しかし、神田氏は「交名部分は、道場坊主やそこに集う同行が時代と共に変遷するのに従い、書き直されていったのであろう」と述べ、この「名帳の交名部分は文明五年当時のものである可能性も十分ある」(八〇頁)とされる。この問題はなお検討を要するが、名帳本来の目的から考えて神田氏の理解が妥当と思われる。もちろん、どちらの説にしろ、まず興国四年にこの地で名帳が作成されたことを否定するものではない。
(6) 龍谷大学善本叢書3『存覚上人一期記　存覚上人袖日記』同朋舎出版、一九八二年、三三四頁。
(7) 高階三子編『蓮如上人紀伊国紀行』(『真宗全書』続篇九、蔵経書院、一九一五年に収録)所収。この史料は、紀伊真宗の全体的な発展傾向を知る上で役立つが、個々の寺院については誤りが多い。なお、江戸後期の活字本である『蓮如上人紀伊国紀行』の刊行等について、詳しくは補論1を参照されたい。
(8) 天保一〇(一八三九)年に紀州藩の手によって完成された『紀伊続風土記』は、紀州各地の寺院についての記載があり、紀伊仏教史における基本文献である。
(9) 熊野恒陽「興正寺開山蓮教上人のこと」(『仏光寺異端説の真相』白馬社、一九九九年)二五四頁。
(10) 宮崎註(4)前掲論文。
(11) 鷺森別院蔵。この史料は鷺森御坊配下寺院の本末と格式を書いた帳面で、年紀はないが宝暦一〇(一七六〇)年の追記があり、それ以前の成立と思われる。なお、紀伊真宗各寺院・道場の本末関係について、これまでの研究はほとんど『紀伊続風土記』に依拠しているが、江戸期は転派が多く、より古い史料でもともとの本末関係を明らかにする必要がある。
(12) 森彦太郎「西ノ庄道場門徒名帳」(『紀伊史談』一六、一九三八年)。

(13) 湯河氏が真宗に帰依したといっても、完全に門徒化したわけではない。臨済宗の鳳生寺や浄土宗の法林寺も湯河氏の菩提寺であるからだ。なお、石田晴男「守護畠山氏と紀州「惣国一揆」――一向一揆と他勢力の連合について――」（『歴史学研究』四四八、一九七七年、のち戦国大名論集13『本願寺・一向一揆の研究』吉川弘文館、一九八四年に収載）で、湯河氏の門徒化を天文七（一五三八）年と見ているが、根拠とする史料からこの結論が導かれるとは思えない。この問題は今後の課題としたい。

(14) 星野元貞編『性応寺史』（私家版、一九七九年）。

(15) 覚如の紀州来訪については、拙稿「本願寺第三世覚如の紀州来訪について」（『和歌山地方史研究』二九・三〇、一九九六年）を参照されたい。

(16) 金龍静ほか『蓮如上人――その教えと生涯に学ぶ――』本願寺出版社、一九九五年、六五頁。

(17) 元和歌山県立博物館学芸課長小田誠太郎氏の御教示による。

(18) 和歌山市立博物館図録『鷺森本願寺の歴史と寺宝』和歌山市教育委員会、一九九〇年、三頁。

(19)『真宗重宝聚英』第三巻、同朋舎、一九八九年、五八頁。

(20)『和歌山県史』中世史料二、和歌山県、一九八三年、四三三～四三四頁。ただし、原資料により加筆した。

(21) 星野註(14)前掲書、一頁。

(22) 宮崎圓遵「紀伊真宗の源流」（『紀伊郷土』四、一九三三年、のち宮崎圓遵著作集第五巻『真宗史の研究（下）』、一九八九年に再録）、同「蓮如上人と紀伊真宗」（『鷺森宗教文化叢書』二輯、一九四六年、のち宮崎圓遵著作集第五巻に収載）。

(23) 石田晴男「「紀州惣国」再論」（『戦国期の真宗と一向一揆』吉川弘文館、二〇一〇年）九九～一〇〇頁。

(24)「円明寺由緒記」は同寺に見当たらなかったので、筆者が参照したのは平井鈴雄氏から提供された写本であった。石田晴男氏による「円明寺由緒書」からの引用文と文章はほぼ同じであり、同一の史料ではなかろうか。結城範子「石山戦争に於ける紀州一揆の性格」（『封建社会における真宗教団の展開』山喜房佛書林、一九五七年、註53）は原本を調査したと思われるが、「円明寺由緒記」と記述しており、正しくは「由緒記」であろう。なお、円明寺にはこれ以外に表題のない由緒書が二冊あり、調査したが、蓮如が興正寺の門末を記した同寺の帳面を借りた話は出てこない。
(25)『真宗重宝聚英』第八巻、同朋舎、一九八八年、一五四頁。
(26) 寺西貞弘「二尊像」の下付年代」(『和歌山地方史研究』二〇、一九九一年)五五～五六頁。『和歌山市史』第一巻、和歌山市、一九九一年、一〇六二～一〇六五頁。
(27) 草野顕之「鷺森別院蔵親鸞蓮如連座像について」(『蓮如上人研究会会誌』六、一九九二年)。
(28) 増補改定版『本願寺史』第一巻、本願寺出版社、二〇一〇年、は草野説を採用している。
(29) 宮崎圓遵「初期真宗における尊号と真像」(『龍谷大学論集』三六一、一九五九年、のち『初期真宗の研究』永田文昌堂、一九七一年に収載。さらに宮崎圓遵著作集第四巻に再録)。
(30) 願主名の位置の下降については、青木馨「本尊・影像論」(『講座蓮如』第二巻、平凡社、一九九七年)二二頁。ただし、明応七年の東京都坂東報恩寺蔵蓮如画像裏書など、蓮如も明応期は下降傾向にあるように思われる。
(31) 日野照正『摂津国真宗開展史』同朋舎、一九八六年。なお、「教行寺略記写」は本書に収められている。
(32) この史料は、森岡清美「「辻本」考」(『真宗教団における家の構造』お茶の水書房、一九七八年)に重要部分が掲載されている。
(33) 稲葉昌丸『蓮如上人遺文』法藏館、一九三七年、四四一～四四三頁。
(34) 森岡註(32)前掲論文に同じ。ただし、和歌山市史編纂室旧蔵影写本(和歌山市立博物館蔵)に基づき誤字を訂正した。
(35) 金龍静「宗教一揆論」(『日本通史』第一〇巻、岩波書店、一九九四年)七二頁。
(36)「了賢寺略縁起写」(『海南市史』第三巻、資料編一、一九七九年、所収)。
(37) 広島県大朝町円立寺能見直哉師と朝枝善照先生の御教示による。詳しくは『講座蓮如』第五巻、平凡社、一九九七年、所収の朝枝善照論文を参照。
(38)「天文日記」(『真宗史料集成』第三巻、同朋舎、一九七九年)天文五年一一月二五日条・同七年二月二日条・八月二八日条・同一一年二月二日条・二月一七日条。

補論1　蓮如筆「紀伊国紀行」の検討

はじめに

和歌山市立博物館では、一九九〇年春季企画展として「鷺森本願寺の歴史と寺宝」展を開催した。その際、蓮如筆「紀伊国紀行」の真筆本を展示させていただいた。真筆本は縦二五センチメートル、横一二七・八センチメートルの和紙に墨書され、軸装仕立てになっている。その後、「紀伊国紀行」のいくつかの写本と真筆本を見比べてみたが、いずれも誤記があり、また原本を忠実に写し出していない。さらに、重要な点で検討すべき問題をなお残している。そこで、本論で真筆本をできるだけ忠実に起こし、問題点に考察を加えたい。

一　高階三子編『蓮如上人紀伊国紀行　附録寺院略記』

蓮如筆「紀伊国紀行」は、『蓮如上人紀伊国紀行　附録寺院略記』として、高階三子によって和歌山城下の書肆聚星堂から活字本で刊行された。江戸時代、活字本より整版本が主流であったが、この聚星堂主笹屋文五郎は活字本を多く手がけ、駿府の採選亭鉄屋十兵衛が東の横綱とすると、活字本における西の横綱と評されている(1)。

編者の高階三子は別名堀尾三子と名乗り、この本以外に聚星堂から『紀伊国神社略記』『紀伊国造家譜』を、ほかの和歌山城下の書肆青霞堂帯屋伊兵衛、世壽堂阪本屋喜一郎などから『紀伊国式社考』『紀伊国古城考』『続紀国名所百首』『新続紀国名所百首』『若の浦百人一首』『若の浦名所記』『久事の路の記』『近世三十六人撰』など多くの書物を出版している。また、本居大平の『乙未紀行』や『古学要』に後書きを記しており、大平門下の歌人・国学者である。本名は西田惟恒、文化一三（一八一六）年に京都で生まれ、和歌山の医家西田玄道の養嗣となった。旧姓が堀尾で、高階は賜姓であろう。別に生津麿・角之進・門蔵・内蔵助・房守・貞恒・信恒を名乗り、従六位下紀伊掾である。(2) また、堀尾氏恒序・高階惟昌（晴風）編『国学人物志』と堀尾（高階）光久編『近世名所歌集』の編者も三子ではなかろうか。

『蓮如上人紀伊国紀行　附録寺院略記』は、高階三子による「紀伊国紀行」と付録の「蓮如上人旧跡碑文集」、そして釈功厳による付録の「紀伊国御宗門寺院略記」からなる。「紀伊国紀行」は天保一〇（一八三九）年、「蓮如上人旧跡碑文集」は天保一一年九月七日、「紀伊国御宗門寺院略記」は天保一一年春の奥書がある。しかし、聚星堂から活字本で刊行されたのは、嘉永以後の可能性が高い。というのは、聚星堂主笹屋文五郎が活字本の出版を始めるのが弘化年間といわれているばかりでなく、(3) 嘉永元（一八四八）年の序文を付す『紀伊国神社略記』の巻末にある「聚星堂活字板製本目録」に『蓮如上人紀伊国紀行』が記載されていないからだ。ちなみに、『紀伊国神社略記』本文の堀尾三子による奥書は天保六年であり、この本も刊行がかなり遅れたことが分かる。

この『蓮如上人紀伊国紀行　附録寺院略記』が『真宗全書』続篇九（蔵経書院、一九一五年）に収められ、『蓮如上人御文全集』（平楽寺書店、一九三九年）にも採用されたため、「紀伊国紀行」をこの刊本からの引用ですませているケースが多く見受けられる。しかし、この文章の末文に「以同国名草郡冷水浦了賢寺蔵本、於同郡忌部村勝安寺、書写之。以同郡永穂村永正寺蔵本、及鷺森旧事記、校合畢」とあるように、高階は了賢寺蔵の写本をもとに永正寺蔵本と『鷺森旧事記』とを校正しただけで、真筆本は見ていない。このため、「不審事等多之、後見之族、能能可加料簡者也」と、最後に編者自ら書いているように、間違いが散見されるのである。

二　「紀伊国紀行」の諸本

『蓮如上人紀伊国紀行』のもとになった了賢寺蔵本と永正寺蔵本は、現在所在が分からない。鷺森御坊の輪番を務めた雲晴寺宗意が元禄六（一六九三）年に著した『鷺森旧事記』は、「紀伊国紀行」の全文を写している。鷺森別院所蔵本（江戸本）の当該箇所の末文には、「此御真筆。始在洛陽順興寺。今時者有大坂北濱之在家」との注意書きがあり、ことによると真筆本を参照したかもしれない。たしかに、後述するように、他の写本と異なる記述が見られる。しかし、全体としては誤記が多く、宗意が真筆本を見て書いた可能性は低いように思われる。

真筆本と比較して、「紀伊国紀行」の完成稿を最も正確に写しているのは、河内願得寺蔵の実悟書写本のようである。この書写本の原本は未見であるが、これをもとにして『真宗聖教全集』（興教書院、一九四〇年）第五巻の拾遺部下「蓮如上人道の記」に掲載された文章と真筆本を比較したところ、厳密な意味での間違いは、文の終わり近くの下記の一カ所のみ、「又」の字が抜けているだけである。すなわち、「舟にのるべき心地にてありしほどに、又すてがてらにかやうにぞ」の部分である。

ただし、実悟書写本が問題なのは、第一に、真筆本が平仮名片仮名混用文であるのに全部平仮名に書き改めている点である。第二は、真筆本は蓮如自身による推敲や訂正のあとが見られるが、これを全く無視している点だ。

稲葉昌丸『蓮如上人遺文』（法藏館、一九三七年）所収の「紀伊国紀行」は、実悟書写本をもとにしているが、「大阪広岡氏旧蔵真筆本」によって「平仮名片仮名混用文の跡を示」している。ただし、「広岡氏旧蔵真筆本」と書きながら、「広岡本は実悟本とは別本にて後の書記と推せらる」と自ら記してあり、本当に広岡本が真筆本であったのか疑問である。というのは、混用文がやや不正確であるばかりでなく、数カ所誤記もあるからだ。また、別本との違いや原本にある訂正箇所を一部註記しているが、蓮如自身による推敲のあとはこれでは分からない。

真筆本の原文の体裁を最も忠実に写しているのは、管見の限り『海南市史　第三巻　史料編Ⅰ』（海南市役所、一九七九年）である。ここでは、原文のままの平仮名片仮名混用文で記載され、また推敲や訂正のあともほぼ分かるようになっている。しかし、残念ながら七カ所ほど誤記、誤読が見られるのである。

三　真筆本「紀伊国紀行」

これまでの主な写本や刊本には、各々問題点が見られる。そこで、本論で真筆本をもとに「紀伊国紀行」の原文を、左記のように忠実に再現してみた（図1－1～4）。ただし、変体仮名は全て現行の平仮名に改めている。また、読みやすいように読点を付け加えた。

掲載するにあたって、原本に抹消のある場合は、その箇所の左傍に〻〻を付けている。改変した字句や推敲した字句を蓮如が横に書いている場合は、右傍にその字句を「　」で記した。また、挿入文も同様に扱っているが、挿入場所を示す。の印は原本のままである。なお、編者の註は、全て（　）を付けている。また、検討を要する箇所は※印で註記した。

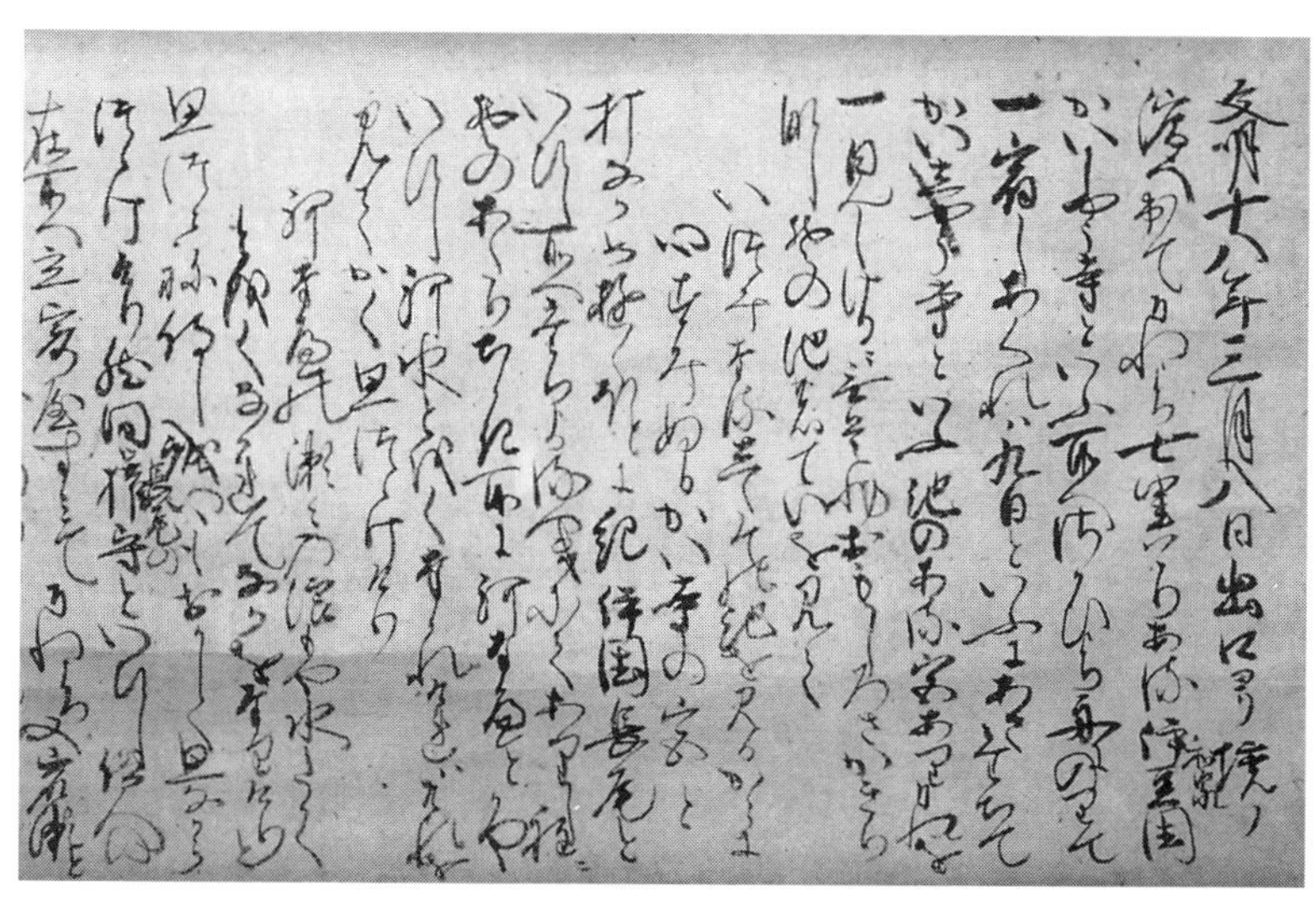

図1－1　蓮如筆「紀伊国紀行」（個人蔵）

文明十八年三月八日、出口ヨリ境（堺）ノ
濱へ出て、それより七里ハかりある伊豆国「和泉」
かいしやう寺（海生）といふ所へ、さかひ（堺）より舟にのりて
一宿し、あくれハ九日といふに、あさたちて
かいしやう寺といふ池のある宮あり、それを
一見しけるニ（ママ）、無是非おもしろさかきり
なし、その池のていを見て

　いつみなるしたての池を見るからに
　　心すみぬるかい寺の宮　と

打なかめゆくほとに、紀伊国長尾（永穂）と
いひし所へたちよるへきにてありし程ニ
そのあたりちかき所に河なへ（川辺）とかや
いひし河水とをくなかれけれハ、それを
見てかく思つゝけけり

　河なへの瀬々の浪もや水たかく
　　とをくなかれてなかをなりけり　と

思つらね侍し、誠心もおかしく思なから
つゝけけり、然間。「長尾の」権守といひし俗人の

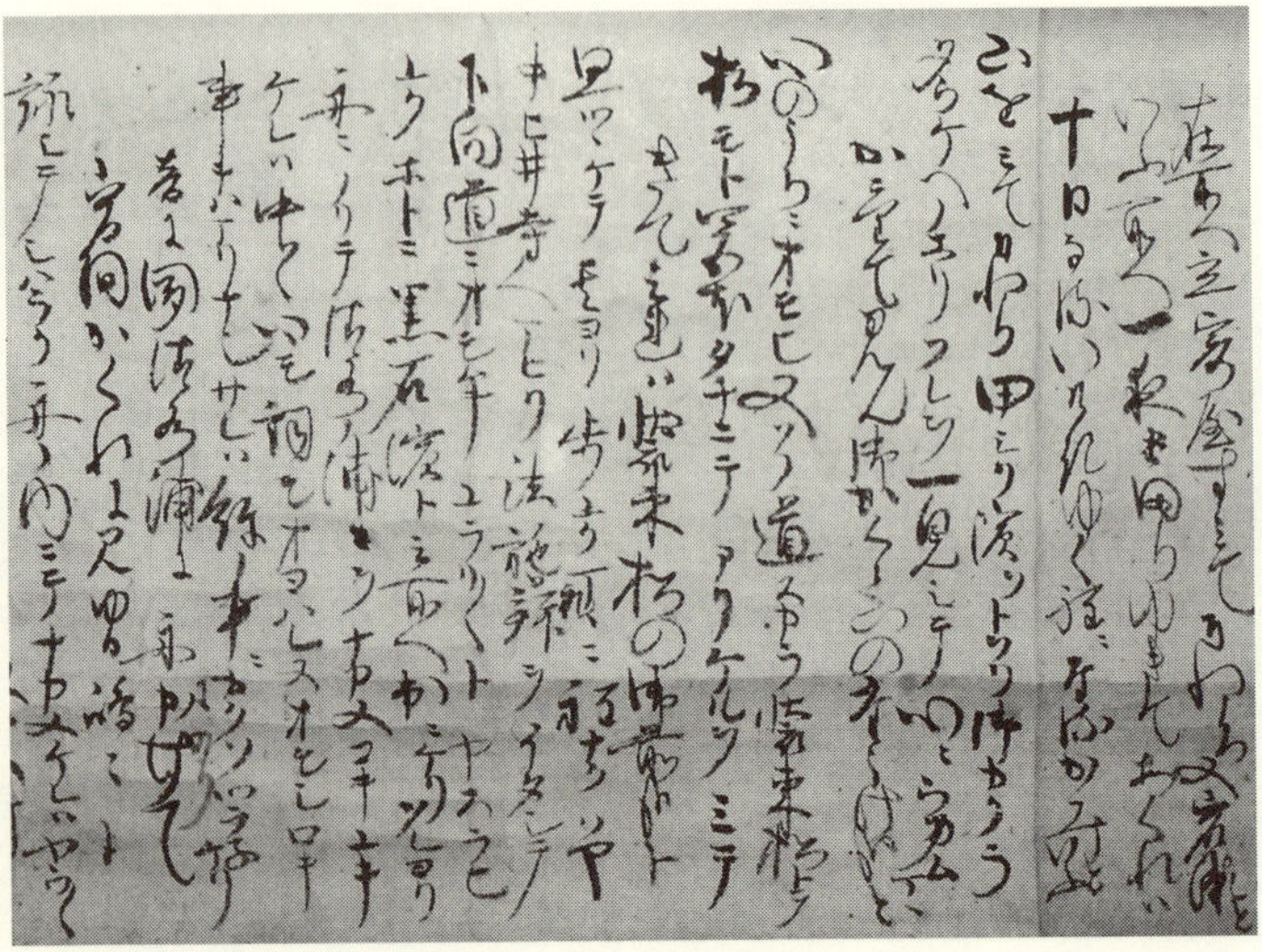

図1－2　蓮如筆「紀伊国紀行」（個人蔵）

在所へ立寄やすミてそれより又岩瀬（橋）と
いふ所へ一夜とまりゆきて、あくれハ
十日なる、いそきゆく程ニなるかみ（鳴神）といふ
山をミて、それより田シリ（尻）濱ヲトヲリ、御カクラ
タウケヘノホリ、ソレヲ一見シテ心ニウカム※マ、
　かけて見ん御かくら山のたうけ哉　と
心のうちニオモヒ、又ソノ道スカラ装束松トテ
松モト四五本タチニテアリケルヲミテ
　きてミれハ装束松の御前哉　ト
思ツ、ケテ、其ヨリ歩ユクマ、ニ、程ナクハヤ
キヒ（紀三）井寺へマヒリ法施。拝「礼」ヲイタシテ
下向道ニオモムキ、ユラリ〳〵トヤスラヒ
ユクホトニ、黒石濱ト云所へ出ニケリ、ソレヨリ
舟ニノリテ清水ノ浦々ヲナカメコキユキ
ケレハ、中〳〵心モ詞モオヨハレヌオモシロキ
事キハマリナシ、サレハ餘ノ事ニカクソツラ子（ネ）ケリ
　音に聞清水浦に舟「にのり」かけて
　　岩間かくれに見ゆる嶋々　ト

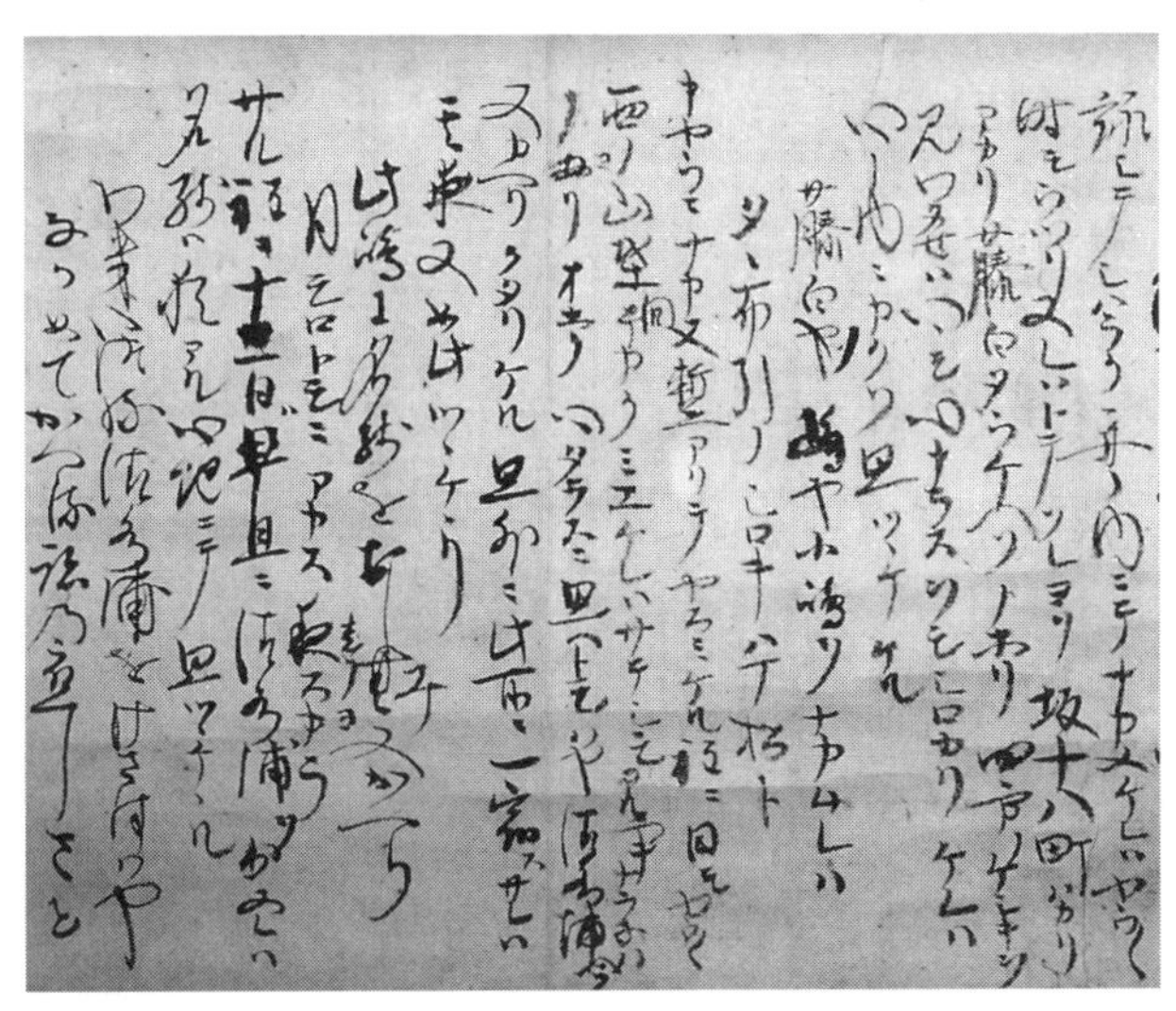

図1－3　蓮如筆「紀伊国紀行」（個人蔵）

詠シテ、シハラク舟ノ内ニテナカメケレハ、ヤウ〳〵
時モウツリヌレハトテ、ソレヨリ坂十八町ハカリ
アカリ、藤白タウケヘソノホリ、四方ノケシキヲ
見ワタせハ、心モ心ナラスヲモシロカリケレハ
心ノ内ニカクソ思ツヽケケル

　　藤白ヤ嶋「ノ山」※ヤ小嶋ヲナカムレハ
　　　タヽ布引ノシロキハマ松　ト

カヤウニナカメ、暫アリテヤスミケル程ニ、日モヤウ〳〵
西ノ山葉「間」チカクミエケレハ、サテシモアルヘキナラ子ハ
ノホ「コ」リオホク心タラスニ思ヘトモ、ハヤ清水浦ヘテ※
又カヘリクタリケル、思外ニ此所ニ一宿ス、サレハ
其夜又如此ツヽケヽリ

　　此嶋に名残をおし無「み」又かへり
　　　月モロトモニアカス夜「春ノヨ」スカラ

サル程ニ、十一「六」※日早旦ニ清水浦ヲ出ヌレハ
名残ハ猶アル心地ニテ思ツヽケヽル

　　ワきいつる清水浦をけさはハヤ
　　　なかめてかへる跡の恋しさ　と

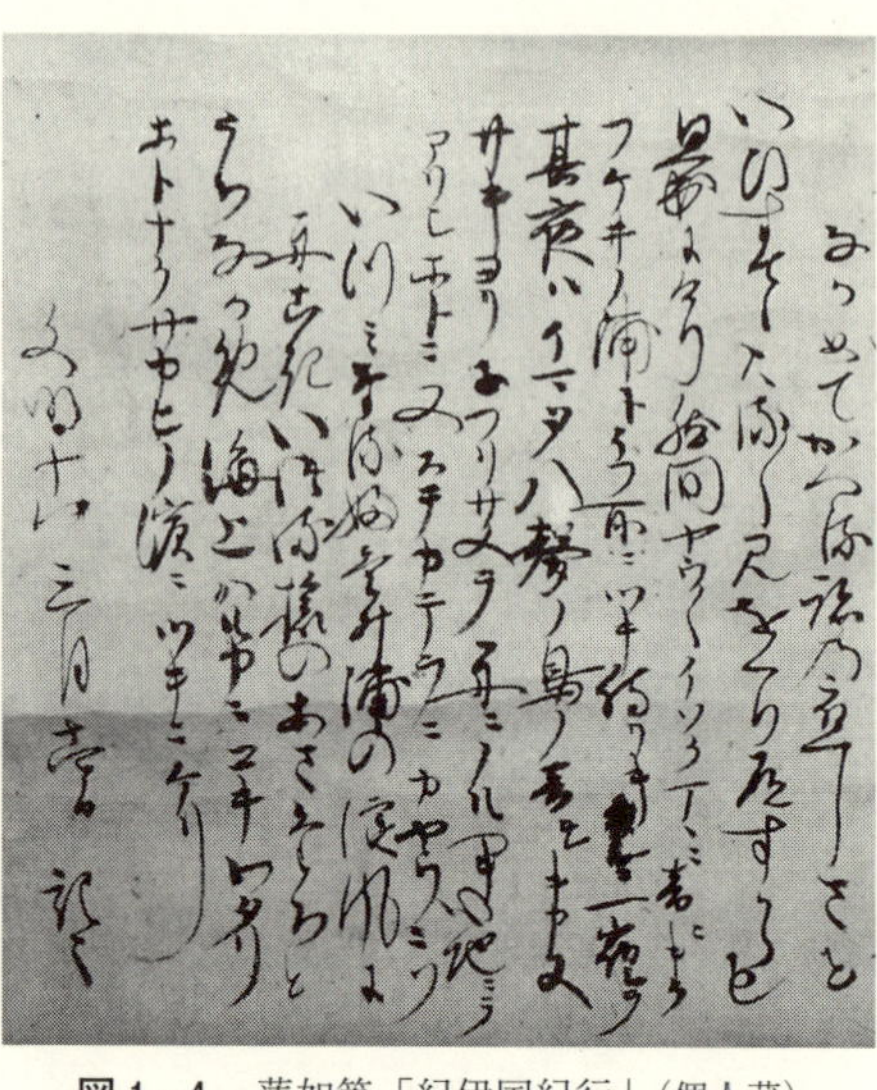

図1－4　蓮如筆「紀伊国紀行」（個人蔵）

いひすて丶、はる〳〵見をくり、道すからも
思出にけり、然間、ヤウ〳〵イソクマ、ニ、音ニキク
フケ（吹）井ノ浦トイフ所ニツキ侍リキ、カレニ一宿シテ
其夜ハイマタ八聲ノ鳥ノ音モキカヌ
サキヨリ子フリサメテ、舟ニノルヘキ心地ニテ
アリシホトニ、又ステカテラニカヤウニソ
　いつミなるふけ井浦の浪風に
　　舟こきいつる旅のあさたち　と
うちなかめ、海上ハルカニコキワタリ
ホトナクサカヒ（堺）ノ濱ニツキニケリ
　文明十八　三月十四日　記之

四　問題点——清水出発は「十一日」か「十二日」か

真筆本「紀伊国紀行」とこれまでの写本を比較検討すると、いくつか問題点が明らかとなる。

たとえば、『鷺森旧事記』や『蓮如上人紀伊国紀行』は、「御カツラタウケ」や「御かつら山」と記しており、各地名辞典はこれをそのまま引用している。しかし、真筆本は「御カクラタウケ」や「御かくら山」となっている。この比定地である三葛の地名は、すでに元応二（一三二〇）年五月八日付の「和田庄中分一方帳写」（国立史料館蔵）

に「三葛郷」とあり、本来なら「御かつら」と記すべきであろう。これは、蓮如の単なる聞き違いか、それとも別に「御かくら」なる地名があったのか検討を要するが、前者の可能性が高いといえよう。

また、「ハヤ清水浦ヘテ又カヘリクタリケル」の「ヘテ」は、本来なら「ヘソ」と書くべきところであり、訂正した写本が多いが、原本は「ヘテ」となっている。

字句上の問題で検討を要するのは、「藤白ヤ嶋［ノ山］ヤ小嶋ヲナカムレハ　タヽ布引ノシロキハマ松」の「嶋」を、「山」と変えているのかどうかという点である。たとえば、実悟書写本や稲葉昌丸『蓮如上人遺文』は、「嶋」のまま とし「山」と変更していない。図1-3のとおり、真筆本ではどちらとも判断できる。ただし、「藤白ヤ」を「藤白ノ」と変えているから、「嶋」は「山」とした方が和歌の完成度は高いと思われ、変更を加えたものと判断した。

第一章でも述べたように、「紀伊国紀行」において最も検討を必要とするのは、蓮如が清水（現、冷水）を出発したのが三月「十一日」か「十二日」か、という点である。すなわち、「十一日早［八］旦ニ清水浦ヲ出ヌレハ」の箇所である。これまで『蓮如上人紀伊国紀行』はもとより、実悟書写本をはじめほとんどが「十二日」としている。

これに対し「十一日」とした写本は、管見の限り『鷺森旧事記』だけであった。ただし、写本ではないが、蓮如が宿泊した岩橋（いわせ）の湯橋家にある「長泰年譜」(4)は、蓮如の文明一八年紀州下向に触れた部分で、「翌十一日清水浦より船出」と書いている。この部分に「元来順興寺ノ宝物也……今於大坂北濱加島屋久右衛門方ニアリ、写ハ当家アリ」との註が付いていた。これだけでは真筆本を参照したかどうか分からないが、未見の湯橋家の写本は清水出発を「十一日」と書いてあったのだろう。

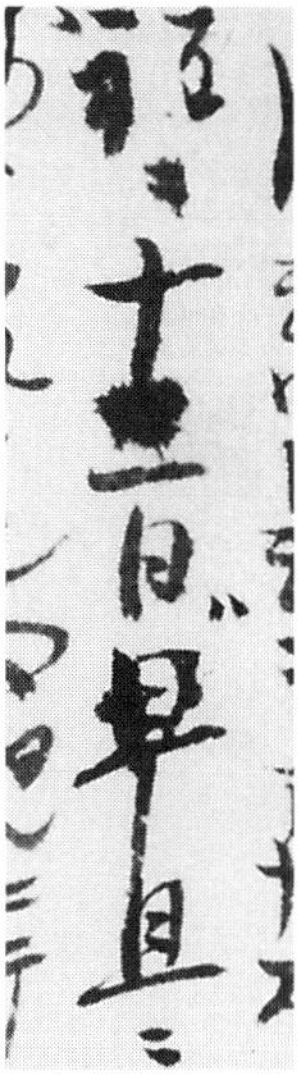

図2　蓮如筆「紀伊国紀行」（部分）

真筆本における問題の箇所は、図2のとおり墨が滲んでいて、どちらとも読める。滲みの墨の色は、この前後と同じであり、後のものではない。それゆえ、字面だけでは判断できないのである。

「十一日」説を採用する理由は、「十二日」説だと「紀伊国紀行」において一一日が全く空白となってしまうからだ。すなわち、蓮如は紀州を訪ねるこの旅において、文明一八（一四八六）年三月八日の出口出発以後、九日、一〇日と、毎日の行動を和歌や俳句を添えながら紀行文に綴ってきた。それが、一一日のみ全く何も書かないのは、非常に不自然であるといわなければならない。

定説では、蓮如の紀州への旅行は単なる和歌を詠ずるための物見遊山の旅ではなく、布教活動の一環であるといわれている。そして、この旅の最大の目的は、清水の喜六大夫（了賢）に会うためであったとされてきた。それは文明八年の蓮如紀州下向が伝説であるなしにかかわらず、この清水の地に門徒勢力の拠点が所在したことは十分認められ、だからこそ文明一八年蓮如はこの地を訪問したというのである。

この見解を主張する根拠の一つが、この「十二日」説である。すなわち、一〇日に清水に投宿し、翌一一日もこの地に逗留したのは、ここが真宗の拠点であり、蓮如はここを中心に精力的に布教活動を行なったからだ、というのである。

しかし、蓮如は当初から喜六大夫に会うために、紀州へ旅したとするのは疑問だ。「紀伊国紀行」では清水投宿について、「思外ニ此所ニ一宿ス」とある。この文章を素直に読めば、清水に泊まったのは予定外の行動であった、といわなければならない。もし、清水がすでに真宗門徒の拠点であり、喜六大夫に会うことが蓮如の旅の目的であるならば、「紀伊国紀行」に「長尾の権守」が記されているのに、喜六大夫の名が出てこないのも腑に落ちない。

もちろん、喜六大夫（了賢）が清水道場の開基主であり、また、この清水道場に二尊像が下付されたことは、事実である。だからといって、このことが、文明一八年以前から清水の地に真宗の拠点があった証拠とはならない。根本史料である「紀伊国紀行」を読む限りでは、清水投宿は予定外の行動であり、そうであるなら、一〇日に続いて一一日も清水に逗留した可能性は低いといえる。

ところで、文明八（一四七六）年蓮如紀州下向伝説において、夢のお告げがあったにしろ、蓮如と喜六大夫とは藤白峠でたまたま出会ったことになっている。ことによると、実際は文明一八年に蓮如と偶然出会い、喜六大夫の家に投宿してもらったことが、鷺森の「二尊像」の裏書に蓮如が記した文明八年という年紀と結びついて、この物語が生まれたのではなかろうか。

おわりに

文明一八年蓮如の紀州来訪は、単なる和歌を詠ずるための物見遊山の旅であり、布教は目的ではなかったのであろうか。そうではない。ただし、蓮如が清水の喜六大夫に会うために紀州に下向した可能性はほとんどない。しかし、泉州海生寺（嘉祥寺）と永穂の権守、それに岩橋を訪問することが当初の目的であり、そのついでに足を伸ばして紀三井寺や藤白を遊覧したのではなかろうか。泉州海生寺には本願寺教団の浄光寺了真がおり、彼が永穂や岩橋に布教に赴いていたからだ。すなわち、「紀伊国紀行」で蓮如が歩いた雄山峠越えのルートは、まさに浄光寺了真による布教のコースの一つなのである。

泉州海生寺には、真宗の有力寺院がもう一カ寺存在した。それは興正寺傘下で、のちに紀州に移転する真光寺である。第一章で紹介した真光寺の「由緒書」によれば、蓮如は寛正五（一四六四）年三月と文明八年二月の二度、この寺を訪問したと綴っている。伝説とおぼしき文明八年を記しながら、実際に海生寺に来た文明一八年を書いていないとなると、蓮如はこのとき真光寺に来なかったと考えてよい。

紀州には旧仏光寺教団であった興正寺の門徒集団が、和歌山平野や海岸部に多数存在した。特に和歌浦をはじめとした雑賀庄南部の地域は、古くからの興正寺門徒の中心地の一つである。しかし、蓮如は紀三井寺に参拝しながら、覚如が来訪した名勝の地和歌浦には、そばまで来ているのに足を向けていない。他方、興正寺下性応寺末であった和歌山市関戸の「円明寺由緒記」は、文明八年蓮如の熊野詣について書いているのに、訪問が間違いない文明一八年の紀州下向については何の記述もない。蓮如が泉南や雑賀の興正寺門徒に会っていないということは、文明一八年段階では経豪門下はまだ完全には本願寺に服していなかったのであろうか。いずれにしろ、このときの蓮如の紀州来訪は、興正寺門徒への布教を目的としていなかったことだけは間違いなかろう。

ところが、第一章でも述べたが、「円明寺由緒記」は文明八年に蓮如が興正寺の門末を記した帳面を借り、彼らの家に止宿して熊野に詣でたと記している。また、詣でた帰りに蓮如が「冷水浦」で勧化し、「当寺左近入道」もそれを受け、翌年河内出口へ行き十字名号を下されたと書いていた。一〇年前に世話になったのなら、蓮如が紀州の興正寺門末と会わないのは腑に落ちない。また、蓮如がすぐ近くの紀三井寺や清水を訪れているのに、「左近入道」が会いに行ってもいないのは不思議な話である。「円明寺由緒記」の文明八年蓮如の熊野詣の記述は、信憑性が乏しいといわざるを得ない。

しかし、石田晴男氏は「円明寺由緒書(ママ)」にある蓮如の熊野詣の記述を「信憑性があると判断される」と評価する。さらに、こうした「文明八年の蓮如下向を記す由緒書・寺伝を目にすることが多い」とし、また「文明八年は正月と六月に出口にいた外は、消息は明らかではない」から、「熊野詣の可能性は皆無ではないようにも思われる」と、主張したのである。[5]

だが、「紀伊国紀行」に興正寺門末との関係を窺えるものは皆無である。真光寺の「由緒書」にも、「円明寺由緒記」にも伝説の文明八年の蓮如下向は登場するが、史実と確認できる文明一八年の紀州来訪については何の記述もなかった。「円明寺由緒記」の熊野詣の記述が、「信憑性があると判断」できるとはどうしても思えない。このような由緒書・寺伝が多いからといって、よほど確実な史料がない限り、「熊野詣の可能性は皆無ではない」と主張すべきではなかろう。文明八年蓮如の熊野詣は、伝説の域を出ないと判断してよい。

註

（1）多治比郁夫「紀州書肆聚星堂の活字本」（『ビブリア』八一、一九八三年）一三一頁。
（2）「人物誌」（『和歌山史要』和歌山市役所、一九三九年）二〇頁。『和学者総覧』汲古書院、一九九〇年、五二五頁。
（3）多治比註（1）前掲論文、一三五頁。
（4）和歌山市史編纂室旧蔵の影写本が、現在和歌山市立博物館に所蔵されている。
（5）石田晴男「「紀州惣国」再論」（『戦国期の真宗と一向一揆』吉川弘文館、二〇一〇年）九九～一〇〇頁。

第二章　真宗教団と被差別民

――実如期の紀伊真宗を中心に――

はじめに

第一章で明らかにしたように、浄土真宗の信仰が紀州に及んだのは南北朝時代にさかのぼるが、それは本願寺ではなく仏光寺の教えであった。文明一八（一四八六）年に蓮如が紀州に来訪する以前に、仏光寺教団は日高郡以北の平野部を中心に広く浸透していた。その大半が、天文年間（一五三二～一五五五）に泉州嘉祥寺から紀州海部（海士）郡宇須に移転することになる真光寺と、同じ頃堺から同郡和歌浦に来て、阿弥陀寺から改号する性応寺の末寺であり、この二カ寺が重要な役割を果たしていたのである。仏光寺の教線は、和泉からもっぱら「海の道」を通って紀州に伸び、さらに「川の道」に沿って広がっている。

他方、本願寺教団においても、蓮如が来訪する以前に、泉州嘉祥寺の浄光寺了真が紀ノ川下流域に教えを広めていた。浄光寺の教線はほとんど峠越えという「陸の道」から伸びてきている。蓮如もこの道筋に沿って紀州に来たのである。このとき、名草郡清水の喜六大夫（了賢）が蓮如と出会い、直弟子となった。以後、清水が直末の拠点となる。

以上が、蓮如が亡くなるまでの紀伊真宗の大まかな状況である。これ以降も紀州においては、一方で、仏光寺教団であった興正寺末の真光寺と性応寺が引き続き教化に努め、他方、本願寺教団では浄光寺が名草郡北部を中心に勧化に赴き、名草郡南部以南では清水から直末道場が広がっていく。

実如期に紀伊真宗において新たな展開も見られた。本書でいう「実如期」とは、ポスト蓮如、すなわち明応八（一四九九）年に蓮如が亡くなって以降、大永五（一五二五）年に実如が死去するまでの期間である。これは、ちょうど一五〇〇年代の最初の四半世紀にあたる。

新たな展開のうち主要なものは、以下の三点である。第一に、直末の拠点が清水から名草郡黒江に移転し、ここに御坊が創設される。第二は、直末衆のなかで有田郡宮原の浄見が、有田郡以南へ盛んに教化に赴き、これが福蔵寺末の形成となる。第三に、別の真宗寺院が紀州に教線を伸ばしてきた。それは、孫寺も含め、近世紀州に三十数カ寺の末寺を有した、摂津富田の本照寺である。(1) なお、周知のように、本照寺は元は光照寺と号し、正保三（一六四六）年に寺号を変えたのである。第一の問題は第三章で述べることにして、本章では最後の問題を中心に考察し、第二についても言及したい。

本照寺の下寺は全て、いわゆる「部落寺院」であった。ここでいう「部落寺院」とは、近世紀州において「皮田（多）」と呼ばれて、いわれなき差別を受けてきた被差別部落に立地する寺院・道場のことである（「被差別部落」やその略称である「部落」という呼称は前近代にはなかったが、通例に従って用いる）。紀州においては、すでに実如期に光照寺末の道場として開基した寺院が、数カ寺確認できる。しかし、他方では、光照寺末以外の「部落寺院」も同時期に道場として開基していた。

もっとも、実如期の中世においてこうした差別がすでに存在したかどうかの問題、あるいは、中世の差別と近世の差別の連続と断絶の問題は、ここでは問わない。なぜなら、差別の形成や変容と真宗の受容とはやや次元の異なる問題であるからだ。もちろん、両者は無関係ではあり得ないが、相互関連の究明はあまりにも大きな問題であり、今後の課題としたい。

「部落寺院」については、すでに多くの研究がある。これまでの主要な研究は、山本尚友「近世部落寺院の成立について」[2]がまとめてくれている。また、これ以後の研究史については、奥本武裕「大和における「部落寺院」研究の課題」[3]が詳しいので、それに譲る。山本氏の論文は、寺院史料の扱いにやや厳密さを欠くきらいはあるものの、全国的な「部落寺院」の成立状況を明らかにし、被差別部落における真宗の受容を研究する上で、今なお一つの到達点だと考えてよい。ただし、個々の議論については疑問点もあり、折に触れて言及したい。

たくさんの論考があるにもかかわらず、これまでの真宗教団と被差別民との関係についての歴史的研究には大きな片寄りが見られた。それは、「部落寺院」に研究が集中している感が否めないのである。しかし、この問題を考察する際、第一に、「皮田（エタ）」に限定することなく、「夙（宿）」などを含めて、全体として被差別民と真宗の関係を探究する必要があろう。第二に、これと関連して、近世に比べ解明が進んでいない、中世における被差別民の真宗受容の実態をもっと明らかにしなければならない。そこで本章では、全体的な紀伊真宗の歴史を踏まえつつ、この地における「皮田村」や「夙村」に位置する寺院の開基について、実如期を中心として実証的に考察する。その上で真宗教団と被差別民との関係について一つの仮説を提示したい。

紀州における被差別民と真宗との関係については、以前から注目されており、紀伊真宗史においてこれは重要な課題である。この問題でまず取り上げなければならない研究は、井上鋭夫『一向一揆の研究』[4]だ。井上氏の著作は、単に紀州のみを研究対象としているわけではない。この本で提出された「ワタリ・タイシ」論は当時学界で注目された。ただし、他の地域は不勉強で判断しかねるが、こと紀州に関しては事実誤認や地理的条件を無視した議論が見受けられる。この点については、すでに渡辺広氏がかなり的確な批判を行なっている。だが、その後も井上氏の見解を無批判に引用した文献が散見される。また、渡辺氏の反論も、氏の研究領域である部落史研究の範囲内での批判であり、真宗史研究の視点で見た場合、紀州に関する井上氏の議論について言及すべき点がなお残されている。

他方、渡辺広氏は紀州を中心とした被差別民の歴史を明らかにし、その実証的研究[5]は高い評価を受けている。本書では、紀州における「皮田」や「夙」の成立の問題については触れないが、基本的に氏の研究に依拠している。ただ、渡辺氏の「部落寺院」についての議論は、疑問点が少なくない。渡辺氏に対する批判[6]はすでにあるが、本書ではあくまで寺院史料に基づいて実証的に検討したい。

ところで、本書で使用する地名は基本的に当時のものである。たとえば「那賀郡」といってもそれは前近代までの範囲を示し、現在の範囲とは異なっている。それゆえ、現在の範囲を示すときには、「現在の日高郡」というように明記した。ただし、「和歌山市」のように明らかに現在にしかない地名の場合は、その限りではない。

第一節　本照寺末寺院の開基

1　狩宿光明寺の方便法身尊像をめぐって

井上鋭夫氏は、「まことに和歌山県では、未解放部落と真宗寺院との関係には注目すべきものがある。高野山のお膝元である紀ノ川沿岸の伊都川北組一六カ寺の真宗寺院は、すべて「夙（しゅく）」（宿）その他の未解放部落に立地している」とし、那賀郡大垣内の「周縁の未解放部落は安楽寺門徒である。こうしたいわれなき差別を受けてきた未解放部落の寺院は、摂津富田の本照寺の末寺であ」ると述べている。そして、「狩宿の光明寺の方便法身画像裏書

（実如、永正四年三月二十五日）には「光照寺門徒紀州伊都郡名手　願主釈了道」とあり、「夙」と光照寺との関係は、やはり中世以来認められる」と主張する。(7)

これに対し渡辺広氏は、「狩宿は江戸時代皮田であって夙ではなかった。また、江戸時代以前においても狩宿が夙（宿）であったことはない。紀州の夙の真宗寺院に、本照寺（光照寺）の末寺はない」(8)と批判した。これは、渡辺氏の指摘のとおりで、井上氏は「狩宿」という字面から判断したのであろうが、事実に反する。狩宿は馬宿村から分かれたものだ。井上氏には、これに限らず、地名からの安直な類推が間々見られる。

なお、「伊都川北組」という真宗の組名は聞いたことがない。それゆえ、「一六ヵ寺」とはどの時点の、どの範囲の数を表しているのか分からない。このため、すべてが「未解放部落に立地している」とは言い切れない。それに、そもそも「夙」を「未解放部落」とすること自体に問題がある。なぜなら、「皮田」と「夙」とは同一には論じられないからだ。

近世紀州の「部落寺院」は全て本照寺末であるとする議論が、今なお見受けられる。山本尚友氏もそのように記述している。(9)たしかに、有田郡以北の「皮田村」に立地する西本願寺末の寺院・道場は全て本照寺末であった。しかし、現在の日高郡では西本願寺の直末系である。また、口熊野は、独自の道場を持つところもあったが、基本的に近世では西本願寺末の「一般寺院」の門徒であった。さらに、「大逆事件」で逮捕された高木顕明が住職をした新宮の浄泉寺は東本願寺末であり、伊都郡には東本願寺末で大和箸尾教行寺末の寺院もある。ただし、東本願寺末寺院の開基は近世であるので、本章では言及しない。

他方、紀州において「夙村」に位置する真宗寺院・道場は、ほとんど興正寺門徒性応寺末であった。この点、後で詳述したい（本章第二節「2」）。また、「隠坊」と呼ばれた人々が建立した道場は一つしか見出せないが、河内南木本村光蓮寺末である。ただし、「隠坊」と真宗との関係は概して希薄なようだ。さらに、陰陽師、巫、猿引など、その他の被差別民と真宗との関係は、紀州においては今のところ確認できていない。

井上氏は何を根拠に大垣内の「周縁の未解放部落は安楽寺門徒である」と断定するのか分からない。井上氏自身紹介しているように、安楽寺には明応三（一四九四）年七月九日に実如より下付された方便法身尊像の裏書があり、「興正寺門徒真光寺下」と書かれている。[10]『紀伊続風土記』[11]（和歌山県神職取締所、一九一〇年復刻、以下『風土記』と略）によると、安楽寺は天保期も真光寺末のままである。真光寺の下寺の門徒が分離して、本照寺の下寺を建立したとする史料はない。これに対し、狩宿の光明寺の教線が、大垣内に伸びたという史料や伝承はある。

渡辺氏は、井上氏が取り上げた光明寺の方便法身尊像裏書についても疑問を出されている。しかし、今度は渡辺氏の主張を検討したい。渡辺氏が問題とする理由は、光明寺の木仏下付の御札の記述と矛盾するというのである。同寺に現存している、御札（**図1**）は以下のとおりである。

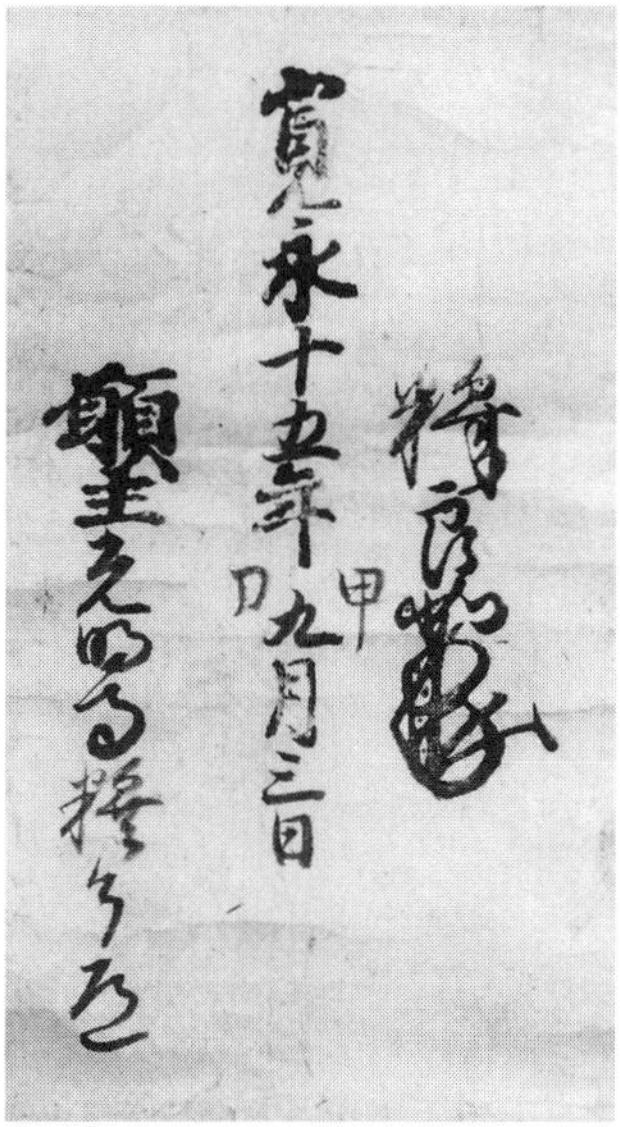

図1　光明寺蔵木仏下付御札

釈良如（花押）

寛永十五年刀甲九月三日

願主光明寺釈了道

干支の「刀」は寅の俗字である。寛永一五（一六三八）年は正確には「戊寅」であり、良如は間違って書いている。裏書等での干支の誤記はしばしば見受けられるもので、この御札は署名・花押（木版カ）や筆跡から判断して、良如のものであることは間違いない。

渡辺氏の疑問は、第一に、方便法身尊像と木仏の願主名が同じであること、第二に、木仏の御札には「光照寺門徒」という記述がなく、方便法身尊像裏書の記述と矛盾するという点である。そして、「当時はまだ摂州富田本照寺門徒では無かった」と推測し、本照寺が「この頃から部落と関係があったかどうか疑わしい」と述べ、裏書の記述は年号等を「改竄」しているかのように主張している[12]。

まず、渡辺氏は方便法身尊像裏書の一行目に「光明寺開季総本尊永正丁卯歳三月廿五日」と引用しており、裏書そのものではなく由緒書等の二次史料を見て書いたように思われる。「改竄」を問題にするのであれば、裏書自体を検討する必要があろう。そこで、光明寺に現存する裏書の写真を掲げた（図2）。なお、裏書という史料の性格上、紙の変色が激しく字が読みづらいので、上下に分けて撮影・掲載した。裏書の記述は左記のとおりである。

大谷本願寺釈実如（花押）
永正四年丁卯三月廿五日
方便法身尊像　光照寺門徒紀州
伊都郡名手
願主釈了道

紀州において実如の裏書は、現在確認されているだけで、明応期のものが七点、永正期のものはそれ以上に現存している。他の裏書と比較して筆跡・花押等を検討すると、実如の自筆と考えて間違いない。また、改竄のあとは一切認められない。なお、狩宿は名手荘に属し、伊都郡に隣接しているが那賀郡である。ただし、裏書での郡名の誤記は、鷺森二尊像裏書をはじめ、しばしば見受けられるもので、問題にする必要はない。

次に、方便法身尊像裏書と木仏御札の願主名が同じ了道である点を検討したい。光明寺第九代了信が宝暦六（一七五六）年に書いた「光明寺代々系図」が同寺にある。これによると、初代〜三代と六代の法名が同じ「了道」である。しかも、初代のところに「開基仏願主」と、三代のところに「寺号木仏願主」と記している。すなわち、同名異人であることが確認できるのである。

寺の歴代が同じ法名を使う例は比較的少ないと思われるが、無いわけではない。たとえば、名草郡岩橋村称名寺は、同村の「寛政四年八月　寺社改帳」（中筋家文書）によると、初代から四代まで歴代「了西」となっている。また、同郡小豆島村善勝寺第八代遊海が幕末に書いた「竹林顕光記」によると、同寺の二代と四代の法名が同じ「宗

図2　光明寺蔵方便法身尊像裏書

玄」である。

ここで一つ問題がある。光明寺初代了道が永正四（一五〇七）年に本願寺第九世実如から方便法身尊像を与えられ、三代了道が寛永一五（一六三八）年に西本願寺第一三世良如から木仏を下付されたとなると、初代から三代まで少なくとも平均して各々四四年近く、道場主を務めたことになる。しかも、第一〇世となるべき円如を除いても、この間本願寺の宗主は五代を経ているのである。光明寺にも、円如のように継ぐ以前に亡くなった人がいたのかもしれないが、常識的に考えれば不自然だ。渡辺氏は、後出の湯浅最勝寺に関して歴代の在任期間が長すぎる点を問題にしている(13)。

道場が寺院化して以降は、継ぐ前に死去した場合を除き、代々住職となるのが通常である。また寺請制の下、元禄前後から過去帳を各寺院が備えるようになるので、容易に先祖の名前が分かる。しかし、寺院化する以前の道場において、とりわけ自庵の場合、道場主が全て僧籍を持つとは限らない。また全体的に、僧といっても半俗半僧で、教団内身分からすると寺号のない「門徒の坊主分」にすぎない。このため、歴代の名を残す習慣は一部にあっても、全体のものではない。のちに寺の由緒書等を作成する際、本願寺からの下付物があればそのときの道場主の法名は分かるが、それ以外は不明な場合が多く、記載されない。このため判明した者のみ歴代に組み入れるので、計算すると寺院化する以前は在任期間が長くなるのであるが、これは特異な例ではない。

渡辺氏の第二の疑問点について検討しよう。たしかに、光明寺に下付された良如の木仏御札には、光照寺門徒という記載はない。これは書いていないだけで、光照寺末でなかったことを意味しない。というのは、管見の限り、准如・良如期の手のひらサイズ（縦一一・五センチメートル、横七センチメートル程度）の木仏御札は、本願寺宗主名、年月日、寺号・願主名を順に記すが、いわゆる下付物名と所付（所在地・本末・取次名）を欠くタイプのものが多いからだ。当初このタイプは、寺号・願主名の前に本末を記載したものもあったが、慶長一〇（一六〇五）年頃からはほとんど書かれなくなっている。[14]

たとえば、雑賀年寄衆の一人である宮本平大夫の海部郡湊の善能寺は、興正寺門徒性応寺末であるが、慶長一四年に准如が下付した現存の木仏御札にはその旨の記載はない。また紀州以外でも、安達五男氏は、丹波国氷上郡明照寺の良如の裏書に本照寺との本末関係が出てこないのを理由に、このときは直末で、のちに本照寺末となったと主張した。[15]これに対し山本尚友氏は、『木仏之留』には「富田光照寺下」とあり、すでに本末関係が形成されている点を指摘している。[16]つまり、裏書等で所付に所在地のみを書いて、本末を記載していなければ直末といえるが、所付そのものを欠いているのであれば、本末関係は不明なだけである。

なお、この手のひらサイズの御札には、逆に所付・年月日・本願寺宗主名の順に記載したものもあり、このタイプは下付物名と願主名を欠く傾向がある。さらに、良如の木仏御札には、やや形の大きい（縦二一センチメートル、横一五センチメートル程度）別の種類のものがあり、これは絵像と同じ裏書の形式で書かれている。なお、以上の木仏御札の違いが、どのような意味があるのかの考察は、次の補論2で明らかにした。

光明寺の御住職のお話によると、井坂の蓮乗寺と対抗しながら、周辺へ教えを広めたと伝えられており、隣の西之芝をはじめ那賀郡の調月や大垣内、伊都郡丁ノ町へは光明寺から教線を伸ばしたとのことである。先の「光明寺代々系図」には、当寺第九代了信の次男了円が西之芝村の寺院を開基したと書いている。また、本願寺末寺帳には、大垣内の寺院は光明寺末になっている。[17]

以上、光明寺が永正四年三月二五日に実如から方便法身尊像を下付され、光照寺門徒として道場を開基したことは疑う余地がない。なお、光明寺には実如筆と伝えられる草書体六字名号が所蔵されている。これは、やや蓮如の特徴も見られるが、基本的には青木馨氏の分類によるタイプB―2に属し、伝承どおり実如のものと考えて間違いない[18]。名号も、実如との繋がりの深さを示している。

2　井坂蓮乗寺の方便法身尊像をめぐって

永正年間、光照寺の取次で開基したのは光明寺だけではない。那賀郡井坂の蓮乗寺に、実如が下付した方便法身尊像の裏書が別幅で現存している（図3）。ただし、残念ながら表の絵像は残っていない。この裏書は以前にも紹介されているが、記述は左記のとおりである。

大谷本願寺釈実如（花押）
永正三年丙寅十一月廿八日
冨田光照寺門徒
方便法身尊像
田中庄
願主釈善正

この裏書は国名・郡名を欠くが、井坂は田中庄に位置しており、田中庄には他に本照寺末寺院はないから、蓮乗寺の開基仏と考えてよかろう。寛永一五（一六三八）年に同寺住職了恵が書いた「蓮乗寺代々記」[19]に、「俗名助九郎法名善正代ノ事」として「御本尊ノソミアケラレ、御裏ニ　実如様ノ御自筆ノ御念比ナル御書御判、永正三年霜月廿八日ニ御免アソハサレクタサレソロナリ」とある。

渡辺氏は、助九郎が「慶長検地帳」にも登場することを理由に、「蓮乗寺代々記」のこの記載に疑問を持たれている[20]。しかし、同名だからといって同一人物とは限らない[21]。裏書は紛れもなく実如の自筆であって、この点は疑う余地はない。すなわち、蓮乗寺が善正の代に、光照寺の取次で永正三（一五〇六）年一一月二八日付で実如から方便法身尊像を下付されたのである。なお、蓮乗寺の先代御住職のお話では伊都郡原田や中飯降へは、蓮乗寺から教線を伸ばしたという。

「蓮乗寺代々記」では善正の先々代西善のときに蓮如から「トラフノ大幅ノ六字ノ御名号」を下付され真宗に帰依したとある。しかし、名号が現存していないため、この点は確認できない。また、「トラフ」すなわち「虎斑」と呼ばれるござ目のかすれは、蓮如の草書体六字名号の特徴であるが、実如のものにもないわけではない。たとえば、先の光明寺所蔵の実如筆六字名号は「虎斑」になっている。それゆえ、「トラフ」だから蓮如から賜ったとはいえない。それに、先代の西願のときならまだ理解できるが、先々代西善のときに仏光寺教団ならまだしも、本願寺教団が紀州に浸透していたとは思えない。もっとも、西願が若くして亡くなったのかもしれない。だが、「蓮乗寺代々記」には善正は「老父ユツリノホカニ田畠」を求めたとある。

図3　蓮乗寺蔵方便法身尊像裏書

ところで、井上氏は「紀伊国那賀郡の紀ノ川中流域、つまり根来寺の周辺に、「雑賀五ヶ御坊」と呼ばれる門徒寺があり、これが鉄炮隊を率いて石山合戦に活躍したと伝承されている」

とする。この「雑賀五ヶ御坊はいずれも、いわゆる未解放部落の寺院であるが、その筆頭である川崎蓮乗寺には、顕如書状をはじめ、多くの本願寺からの書状が伝存されて」いるが、これは「紀州坊主衆を代表する有力寺院の手から、未解放部落の寺院へ売買・譲渡されることは、その差別が近世ほどではなかったにしても、常識的には考えられないことである」と述べ、「この文書は、蓮乗寺の祖先（川崎了玄）にあてられたものではないが、雑賀衆として実際に鉄炮隊を率いて上坂したものが了玄であり、彼の手を通じて雑賀惣中へ書状がもたらされたといえる。五ヶ御坊の伝説は一応信頼し得る性質のものなのである」と結論づけている。(22)

これに対し渡辺氏は、顕如書状をはじめとした「石山合戦」期の文書は「その寺院の伝承は、他の史料とつきあわせると、信用できないから、他の地域のものがまぎれこんだものと考えざるをえない」とする。(23)渡辺氏が疑問とする寺院の伝承とは先の「蓮乗寺代々記」の開基についての記載であり、他の史料とは「慶長検地帳」のことである。しかし、開基の記述は間違いないから、この点を理由に「他の地域のものがまぎれこんだ」とは決していえない。

しかし、真宗寺院の法宝物の移動は、しばしば見受けられる。方便法身尊像などの場合、裏書に下付先が明記されているので、その移動が裏付けられる。今の大阪に下付されたものが秋田・滋賀などに移動し、鹿児島のものが和歌山にあり、和歌山に下付されたものが新潟にあるといった具合である。これが、裏書のない名号類となると、よほど確実な根拠がない限り、現在の所蔵場所に下付されたものとは言い難い。これと同様に、蓮乗寺の「石山合戦」期の文書についても、十分な検討を加える必要がある。特に、蓮乗寺所蔵文書のうち「紀州大田退衆中」宛の顕如消息については、その年代と中身の解釈をめぐって論争されている。この点詳しくは補論2で検討したので、そちらを参照されたい。

ただし、井上氏が語っている「雑賀五ヶ御坊」の伝承は、紀伊真宗史において見過ごせない問題であるので、本章において検討したい。この点について、渡辺氏は「どうして根来寺周辺に「雑賀五ヶ御坊」があるのか。地理を超越した話である」[24]と批判している。雑賀は現在の和歌山市に、根来はその東の岩出市に位置する。岩出市が隣接しているからといって、和歌山市と呼べないのは地理の問題である。当時でも、根来を雑賀とは呼ばない。まして、岩出市よりさらに東の旧打田町（現、紀ノ川市）にある蓮乗寺が、なぜ雑賀なのだろうか。たしかに、紀州以外の人間で細かい地理を知らない者が、全てひっくるめて雑賀と呼ぶ可能性まで否定できない。しかし、井上氏のいう伝承は、地元のものであるはずだから、地元の人間が蓮乗寺周辺を雑賀と呼ぶことはあり得ない。

次に、紀州において「御坊」と呼ばれた寺院は、紀北では現在の鷺森別院の前身とする清水（御坊となるのは安永期以降）・黒江・御坊山（現、秋葉山）と鷺森の各御坊、それに江戸時代に創られたといわれている岡崎御坊、紀南では現在の日高別院の前身である吉原と薗の御坊だけである。特に、鷺森は「雑賀御坊」とも呼ばれたが、これとは別に「雑賀五ヶ御坊」なるものが存在したとは聞いたことがない。「五ヶ御坊」なるものは奈良にあるが、それと勘違いされたのであろうか。

寺木伸明氏は、「民衆門徒にとっては、旦那寺や道場を御坊と呼ぶこともあったと考えられる」[26]と述べている。しかし、「蓮乗寺代々記」には親鸞御影を下付された際、「村中旦那ノ云ク御坊等エハホトトヲケレハ、サイ〳〵マイルコトナリカタ」かったが、地元で「御尊影」を拝めるので有り難い、と述べたと書いている。すなわち、蓮乗寺門徒にとって「御坊」とは鷺森を指す言葉だったのである。

さらに、「雑賀五ヶ御坊と呼ばれる門徒寺」の五つの寺院は、蓮乗寺以外のどの寺を指すのか不明である。しかも、蓮乗寺が寺院化するのは寛永九（一六三二）年以降であり、「石山合戦」期には道場のままである[27]。紀州で「石山合戦」前にすでに寺院と確認できるのは、御坊を除いて、前述の性応寺、真光寺、福蔵寺ぐらいのものだ。「根来寺周辺」でかつ「未解放部落」に立地する道場ですら、「石山合戦」期以前に開基しているものを五つ挙げるのさえ、範囲を広げない限り難しい。それに、いったいこの「雑賀五ヶ御坊」はその後どうなってしまったのだろうか。

そもそも、「雑賀五ヶ御坊」の伝承はどこに記述されているのか、誰が語ったのか、井上氏は一切明らかにしていない。そもそも、この伝承が記載されているべき「蓮乗寺代々記」に、「雑賀五ヶ御坊」も「石山合戦」のことも全く出てこないのである。井上氏が記述して以降、この話は「伝説」になりつつあるが、それ以前にこのような伝承が本当にあったのか疑いたくなる。というのは、この伝承は地元の者にとって、あまりにも腑に落ちない点が多いからだ。つまり、心の奥底で納得ができないのである。

「雑賀五ヶ御坊」がたとえ幻であったとしても、実如期に開基した蓮乗寺の門徒が「石山合戦」に参加した可能性は十分あり得る。だからといって、「雑賀衆」と呼ばれる必然性はない。なぜなら、証如が大坂本願寺に番衆として紀州門徒を緊急動員した際、「雑賀衆」と同時に「紀州衆」が上山している。[28]「石山合戦」期でも、本願寺が雑賀門徒宛に参上を求めている手紙もあるが、大半は紀州惣門徒宛であり、紀州熊野衆に番衆を求めた文書もある。[29]つまり、「石山合戦」に参加した紀州門徒は、雑賀門徒衆だけではなかったのである。

3　他の本照寺末寺院の開基について

上記二点の方便法身尊像裏書以外にも、永正年間に光照寺下で道場を開基した記録がある。それは伊都郡岸上の照光寺の方便法身尊像についての史料で、『橋本市史』[30]に左記のように掲載されている。

同寺什物、「縁起書軸物」

「大谷本願寺釈実如（花押）

永正七年庚午六月五日

富光照寺門徒　紀州伊都郡岸之上道場也

方便法身尊像

」

残念ながら原史料は未見であるが、「縁起書軸物」とあるから方便法身尊像裏書そのものではない可能性もある。というのは、やや不審な点があるからだ。まず、所付の最後が「常住物也」や「道場物也」とある裏書はよくあるが、「道場也」という記述はほとんど見受けられない。また、「方便法身尊像」の位置が所定の場所と違うし、どういうわけか願主名が欠けている。

しかし、光明寺や蓮乗寺の裏書から考えて、永正七（一五一〇）年に岸上へ方便法身尊像が下付されても不思議ではない。また、干支の書き方が江戸中期以降の斜めではなく、この時期の横並びに記載されており、写しであったとしても元の裏書を見て書いたものと思われる。それに、青木馨氏の分類による典型的なタイプB—2の草書体六字名号が、照光寺に所蔵されている。この六字名号は、実如のものと推定される。たしかに、この六字名号がもともとから同寺にあったものか確定は難しいが、先の裏書の記録と照らし合わせて、実如の六字名号が同寺に下付されてもおかしくない。以上のことから、照光寺が実如期に開基した可能性は高く、全体として「縁起書軸物」の記述は信頼してよいと思う。ちなみに、現存する照光寺の木仏御札は、延宝六（一六七八）年付である。

永正三年に那賀郡井坂に、四年に同郡狩宿に、七年には伊都郡岸上に、光照寺の取次で実如から方便法身尊像が下付されたということは、永正年間、紀ノ川の中流域において下流から順次、光照寺の教線が伸びてきたことになる。そして、光明寺や蓮乗寺の御住職のお話のように、それぞれがその地域の核となって、周辺の「皮田」へ教えを広め那賀郡・伊都郡の本照寺末が形成されたと考えてよかろう。

紀ノ川下流域の名草郡・海部郡では、実如期の本照寺末の史料は見つかっていない。ただし『紫雲殿由縁記』に、「川辺」の被差別民が「石山合戦」期に門徒となっていて、教行寺が出入りし「黒箱ノ御首」を預かった旨の記述がある。(31)この「川辺」とは名草郡中村と比定されており、(32)同所にあった本照寺末の照福寺は「石山合戦」以前に道場を開基していた可能性が高い。『風土記』によると、照福寺は名草郡平井、同郡口須佐、海部郡木本に末寺があり、紀ノ川下流域における本照寺末の中心的寺院の一つと考えてよかろう。

有田郡において古い由緒のある本照寺末寺院は、湯浅の最勝寺である。「海北山最勝寺開基由緒縁起」には、「明応元年ノ頃ニ摂州嶋上郡富田本照寺徒弟ニ若大夫ト申ス者」が当地に来て「地頭領主」より「当所ノ番人ト定メラレ」、「明応六年ノ六月十日何ナル因縁哉京都本願寺八代目蓮如上人御直筆六字尊号ヲ頂戴仕」ったのが「当寺開基ノ由来」とある。(33)

日野照正氏が指摘しているように、明応頃は「富田本照寺」の寺号はまだ光照寺であり、また、本願寺は京都ではなく山科にあり、蓮如は大坂坊舎を住居としていたから、この記述がどこまで信用できるか検討する必要がある。(34)また、「海北山最勝寺開基由緒縁起」は明治七（一八七四）年の作とのことである。(35)たしかに、『北栄のむかし』に掲載された写真の史料が原本であるなら、字体からして明治以降のものと考えてよい。

しかし、江戸期の寺伝が信用できて、明治のものが間違っているとは限らない。寺伝でも一〇〇年後頃まで、つまり三代目までによる記述とそれ以降のものでは、史料の精度に質的な差はあろう。だが、二〇〇年後の記述、三〇〇年後の記述、四〇〇年後の記述にそれほど違いはないといってよい。もちろん、伝承をそのまま史実とはできない。しかし、そこにはある種の事実が含まれているものである。最勝寺が当初より光照寺と関係を持っていたとしても、永正年間には紀ノ川中流域で光照寺門徒の道場が三カ所も開基しているから、疑う必要はなかろう。本照寺末を離脱して直末となる明治期において、上寺との結び付きを強調することに何らメリットはないからだ。また、熊野街道沿いは蓮如の熊野詣伝説の影響で、文明年間開基伝承が流布しているなかで、明応六（一四九七）年六月一〇日という具体的な時期に開基を求めているのは、裏書など何らかの根拠があったと考えるべきであろう。

近世において有田郡以北の「皮田村」に立地する寺院・道場は全て本照寺末であり、それ以外に末寺がないということは、戦国期に差別がすでに存在していたかどうかの議論は別にして、光照寺が紀州北部において繋がりのある同種類の社会集団に教線を伸ばしていったと考えるのが合理的である。山本尚友氏が指摘しているように、摂津富田が商工業者の多い町場で、淀川と西国街道という交通の要所に位置している地理的条件からして、商業活動を媒介として教線を伸ばしていった可能性が高い(36)。紀ノ川は河川交通の重要ルートであったし、湯浅は熊野街道の宿駅であるとともに、海上交通の拠点であった。

ことによると皮革の流通が介在しているのかもしれないが、摂津富田と皮革業との関係はなお不明確であり、究明する必要があろう。ただ、富田の教行寺が被差別部落に出入りしたり、大和に移ってからかもしれないが、「部落寺院」を末寺に持っている点を考えると、富田の地は注目に値する。

4　本末形成をめぐって

実如期より前に開基した可能性のある本照寺末寺院がある。それは、伊都郡端場の大光寺である。というのは、一九九九年、大光寺で蓮如筆「讃銘付楷書体六字名号」が見つかったからだ。蓮如の草書体六字名号はたくさんあるが、「讃銘付楷書体六字名号」は珍しいもので近畿地方では初めて発見された。大光寺が本照寺末であったことは、同寺にある左記の木仏下付の御札で明らかである。

釈寂如（花押）
天和弐季壬戌八月廿日
木仏尊像　本照寺門徒紀州伊都郡
端場村惣道場大光寺

応仁二（一四六八）年蓮如は吉野を訪れた際、高野山に立ち寄っている。麓にある大光寺の位置から考えて、この「吉野紀行」との関係を検討しなければならないだろう。ただし、「吉野紀行」では、どのコースを通って高野山へのぼったのか書いていない。また、この六字名号の上部に書かれた讃銘は、善導『観経疏』玄義分からの引用で、親鸞が『教行信証』行巻に収録している善導の六字釈である。蓮如が善導の六字釈をよく用いるようになるのは、文明五（一四七三）年一二月一二日の「御文章」の前後からであり、この讃銘を持つ六字名号もその頃の作ではないかと推測されており[37]、時期が完全には一致しない。

大光寺には、青木馨氏の分類による典型的なタイプA―1の草書体六字名号も所蔵されており、これも間違いなく蓮如のものだ。ただし、二つの六字名号の伝来の経緯を書いた由緒書等がないため、確実に大光寺に下付されたものとは言い切れない。また、方便法身尊像も現存していないので、開基年代も不明である。もちろん、蓮如期に開基した可能性はあるが、今後新たな史料が発見されない限り確実なことは分からず、今後の課題となる。

ただし、ここで一つ検討しなければならないのは、本末形成の問題である。なぜなら、大光寺は、蓮如が来訪し六字名号を賜った可能性があるから元は本願寺の直末で、のちに本照寺末になったという議論が想定されるからだ。

まず、蓮如や実如の六字名号があるからといって、その寺院が直末とはいえないのは、いうまでもないことのようだが、こうした主張さえ存在する。本願寺の宗主が本尊・画像類を下付する対象は、直末だけではない。また、本願寺宗主の来訪が、直末である直接の証明とはならないのも当然である。寺院の本末を確認できるのは、裏書等の所付部分の記載や書上類、それに本山や中本寺が持つ下寺に関する史料ぐらいしかなかろう。

中世以前の本末構成については、千葉乗隆氏による六種類の分類が有名である(38)。このうち、真宗の場合は、五番目の「法流師資の関係による本末構成」か、六番目の「大名領国制の成立期に、領主の意向により一国あるいは一地方の本末構成が形成」されたものがほとんどであろう。

ここで問題となるのが山本尚友氏の議論である。山本氏は以上とは別に、方便法身尊像等を下付してもらう際、手次寺が必要となり、これにより本末が形成される場合を主張している(39)。こうした例は、全くないとは言い切れないが、わずかしかないと思う。少なくとも、紀州ではこのような例は知らない。

ところが、直末であった道場が手次の必要から他の下寺（浄光寺末）となった例として、山本氏が唯一取り上げているのが、紀州名草郡岩橋の法照寺である。しかし、法照寺が直末から浄光寺末となったことを示す史料はない。逆に、浄光寺末から直末に移行したことを表す文書はある。山本氏は蓮如の来訪を直末の根拠としているが、第一章で明らかにしたように、浄光寺の教線が岩橋にも伸び、その後蓮如が訪れたと考えるべきである。つまり、「法流師資の関係」により浄光寺末となり、当然絵像の取次も同寺が行なったのだ。

「法流師資の関係」を直接本願寺と結んだ寺院・道場が、直末となる。彼らは、基本的に本尊・画像類を直接本願寺に申請できる。これに対し、「法流師資の関係」を他の寺院を介して本願寺と結んだ寺院・道場は、師とする寺院や僧を手次として本尊・画像類を本願寺に申請し、その旨が裏書に記載されるのである。それゆえ、直末身分の者が手次の必要から、中本山の門末に組み入れられることは、通常ではないと考えてよい。

もちろん、寺院の本末関係は一定であったわけではない。特に近世では、寺格を上げるために上寺を離脱したり、転派したりする例は多い。また、本章「おわりに」で述べるように、本照寺末の寺院・道場が、本照寺が無住の間に、「四ケ之本寺」の万宣寺や福専寺の下寺に編成されている。さらに、近江国本行寺に准如の子が入寺すると、本願寺が相模国最宝寺の末寺を本行寺末に移管した例もある。(40) それゆえ、もともとの本末を見極めることが重要となる。

光明寺、蓮乗寺、照光寺などの周囲の状況から判断して、大光寺も直末ではなく光照寺末として開基した可能性の方が高いように思う。もし、大光寺が当初から直末であるなら、第二節で述べる蓮専寺のように直末のままではなく、なぜ本照寺末となったのか解明されなければならない。また、大光寺が直末であったとか、直末から本照寺末へ移ったとかは、そのことを示す史料がない限り主張できないのは当然である。

第二節　本照寺末以外の寺院の開基

1　直末寺院について

有田郡以北の西本願寺末の「部落寺院」は全て摂津富田の本照寺末だったが、現在の日高郡では直末系であった。たとえば、天明六（一七八六）年に本照寺住職の葬儀への参詣を下寺に求めた通達は、有田郡以北しか巡回していない。(41) ただし、『風土記』では日高郡切目の寺院は、「薗荘御坊村三宝寺末」（第二輯五七四頁）となっている。しかし、三宝寺は興正寺門徒性応寺下であったが、所在地は小池荘入山村である。これは三宝寺が薗御坊の留守居をしており、その資格で下寺にしたものと考えてよい。つまり、実体は薗御坊配下ということになる。なお、現在の日高郡以南で「皮田」に立地する寺院のうち、実如期に開基したと伝えられているのは、海部郡横浜の蓮専寺と日高郡財部の安養寺だけである。

蓮専寺第二〇代勧道が明暦三（一六五七）年に「諸品記録」と上書きした「蓮専寺記録(42)」によると、まず、同寺先祖藤太夫が「文明十七年乙巳八月中旬山城宇治郡山科於放鶯殿浄土真宗八代目之善知識蓮如上人様」の勧化により真宗に帰依し、六字名号を下されて帰国して「同十月ニ久保上ニ弐間四面之道場建立仕御名号安置仕候」とある。次いで、以下の記述が続く。

一　実如上人様御在世永正四年丁卯五月廿八日即藤太夫上京仕御剃刀頂戴仕則法名釈道西と御免被下候

一　同永正四年十一月十三日御長八百之御本尊御免被為成下候　　御裏書ニ曰

　　本願寺釈実如御判

法便（方）法身尊形

　　永正四丁卯十一月十三日

　　紀伊国海士郡横浜道場

　　　　願主　釈　道西

まず、この寺伝に書いてある蓮如の六字名号が、『端政山蓮専寺の歴史(43)』に掲載されている。しかし、写真を見る限り、これは青木馨氏の分類による典型的なタイプB—2の草書体六字名号で、蓮如ではなく実如のものと考えるべきであろう。それゆえ、最初の蓮如に関する記述は疑わしい。

次に、法名の記述に対応する以下の法名状の写真が同書に載っている。

永正四年五月廿八日
釈実如（花押）
法名　釈道西

写真を見ると、筆跡と花押は実如のものと判断してよい。ただし、通常の法名状の形式と全く異なっている。[44]しかも、「法名」と「釈道西」の部分は貼り紙である。ことによると、通常の形式のものを現状に切り貼りしたとも考えられよう。そうであったとしても、「釈実如」が書かれている位置が通常よりは上すぎる。しかし、「法名」は実如の特徴の強い字である。また、「釈道西」は実如の字に近似している。それゆえ、道西に与えられたものとの断定は保留しても、実如の法名状と考えてよい。

六字名号と法名状は明らかに実如のものである。また、残念ながら方便法身尊像の存在は不明であるが、「蓮専寺記録」の裏書の記述は形式どおりであり、永正四（一五〇七）年の開基はほぼ信用できるのではなかろうか。

この裏書の所付の部分には本末の記載はなく、蓮専寺は直末だったと考えてよい。これは、現存している左記の木仏御札でも確認できる。ただし、この御札の郡名は誤記で、現在の由良町は実態としては日高郡に近かったが、前近代は海部郡の飛び地であった。また、木仏御札の資料論は補論2を参照されたい。

釈寂如（花押）
元禄四歳辛未九月十日
木仏尊形　紀州日高郡横浜村蓮専寺
住物
願主釈教祐

蓮専寺が直末であったことは、二つの意味で注目する必要がある。一つは、これまで述べてきた、有田郡以北のように本照寺末ではないということが確認できたことだ。いま一つは、「本願寺系」でも直末そのもので、福蔵寺末ではないという点である。というのは、由良町の真宗寺院一二カ寺は蓮専寺を除いて、他は全て福蔵寺末であったからだ。

福蔵寺については第一章で述べたように、証如の『天文日記』に登場する「紀州宮原浄祐」とは同寺の第四代で、彼は証如期の紀州直末門徒の中心的存在であった。福蔵寺は当初有田郡宮原荘滝川原にあり、永禄一一（一五六八）年に湯河直春の寄進で海部郡由良荘衣奈浦に移る（その後、天正一三年現在地の湯浅に移転）。この福蔵寺が有田郡から日高郡にかけて多くの末寺を有したのは、本願寺において重要な役割を担った同寺の教化によるものか、湯河氏の影響力のもとで各道場を末寺に再編したものかの検討を、第一章で課題として挙げておいたが、その後の調査で同寺の教化によることが判明した。

由良町小引円明寺の方便法身尊像の裏書には、左記のように記載されている。(45) なお、筆跡は実如のものである。

大□□願寺釈
永正七歳庚午五月廿三日
宮原浄見門徒紀
海士郡江那庄
□便法身尊像

「宮原浄見」とは福蔵寺の初代である。次に、由良町大引浄明寺は、文明から文亀の年代に西道なるものが有田郡宮原の祐尊（福蔵寺第二代）に師事して真宗に帰依し、永正三（一五〇六）年七月に実如から方便法身尊像を下付されたと伝えられている(46)。由良町以外でも、福蔵寺末であった日高郡三尾荘唐子村一行寺へ、永正八年に実如が下付した絵像が現存しており、裏書に「宮原門徒」とある。「福蔵寺諸記」によると、福蔵寺は文明年中に名草郡清水に詣でて蓮如の勧化により真宗に帰依したと伝えられている。蓮如云々は別にして、清水から教線が伸びたことは間違いない。しかも、上記の史料から、福蔵寺は直末門徒の中心となって、ただちに宮原から南へ教化に赴いたようだ。由良町の他の福蔵寺末寺院では、江ノ駒の専福寺には実如から下付された明応二（一四九三）年の裏書（所付部分は判読不能）のある方便法身尊像が現存しているし、吹井の覚性寺は明応三年、神谷の宝国寺は永正九年、阿戸の教専寺は永正一一年に開基したと伝えられている(47)。

このように、由良町においては明応～永正期に、福蔵寺がさかんに布教活動を行なっていた。そのなかで唯一、蓮専寺が福蔵寺末ではなく直末であったことは疑う余地がないから、「蓮専寺記録」の山科に赴いた際に勧化を受けたという記述は、文明一七（一四八五）年という時期や、蓮如からの六字名号の下付という点を除いて、信用してもよいのではなかろうか。つまり、これは本願寺の教化というよりは蓮専寺が自ら教えを求めた結果であることを示していると思う。いずれにしろ、「皮田村」に位置する直末寺院として、蓮専寺の開基は早い例であることは間違いない。

日高郡財部の安養寺は、大永三（一五二三）年に川原道西によって開基したと伝えられている。この道西という開基者の名が蓮専寺と同じであるから、ことによると蓮専寺から教線が伸びたとも考えられる。しかし、蓮専寺の道西は大永元年に亡くなったことになっており、別人と考えるべきであろう。ちなみに、安養寺の道西は天文九（一五四〇）年に死亡したと伝えられている(48)。財部の安養寺が直末であることは、西本願寺の「木仏御札中入之留」（寛文二年・三年）にある寂如が同寺に下付した御札の記載から確認できる。(49)ただし、『風土記』では、安養寺は直末といっても、薗御坊付となっている。日高地方では亀山城主湯河氏が証如に帰依し、天文年中に吉原に坊舎を建立し、これがのちに薗へ移転して薗御坊となった。このため、日高郡において「本願寺直末系」は、福蔵寺末を除いて、ほとんど薗御坊付である。この点から考えると、安養寺の開基には湯河氏が関与している可能性が捨て切れない。そうであるなら、大永三年開基という伝承は検討する必要が出てくるが、証如期についての考察は今後の課題としたい。

2　性応寺末寺院について

紀州において「夙村」にある寺は浄土真宗の寺院か道場で、『風土記』には九カ寺記載されている。ただし、田辺湊の「敷」（夙）には、真宗だけでなく浄土宗西山派の寺院や真言宗修験者のお堂も村中にある。この九カ寺のうち、日高郡南部（みなべ）の「夙浦」の寺院が本願寺直末である勝専寺下である以外、全てもともとは興正寺門徒性応寺末である。『風土記』では端坊との立合であったり、大和曽我の光専寺末の寺院もあるが、『御末派記』(50)を見ると元来は性応寺末で、宝暦年間以降に変わったようだ。

「夙村」に位置する真宗寺院で、実如の裏書のある方便法身尊像が現存しているところは、現在のところ確認できていない。しかし、裏書はないが、実如が永正年間に下付した旨を箱書に記している方便法身尊像が、那賀郡丸栖の安養寺にある。この画像はやや荒目の絵絹が用いられ、袈裟田相部の截金文様が、実如期以前に多い卍文である。(51)ただし、文明一五（一四八三）年以前の像に多い頭部真上や真下に伸びた光明が存在せず、(52)それぞれV字型に発している。それゆえ、最初から同寺に下付されたものかという問題など、今後さらに検討する必要があるが、年代的にはおおむね箱書の記述と合致する。なお、この絵像の写真は『貴志川町史』に掲載されている。(53)

安養寺には草書体六字名号が所蔵されている。この名号はどちらかといえば、青木分類のC―1タイプに属する。これは、実如の可能性があるものの、最終的には作者を判定しがたいものである。とはいえ、この名号は時代的にそれほど下るものではなく、阿弥陀絵像とあわせて、箱書が決して荒唐無稽なものではないことを示しているといえよう。

安養寺よりも古い開基の伝承を持つ寺院がある。それは那賀郡山村の安楽寺で、明応五（一四九六）年二月に開基したと伝えられている[54]。安楽寺は現在無住のため、この伝承のもととなる史料を残念ながら調査できていない。しかし、以下の理由から、この由緒は信用してよいのではなかろうか。

まず、安楽寺は雄山峠越えの熊野街道に面している。文明一八（一四八六）年に蓮如は、この道を通って紀州に来た。つまり、安楽寺は蓮如による文明開基伝承を唱える格好の位置にあるにもかかわらず、明応五年二月という具体的な時期に開基したとするのは、裏書等の何らかの根拠があったと考えてよかろう。次に、第一章で述べたように、紀州においては明応年間に一斉に方便法身尊像を実如から下付された形跡がある。明応年間開基とする寺が三六カ寺あり、三分の二の二四カ寺は興正寺門徒で、性応寺末は三分の一近い一一カ寺である。それゆえ、性応寺末の安楽寺が明応五年に開基したとしても何ら不思議ではない。

さらにいうなら、明応年間開基とする興正寺門徒の寺は、それ以前にすでに仏光寺教団の道場を開き、その後明応年間に本願寺から方便法身尊像を下付された可能性が高い。しかも、紀州において南北朝期に開基したとする寺院は全て性応寺末であった。すなわち、安楽寺も明応五年以前に道場を開いていた可能性がある[55]。とはいえ、「夙」に位置する真宗寺院の開基についてはなお調査する必要があり、今後の課題としたい。

おわりに

紀州において「夙村」の真宗寺院・道場が、ほとんど興正寺門徒性応寺末であるという事実は、何を意味するのかを考察して、本章を閉じることにしたい。すなわち、被差別民と興正寺（旧、仏光寺）との関係である。たとえば、大和では四六カ寺ある「部落寺院」のうち、興正寺末寺院を上寺とする寺院が、立合寺院を除いても一四カ寺ある(56)。

この点で、三好伊平次氏が『同和問題の歴史的研究』で取り上げている、摂津火打村勝福寺の鐘銘に注目したい。これは南北朝期における真宗と被差別部落との関係を示す有名な史料であり、この銘文は正長元（一四二八）年に足利義持の家臣が書いたもので、三好氏はその信頼性を強く主張している。その一文に「貞治之比本願寺存覚来此地勧専修念仏、而以恵心僧都弥陀定尊」とある(57)。貞治年間は一三六〇年代である。周知のように、存覚は本願寺第三世覚如の長男であるが、義絶され、もっぱら仏光寺了源と行動を共にした。つまり、実際に勧化したのは存覚自身かどうかは判断しかねるが、存覚の勧化とは本願寺というよりも、仏光寺の教化を示していると考えるべきではなかろうか。ちなみに、存覚が建立した常楽寺は「部落寺院」を近江に二カ寺、末寺としている(58)。

「部落寺院」の本寺として最も重要なのは、本照寺である。この摂津富田本照寺も、仏光寺の影響が強いとの説がある。日野照正氏は、「宗祖の高弟順信房性光が師命を受け摂津国に来化し、溝杭を中心とした門徒集団を編成したとき、富田にも影響を及ぼし、覚如宗主時代には、仏光寺系の指導者がこれらを接収し、溝杭に仏照寺を開創したが、富田の道場は光照寺と称し、溝杭仏照寺佐々木氏の縁故者である富田光照寺佐々木氏は、入道して御廓と改名した」[59]と述べている。まさに、「荒木門徒仏光寺系の影響を受け、仏光寺の「仏」の一字を拝受して溝杭仏照寺が開創されたであろうと同様に、それよりやや遅れるとしても仏光寺の「光」の一字を拝受して富田光照寺が近村の富田に開かれたであろうと考えてもおかしくない」[60]とする。

しかし、光照寺や仏照寺は、仏光寺ではなく他の明光派との関係を考えるべきであるとの指摘もある[61]。先の存覚も、了源だけでなく了海・誓海・明光とも親しく交際している。それゆえ、正確にいうなら、仏光寺も含めた明光教団の教線が火打村に及んだとすべきであろう。また、光照寺がのちに「皮田」と呼ばれた集団に教線を伸ばしたのも、仏光寺とは限らないにしろ、明光教団の影響の強い寺院だったからではなかろうか。ちなみに、仏照寺は長門、豊前、筑前に計五カ寺の「部落寺院」を下寺としている[62]。

「部落寺院」の本寺として本照寺（光照寺）とともに外すことができないのは、万宣寺・福専寺・金福寺・教徳寺のいわゆる「四ケ之本寺」である。しかし、本照寺が中世に本寺となっているのに対し、「四ケ之本寺」の成立は基本的に近世の所産と考えてよかろう[63]。特に、万宣寺・福専寺は光照寺の末寺であり、光照寺が無住の間に門徒を両寺が取り込んで本寺になったともいわれている[64]。しかし、前出の摂津火打村勝福寺は慶長一〇（一六〇五）年に金福寺門徒として木仏を下付されており、金福寺についてはその来歴について検討する必要があろう。他方、「四ケ之本寺」の末寺であっても、来歴の古い寺院はもともとの本末を解明しなければならない。

被差別民と真宗との関係を考察する上で忘れてならないのは、いわゆる「覚如の十三箇条掟書」である。その第一三条で「御門下ト号スルアル一類ノナカニコノ法ヲモテ旃陀羅ヲ勧化スト云云」と述べ、その者は本願寺への参詣を禁止するとある。「旃陀羅」とはインドのカースト制度における最下級身分で、狩猟や屠殺を業とした人々のことだ。日下無倫氏は、「覚如による真宗教団の貴族化が偲ばれてならぬ」と述べている[65]。しかし、貴族化したのは本願寺であって、「旃陀羅」と呼ばれる人々を他の真宗教団は教化していたことを、この史料は示しているのである。

ただし、「覚如の十三箇条掟書」といわれているが、実際は後世の者が覚如に仮託して書いたもので、証如か顕如の時代まで下るのではないかと推定されている[66]。覚如が書いたのではなく、証如か顕如の時代まで下るにしても、これがその頃の本願寺の傾向を示していることは間違いない。すなわち、本願寺自体は被差別民に対する教化に否定的であったのに対し、「御門下ト号スルアル一類」は積極的に勧化していたのである。この一類とは、覚如が最も排撃した仏光寺をはじめとした旧明光派ではなかろうか。そうであるなら、「十三箇条掟書」をなぜ覚如に仮託する必要があったのか理解できるのである。

当初、差別されていた人々に真宗の教えを広めたのは、明光派の影響の強い寺院や僧侶である、という主張は仮説の域を出ない。もし、この主張が正しければ、「部落寺院」に本願寺の直末が少ないのも、当然のことといえる。たしかに、横浜村蓮専寺が実如の時代に直末として道場を開基している。だが、それは本願寺の教化というよりも、蓮専寺の方から教えを求めた結果と考えてよい。

また、この仮説が正しければ、「部落寺院」に西本願寺系が多い理由もうなずける。周知のように、東西分派の際に興正寺をはじめ旧明光派の多くは西本願寺についたからだ。いずれにしろ、真宗教団と被差別民との関係を検討する際、本願寺中心に考えるのではなく、他の真宗教団も視野に入れ全体として考察しなければならないことだけは間違いない。

註

（1）紀州における本照寺末の寺院数は、一般に三三といわれている。これは、杉本昭典「本願寺末寺帳『穢寺帳』・『穢寺下帳』について2」（『兵庫の部落解放史』三、一九七八年）で紹介された紀伊国の寺院名簿に基づくものと思われる。しかし、本文で明らかにしたように、この史料では蓮専寺や安養寺が本照寺下と書かれているが、誤記と考えてよい。なお、本照寺の下寺数は、近世後期において、孫寺も含め三〇以上であることは間違いないと思う。だが、全ての寺院・道場の開基年代を確定できないので、時期により数が異なり、正確な数字を確定することは困難である。

（2）山本尚友「近世部落寺院の成立について」（『京都部落史研究所紀要』一・二、一九八一年・八二年、のちに『親鸞大系』歴史編第九巻、法藏館、一九八九年に収録。なお、本章での引用頁は『親鸞大系』のものである）。

（3）奥本武裕「大和における「部落寺院」研究の課題」（『奈良県立同和問題関係史料センター　研究紀要』一、一九九四年）。

（4）井上鋭夫『一向一揆の研究』吉川弘文館、一九六八年。

（5）渡辺広『未解放部落の史的研究』吉川弘文館、一九六三年、同『未解放部落の形成と展開』吉川弘文館、一九七七年、同『未解放部落の源流と変遷――紀州を中心として――』部落問題研究所、一九九四年。

（6）石尾芳久「一向一揆の終焉と被差別部落の形成」（『差別戒名と部落の起源』京都松柏社、一九八二年）、および寺木伸明「紀伊国那賀郡における一近世部落の成立」（『被差別部落の起源』明石書店、一九九六年）。

（7）井上註（4）前掲書、一七一～一七二頁。

（8）渡辺註（5）前掲書『未解放部落の形成と展開』二六頁。なお、「若一王子神社文書」の永正五年一二月二四日の「地下法度定書」に記載されている「カワラノモノ」は狩宿の人々を指しているものと思われると、ここで渡辺氏は述べている。

（9）山本註（2）前掲論文、二二三頁。

（10）井上註（4）前掲書、一六八頁。

（11）天保一〇（一八三九）年に紀州藩の手によって完成された『紀伊続風土記』は、紀州各地の寺院についても記載があり、紀伊仏教史における基本文献である。ただし、郡によって記述に精粗があり、漏れている寺もある。
(12) 渡辺註(5)前掲書『未解放部落の史的研究』二二〇～二二一頁、『未解放部落の形成と展開』二六頁。なお、渡辺氏は『未解放部落の史的研究』で、光明寺の木仏御札を「寛永十五年甲戌」と干支を誤って引用し、『未解放部落の形成と展開』では「寛永十一年甲戌」と干支の誤記を優先させ、年号も間違えている。
(13) 渡辺註(5)前掲書『未解放部落の史的研究』二八五頁。
(14) 千葉乗隆編『木仏之留　御影様之留』同朋舎出版、一九八〇年、参照。
(15) 安達五男『被差別部落の史的研究』明石書店、一九八〇年、二三三頁。
(16) 山本註(2)前掲論文、二七〇～二七一頁。
(17) 杉本註(1)前掲論文、六四頁。
(18) 青木馨「墨書草書体六字名号について」(『蓮如名号の研究』法藏館、一九九八年)。以下、青木氏の六字名号の分類は同論文による。
(19) 『打田町史』第一巻、史料編1、打田町、一九八一年、四二七～四三二頁。
(20) 渡辺註(5)前掲書『未解放部落の形成と展開』一五～一六頁。
(21) 石尾、寺木両氏は註(6)前掲論文で、蓮乗寺が代々助九郎を名乗ったとして、渡辺氏の主張を批判している。この問題については補論2で検討した。
(22) 井上註(4)前掲書、六一一～六一五頁。
(23) 渡辺註(5)前掲書『未解放部落の形成と展開』一五～一六頁。
(24) 渡辺註(5)前掲書『未解放部落の源流と変遷』九二頁。
(25) 岡崎御坊の創設には、それなりの前史があった可能性がある。拙稿「岡崎西教寺所蔵二幅の方便法身尊像」(『和歌山地方史研究』三五号、一九九八年)を参照されたい。
(26) 寺木註(6)前掲論文、二七四頁。
(27) 蓮乗寺が寛永九(一六三二)年に寺院化した根拠となっている木仏下付の御札は、井上註(4)前掲書、六一六頁に掲載されている。この御札は、本文で述べた手のひらサイズの種類で願主名を欠くタイプのものであり、記載されている願主名は明らかに追筆である。また、寺号の部分も元を削除して書き加えている。ただし、署名・花押や日付は良如のものであることは間違いない。それゆえ、寛永九年に木仏が下付されたことまで疑う必要はないが、寺号の下付はそれ以後と考えた方がよい。詳しくは補論2を参照。

(28)『私心記』天文四年六月一七日条・二五日条（『真宗史料集成』第三巻、同朋舎、一九七九年）所収。
(29)『和歌山市史』第四巻、和歌山市、一九七七年、一〇五四頁。
(30)『橋本市史』下巻、橋本市役所、一九七五年、五一四頁。
(31)『真宗全書』巻七〇、国書刊行会、一九七六年復刻、二八六～二八七頁。
(32) 小笠原正仁「ある被差別部落の宮入り一件」（『和歌山地方史研究』二〇、一九九一年）三〇頁。
(33)『北栄のむかし』湯浅町役場、一九七八年、二二頁。
(34) 日野照正『摂津国真宗開展史』同朋舎出版、一九八六年、一八七頁。
(35) 渡辺註(5)前掲書『未解放部落の史的研究』二八五頁。
(36) 山本註(2)前掲論文、二三四～二三五頁。
(37) 木越祐馨「蓮如自筆の楷書六字名号」（註(18)前掲『蓮如名号の研究』一二三頁）。なお、大光寺の楷書六字名号は同書五一頁に写真が掲載されている。
(38) 千葉乗隆『真宗教団の組織と制度』同朋舎、一九七八年、二四三～二四四頁。
(39) 山本註(2)前掲論文、二一四～二一五頁。
(40) 千葉註(14)前掲書、二五六～二五八頁。
(41) 日野註(34)前掲書、二〇一～二〇四頁。
(42)『由良町誌』史(資)料編、由良町、一九八五年、八一八～八一九頁。
(43)『端政山蓮専寺の歴史』、蓮専寺慶讃法要執行委員会、一九八七年。
(44) 法名状については、大喜直彦「法名と法名状について」（『仏教史学研究』三四―二、一九九一年）を参照。
(45) 註(42)前掲『由良町誌』史(資)料編、二七四頁に、円明寺の裏書を掲載しているが、原史料により追加・訂正した。

(46)『由良町誌』通史編下巻、由良町、一九九一年、五五九頁。
(47)同前、五五五・五六一・五六三・五六九頁。
(48)『日高郡誌』日高郡役所、一九二三年、一一七八頁。
(49)千葉註(14)前掲書、一八六頁。
(50)『御末派記』（鷺森別院蔵）は鷺森配下寺院の本末と格式を書いた史料で、年紀はないが宝暦一〇（一七六〇）年の追記があり、それ以前の成立と思われる。なお、『御末派記』には本照寺末寺院が載っていない。「部落寺院」でも同末の寺だけは鷺森配下ではなく、本照寺が統率していたようだ。
(51)佐々木進「実如裏書の方便法身尊像」（栗東歴史民俗博物館企画展図録『近江の真宗文化』栗東歴史民俗博物館、一九九七年）。
(52)吉田一彦・脊古信哉「本願寺順如裏書の方便法身尊像（一）・（二）」（『名古屋市女子短期大学研究紀要』五六・五七号、一九九六・九七年）。
(53)『貴志川町史』第三巻史料編2、貴志川町、一九八一年、四五五頁。同書では、阿弥陀画像の年代を江戸時代としているが、その根拠を書いていない。また、同書四四二～四四四頁に、安養寺の親鸞聖人御絵伝を掲載し、元亀三年付の顕如の裏書を記している。しかし、調査したところ、署名は顕如のものにやや似ているが、花押は明らかに異なり、また干支も斜めに書かれているので、のちの筆と考えるべきであろう。さらに、所付はそのまた追筆である。
(54)『和歌山県那賀郡誌』下巻、那賀郡役所、一九二三年、四六六頁。
(55)渡辺註(5)前掲書『未解放部落の史的研究』一五〇頁で、渡辺氏は、山村の「夙」は鎌倉時代の「春日神社文書」に登場する「山口宿」の後身と思われる、と述べている。
(56)奥本武裕「大和国の「部落寺院」の本末関係について」（『奈良県立同和問題関係史料センター　研究紀要』二、一九九五年）一一二～一一三頁。
(57)三好伊平次『同和問題の歴史的研究』世界文庫、一九四三年、二五五～二五六頁。
(58)山本註(2)前掲論文、二一八～二一九頁、「部落寺院の上寺とその下寺の地域的分布」表。

(59) 日野註(34)前掲書、一四五頁。
(60) 同、一四三頁。
(61) 熊野恒陽氏の御教示による。
(62) 前掲註(58)「部落寺院の上寺とその下寺の地域的分布」表。
(63) 左右田昌幸「「四ケ之本寺」ノート」(『講座蓮如』第四巻、平凡社、一九九七年)。
(64) 山本註(2)前掲論文、二三八〜二四〇頁。
(65) 日下無倫「中世に於ける真宗と戒律」(『仏教史学』創刊号、一九四九年)四九頁。
(66) 柏原祐泉『仏教と部落差別』部落解放研究所、一九八八年、三九〜四一頁。

補論2　「被差別部落一向一揆起源説」の実証的検討
——紀州那賀郡井坂・蓮乗寺文書について——

一　「正月廿四日付大田退衆中宛顕如消息」について

「被差別部落」の起源として「一向一揆起源説」が、かつて一世を風靡した。この「一向一揆起源説」の重要な根拠として取り上げられたのが、紀州那賀郡井坂（現、紀ノ川市）の蓮乗寺が所蔵する「正月廿四日付大田退衆中宛顕如消息」（『和歌山市史』第四巻、和歌山市、一九七七年、戦国時代三二九号。以下同書掲載史料は時代・番号のみを略記）である。石尾芳久氏は、この消息を太田城水攻めに関係した天正一四（一五八六）年のものと推定し、秀吉に対し「筋を通して転向を拒否し執拗に抵抗した民衆に対しては身分をおとす、身分貶下の一つの動かぬ証拠だろう」[1]と述べ、この説を主張した。

しかし、通説どおり天正五年のものであるとして、史料の解釈の点で異論が出されている[2]。また、「一向一揆起源説」は、本質的あるいは理論的な批判により、現在では支持する者は少ない。それにもかかわらず、あえてここで取り上げたのは、紀州においては解決すべき課題として残っているので、この問題を実証的に検討し、議論に終止符を打ちたいと考えたためである。

まず、「正月廿四日付大田退衆中宛顕如消息」をめぐって現在も問題となっているのは、伝来の経緯である。なぜなら、石尾氏がこの説を立論した一つの重要な根拠として、この消息の所蔵先である「蓮乗寺とそれを中心とするところが和歌山最大の被差別部落になっている事実」[3]を主張しているからだ。つまり、この書状がもともとから蓮乗寺の所蔵であれば論述できても、他から移動したものであればこの説は成立しないのである。実は近年、この問題に決着をつける史料が紹介された。

その史料とは『石山法王御書類聚百通全』(京都市中京区専応寺蔵)という冊子で、金龍静「石山法王御書類聚の紹介」(『戦国期の真宗と一向一揆』吉川弘文館、二〇一〇年、以下引用は頁数のみ記載)で紹介された。この冊子は、長門常元寺の僧糠が顕如二五〇回忌を期して諸国を廻り、天保一二(一八四一)年に完成させた全九三通の文書写しである。その多くに欄外頭註として所蔵先を記入していた。これは全く金龍氏の成果であるが、淡々と叙述しているためか、この重要問題について研究者の間で注目されている様子が窺えず、また、言及すべき点もあるので、僭越ながら本論で披露することにしたのである。

『石山法王御書類聚』の二〇番目に登場する文書が「一月廿四日顕如消息写。在田退衆中」で、「紀州在田村玄通寺ニ在」(二五七頁)と書かれていたのである。紀州の真宗寺院で玄通寺は太田にしかなく、日付や中身からも「在田」は「大田」ないし「太田」の誤記と考えて間違いない。「大田退衆中宛顕如消息」が、太田村玄通寺にあるのはきわめて自然なことであろう。他の文書の欄外頭註に書かれた所蔵先を見ても不審な点はなく、作為のあとは見られない。

玄通寺には間違いなく顕如の書状が所蔵されていたようだ。紀州藩が編纂し、天保年間に上梓された『紀伊続風土記』(和歌山県神職取締所、一九一〇年復刻、第一輯二五二頁、以下『風土記』と略)の玄通寺の項に「顕如上人書翰二通教如上人書翰一通を蔵む」と書いている。『石山法王御書類聚』には玄通寺所蔵文書として、この文書以外に

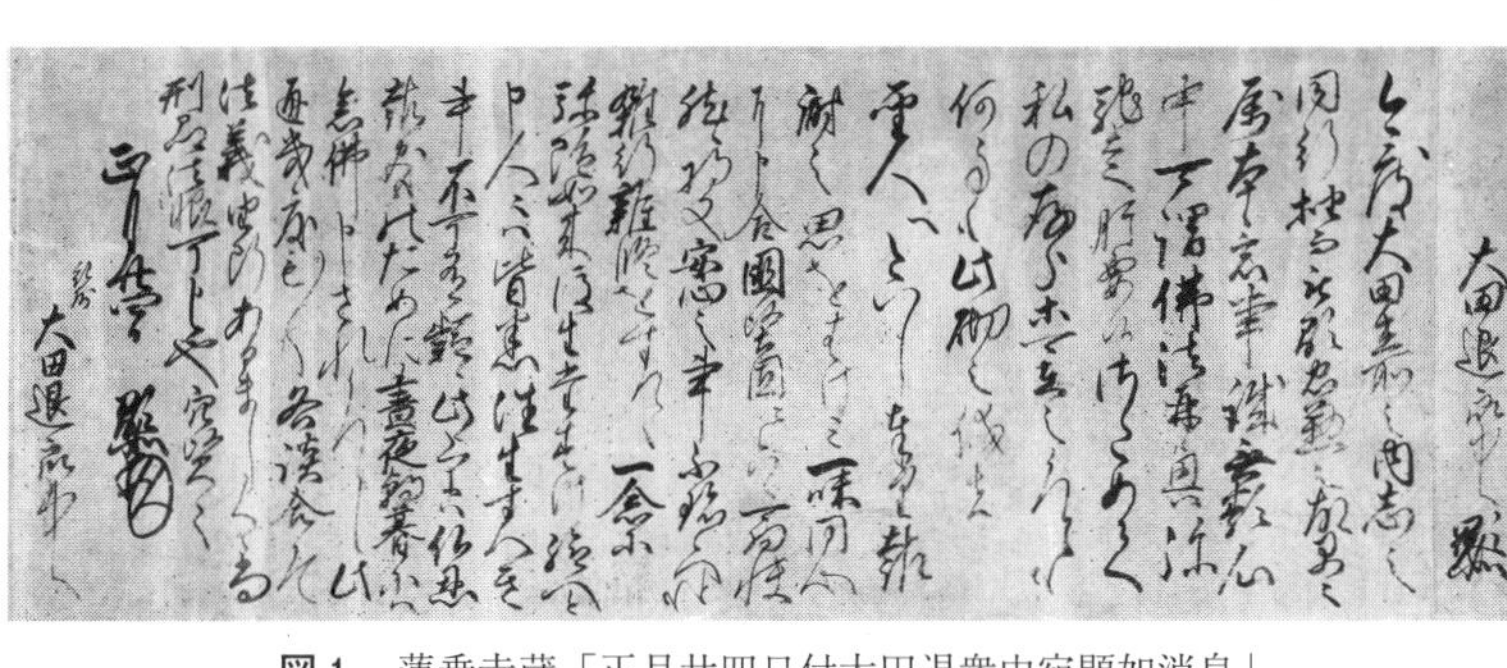

図1　蓮乗寺蔵「正月廿四日付大田退衆中宛顕如消息」

五二番目の「六月廿八日下間性乗印判奉書写」と五〇番目の「宮郷物道場」へ送った「四月八日教如消息写」が書写されており（二六七頁）、『風土記』が書いているのは以上の三通のことかもしれない。なお、『鷺森旧事記』（『大日本仏教全書』六九巻、鈴木学術財団、一九七二年。以下『鷺森旧事記』の引用は同書の頁数のみ記載）は「石山合戦」講和期の「四月十八日付宮郷惣道場宛教如消息」を掲載し、「今当国太田村道場ニアリ」（三九頁）と記載している。八日と一八日のどちらが正しいのか分からないが、以上の史料は玄通寺に現存せず、流出したようだ。

それはともかく、太田の玄通寺は本願寺系の浄光寺末で、『風土記』に「開基明応中太田太郎次郎後善勺といひし者」（第一輯二五二頁）とある。また、第四章で紹介する「石山合戦」期の「雑賀一向衆列名史料」では「太田　与三左衛門道場」と出てくるが、宮郷惣道場宛の消息があるということは、ここは天正期において宮郷のなかでも中心的な道場だったのだろう。

金龍氏はさらに、「正月廿四日付太田退衆中宛顕如消息」の原文書について「石尾芳久氏『一向一揆と部落』（三一新書）では、天正十三年に置くも、花押型は天正五・六年を示す」（二五七頁）と述べている。一月二四日付であるため太田城水攻めのあった天正一三年ではなく、翌一四年の文書と石尾氏は推定しているが、いずれにしろ顕如の花押の年代判定については、筆者も金龍氏や小泉義博氏から御教示を賜り、その後いろいろな機会に確認してきた経験から、この花押は天正八年より前であることは間違いない。金龍氏が主張するように、天正五、六年というのが妥当なところだと判断する。

二　「大田退衆中」の意味

寺木伸明氏は「大田退衆中」という宛名について、「もしこの書状を天正五年のものと考えると、次の二点において不都合が生じる」と述べている。すなわち、「第一に、「退衆」の意味が分からなくなる。「大田在所之内志之同行」がなぜ「大田退衆」なのか、判然としない」とする。第二は、同日付の「紀州三ケ郷門徒中宛の顕如書状文案」を紹介し、「天正五年一月当時、三ケ郷は信長に通じていたころなので、本願寺が三ケ郷の「忠誠」を評価するような文書を出すはずがない」と主張している(4)。

「雑賀衆」は、「石山合戦」において多数の鉄砲を駆使し、また水軍としても奮闘して織田信長と抗戦し、本願寺を支えた集団としてあまりにも有名だ。この活躍に幻惑され、雑賀衆は土橋氏のような非門徒もいるが、基本的には門徒集団であり、雑賀一揆は一向一揆であるというのが通説となってきた。このため、このような疑問が出てきたのであろう。

しかし、第Ⅱ部で明らかにするように、「雑賀衆」と「雑賀一向衆（門徒衆）」とは区別して分析しなければならない。まず、雑賀庄・十ケ郷・宮郷（社家郷・神宮郷）・中郷（中ツ郷）・南郷（三上郷）という雑賀五組（搦〈からみ〉）を基盤に、惣村さらに惣郷・惣荘単位に一揆を結んだ地縁集団である雑賀衆と、雑賀（鷺森）御坊を中心に結束した本願寺門徒集団である雑賀一向衆（門徒衆）とは分けて考察すべきである。というのは、両者の混同が、雑賀衆や雑賀一揆についての誤った理解や議論の混乱を招いているように思うからだ。この「被差別部落一向一揆起源説」などは、その典型例といえよう。

雑賀は北陸のような真宗地帯ではない。江戸時代では真宗と浄土宗とそれ以外の宗派が鼎立していた。秀吉の紀州攻め以前の戦国期においては、根来寺などの真言宗勢力が江戸時代以上に浸透していたと考えてよい。周知のように、根来寺の泉識坊[5]は土橋氏持ちの子院である。

雑賀衆＝雑賀一揆が、全体として反信長側に加わったと思われがちであろう。だが、弓倉弘年氏が明らかにしたように、雑賀衆は元亀年間に信長側で出陣したことはあっても、組織全体として本願寺のために参戦した事実は確認できない[6]。この時点では守護畠山氏が健在で、雑賀一揆の規制があったため、雑賀門徒も独自の判断で本願寺側につくことができなかったのだ。守護畠山秋高は信長の養女を娶っており、信長側であった。ただし、紀州の畠山勢は、単に信長のためというよりは、将軍足利義昭の下知をうけて参戦した点は注意しなければならない。いずれにしろ、これまで雑賀衆や根来衆は一貫して畠山氏の催促に従っていた。鈴木孫一は三好三人衆方に入っていたが、これは畠山秋高が動員をかける前に、すでに傭兵として個別に加勢していたためであると推定されている。それゆえ、雑賀門徒衆が含まれているとしても、信長側で出陣するような雑賀一揆は一向一揆とは呼べない。

天正期に入ると、信長と雑賀衆との関係が変化する。足利義昭と織田信長とが離反し、紀伊守護の畠山秋高が家来に殺害されたからだ。これで守護や雑賀一揆の規制がなくなり、雑賀門徒衆が本願寺を助けるため独自に動き始める。また、雑賀庄・十ケ郷の二組の土豪たちの多くは、足利義昭の要請で反信長側に加わった。彼らにとっては、本願寺というよりも将軍に従ったまでのことなのだ。これに対し、宮郷・中郷・南郷の三組は信長の調略に応じ、引き続き信長側についた。かくして、五組を基盤に惣的に結合していた雑賀一揆は、当時の主要な政治対立である信長対反信長の戦いに巻き込まれ、非門徒を含めた雑賀二組の個々の土豪と三組の門徒を含む雑賀一向衆とによる反信長連合である雑賀一向一揆と、大半の根来衆とともに信長方についた他の三組による反一向一揆連合とに分裂したのである。以上、詳しくは第Ⅱ部・第Ⅲ部を参照されたい。

ここで一番困難な立場に置かれたのが、三組の門徒たちに違いない。従来の組や荘・郷の規制と自分たちの信仰との間で引き裂かれる思いであったろう。このため、天正五（一五七七）年に入り信長の雑賀攻めが間近に迫ると、それまで居住地に留まっていた門徒たちが、宮郷の太田をはじめ信長側であった三組（三ケ郷）から退き、雑賀一向一揆側についたようだ。そこで、顕如が忠節に対し感状を送っても何ら不審な点はない。「大田在所之内志之同行」がなぜ「大田退衆」なのか、明白なのである。「大田退衆中」宛の顕如消息を太田の玄通寺が保有していたのは、当然の成り行きであった。また、同日付の「顕如書状文案」（戦国四一三）が「紀州三ケ郷」宛ではなく「紀州三ケ郷門徒中」宛である点を注意する必要がある。

「正月廿四日付大田退衆中宛顕如消息」は伝来の経緯や花押の型だけでなく、史料の解釈の点でも天正五年のものと判断してよかろう。ところで、天正一三年の太田城水攻めをはじめとした秀吉の紀州攻めの際に、秀吉と対決した雑賀衆は、非門徒勢が中心であったと考えてよい。最も抵抗した土橋氏は浄土宗徒である。第五章で明らかにするように、太田等の宮郷において門徒勢は少数派で、真宗に比べて真言宗や浄土宗が優勢であった。これは、日前宮が宮郷の中核であり、その神宮寺が真言宗であったからだ。

多くの真言宗寺院や浄土宗寺院が秀吉の焼打ちにあったのに対し、真宗においては鷺森御坊をはじめ当時寺格のあった性応寺や真光寺も無傷のままであったことは、その証左といえよう。本願寺は秀吉に恭順していたし、鈴木孫一も「石山合戦」講和後は統一権力側であった。もちろん、秀吉の紀州攻めに抵抗した雑賀門徒衆もいたようだ。

雑賀門徒の年寄衆の一人であった宮本平大夫の寺である雑賀庄湊の善能寺には、四国へ脱出したとの伝承が残っているし、中郷岡崎の常福寺では同地へ逃れたと由緒書に記している。とはいえ、それは雑賀一向衆全体から見れば少数派であった。それゆえ、天正一三年に秀吉と戦った雑賀一揆を石尾氏などは一向一揆であるとの前提で議論しているが、そもそも一向一揆と呼ぶことはできないと考える。

三　蓮乗寺所蔵の他の「石山合戦」期の文書

現在、蓮乗寺には「正月廿四日付大田退衆中宛顕如消息」だけでなく、「十二月三日付雑賀年寄衆中宛常楽寺証賢等四名連署印判状」（戦国四一一）と「卯月十八日付紀州坊主衆中・門徒衆中宛顕如消息」（戦国三一四）が所蔵されている。『石山法王御書類聚』等を見ると、これらの「石山合戦」期の文書も別の場所から移動してきたようだ。

第一に、「十二月三日付雑賀年寄衆中宛常楽寺証賢等四名連署印判状」を『石山法王御書類聚』は四七番目に筆写しているが、「和歌山善称寺ニ在」と頭註に書いているのである（二六六頁）。善称寺は本願寺直末で、『風土記』に「永正年僧専正開基宇治市場村にあり」（第一輯一一一頁）とあり、「雑賀一向衆列名史料」では道場主は「六日市　刑部大夫」と記している。善称寺は雑賀庄宇治郷六日市（市場村）にある上口（錠口、城口）の刑部大夫の道場であった。

『石山法王御書類聚』には、この書状以外に善称寺の所蔵として二四番目の「七月七日付顕如消息」と二五番目の「六月廿七日付下間頼廉添状」を筆写している（二五九頁）。特に下間頼廉添状では宛所において、第六章で紹介する雑賀門徒衆の四人の年寄衆（岡了順・松江源三大夫・嶋本左衛門大夫・宮本平大夫）とともに最後に刑部大夫が登場しており、雑賀門徒衆では年寄衆に次ぐ存在であったことが窺われる。以上の三通の書状は現在善称寺に所蔵されていないが、もともと同寺にあったとしても全くおかしくない。ただ、二四番・二五番の両書状は、岡了順の念誓寺に同文のものが所蔵されており、善称寺のものは写しである可能性もあろう。

第二に、「卯月十八日付紀州坊主衆中・門徒衆中宛顕如消息」を『石山法王御書類聚』は五六番目に筆写しているが、所蔵先の註記がない。ただし、玄智著「祖門旧事紀残篇」には「太田勘右衛門伝持」とある。(7) 太田姓の人物は太田に多いが、何ともいえない。「太田勘右衛門」なる者がいかなる人物か詳らかにできないが、蓮乗寺の関係者の可能性は低いだろう。

先の二通以外に、「正月十五日付常楽寺・刑部卿法眼宛紀州雑賀黒印状」は現在蓮乗寺にはないが、かつて井上鋭夫氏が同寺の所蔵として紹介した。(8) この文書が「正月廿五日紀州雑賀衆披露状写。常楽寺殿／刑部卿法眼御房」宛として『石山法王御書類聚』の三四番目に登場する（二六一頁）。「廿五日」は誤記で、この文書と考えてよいが、残念ながら所蔵先の註記がない。もっとも、『石山法王御書類聚』には井坂の蓮乗寺は登場しないから、常元寺の僧糠は同寺を訪れていないと判断でき、もともと同寺にあった可能性は低いと思われる。

なお、僧糠は「被差別部落」に足を運んでいないわけではない。七一番目に「松永正順」宛の「四月卅日下間正秀・頼廉連署感状写」が登場し、「紀州広村襌多村ニ在」とあるからだ。「襌多」は「穢多」の誤記と考えてよい。これは渡辺広氏や吉田徳夫氏がすでに紹介している文書で、「石山合戦」における「紀州日高之河原者助五郎」の働きに対する感状である。(9) 真宗門徒であった被差別民が、「石山合戦」に参加しているのは当然のことであろう。

ところで、井上鋭夫氏は「紀伊国那賀郡の紀ノ川中流域、つまり根来寺の周辺に、「雑賀五ヶ御坊」と呼ばれる門徒寺があり、これが鉄炮隊を率いて石山合戦に活躍したと伝承されている」とする。この「雑賀五ヶ御坊はいずれも、いわゆる未解放部落の寺院であるが、その筆頭である川崎蓮乗寺には、顕如書状をはじめ、多くの本願寺からの書状が伝存されて」いるが、これは「紀州坊主衆を代表する有力寺院の手から、未解放部落の寺院へ売買・譲渡されることは、その差別が近世ほどではなかったにしても、常識的には考えられないことである」と述べ、「この文書は、蓮乗寺の祖先（川崎了玄）にあてられたものではないが、雑賀衆として実際に鉄炮隊を率いて上坂したものが了玄であり、彼の手を通じて雑賀惣中へ書状がもたらされたといえる。五ヶ御坊の伝説は一応信頼し得る性質のものなのである」と結論づけた(10)。

この伝承について、まず「紀伊国那賀郡の紀ノ川中流域、つまり根来寺の周辺」を「雑賀」とは呼べないし、次にこの地域に真宗の御坊は存在せず、さらに「石山合戦」期以前に寺院はもちろん、開基している道場ですら五つ探すのが困難である点は、第二章で疑問を呈しておいた。これに加え本論で明らかにしたように、「石山合戦」期の文書のほとんどが他から移動してきたものであるから、「雑賀五ヶ御坊」の伝説は「信頼し得る性質のもの」ではないと判断してよい。そもそも「雑賀五ヶ御坊」の伝承はどこに記述されているのか、誰が語ったのか井上氏は一切明らかにしていない。この伝承が記載されているべき後述の「蓮乗寺代々記」に、「雑賀五ヶ御坊」も「石山合戦」のことも全く出てこないのである。井上氏が記述して以降、この話は「伝説」化したが、それ以前に本当にこのような伝承が存在したのかきわめて疑わしい。

四　蓮乗寺所蔵の方便法身尊像裏書

「正月廿四日付大田退衆中宛顕如消息」だけでなく、蓮乗寺が所蔵する「石山合戦」期の文書は、他から移動してきたと考えてよかろう。つまり、「被差別部落」の起源として「一向一揆起源説」の根拠は、薄弱となったのである。この点で、注目すべきは第二章（図3）で紹介した蓮乗寺が所蔵する左記の方便法身尊像裏書である。

大谷本願寺釈実如（花押）
永正三年丙寅十一月廿八日
方便法身尊像　冨田光照寺門徒
田中庄
願主釈善正

これは筆跡・花押等から実如の裏書と判定できる。残念ながら、表の絵像は残っていない。この裏書は国名・郡名を欠くが、井坂は田中庄に位置しており、田中庄には他に摂津富田光照寺末寺院はないから、蓮乗寺の開基仏と考えてよい。なお、周知のように、光照寺は正保三（一六四六）年に本照寺と寺号を変えたのである。

第二章で明らかにしたように、永正三（一五〇六）年に那賀郡井坂に下付されて以降、翌年には同郡狩宿に、七年には伊都郡岸上に、光照寺の取次で実如から方便法身尊像が下付されており、永正年間、紀ノ川の中流域において下流から順次、光照寺の教線が伸びてきたことになる。そして、蓮乗寺や狩宿光明寺の御住職のお話によると、それぞれがその地域の核となって周辺の「皮田」へ教えを広めたとのことであり、これにより那賀郡・伊都郡の光（本）照寺末が形成されたと考えてよかろう。また、有田郡において古い由緒のある光照寺末寺院は、湯浅の最勝寺である。同寺の「海北山最勝寺開基由緒縁起」には、「明応元年ノ頃ニ摂州嶋上郡富田本照寺徒弟ニ若大夫ト申ス者」が当地に来て「地頭領主」より「当所ノ番人ト定メラレ」、「明応六年ノ六月十日何ナル因縁哉京都本願寺八代目蓮如上人御直筆六字尊号ヲ頂戴仕」ったのが「当寺開基ノ由来」とある。

近世において、紀州の有田郡以北の「皮田村」に立地する西本願寺系の寺院・道場は、全て摂津富田本照寺末であり、それ以外の末寺はない。ということは、戦国期、すでに差別が存在していたかどうかの議論は別にして、光照寺が紀州北部において繋がりのある同種類の社会集団に教線を伸ばしていったと考えるのが合理的である。「皮田村」に連なる社会集団が、天正年間ではなく、遅くともそれ以前の永正年間に成立していたと考えてよいのではなかろうか。

五　木仏下付の御札の検討

本願寺から真宗の道場へ阿弥陀如来の木像を下付する際、木仏下付の御札が添付される。木像と寺号が同時に下付されることが多いが、どちらかが前後する場合もないわけではない。いずれにしろ、真宗においてはこれにより道場から寺院に昇格するのである。

木仏下付の御札には大きさが異なる二種類のタイプ（small＝S型とlarge＝L型）がある。S型は縦一一・五センチメートル、横七センチメートル程度の手のひらサイズのもので、下付物名が書かれておらず、准如・良如期のものが多い。L型は縦二一センチメートル、横一五センチメートル程度の形のやや大きいもので、「木仏尊像」と下付物名が書かれており、良如期の途中からこのタイプが一般的になると思われる。ただし、顕如期以前は本来どちらのタイプであったのかは、両タイプがあり、かつ類例が少ないため今のところ判断がつきがたい。

S型は書かれている内容により、さらに二つに分かれる。S１型は本願寺宗主名、年月日、寺号（同時に下付された場合）・願主名を順に記すが、いわゆる所付（所在地・本末・取次名）を欠くタイプである。狩宿光明寺の木仏

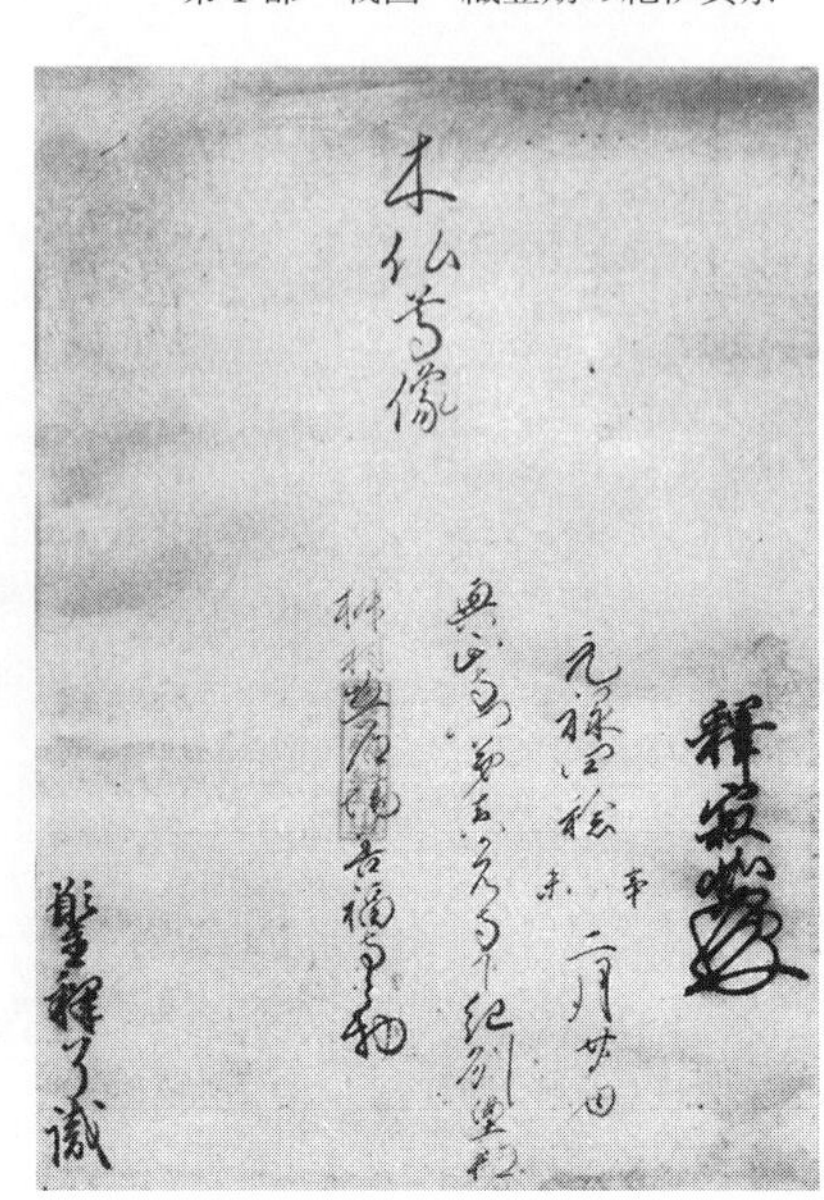

図2　善福寺蔵木仏下付御札

御札がこの型で、第二章（**図1**）に掲載した。他方、後出のS2型は所付・年月日・本願寺宗主名の順に記載したもので、このタイプは願主名を欠いている。

この願主名の有無で、L型も1型と2型に分かれると思う。すなわち、L型は方便法身尊像の裏書と同様の書き方で、「木仏尊像」という下付物名の下に本願寺宗主名、年月日、所付、寺号（同時に下付された場合）を順に記すが、願主名のあるもの（L1型）と無いもの（L2型）とが存在するのである。しかも、願主名が無い場合、所付の地名の次に大体「物道場」と書かれている。第二章で紹介した由良横浜の蓮専寺の木仏御札がL1型、端場大光寺のそれはL2型である。

それではまず、L型の1型と2型の違いについて考察しよう。この点で参考になるのが千葉乗隆氏が論究した紀州海士郡椒村善福寺の下記の木仏下付の御札である[11]（**図2**）。

木仏尊像　　釈寂如（花押）
　　元禄四稔辛未二月廿日
　　興正寺門弟真光寺下紀州海士郡
　　椒村物道場（印で抹消）善福寺「之物」（追筆）
　　　　　　　　　「願主釈了識」（追筆）

善福寺は椒村の惣道場で、看坊寺院であったが、安永年間に自庵への移行が認められた。そこで裏書を書き直す必要が生じたのである。善福寺は多額の冥加金を支払い、「惣道場」の部分を印で抹消してもらい、「之物」と願主名を時の宗主である法如に書き加えてもらった。すなわち、願主名の有無は自庵と看坊の違いだと推測できるのである。

周知のように、浄土真宗は親鸞が肉食妻帯したので、住職家が道場を開き、代々継いでいく自庵の寺院・道場がある一方、他宗と同じく地域の信徒が寺院・道場を建立し、そのつど僧侶を迎える看坊の寺院・道場が存在した。前者においては寺の法宝物は住職家のものであるのに対し、後者では檀家が所有権を保持していたのである。絵像である方便法身尊像の場合は違った書き方をしていないが、木仏下付の御札ではその点を明確に書き分けていると判断してよかろう。この点から類推してS型の1型と2型で書き方が異なるのは、自庵と看坊の違いではなかろうか。

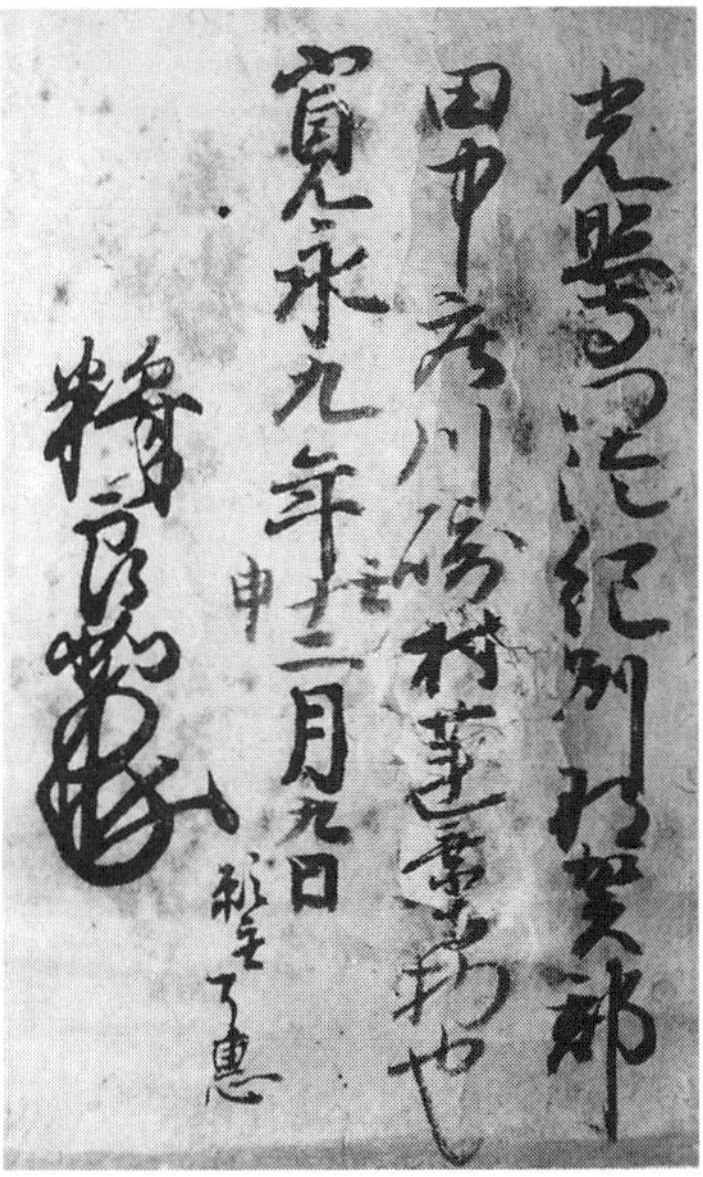

そこで、蓮乗寺が所蔵する木仏下付の左記の御札について検討しよう（**図3**）。なお、この御札は署名・花押（木版ヵ）や筆跡から良如のものであることは間違いない。

光照寺門徒紀州那賀郡
田中庄川崎（削除・別筆）「村蓮乗寺」物也
寛永九年壬申十二月九日　（別筆）「願主了恵」
釈良如（花押）

図3　蓮乗寺蔵木仏下付御札

この御札は「願主了恵」が良如ではなく別人の追筆である点から判断して、S2型に分類できよう。しかも、「村蓮乗寺」も文字を削り取った上に追筆者の筆跡で書かれている。この部分は本来「惣道場」と書かれていた可能性が高いように思う。つまり蓮乗寺は、もともとは看坊寺院で、自庵になった際に、自主的に御札を書き換えたのではなかろうか。何も本願寺に高い冥加金を払って、書き直してもらう必要はない。

ここで問題となるのが、「蓮乗寺代々記」の信憑性である。石尾氏(12)や寺木氏(13)は、蓮乗寺は「助九郎道場」で代々「助九郎」を名乗ってきたと主張している。しかし、木仏下付の御札を見る限り、蓮乗寺は看坊寺院と判断でき、代々「助九郎」を名乗ってきたとは主張できないのではなかろうか。しかも、「蓮乗寺代々記」の執筆者は、木仏御札の願主名に追筆して書かれていた了恵その人である。つまり、自庵となった際、川崎惣道場ではなく、以前から「助九郎道場」という自庵であったと主張するために「蓮乗寺代々記」を執筆した疑いは捨て切れないのである。

もちろん、蓮乗寺がもともとは自庵道場であったが、いつの時にか看坊になった可能性は否定できない。しかし、そうであると主張するには、その根拠が必要となる。

結びにかえて

石尾芳久氏が「被差別部落」の起源として「一向一揆起源説」を主張した根拠が、「正月廿四日付大田退衆中宛顕如消息」がもともとから蓮乗寺に所蔵されていたという「事実」であり、太田城水攻めに関係した天正一四年のものであるとの推察であった。しかし、この文書の顕如の花押は明らかに天正八年以前のものである。また、通説どおり天正五年のものと考えても、「大田退衆中」という宛名について解釈の点で不都合が生じなかった。さらに、この消息を当然保有していても不思議でない太田の玄通寺が、かつて所蔵していたことを示す史料が見つかった。これにより、石尾氏の主張は全く成立しないと認識してよい。

「正月廿四日付大田退衆中宛顕如消息」だけでなく、蓮乗寺が所蔵する「石山合戦」期の文書のほとんどが他から移動してきたものであった。井上鋭夫氏が述べている蓮乗寺を筆頭とする「雑賀五ヶ御坊」の伝承は「信頼し得る性質のもの」ではなく、もともとそのような伝承が存在したのかきわめて疑わしいことが、これで明らかになった。とはいえ、これらの文書が紀州から流出する際、蓮乗寺のおかげでこの地に留まったことに感謝しなければならない。

蓮乗寺の木仏下付の御札を検討した結果、下付された際、同寺が看坊寺院であったと推察できる。それゆえ、蓮乗寺は「助九郎道場」で代々「助九郎」を名乗ってきたと石尾氏等は主張しているが、その根拠となった「蓮乗寺代々記」の信憑性は十分吟味しなければならない。

「被差別部落」の起源としての「一向一揆起源説」の主張を実証的に検討した結果、きわめて根拠薄弱であると断定してよい。むしろ、蓮乗寺所蔵の方便法身尊像裏書を考察すると、近世紀州の「皮田村」に連なる社会集団が、一五〇〇年代後半の天正年間ではなく、遅くとも一五〇〇年代はじめの永正年間にすでに成立していたことが窺えるのである。

註

（1）石尾芳久『一向一揆と部落』三一新書、一九八三年、四二頁。
（2）小山靖憲『中世寺社と荘園制』塙書房、一九九八年、一九〇～一九三頁。

（3）石尾註（1）前掲書、四二頁。
（4）寺木伸明『被差別部落の起源』明石書店、一九九六年、二六六～二六七頁。
（5）泉識坊は「泉識坊」と書かれることが多い。しかし、「中嶋坊宛泉識坊書状」や「泉識坊・岩室坊連署禁制」と名付けられた二通の文書の写真版（図録『戦乱の中の岸和田城』岸和田市立郷土資料館、二〇〇四年、一四～一五頁）を見る限り、「泉職坊」と自署している。
（6）弓倉弘年「元亀元年の雑賀衆」（『和歌山県立博物館研究紀要』二、一九九七年）。
（7）『真宗全書』第六四巻、国書刊行会、一九七六年復刻、三三七頁。
（8）井上鋭夫『一向一揆の研究』吉川弘文館、一九六八年。
（9）渡辺広『未解放部落の史的研究』吉川弘文館、一九六三年。吉田徳夫「湯浅地域の寺院史料の考察」（『関西大学法学論集』四六―二、一九九六年）。
（10）井上註（8）前掲書、六一一～六一五頁。
（11）千葉乗隆「真宗道場の形態――看坊から自庵へ――」（『真宗研究』八、一九六三年）。
（12）石尾芳久『被差別部落起源論』増補版、木鐸社、一九七八年、一一七～一一九頁。
（13）寺木註（4）前掲書、二六〇～二六二頁。

第三章　雑賀における御坊の成立と変遷

第一節　御坊の成立と「河内錯乱」・「大坂一乱」

1　清水から黒江へ

第一章で述べたように、蓮如来訪以前、紀伊真宗は仏光寺教団の性応寺末や真光寺末と、本願寺教団の浄光寺末がすでに紀州に教線を伸ばしていた。また、蓮如来訪後、本願寺の直末が広まってくる。仏光寺経豪が蓮如に帰依し、仏光寺派としてそのまま残留する人々と決別して、性応寺や真光寺をはじめとした彼に従う門徒と本願寺傘下の興正寺派を形成すると、本願寺教団にとっては地域において本山と直接結び付き、かつ、各門末を統括する中核寺院が必要となろう。しかし、本山の代理となるべき一門一家衆寺院は紀州には存在しない。また、性応寺、真光寺、浄光寺といった紀州に関わりを持つ地方の大坊は、当初は全て和泉という他国に所在しており、紀伊真宗の拠点とはなりがたい。

そこで、蓮如が来訪したとき宿泊した名草郡清水（現、冷水）の道場が、御坊へと発展することになったとこれまでいわれてきた。それは紀州において、ここが本願寺の最初の直末道場であり、道場主の了賢こそ蓮如の最初の直弟子だったからであろう。かくして、蓮如から二尊像が了賢に下付された。本願寺においては親鸞御影こそ、地域教団を編成する象徴であり、これが御坊へと発展する大きな第一歩となったのである。

ただし、清水道場が鷺森御坊の起源であることは間違いないが、ここが御坊であったわけではない。黒江に御坊が成立する以前に、清水に御坊が形成されたと考えるむきもあるが、誤りである。清水はあくまで道場であったからだ。二尊像裏書も、方便法身尊像の裏書も「清水道場」と明記している。

浄土真宗において道場と御坊とは全く次元が異なる存在である。真宗において御坊とは「本山の別院またはこれに準ずる寺院[1]」のことで、一般寺院ではないし、ましてや単なる道場ではない。よく「真宗道場である御坊」などと書かれることがあるが、この違いを理解していないといえよう。

道場においては本願寺から下付された名号や阿弥陀絵像を本尊とする。それが寺格を得るには、木仏や寺号を下付されなければならない。それでは一般寺院ではなく、御坊や本山に準ずる寺院には何が必要か。それは、地域教団を編成する象徴となる親鸞の御影である。江戸時代より前は、よほどのことがない限り親鸞の絵像は下付されなかった。その意味で、清水に二尊像が与えられたことは、画期的なことであった。しかし、親鸞御影の下付は御坊になるための必要条件ではあっても、それだけでは十分ではない。親鸞絵像は御坊だけでなく地域の拠点である直参本寺にも下付されている。

真宗において御坊は、基本的に本願寺門主が兼帯するか、一門一家衆が住職を務める。それゆえ、清水道場が第二章で述べた福蔵寺のように、本願寺の直参本寺として地方大坊となり、地域の道場を編成することはあったとしても、了賢が住職である限り、御坊となることはないと考える。

たしかに清水はのちに御坊になっている。ただし、清水に「御坊之号」が与えられたのは江戸中期の安永七（一七七八）年八月であった。安永八年春に書かれた『貽謀録』（鷺森別院蔵）は、二尊像が黒江に移転した後の清水について、「後邑人営小宇於飯盛山下、以存其跡号円乗寺、未考何年時。享保元年改号了賢寺、十七年壬子十月有命、改物道場、為御兼帯所。安永七年戊戌八月、賜御坊之号」と書いている。つまり、「兼帯所」となったからこそ、「御坊之号」が与えられたのである。

清水道場（現、了賢寺）が寺院となった時期について、『貽謀録』は「未考何年時」としているが、当初は「円乗寺」と号し、享保元（一七一六）年に「了賢寺」と改めたと記している。これが事実であるかどうか今のところ分からない。ただし、寺院になった時期は、早くても慶長一六（一六一一）年以降であることは間違いない。なぜなら、『木仏之留』によると、慶長一六年五月一六日に准如から「清水惣道場」に木仏が下付されており、このときはまだ寺号は与えられていないからだ。(2) 間もなく寺号も賜ったであろうが、清水はこのときまで道場だったことは動かしがたい。つまり、紀州における御坊の形成は、黒江御坊（現、浄国寺）からと判断すべきである。

実は、清水道場について大きな謎が存在する。それは了賢とその一門がどうなったのかという点だ。文明一八（一四八六）年に紀州に来訪した蓮如に相まみえ、宿所を提供し、その後実如ではなく蓮如から直々に二尊像と方便法身尊像を下付された了賢こそ、蓮如の直弟子であり、この時点で紀州において唯一の直参身分というべき存在であった。直弟子となったからこそ、摂津富田にあった二尊像が蓮如から了賢に下付されたのである。他に授けた法宝物を再度別の所に下付するといったことは、あまり聞かない話であり、蓮如がいかに了賢を重要視していたのかが窺えよう。その了賢と彼の一族が、紀伊真宗の歴史から全く姿を消してしまっている。また、清水道場は了賢が開基した自庵であったはずなのに、慶長一六年には「惣道場」、すなわち看坊となっているようなのだ。

ここで問題となるのが、なぜ清水道場に下付された二尊像が黒江に移される必要があったのかという点である。黒江移転の理由は、『鷺森旧事記』によると「冷水浦ハ片土ニテ。参詣ノ便悪ケレハ」（『大日本仏教全書』第六九巻、鈴木学術財団、一九七二年、三三三頁。以下『鷺森旧事記』の引用は同書の頁数のみ記載）ということであった。しかし、清水は湊であり、熊野街道にも隣接しており、第一章で述べたように「海の道」と「陸の道」から広がった紀伊真宗にとって、参詣の便が悪かったわけでは決してない。しかも、ただの湊だったのではなかった。『応永記』には「堺ノ浦・清水ノ浦、中国ノ船ノ通路モ其便リ可有」（『和歌山市史』第四巻、和歌山市、一九七七年、室町時代三九号、以下同書掲載史料は時代・番号のみを略記）とあり、中国船も来航し、清水は堺と並び称される港だったようなのだ。康永三（一三四四）年の「足利幕府奉行人連署奉書」によると、清水浦の住人が薩摩に進出し、船の積荷を奪い取られる事件が起こっており、交易の盛んな土地だったことが窺えよう(3)。

それでは、なぜ移されたのであろうか。この点で、黒江へ移された永正四（一五〇七）年という時期に注目する必要があろう。結論を先に述べると、これは永正三、四年頃と推測されている「河内錯乱」・「大坂一乱」に連動したものだったのではなかろうか。

「河内錯乱」・「大坂一乱」とは、どのような事件だったのだろうか。この事件は、実悟の書き残した「山科本願寺事並其時代事(4)」に大略が記されているのみで、管見の限りそれ以外の史料にほとんど書かれていないようだ。それは、本願寺にとって記述するのが憚られるほど深刻な事件であったと理解されている。

永正二年、管領であった細川京兆家の政元は、河内誉田城の畠山義英を攻めあぐねていた。以前から本願寺の庇護者となっていた政元は、一向一揆勢の協力を実如に要請したのである。最初は断っていた実如であったが、度重なる懇請により、河内・摂津の坊主衆・門徒衆に出陣を命じた。しかし、両国の坊主衆・門徒衆は、「開山上人以来左様事当宗になき御事候、いかに右京兆御申候共、不可有御承引事候」（「山科本願寺事並其時代事」）と拒絶したのである。やむなく翌年実如は加賀から一〇〇〇人を出兵させ、体裁を整えた。

蓮如は一向一揆を否定していたわけではない。しかし、「徳了袖日記」に「一揆ノ方ヨリ法眼ヲ大将ニ望ムヨシ言上ス。上人大キニオドロカセラレ。ナンゾ長袖トシテ。敵城ヲセムルコトアラン。自身要害ニヨリテ守ルハ常ノ習ヒナレドモ。努メ〳〵コノ義アルベカラザルト。コトノホカ御機嫌アシ、(5)」とある。つまり、「守ルハ常ノ習ヒ」ということであくまで自衛のためであって、「敵城ヲセムルコトアラン」と攻撃は努めて避けるように指示していたのである。なお「長袖」とは、武士が袖を短くして鎧を着るのに対し、常に長袖のままでいる公家や僧侶を示しており、この場合は僧侶のことと認識してよい。またこの「法眼」は安芸法眼蓮崇で、彼は蓮如に偽って一揆の指導者となり、このため破門され、蓮如の死去の前にようやく許されている。ましてや敵対する一方の武家勢力の要請で、他方を攻めるため門徒を動員するなど論外であろう。実如の行為は、「一向一揆がはじめて権力者の手先となった事件である(6)」と批評されている。

問題はそれだけでは終わらなかった。河内・摂津の坊主衆・門徒衆が、実如は「開山上人以来無御座事を被仰付候とて、不用可候」(「山科本願寺事並其時代事」)と実如の排斥運動を起こし、当時大坂御坊にいた弟の実賢を擁立しようとしたのである。ただし、実賢の母蓮能は畠山家の出身であり、河内・摂津の門徒は畠山氏を支持していたためともいわれている。これに激怒した実如は、首謀者を破門とし、実賢とその兄弟や母蓮能らを勘当して大坂御坊から退去させた。これが「河内錯乱」・「大坂一乱」と呼ばれている本願寺にとっての大事件である。なかには、「いまに門徒も被召放、無子孫やうに候」(「山科本願寺事並其時代事」)という状態の者もいたようだ。

了賢とその一門が紀伊真宗史の舞台から退転してしまっているのは、「河内錯乱」・「大坂一乱」に連動したものと推察すべきではなかろうか。まさに清水道場に下付された二尊像が、どういうわけか永正四（一五〇七）年に黒江へ移されている。つまり、了賢は「大坂一乱」に関与したため、二尊像を召し上げられて直参身分を剥奪され、追放されたとの推測が成り立つのである。ことによるとこのとき、道場まで没収された節がある。なぜなら、本来清水道場は喜六大夫（了賢）が建立したもので、彼の後継者が引き継ぐものであるにもかかわらず、雑賀御坊の所有になっているからだ。天正八（一五八〇）年五月一八日に清水道場の屋敷と山を「米拾石」で「雑賀御坊」から「清水惣中」が買い取っているのである。(7)

2　岡崎西教寺所蔵の方便法身尊像

「河内錯乱」・「大坂一乱」が紀州に及ぼした影響は、清水道場だけではなかったのかもしれない。これに関し、和歌山市岡崎西の西教寺で気になる二幅の方便法身尊像(形)の裏書が発見された。まず、古いほうの方便法身尊像裏書は以下のとおりである（**図1**）。

陰士（花押）

方便法身尊形　文明九年乙酉正月廿六日

紀伊国名草郡岡崎庄

願主釈浄珍

これは文明九（一四七七）年正月二六日に下付されており、現存する方便法身尊像裏書だけでなく、二次史料の記録類を含めて紀州において一番古いものである。それでは、誰が下付したのだろう。署名の部分は字が薄れていて読みづらいが、「陰士」と書かれていると判断してよい。

この「陰士」とは蓮如と思われる。その根拠は、差出人のところに蓮如が「陰士」ないし「隠士」と書き、花押を付した裏書が三例報告されているからだ。第一は、同じ文明九年の四月五日付「十字名号修復裏書」（奈良県吉野町本善寺蔵）で「陰士」とあり、第二に、文明一二年一〇月一五日付「安城御影修復裏書」（西本願寺蔵）では「隠士」と書かれている。[8]第三は、文明一二年六月七日付「方便法身尊像裏書」（秋田県大館市浄応寺蔵）で「陰士」とあり、また裏書ではないが文明一二年六月一八日付の「御文章」にも記されているようだ。[9]

なぜ蓮如が署名の部分に「陰士」と書いたかについては諸説あり、確実なことはまだ分からない。一説には「陰士」は「隠士」の意味で、この時期、蓮如が宗主の地位を長男の順如に実質的に譲っていたことによるものといわれている。たとえば、他の絵像類はともかく、こと方便法身尊像に関しては、文明三年から一五年までの間は順如が下付しており、この時期に蓮如が下付したものはきわめて少ない点が指摘されている。[10]そうであるなら、この裏書は「陰士」と書かれている点でも、蓮如が方便法身尊像を直接授与しない時期に下付している点でも、単に紀州において重要であるばかりでなく、全国的に見てもきわめて貴重な史料といえよう。しかし、発見されるまで歴史の闇に埋もれていたのである。

次に、この裏書の花押の部分は署名以上に薄く判読しがたいが、文明八年の二尊像裏書など、この時期の蓮如の花押とほぼ同じ形に読み取れる。また、他の部分の筆跡を鑑定すると、蓮如が下付した清水道場の方便法身尊像裏書の字と酷似しており、蓮如が下付したものと考えて間違いなかろう。

図1　西教寺蔵文明九年方便法身尊像裏書

ところで、この裏書に一つ問題がある。それは軸装するにあたって、元の裏書を切り貼りしていることだ。この点で検討する必要があるのは、裏書下部三列目のいわゆる「所付」の部分である。この裏書には「紀伊国名草郡岡崎庄」という下付先の所在地を書いた部分しかない。方便法身尊像の裏書は通常、直末の場合には第一章第二節（**図3**）で掲載した清水道場の裏書のように所在地の後に寺院名や道場名が、また、直末以外の場合は西教寺にあるもう一つの裏書のように、所在地の前に上寺である取次の寺院名が記されている場合が多い。もちろん、この部分に所在地しか書いていない裏書が全くないわけではないが、きわめて少ない。つまり、「所付」の部分がもう一行あり、道場名あるいは取次寺院名が記されている可能性が高いのである。この点については、後で検討したい。

もう一点この裏書で気になるのは、願主の部分である。というのは、通常「願主」の字は願主名と同じ大きさで書かれているのに、この裏書では肩付で小さく記してある。管見の限り、このような例は知らない。願主の部分はのちの別筆である可能性が高い。とはいえ、この裏書が名草郡岡崎庄へ、文明九年という紀州において最も早い時期に下付されたのは、紛れもない事実である。そして、下付した人物が蓮如であることも、ほぼ間違いなかろう。

文明八年蓮如の熊野詣の話は、伝説の域を出ないといってよい。ところが、この裏書が文明九年であり、これが虚構ではないかのように一瞬思えてくる。しかし、文明九年に方便法身尊像がこの地に下付されたからといって、それが前年に蓮如が紀州を訪れた証拠には決してならないことはいうまでもない。すなわち、下付することと訪問することは、全く次元が違うのである。

文明八年の熊野詣が伝説であるのに対し、「紀伊国紀行」を書いているように、文明一八年には間違いなく蓮如は紀州を訪れた。この「紀伊国紀行」では鳴神から田尻に向かったと記しており、岡崎を通るか、少なくともすぐ近くを歩いているのに、岡崎の名は出てこない。これは大きな疑問として残る。

ここで不思議なのは、この裏書が文明八年の蓮如熊野詣伝説にとって、この話を補強する格好の材料であるにもかかわらず、『鷺森旧事記』をはじめとした由緒書や縁起話の中で、どういうわけかこの史料について一切語られていない点だ。これまでの紀伊真宗史において、この裏書の存在は黙殺ないし無視されたため、忘れ去られてきたといえよう。そこで気になるのが、元の裏書が切り貼りされている点だ。つまり、何か不都合な部分があり、切り取られた可能性が捨て切れないのである。

3　本遇寺末寺院について

これに関連して、紀州に現存するなかで二番目に古い方便法身尊像の裏書にも、作為による不自然な削除のあとが見られるのである。それは雑賀庄岡の念誓寺に現存している方便法身尊像の裏書（**図2**）で、次のように書かれている。

図2　念誓寺蔵方便法身尊像裏書

大谷本願寺釈実如（花押）
延徳四年癸子二月廿日
方便法身尊形　「（削除）」泉州日根郡
賀祥寺村浄光寺門徒紀州
海郡雑賀
願主釈道全

裏書には雑賀のどことは書いていないが、雑賀庄の浄光寺末寺院は、念誓寺以外は西土入（旧、末時村）の本遇寺しかなく、後述するように本遇寺に下付された永正

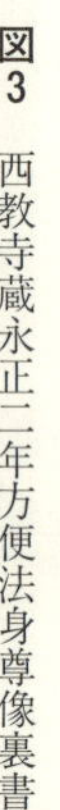
図3　西教寺蔵永正二年方便法身尊像裏書

元（一五〇四）年の方便法身尊像が存在しており、この絵像は間違いなく念誓寺に下付されたものと認識してよい。なお、雑賀庄は名草郡と海部郡にまたがる荘園で、岡は本来名草郡に属する。この裏書では郡名が「海郡」になっているが、この時期の裏書で雑賀庄の前には海部（士）郡を省略して「海郡」と書かれることが多く、問題にする必要はなかろう。以上から、これは念誓寺の初代道全が本願寺第九世実如上人から延徳四（一四九二）年二月二〇日に方便法身尊像を下付されたことを示している。

念誓寺が所蔵する方便法身尊像裏書の宛所部分の最初にある意図的な削除は、一体何を意味しているのか検討しよう。この部分に何か記載されるとすると、浄光寺の上寺ぐらいしか考えられない。この点で注目すべき史料が、同じ浄光寺末であった前出の岡崎西の西教寺にある二つ目の方便法身尊像裏書（**図3**）である。

大谷本願寺釈実如（花押）
永正二年乙丑八月廿八日
方便法身尊像
本遇寺門徒紀州
名草郡岡崎西坂　　願主釈浄西

願主名の位置が通常より右に寄っているのは、この部分のみ切り貼りされているためだ。下付先の「岡崎西坂」は西教寺の所在地である岡崎西の地である可能性が高い。また、西教寺には二幅の裏書とともに表の阿弥陀絵像が一幅伝来している。頭部の光明が文明一五年以前の像には真上に伸びたものが多いのに対し、この像は以後に見られるようなV字型に発している。また、田相部の截金文様が、実如期の裏書に多い雷文である(11)。以上から、この方便法身尊像に対応するのは、永正二年の実如の裏書であると判断してよかろう。

先の文明九年の裏書から永正二年までの三〇年ほどの期間に、一つの道場に正式な裏書を記した二つの方便法身尊像が下付されることは、ほとんどあり得ない。つまり、文明九年の裏書は別の道場に下付されたもので、永正二年の裏書が西教寺の前身の道場に下付されたものと推察するのが妥当ではなかろうか。文明九年の裏書の「尊形」は「尊号」の誤記ではないかとの意見がある。だが、名号の裏書は全国的に希少であり、紀州には管見の限り存在しない。それに、法宝物の名称という根本的な点を間違えて下付するとは考えられず、可能性は低いと思う。

永正二年の裏書で重要なのは、取次寺院名に「本遇寺門徒」と書かれている点である。この本遇寺とは、前述の西土入の本遇寺のことではない。西土入の道場が本遇寺の寺号を獲得するのは、寛文一〇（一六七〇）年のことである。実は西土入の道場へ永正元年に下付された方便法身尊像裏書（補論4**図7**）にも、「本遇寺門徒」と書かれていた。しかも、前述したように、本遇寺の寺号を賜ったこの道場も、その後は浄光寺末になっている。なお、願主名の部分は残念ながら残っていない。

大谷本願寺釈□（実如（花押））
永正元年甲子三月□（廿六日）
本遇寺門徒紀州海郡
□（方）便法身尊像
雑賀庄粟村□（郷）末時村

それではこの時期に取次寺となるような「本遇寺」とは、どのような寺院なのだろうか。これは存如・蓮如両上人に仕え、権勢を振るった側近の寺院といわれる本遇寺のことであろう。「第八祖御物語空善聞書」に延徳「元年十一月廿一日夜ヨリ報恩講ノ次第」で「廿三日御時（斎）、本遇寺」とあり、延徳元年の本願寺での報恩講で、本遇寺は二三日朝の御斎の頭人を勤めている。また、同聞書によると、蓮如の葬儀に本遇寺は空善らとともに出勤している。[12]つまり、直参中の直参といってよい。しかし、本遇寺はその後歴史の表舞台から姿を消してしまった。その理由は、何か不都合なことをしでかしたためともいわれている。その、本遇寺の教線が紀州に伸びていたのである。[13]

念誓寺の裏書の削除部分に「本遇寺」とあったとするのは確実なものでなく、推測の域を出ない。また、普通であれば「本遇寺門徒……浄光寺下」と書いてあるべきなのに、裏書には「浄光寺下」ではなく「浄光寺門徒」とあるのは少し気にかかる。宛所の最後の「門徒紀州海郡雑賀」は別人の追筆であるとの意見もある。しかし、「紀州海郡雑賀」の文字は、専光寺の方便法身尊像裏書[14]の実如の文字と全く同じであり、彼の筆と判断して間違いなかろう。いずれにしろ、削除部分には浄光寺の上寺の名前が書かれていた可能性が高い。西土入の本遇寺や岡崎西の西教寺といった雑賀五組の他の浄光寺末寺院に「本遇寺門徒」と記述された方便法身尊像裏書があるということは、削除された部分に「本遇寺」の文字が記載されていても不思議でない。というのは、浄光寺の上寺が本遇寺であり、本遇寺が退転したため、その末寺を浄光寺が受け継いだと考えるのが自然であるからだ。また、退転の理由が不都合なものであったため、わざわざ削除したのかもしれないのである。

本遇寺の所在地はこれまで摂津富田説・山城竹田説等といろいろいわれていたが、文明三年に順如が本遇寺に下付した方便法身尊像が発見され、河内出口に存在していたことが明らかになった。[15]文明一八年に蓮如は、河内出口から堺を経て浄光寺のある嘉祥寺（海生寺）に着き、紀州を訪れた。つまり、これは本遇寺とその下寺の可能性が高い浄光寺の教線に沿って、下向したことになるのである。

ここで注目すべきは、先の西教寺の二番目の裏書により、永正二年八月まで本遇寺が本願寺の有力な取次寺院として機能していたことが確実になったことである。しかしその後、紀州に教線を伸ばしていた本遇寺の影響は、影も形もなくなってしまう。ということは、河内出口にあった本遇寺は、永正三、四年の「河内錯乱」・「大坂一乱」で凋落してしまった可能性が高いと推察できるのである。

清水の了賢とその一族が紀伊真宗史の舞台から全く姿を消してしまったように、紀州において一番古い文明九年正月二六日に方便法身尊像を下付された道場も、歴史の闇に埋もれてしまった。それだけでなく、かつての本遇寺末であった道場は、本遇寺の下寺であった可能性の高い浄光寺に吸収されてしまったようなのだ。時期やその規模から考えて、これらは全て「河内錯乱」・「大坂一乱」の影響の可能性が高いのではないかと判断しても不当ではなかろう。

第二節　黒江御坊の形成と管理をめぐって

1　「黒江十八人衆」と「黒江与力衆」との訴訟

永正四（一五〇七）年春に二尊像が清水道場から黒江に移され、「兼帯所」として御坊が創設されたと考える。黒江には一般寺院や道場に通常存在する住職や道場主が見当たらない。それでは、了賢という直末の中心人物がいない状況で、御坊はどのように管理されたのであろうか。

黒江御坊がいつ成立し、どのように運営されたか明らかになっていない。しかし、天文五（一五三六）年の「黒江十八人衆」と「黒江与力衆」との訴訟で、その状況がある程度窺える。この相論は、『天文日記』（『真宗史料集成』第三巻、同朋舎、一九七九年、所収）に記録されていた。これは本願寺第一〇世証如の日記で、史料的価値がきわめて高いものである。それでは、この訴訟で何が争われたのであろうか。それは「御坊進退権」、すなわち御坊の管理運営をめぐる相論と判断する。

ところで、石田晴男氏は「紀州門徒の中核となる黒江（のち鷺森）御坊については、天文五年に黒江十八人衆と惣中との争いも生じているが、この時期の動向は明らかでない点も多く、御坊体制はまだ成立しているとは言えない」(16)と述べている。しかし、「黒江与力衆」というものがすでに存在していることが確認できるから、本願寺教団における三つの結集形態の一つである「与力的結集」(17)、すなわち、地域の核である御坊や一門・一族寺院への結集を示しており、黒江に御坊が成立していたと考えて間違いなかろう。

まず、黒江御坊の運営について『天文日記』天文五年五月七日条に「前住御往生之後四五人ニ被仰付候」とある。つまり、実如が死去した大永五（一五二五）年二月頃には御坊が成立しており、四、五人で管理していたようである。一門一家衆は紀州に存在しない。御坊であるから、この四、五人とは直末衆であろう。なぜなら、後述するように、これが訴訟に関係するからだ。黒江は雑賀五組のうちの南郷に属するが、この地域の真宗道場は圧倒的に直末が多数を占めていた。これ以前の状況は分からないが、直末の中心人物であり直参であった了賢が退転していたのであれば、当初から直末衆が複数で運営したのであろう。集団で運営しているというのであれば、黒江が御坊である証といえるのではなかろうか。というのは、これは永正四年以降の大坂御坊の体制に倣った可能性が高いからだ。

「大坂一乱」で実賢とその母蓮能らが退去させられて以後、大坂御坊は四人程度の坊主衆が管理していたといわれている。(18)実如死去後の中陰法要において、二月一五日の非事の頭人を「大坂殿坊主衆四人」とし、明祐、定専坊、乗順、恵光寺の名を挙げている。[19] 大永五年頃大坂御坊はこの四人で運営していたと考えてよかろう。このうち、明祐は蓮光寺第二代に同名の者があり、乗順は河内松谷光徳寺第八代と推測されている。[20] それはともかく、「大坂一乱」ののち、大坂御坊は四人の坊主衆によって運営されたのであるから、新たに成立した黒江御坊の管理は、これに準拠したのではなかろうか。それに、二月一八日の非事では「黒江衆」が「堺寺内衆」とともに頭人を勤めている。[21] これは当時黒江御坊に結集していた坊主衆であろうが、紀州から特別に彼らだけが選ばれているということは、御坊が成立していたことの証左と認識してよかろう。

それでは天文五年の「黒江十八人衆」と「黒江与力衆」との訴訟とはどのようなものであったのだろうか。『天文日記』天文五年五月七日条によると、「去年十八人の衆ニ坊之事可令馳走申付たる事」とあり、天文四（一五三五）年から「黒江十八人衆」が管理していたようだ。これに対し、「黒江与力衆」（惣中）より手紙と使いが大坂本願寺に上山し、彼らが御坊を運営しているのは不当ではないかと訴訟が起こされたのである。五月一日条によると、「黒江与力衆」の疑義は「彼十余人の衆一向すゐ〳〵の衆なども入候。又長衆なども候へども不入候。為如何儀候哉」というものであった。

それでは「黒江十八人衆」と「黒江与力衆」（惣中）とはいかなる人々であろうか。大永五年頃は直末衆が四、五人で黒江御坊を管理していたと推測できるが、その後、自庵の道場坊主が交代で集団運営するようになったようで、それが「黒江十八人衆」ではなかろうか。なぜなら、鷺森御坊の運営について、『鷺森旧事記』に「鷺森ハ近在之辻本三十六人寄テ。カハル〳〵常番シケル」（四七頁）とあるからだ。これは黒江御坊の体制が引き継がれたのであろう。ただし、この「黒江十八人衆」も直末衆と思われる。そのため、人数が増えた分「すゐ〳〵の衆なども入」っていたのであろう。これに対し、「黒江与力衆」はあくまで御坊を与力するだけの役割しか与えられていなかったようだ。彼らについて天文五年一〇月二〇日条には「黒江惣門徒衆」とあるように、興正寺末等を含めた雑賀門徒衆全体を指していると判断してよい。

ところで、川端泰幸氏は「黒江の場合の長衆は、黒江門徒惣中のうちの年齢階梯の高い人々」と述べている。たしかに、「長衆」には「村人集団で﨟次の高いもの」という意味がある。しかし、ここでの「長衆」は「すゐ〳〵の衆」に対する言葉である。つまり、門徒内の年齢階梯の問題ではなく、「長衆」は俗世界での有力者である門徒と考えた方がよかろう。(22)

黒江が属する雑賀五組の南郷は、圧倒的に直末道場が多数を占めていた。だが、雑賀五組全体から見れば、直末は道場数において四分の一の勢力にすぎない。とりわけ、直末には俗世界での有力者がそれほど多くなかったため、「すゐ〳〵の衆なども入」っていたのであろう。これに対し、直末以外の道場主には、有力者が多かった。後出する天文期の雑賀門徒衆の代表であった嶋本左衛門大夫は、興正寺門徒真光寺末の道場主（覚円寺）であるが、地頭職であったという。また、天正期に雑賀御坊の代表となったのが浄光寺末の岡了順（念誓寺）であるが、彼は雑賀庄岡の地域の指導者でもあった。

黒江御坊の管理をめぐる「十八人衆」と「惣門徒衆」との間の訴訟に対し、大坂本願寺にて証如の裁可が下された。天文五年一〇月二〇日条に「坊之儀者黒江惣中へ可馳走申付候」とあり、裁定の結果、管理運営権は惣中に付与されたのである。これ以後の御坊の運営状況については、後述したい。

2　「雑賀衆」・「紀州衆」の本願寺支援

それでは、なぜ黒江御坊の管理運営権が惣門徒衆に移ったのだろうか。それは、大坂本願寺にとって紀州惣門徒、とりわけ雑賀惣門徒衆の比重が強まったからであろう。

ここで当時の畿内およびその周辺の政治状況を確認しておこう。永正四（一五〇七）年、細川政元が家臣に暗殺されると、澄之・澄元・高国の三人の養子による主導権争いとなったが、翌年高国の覇権が確立した。大永七（一五二七）年、阿波に逃れていた澄元の子の晴元が、三好元長に擁されて堺に進出する。ついに享禄四（一五三一）年高国を敗死させ、晴元が政権を掌握した。

細川晴元は、敵対する畠山義尭および不和となった三好元長を攻めるため、本願寺証如に助力を頼んだのである。「河内錯乱」・「大坂一乱」を経験した摂河泉の門徒は証如の命に従い、三万余りが挙兵し、天文元（享禄五＝一五三二）年六月晴元軍と共同して攻め、義尭と元長を自害させる。ところが、門徒勢の蜂起はこれでは終わらなかった。大和に波及すると、晴元や証如の意図を超え、一向一揆として独自に動き始める。天文の畿内一向一揆である。

支配層はこれに危機感を抱き、晴元は今度は法華一揆と同盟して、一向一揆を攻撃した。八月には山科本願寺が焼き払われ、証如は大坂御坊に寺基を移し、以後ここが本願寺となる。天文二年六月、本願寺と細川晴元との一応の和睦が成立した。しかし、これ以後も畿内各地で戦いが続くことになり、多くの真宗寺院・道場が破却される。

細川晴元政権と対立した本願寺は、晴元に敵対する紀伊守護で河内にも影響力を持つ畠山稙長との提携を模索する。他方、畠山稙長も天文三年、本願寺と同盟を結ぶことにした。これにより、紀州門徒が守護に気兼ねすることなく本願寺に協力することができるようになったのである。これ以前、紀州門徒が畿内一向一揆に積極的に参加した形跡は、ほとんど確認できない。

本願寺は早速紀州門徒に援助を要請した。天文三年と推測されている一二月二一日付「紀州惣門徒宛証如書状」（戦国一五〇）に「急度上洛候ハヽ、喜入参らせ候、為其興正寺差下候」とある。この「上洛」とは、大坂への上山の意味で使われている。さらに、翌年と認識されている四月二日付「紀州惣門徒宛証如書状」（戦国一五二）で、「就敵出張之儀、浄照坊・森新左衛門以両人申下候、乍大儀、一左右次第出張候者、可難有候、頼入候」と依頼した。

これに応じたのであろう、天文四年六月の『私心記』（前掲『真宗史料集成』第三巻所収）に、「十七日、雑賀衆三百人計上候、……雑賀衆ニ御堂ニテ御酒被下候」とあり、さらに「二十五日、紀州衆五六百上候、興正寺被上候也、於御堂紀州衆ニ御酒被下候」とある。なぜ、御堂で酒を下したのであろうか。それは、「親鸞祖像の前で非直参身分の者に「酒」を下して一時的直参分となし、酒を下して身分を解く、その種の手続きが必要だったに違いない」[23]と指摘されている。証如はこの紀州門徒の支援に対し、感状を送った。天文五年と推測されている二月晦日付「紀州惣門徒宛証如書状」（戦国一五四）に、「今度者、各依無比類忠節、遂本意候、誠難有喜入候、殊去年以来在陣粉骨共難尽筆候」とある。

ここで注意する必要があるのは、「紀州衆」とともに「雑賀衆」が大坂本願寺に上山しているが、これは一般に雑賀衆と呼ばれる雑賀五組＝雑賀一揆を構成する人々を指すのかという点である。そうではないと思う。やはり、本願寺関係史料に登場する「雑賀衆」は、雑賀門徒衆＝「雑賀一向衆」の意味で使われていると判断すべきであろう。これは「紀州衆」などが紀州の人々全体を指すのではなく、紀州門徒を意味しており、ひとり「雑賀衆」だけが非門徒も含まれる雑賀の人々とは考えられない。そもそもこのとき、証如が書状で出兵を求めたのは「紀州惣門徒」に対してであって、雑賀五組＝雑賀一揆に要請した形跡は確認できない。この点については、第Ⅱ部で詳しく述べたい。

紀州門徒に対する証如の要請はその後も続く。『天文日記』天文五年一一月七日条に「紀州衆へ飛脚下。先百なりとも、其上にても、為番早々上洛候へ、又相留門徒衆ハ左右次第に可上洛覚悟なされ候へと申下候。又興正寺よりも申させ候」とある。また、天文六年四月二五日条には「紀州五方へ人を下、……三百人斗可上洛用意候て、重而人下候ハん時、必上候へと上野（下間蓮秀）以書状申させ候」と書いていた。このときの要請に応じたものか、翌五月一九日条には「紀州よびのぼせ候処ニ、今日はや五十人余、上候、五百人斗のぼり候へ、と申候つる間、其内定可上候」とある。この「紀州五方」とは何を指すのか不明である。ことによると、興正寺系の性応寺末と真光寺末、本願寺系の浄光寺末と直末、それにこれ以外の末寺（方はずれ）という、第四章で紹介する雑賀門徒を構成した五つの本末のことかもしれない。

紀州門徒の本願寺支援において一つ注目すべきは、『天文日記』にしばしば登場したように興正寺が重要な役割を果たしている点である。これは、紀州の道場において、興正寺末が半数ほどを占めていたからであろう。そうであるなら、黒江御坊をいつまでも直末だけで管理運営させるわけにはいかなくなるのは必定である。紀州門徒、とりわけ雑賀門徒に依頼せざるを得ない証如が、「黒江与力衆」が中核となる「黒江惣門徒衆」に「御坊進退権」を移行させるよう裁定したのは当然の成り行きだった。

このように天文三年以降、証如が紀州門徒や雑賀門徒にしばしば上山を要請した背景には、第一に、本願寺が山科から大坂に移ったことにより、後背地としての紀州とりわけ雑賀の役割が大きくなったことが挙げられよう。第二に、今まで本願寺が頼っていた畿内の門徒勢が天文の畿内一向一揆により大きな痛手を被ったのに対し、畠山配下の紀州門徒はそれまで畿内一向一揆にほとんど関与せず、ほぼ無傷のままでいた。第三は、それまで細川晴元側であった本願寺が、逆に攻撃されるようになったことにより、晴元に敵対する紀伊守護の畠山稙長と提携したことで、紀州門徒が気兼なく支援できるようになったのだ。実は、次に見るように、畠山稙長が紀州の国内勢力をまとめるために、本願寺は積極的に協力していることが窺えるのである。

3　大坂本願寺に上山した「紀州こうの宮社家衆」

『天文日記』天文五（一五三六）年三月一五日条に、次の記述がある。

紀州こうの宮社家衆、去年興正寺在国之時節、還住之儀、惣中へ申調られ候、其礼として社人十六人従社家之使として、興正寺方へのぼり候。此方へも会度よし申候間、喚而あひ候。

「紀州こうの宮社家衆」の「こうの」は那賀郡の神野で、神野荘の鎮守社といわれる野中の十三所明神の社家衆のことではなかろうか。有名な「紀伊国神野・真国庄絵図」（神護寺蔵）[24]に「十三所大明神」が登場する。また、安貞二（一二二八）年四月の「高野山衆徒置文」[25]（『大日本古文書　高野山文書之七』一五四八番）には「庄内神社十三所押止恒例祭事」とあり、しかも本殿の垂木に永禄四（一五六一）年九月二五日の墨書が残っており、この神社が古くから神野荘の鎮守社であったと考えてよい。天正九（一五八一）年の信長による高野攻めの直前に出されたと推定されている「金剛峯寺惣分沙汰所祐尊書状」[26]で、神野荘の「氏人衆」に鉄砲「八十丁」の動員が要請されており、この「氏人衆」こそ「紀州こうの宮社家衆」の中核ではなかろうか。

それはさておき、「紀州こうの宮社家」の使いとして「社人十六人」が、この日興正寺を訪問し、さらに証如の所にも会いに来たと記している。興正寺当代の蓮秀が去年紀州に赴いて、「還住之儀」のことで「惣中」と調整してもらった礼のため大坂本願寺に来たようだ。前述したように、興正寺は本願寺の使者として、しばしば紀州に派遣されていたが、この問題でも重要な役割を果たしていたのである。これは紀州には守護大名と直接交渉できるような地方の大坊がなく、また興正寺門徒が過半を占めていたため、興正寺が差し向けられたのであろう。

ただし、この後の畠山稙長と本願寺の間の連絡は、証如期における紀州の直参坊主であった宮原浄祐が取り持っている。『天文日記』天文七年八月二八日条には、「畠山尾州（稙長）へ以好便宮原浄祐下候間事付候一札下候」とあり、また天文二一年二月一七日条でも、「畠山播磨入道（政国）へ、太刀、梅染十端遣之。宮原浄祐下国ニ事付候」とある。

ところで、先の『天文日記』天文五年三月一五日条に書かれた「惣中」とは紀州門徒惣中と考えてよい。なぜなら、これに関連する次の文書が萩市の端坊に所蔵されているからだ（金龍静氏の御教示による）。

態染筆候、仍各こう宮へ、可被採懸造意候由、其聞候。於事実者、時分柄、近比不可然之儀候、特牢人衆還住之儀、尾州（畠山稙長）へ申談半候処ニ、被相破候へハ、無其曲、善悪一途之儀、可申下之間者、堪忍可悦入候、尚端坊可申候、穴賢〱

三月廿日　　証如（花押）

紀州惣門徒中へ

紀州惣門徒と「こう宮」との間で紛争があったようで、証如はそれを諫めている。先の「還住之儀」が、この「牢人衆還住之儀」の可能性が高く、「こう宮」は「こうの宮」と判断してよかろう。このときは興正寺派の端坊が、この書状を持って紀州に派遣されている。

それでは、神野荘の神社と思われる「こうの宮」と紀州惣門徒との間に何があったのだろうか。そのことが窺える史料が存在する。それは那賀郡柴目村西方寺が万延元（一八六〇）年に西本願寺に提出した「口上」である[27]。これによると、柴目村西方寺の門徒は、元は小川荘中田に居住し「中田門徒」と呼ばれていた。「中田村」だけでなく、「小川之荘梅本村・坂本村・福井村・小野村」も「往古ハ不残御宗門」であったと書いている。

かつて「佐々小河」や「小河」と呼ばれていた梅本川流域のこの五カ村は、野上荘と神野荘のどちらに帰属するかをめぐって、平安時代以来争われてきた。高野山は正治元（一一九九）年、「御手印縁起」なるものを持ち出して、神野真国荘を寺領に編入する。元弘三（一三三三）年、後醍醐天皇による「元弘の勅裁」で、「御手印縁起」の定めるままに所領を安堵してもらった高野山は、今度は早速小川柴目荘として同年この地を寺領化したのである。[28]

同所を領域化した高野山は、さらに支配を強化するため住民に改宗を迫ったようだ。先の「口上」に「不残真言宗ニ被改候」とある。このため天文初年頃、高野山配下の神野荘の「社家衆」と中田門徒らを支援する紀州惣門徒との間で紛争が生じたのではなかろうか。改宗を迫られた中田門徒は結局、野上荘柴目村（西方寺）だけでなく野上荘海老谷村（正教寺）や海部郡仁義荘中村（徳応寺）に逃れている。

証如の指示で調停したのが、この衝突であったことを推察できる史料が、もう一つ存在する。それは「証如紀州下向記写」[29]である。証如は天文一九（一五五〇）年四月に黒江御坊を訪れた。このとき、「柴目村門徒黒江へ参り十一日ニ御目見御礼申上ケ候」とあり、さまざまな品を奉呈している。しかも、他の紀州門徒による献上の記述はない。先に「紀州こうの宮社家衆」が大坂へお礼に来たことを考えると、十数年後のことであるが、旧中田門徒の柴目村門徒が、わざわざ取次に礼金を払ってまで、お礼のため会って献上したのは、近くに住む神野荘の社家衆との紛争を調停してもらったからだと思われる。

それでは、紀州の一地方の紛争を調停することが、なぜ本願寺にとって重要だったのだろうか。それは「尾州（畠山稙長）へ申談半候」という先の端坊所蔵の手紙の記述から推測できよう。前述したように、細川晴元政権と対立した本願寺は、晴元に敵対する紀伊守護で河内にも影響力を持つ畠山稙長との提携を模索した。他方、畠山稙長も天文三年、本願寺と同盟を結ぶことにしたが、河内守護代家の遊佐長教がこれに反対したのである。このため、稙長は河内高屋城に入れず、紀伊に在国することになる。そこで、稙長が反転攻勢するには、紀州勢を固める必要に迫られたであろう。すなわち、紀州勢内部の相互対立を解消しなければならなくなったのだ。以上から、一方の紛争当事者の親玉である本願寺が、畠山稙長との関係を強めるために、「紀州こうの宮社家衆」と紀州惣門徒との間を調停したものと判断してよかろう。

第三節　御坊山・鷺森への移転

1　黒江から御坊山へ

証如は天文一九（一五五〇）年四月に黒江御坊を訪れ、八日から二一日まで滞在した。証如の指示で同年秋、御坊が黒江から和歌浦御坊山（現、秋葉山）に移転し、「雑賀御坊」となる。

『紀伊続風土記』（和歌山県神職取締所、一九一〇年復刻、以下『風土記』と略）は「弥勒寺山」の項目で「御坊山ともいふ」と書き、「弥勒寺の址とす」とし、「天文年中本願寺証如……黒江の道場に蟄居し同十九年又此地に移り住す要害の地に拠るなり」（第一輯五〇〇頁）と述べている。証如は来訪しただけで、蟄居や移住というのは全くの誤りであるが、「要害の地に拠るなり」というのは正しいように思う。天文の畿内一向一揆の後だけに、大坂の後背地である雑賀の御坊が防衛を重視するのは当然である。実際、信長による雑賀攻めの際には、雑賀一向一揆側は御坊山に立てこもり、信長側と対峙した。

黒江も山上にあり、要害の地といってもよかったが、近くには対立する浄土宗鎮西派の永正寺があり、双方で戦闘も起こっている。これに対し、御坊山がある雑賀庄南部は「雑賀本郷」と呼ばれ、真宗が他を圧倒していた。「雑賀本郷」とは、雑賀庄の鎮守社である矢ノ宮を村の産土神とする関戸・西浜・宇須・塩屋・小雑賀に加え、和歌浦と雑賀崎を含む地域である。ただし、防御のためという理由だけでなく、御坊山の東麓が、古代の紀ノ川本流とされる和歌川が和歌浦湾に注ぎ込む河口で、湊の役割を果たしており、大坂本願寺を支援するには黒江より便利な場所だったことは間違いない。

天文一一年には御坊山北東の宇須に、真光寺が泉州嘉祥寺（現、田尻町）からすでに移っていたようだ。また、堺阿弥陀寺が南西に位置する和歌浦に遷り、性応寺と改号するが、これは御坊が移転した天文一九年の閏五月のことといわれている(30)。これはいずれも御坊を補佐させるために、本願寺が要請したのであろう。ただし、後述するように、両寺は御坊の運営にそれほど関与できていない。中心は雑賀門徒衆をはじめとした、地元の門徒の有力者たちであった。

ところで、『風土記』は「御坊山」を「弥勒寺山」と呼び、「弥勒寺の址」とした。この「弥勒寺山」という名称は、元禄期の成立と考えられている『鷺森旧事記』にも登場し、遅くとも一七世紀末にはこちらの方が一般的であったようだ。それではこの「弥勒寺山」という名称は何に由来するのだろうか。

『風土記』は東本願寺の御坊であった長覚寺の項目で、「御小人町にあり慶長八年建立すといふ」とし、「寺家の説に曰当寺古名弥勒寺といふ旧弥勒寺山にあり……慶長年中寺を今の地に移す」（第一輯一〇四頁）と述べている。つまり、長覚寺の史料に基づいて書かれていると考えてよい。

長覚寺は第二次大戦の空襲で焼失し、戦後再建されなかった。しかし、同寺の住職であった北畠家に、「憶西院長覚寺由緒記」（京都国立博物館寄託。薗田香融氏の御教示による。以下「由緒記」と略）という史料が残っている。これは「古伝由緒書」を寛政八（一七九六）年に当寺九代北畠清雲が「再写」したもので、以前のものは残っていない。「由緒記」によると、まず和歌浦を訪れた北畠親房が、暦応二（一三三九）年に「紀伊国和歌路山構草庵。号林鶯軒」とあり、南北朝期に北畠親房が和歌浦を訪れて草庵を設けたというのである。次に、親房の子孫で伊勢の戦国大名であった北畠具教が、天正四（一五七六）年一一月信長の討手を逃れ、一族皆殺しにされたが、彼だけ熊野那智山に遁走した。翌年正月、ゆかりの地である御坊山に来て、超覚と名を改め、天台宗の弥勒寺を開基したというのである。

「由緒記」とほぼ同じ内容が、『紀伊国名所図会』の長覚寺の項目[31]に書かれている。しかし、以上の記述は全く信憑性が乏しい。まず、北畠具教は天正四年に信長勢によって一族とともに殺害されたことが、伊勢においては定説となっている。そもそも彼だけ逃亡できたというのも、腑に落ちない。それに一族暗殺後、奈良興福寺東門院にいた北畠具教の弟・具親が、還俗して伊勢に入り、再興を目指してレジスタンスを繰り返している[32]。もし具教が生きていたなら、一緒に行動しないはずはない。

次に、御坊山には天文一九年に御坊が移転してきているが、そのことの記述がない。その地に弥勒寺という天台宗の寺を天正五年に開基できるとも思えない。しかも、正月に開基したというこの年は、二、三月に信長の雑賀攻めがあった。「由緒記」に信長の雑賀攻めの記述がなく、まさにこの時期に那智から雑賀に来て、この地に寺を建立するということ自体、納得できない。さらに、信長の雑賀攻めの記録に、伊勢で敵対した北畠具教のことも、天台宗の弥勒寺のことも全く出てこないのである。

「由緒記」および『紀伊国名所図会』にある天正八年の「石山合戦」講和以降の記述[33]は、さらにひどい。大坂本願寺を退去した顕如たちは、門徒である土橋氏の別邸に迎えられ、それが鷺森御坊になったというのである。しかも、講和したにもかかわらず翌九年、信長側は鷺森を攻めたので、顕如・教如は「弥勒寺山」の超覚を頼ったとする。この縁で、超覚は教如に帰依し、天台宗から真宗に改宗したというのである。

定説では、永禄六（一五六三）年に御坊が御坊山（秋葉山）から鷺森に変遷した。鷺森御坊の瓦銘に「永禄七年四月十九日」（三五頁）とあると、『鷺森旧事記』は書いている。それに決定的なのは、鷺森御坊の御主殿の棟札が戦前には残っており、そこに「天正二年甲戌二月廿八日」付で「大谷本願寺末寺雑賀の庄宇治野御坊御主殿」と書かれていた。(34)つまり、御坊は宇治に移転しているのである。これは宇治でも鷺森であることは間違いない。というのは、鷺森別院所蔵の四幅対の親鸞聖人絵伝は次項で全文掲載するが、顕如から天正二年一二月一四日に下付されており、所付は「紀州名草郡雑賀庄宇治郷鷺森」と裏書に記しているからだ。(35)先の大坂を退去した顕如が土橋氏の別邸に迎えられ、それが鷺森御坊になったという記述は、全くのでたらめである。それに、土橋氏は浄土宗徒であって、真宗門徒ではない。

次に、天正八年の講和後に信長側が本願寺を攻撃した歴史的事実は一切確認できない。また、天正九年に教如は雑賀におらず、越前に逗留している。織田信長との講和を拒否していた教如であったが、天正八年八月ついに大坂を退去し、雑賀へ来た。しかし、顕如に鷺森へ入ることを拒否され、和歌浦に逗留する。一一月初めに半月ほど由良の阿尾に逃れるが、いったん和歌浦に戻り、同月末頃には大和路を経て美濃に至るのである。(36)もし長覚寺の北畠家が教如を世話し、帰依したとするなら、この和歌浦逗留中と推測するのが、最も妥当であろう。長覚寺は伊勢の北畠氏を持ち出しているが、和歌浦には北畑・北畠姓が多く、真宗寺院では和歌浦法福寺は北畠道龍の寺として有名であり、和歌浦宗善寺も北畠姓であり、同様に地元の人間と考えてよかろう。

さらに、紀伊真宗の一次史料に「弥勒寺」は全く登場せず、御坊山に天台宗の寺を建立し、さらに改宗したとは考えられない。それに、御坊山の土地は長覚寺ではなく、戦前まで一貫して鷺森御坊の所有であった。空襲で焼失した鷺森別院を再建するために、第二次大戦後、行政に売却したのである。東本願寺の御坊であった長覚寺の「由緒記」は、歴史を歪曲したものと判断せざるを得ない。紀州の真宗寺院は、東本願寺の大谷派は少数で圧倒的に西本願寺の本願寺派であった。そこで、東本願寺の御坊である自らの存在を強く主張するために、この「由緒記」が書かれたのであろう。

もちろん、黒江から御坊が変遷する以前に「弥勒寺」という寺院が、現在の秋葉山にあった可能性はあろう。もしそうであるなら、天台宗の寺がそのまま御坊になったか、あるいは、どこかに移転したことになる。しかし、管見の限り、「由緒記」以外そのような記録は見当たらない。また、「弥勒寺」が天正期以前に真宗に改宗したとするなら、「石山合戦」期の史料に書かれていてもよさそうなものであるが、一切目にしない。第四章で紹介する「雑賀一向衆列名史料」にも登場しない。この「由緒記」以外の史料で「弥勒寺」という寺院が確認できないのであれば、本当に存在したのか疑わざるを得ないのである。そうであるなら「弥勒寺山」という山の名称自体、検討する必要があるということだ。

2　鷺森への移転

永禄六（一五六三）年、和歌浦御坊山（秋葉山）から鷺森に御坊が移転した。それでは、なぜ鷺森に御坊を移す必要があったのだろうか。『鷺森旧事記』は鷺森へと変遷した理由について、御坊山が「要害ノタメヨロシトイヘトモ。参詣ノ便悪ケレハ」と述べ、これに対し鷺森は「前ニ大河メクリ。後ハ吹上ノ嶺ニツヽキ。要害ノ為モ。マタ参詣ノ便モヨロシ」（三五頁）と書いている。たしかに、山上より平地の方が参詣には好都合であろう。なお、鷺森が「要害」の面でも適していたとする点については補論3で検討したい。

かつて仏光寺教団の真光寺や性応寺は「海の道」から河川を経由して教線を伸ばしており、本願寺教団の浄光寺は峠越えという「陸の道」を通って布教していた。それゆえ、紀州門徒の「参詣ノ便」のために、御坊が交通の要所に立地する必要があったことは間違いない。摂津・河内の寺内町の地理的条件として、「河川交通の利便を十分に認識し」、「河川の河岸に構築」されている点が指摘されている。(37) 紀伊湊が所在する宇治郷に属し、紀ノ川南岸に立地する鷺森は、まさしく同じ地理的条件を有していた。

なお、宇治郷には、後出の宇治の惣村（宇治本村・三日市・市場＝六日市・鷺森）だけでなく湊も含まれていた。というのは、雑賀門徒年寄衆の一人である宮本平大夫の寺である湊の善能寺の「由緒書」冒頭に、「紀州海士郡雑賀庄宇治郷湊善能寺」とあるからだ。慶安三（一六五〇）年に下付された親鸞御影の裏書の「留書」にも、「雑賀庄宇治郷湊善能寺」とある。(38)

しかし、紀州門徒の分布を検討すると、もちろん名草・海部両郡に多く所在しているけれども、有田・日高両郡の海岸部にも広く分布している。これに対し、那賀・伊都郡は比較的少ない。ということは、御坊山や黒江、清水の方が分布の中心に近いのである。つまり、紀州門徒全体の参詣の便を考えると、北遷する必要はない。兼帯所である御坊の変遷は、むしろ本願寺の意向に基づくものと判断した方がよかろう。

そこで、まず推察できるのは、後背地となる紀州においては、有事の際に大坂本願寺を支援するために、近くて便利な紀伊湊に隣接する鷺森が選ばれたという理由である。ただし、移転した永禄六年では、信長は美濃を攻略している段階であり、本願寺は戦国大名と緊張した関係に置かれていない。それゆえ、もちろんこの点も念頭にあっただろうが、焦眉の問題とはなっていなかったのである。

それよりも重要なのは、大坂本願寺を軸とする寺内町ネットワークや教団の交通および流通網との関係ではなかろうか。摂河泉の寺内町や主要寺院の配置を見ると、大坂を中心として交通の要所に網目状に整備されている。土佐や南九州それに東海・関東との海運を想定すると、紀伊湊を中心とする紀州の港湾は不可欠な存在であった。また、本善寺や願行寺など門徒の多い吉野の位置を考えると、流通の点では陸路よりも紀ノ川の河川交通が実用的である。とりわけ、吉野材の集積地は紀伊湊であった。『南紀徳川史』所収の「佐武伊賀働書」によると雑賀衆の湊と岡との間で「材木の座」をめぐって内紛が生じている。[39]鷺森に寺内を創成し、大坂を中心とする寺内町ネットワークや教団の交通および流通網に、紀伊湊を組み入れようというのが、本願寺が最も意図するところだったのではなかろうか。

ところで、永禄六年に御坊が鷺森へと移転するに際し、御坊山へ顕如が卓錫したとの説がある。これは天明期に編集された『大谷本願寺通紀』に載っているだけで、鷺森御坊の基本文献である『鷺森旧事記』に、覚如・蓮如・証如の下向は書いているが、このとき顕如が来訪した記述はない。また、このことを示す一次史料は全く存在しない。もちろん、本願寺が寺基を鷺森に移している期間に、顕如が御坊山を訪れたことはあったと思う。しかし、永禄六年にこの地に下向したと認識すべきではなかろう。

それでは、鷺森の御坊はいつから「鷺森御坊」と呼ばれるようになったのだろうか。というのは、鷺森別院が所蔵する「石山合戦」期の本願寺関係文書には一貫して宛名が「雑賀御坊」と書かれているからだ（戦国三二四・三五一・三五三・三五八・三七二・三七六・三八二・三八六・四〇六・四一八）。また、天正九年一〇月九日付の「成算等連署状」（戦国四八一、河野家文書）にも「雑賀御坊」とある。

もちろん、以前から地名としての「鷺森」はあった。[40]『風土記』は、鷺森について「此地古橡樟の大樹あり白鷺常に其上に群集る」（第一輯九六頁）ことから名付けられたと書いている。

この点で、顕如が天正二（一五七四）年に下付した親鸞聖人絵伝裏書には以下のように書かれている。

釈顕如（花押）

天正二年甲戌十二月十四日書之

紀州名草郡雑賀庄

宇治郷鷺森

大谷本願寺親鸞聖人伝絵

この「鷺森」には坊舎の文字が付いていないから、地名と認識してよかろう。もちろん、ここが坊舎でなかったことを意味するものではない。

これに対し本願寺の貝塚移転後、顕如が二尊像の劣化を心配して、天正一一年に下付した親鸞御影裏書には以下のように書かれていた(41)。

釈顕如（花押）

天正十一載癸未十一月六日

□□名草郡雑賀庄□治郷

鷺森坊舎常住物也

大□本願寺□□□人御影

この親鸞御影裏書には「鷺森坊舎常住物也」とある。このことから、坊舎の名称が雑賀御坊ではなく鷺森御坊となったと判断してよかろう。

天正一〇年六月の「宇野主水日記」に「鷺森御寺内」とあった（戦国五〇三）。また、天正一一年閏正月には「紀州鷺森発足」とか「鷺森へ御帰寺」と同日記に書いている（戦国五一四）。これによると、寺内や本願寺を示す言葉として「鷺森」が使われていると認識してよかろう。つまり、天正八年四月に本願寺が大坂から鷺森に退去し、「雑賀御坊」が「鷺森本願寺」となり、天正一一年七月に本願寺が鷺森から貝塚に寺基を移した後、「鷺森御坊」と呼ばれるようになったと推測できるのである。

「鷺森坊舎」ではなく「鷺森御坊」と書いた初見史料は、『和歌山市史』で天正一二年と比定されている鷺森別院が所蔵する三月五日付「下間頼廉書状」（戦国五三三）である。ところが、『大系真宗史料』ではこれを天正八年と推定している。[42]この文書は、前半に欠損部分が多々あり、内容から時期を判断するのが難しい。ただし、「其国令退出之」とある。天正八年三月五日とすると「石山合戦」講和以前であり、本願寺はまだ鷺森に退去しておらず、「其国令退出之」の意味が取りにくい。また、大坂退出では、「其国」とは表現しないだろう。天正一二年では鷺森から貝塚への移転を意味し、紀州からの退出を表すことになるのである。

それ以上に注意すべきは、この書状だけ形態が違う点である。この史料と前出した鷺森別院が所蔵する「石山合戦」期の本願寺関係文書は、二巻の巻物に納められている。他の書状の上下は七〜一一センチメートルで、小さい字で書かれ、二段に表装されているのに対し、この書状だけ上下が一六センチメートルで、一段に収められ、字も大きい。前者は緊迫した状況が窺えるのに対し、これはやや余裕が感じられる。それゆえ、「石山合戦」講和後の天正一二年と比定してよいのではなかろうか。そうであるなら、宛名が「鷺森御坊」と書かれているのも納得できるのである。

もっとも、「宇野主水日記」天正一三年三月二四日条は、寺内名は「鷺森寺内」と書いているが、まだ「雑賀御坊」と呼んでいる（戦国五五九）。本願寺が鷺森から貝塚に寺基を移した後、以前のように「雑賀御坊」と書かれることはあっても、正式には「鷺森御坊」と呼ぶようになったと考える。ただし、本章で時期により名称を変えるのは煩雑なので、「鷺森御坊」で表現を統一したい。

第四節　鷺森御坊の整備と運営

1　鷺森御坊の増築整備

第二次世界大戦以前、鷺森の本堂は三度建立された。永禄に移転した際、それに天正期と享保期である。元禄六（一六九三）年に本文を脱稿した『鷺森旧事記』は、三度目の享保期の造営以前に書かれたものであるが、二度目の建立について、「天正ノ始メ。新ニ御堂ナラヒニ御主殿ヲ造リ。始ノ御堂ヲ対面所ニ造リナシ侍リケル」（三五頁）と述べている。つまり、天正年間の初め、新たに本堂と御主殿が造営され、以前の本堂を対面所に改装したのである。

最初の本堂について『鷺森旧事記』は、「和歌ヨリ此地エ移侍リ。今ノ対面所是ナリ。此御堂冷水浦。黒江浦。和歌浦。ト次第シテ。此地ニ移ルトナン」（三五頁）と書いてある。つまり、永禄六（一五六三）年、御坊山（秋葉山）から鷺森に北遷した際、以前の本堂を移設したようだ。後述するように最初の本堂は六間四面であり、和歌浦御坊山から移築したのは間違いないと思うが、御坊でもなかった清水に建っていたとは思えない。黒江についても検討を要するだろう。

天正期に増築・改装した建物について『鷺森旧事記』は、「今ノ御堂。東西八間半。南北七間ナリ。四方ニ一間宛ノ椽アリ。前ニ一間ノ落椽アリ。対面所ハ。六間四方。四面ニ一間ノ椽アリ。御主殿南北六間半。東西四間半。三方ニ半間ノ落椽アリ。東ノ方ニ車ヤトリアリ」（三五～三六頁）と述べている。

大熊喜邦氏が作成した御主殿の平面図（**図4**参照）によると、周りにある半間の廊下や縁（椽）、それに一間の

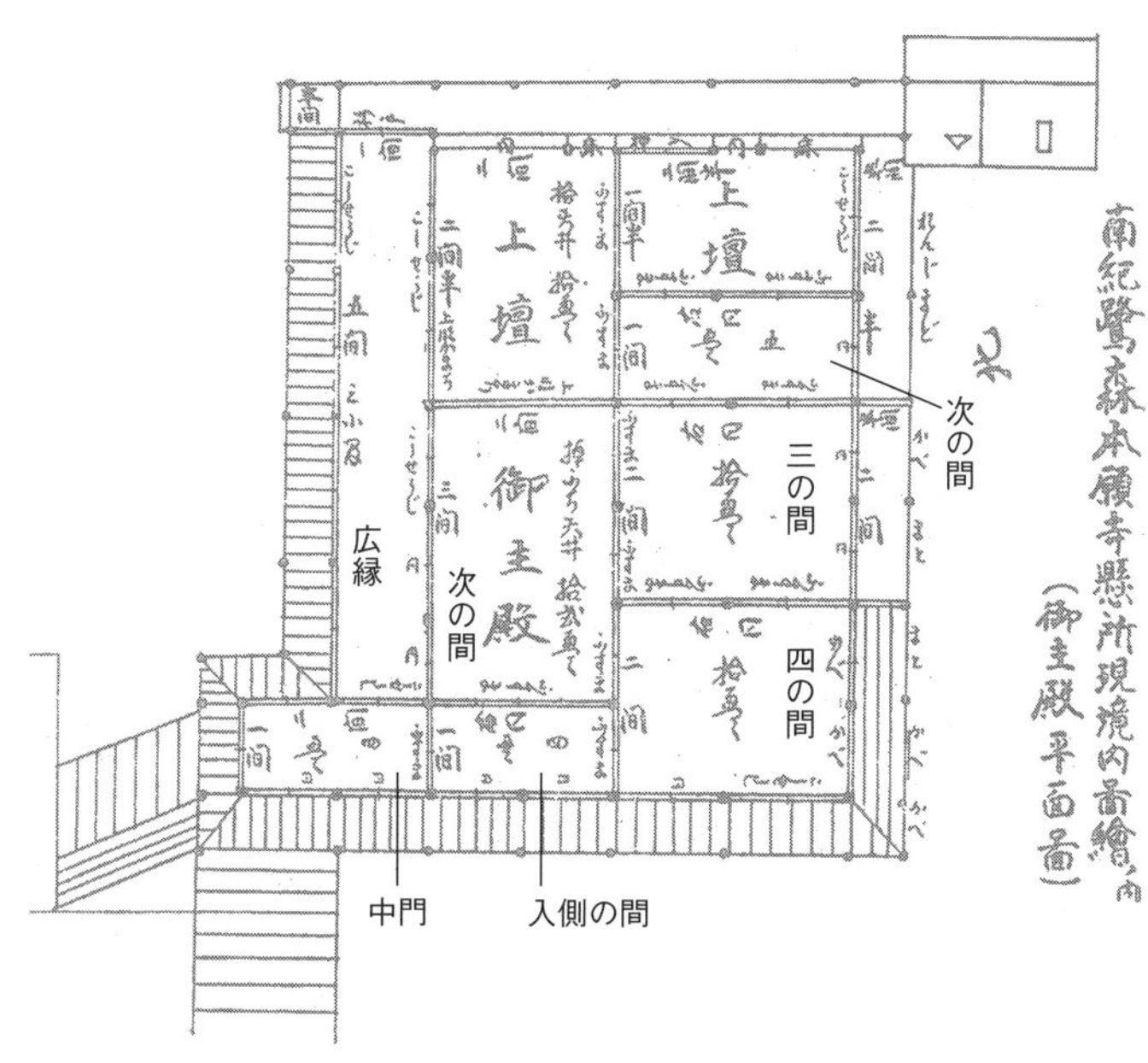

図4　鷺森御坊御主殿平面図（註45大熊論文5頁に加筆）

「中門」の突出部分を除くと、南北六間半だが、東西は五間半である。しかし、三回目である享保期の建立以前の「古御本堂其外立家不残之絵図[43]」（正徳二年）と見比べると、一間に五間半の「広縁」と落椽との境界に沿って通し柱が二本増やされ、新たに障子が入れられたことが分かる。この「広縁」の部分は、明治八（一八七五）年頃の「南紀鷺森本願寺懸所現境内図絵[44]」では畳敷きになっているが、本来ここは板間だったのだろう。「主殿造」で現存している園城寺（三井寺）の勧学院客殿や光浄院客殿では、ここは中門廊と広縁で板間になっている。つまり、元は六間半に四間半だったのが、享保以降に広縁から一間分を室内に取り込むよう変更され、五間半となったと考えてよい。

　この御主殿の棟札（縦一尺九寸六分、横四寸二分）が空襲による焼失前は残っていて、以下のように記録されている。

天正二年甲戌二月廿八日　　願人　四方同方迦
大谷本願寺末寺雑賀の庄宇治野御坊御主殿
大工　大阪藤原頼朝櫨村彦兵衛尉(45)

ただし、『鷺森旧事記』は「大谷本願寺末寺雑賀ノ庄。宇治郷御坊御主殿。天正二甲戌年二月廿八日。願人四方同奉加。大工大坂藤原頼朝。櫨村彦右衛門」と書き写しており、一部に食い違いがあり、どちらが正しいのか分からない。さらに、「此御主殿ハ。大坂ニテ組合テ。船ニテハコヒ来テ建ルト」(三五頁)と記述している。なお、棟札に「鷺森」の名称がなく、この時点では「鷺森御坊」と呼ばれていなかった証左といえよう。

この御主殿については、「主殿造の形式を今に伝ふるものの残れるは国宝的建物として注目に値する(46)」と戦前に評価されていた。鷺森の御主殿は、かつて「主殿造」と呼ばれた初期の簡素な書院造の典型的な建物であり、慶長期に同じ形式で造営された園城寺(三井寺)の勧学院客殿や光浄院客殿が現在国宝に指定されていることを考えると、空襲で焼失したことは非常に残念でならない。

空襲による焼失前の間取り図(前掲「南紀鷺森本願寺懸所現境内図絵」)を見ると、まず南側南向きに幅一間、四畳敷の「中門」があり、南に一間突出している。これは平安朝の上流邸宅にあった中門廊の名残であろう。本来「中門」は重要な客の出入口であった。「中門」から奥に幅一間、十一畳半の「広縁」が続いていた。ただし、ここに畳が敷かれたのは、享保期の改築時か、ことによると明治初年に紀州徳川家の湊御殿から御主殿横に能舞台が移築された際に、見物席とするために敷かれたのかもしれない。

「中門」と「広縁」の右に、奥から大きい方の十畳の上段の間があり、手前に十二畳の次の間、手前に幅一間、四畳敷の入側の間がある。さらにその右には、奥から七畳半の小さい方の上段の間、五畳の次の間、各十五畳の三の間・四の間の四室が縦に並んでいる。ただし、江戸時代の造営以前である先の正徳二（一七一二）年の図面を見ると、間取りは同じであるが、中門は北側東向きにあり、享保期の造営時に九〇度回転して移築されている。いずれにしろこの間取りは、上段の間が二つある点など違いはあるが、桃山時代の木割書『匠明』（鹿島出版会、一九八九年）にある「昔六間七間ノ主殿之図」とほぼ同じといえよう。「主殿造」と呼ばれたこうした建物は客間や小規模な対面の間があり、門主が訪れた際に居住や接客できるようになっていたのである（**図4**参照）。

他方、大勢力であった本願寺において、多くの門徒と引見する対面所はきわめて大規模なものである。しかも、時には門主だけでなく連枝以下多数が付き従うから、上段の間も広大なものであった。鷺森御坊において天正期に、六間四方の最初の本堂を対面所に改装したということは、本願寺並みの機能を持たせたものと推察してよかろう。しかし、先の「古御本堂其外立家不残之絵図」を見ると、この一番目の対面所は六間の間口が二間ずつ三列に分割されているようなのだ。というのは、柱筋に沿って縦に敷居で仕切られ、襖を建てているように描かれているのである。これは、西本願寺の対面所（鴻の間）や次の鷺森本堂を享保期に改装した二番目の対面所と形態が違いすぎ、本来の体裁と異なっている。

これは、天正初期にこのように改装したのではなく、その後正徳期までにさらに改変された姿ではなかろうか。というのは、縦に分割されていると対面所としての機能は阻害される。次に、本堂には通常縦に敷居は設置されておらず、本堂の内陣を畳敷きにすることで通常の対面所に簡単に改装できるから、わざわざこのような改変をする必要はないからだ。

御主殿は天正二年に建立されている。また、『鷺森旧事記』に御主殿は大坂で組み立てたものを移設したと書いていた。だが、本堂についての記述はなく、果たして大坂から運んだものか、鷺森で造営されたものかは分からないが、本堂なら地元の大工でも建立できたであろう。それに、伊達政宗が瑞巌寺を再建した際、紀州の大工が参加したことは有名な話である。いずれにしろ、二番目の本堂も天正二年頃に建築されたものと判断してよい。

天正二年は「石山合戦」の最中であり、本来なら鷺森御坊の増築などせずに、その費用を戦費に回さなければならない時期である。また、御坊は門主兼帯とはいえ、地方の御坊にあえて常設でこのような施設を造営する必要はない。それにもかかわらず、門主が居住するための御主殿と本堂を新たに造営し、多くの門徒と引見するための対面所に以前の本堂を改装したということは、本願寺はいざという時に鷺森へ退去することを、この時点で考えていたのではなかろうか。顕如が報恩講で必要な親鸞聖人絵伝を天正二年一二月に鷺森に下付したのも、移転を見越した行為と思われる。

『鷺森旧事記』は、信長による「度々ノサワリ」に対し、顕如が「先師証如兼テノ覚悟ニ。モシ大坂ニ堪カタクハ。雑賀へ移ルヘシトノ御存念ナレハ。其用意イタスヘキヨシ。仰ラレ」（三五頁）、鷺森の増築整備がなされたと書いている。本願寺にとって四〇年ほど前に山科本願寺が焼打ちされ、大坂御坊に退去した悪夢がよみがえっていたことであろう。大坂の後背地であり、鉄砲を装備した雑賀一向一揆の本拠地である鷺森御坊は、転居先として最適であったに違いない。

他方、雑賀の情勢も天正二年頃は、本願寺が鷺森へ退去するのに好都合な状況になっていた。「石山合戦」において元亀段階では雑賀門徒を含めた雑賀衆は、将軍足利義昭や紀伊守護畠山秋高の催促に従い信長側で出陣していた。それが天正期に入ると、雑賀門徒衆は本願寺側に立つことができるようになる。第一の要因は、義昭と信長が反目して対立したからだ。特に、信長に追放された義昭が、天正元（一五七三）年一一月に移ってきたのが紀州海部郡由良の興国寺であり、ここから反信長戦線の結成をはかった点は注意する必要がある。第二の要因は、信長の養女を娶っていた畠山秋高が、家来の遊佐信教に殺されたことである。これで信長方の守護を推戴する必要はなくなった。このため、雑賀門徒衆だけでなく雑賀庄や十ケ郷の土豪の多くが、足利義昭や本願寺の側に与するようになる。鷺森御坊はその中枢としての機能を持つようになったのである。

和歌山大空襲で焼失した三番目の本堂は、正徳三（一七一三）年に着工し、享保八（一七二三）年に完成したもので、東西一七間、南北一六間あり、大工棟梁は和歌山在住者であった。その際、天正期建立の本堂が対面所に改装されている。このときの造営以前である正徳二年の図面と以後の図面を見比べると、御坊山より移築された御堂を改装した最初の対面所はこの改築時に取り払われたようだ。

二番目の本堂を享保期に改装した次の対面所は、現在西本願寺にある対面所（鴻の間）と大きさが違うものの、ほぼ同じ間取りである。鷺森の対面所は、正面上段が幅七間、奥行二間あり、奥には幅三間の大床を設け、向かって右手には一間の出入口と一間の違い棚を置き、向かって左手は裏の部屋との境二間に襖を入れ、帳台構えにかえていた。下段は中央が三間、左右が二間の三列の室列で、前後も二間宛の三区画となっている。これに対し、西本願寺鴻の間は下段が三列の室列で中央が三間と同じだが、左右も三間で前後は三間と六間になっており、上段も幅七間半、奥行二間半あり、右手にはさらに上々段の間が設けられているが、それ以外はほぼ同じ間取りや形式であった。

以前、鴻の間を含めた西本願寺の書院は秀吉の伏見城遺構で、桃山時代の代表的な建築物とされていた。しかし、藤岡通夫氏は、これは「本願寺が工夫した独特の平面形式を伝えるもので、したがって伏見城とはまったく関係のないものであることが判明した」と述べている。それは解体修理の結果、「移築のあとが見出せなかった」点や「床下や小屋組にきわめて粗材が用いられている」等を根拠とした。さらに、「寛永一一年（一六三四）の三代将軍家光の上洛に際し、将軍を迎えようとの意図で建てたのではないか」との仮説を提示している。それならば、上々段の間を設けたのは、「対面所へ出る前に将軍をここに据える意図と考えれば理解できる」とする。(47)

藤岡氏の主張は傾聴に値する。ただし、鷺森御坊の対面所について、「本願寺型の対面所がここで発生した」と推測しているが、それは正しくない。たしかに、享保期に改装された対面所は、西本願寺にある対面所と同じ形式であった。しかし、先の正徳二年の図面を見ると天正期に改装された最初の対面所の間取りとは全く異なり、以前の本堂のままである。おそらく、旧本堂の内陣をそのまま畳敷きにして、上段にしたのではなかろうか。これに対し、のちの対面所は、本願寺の対面所に倣って、改装されたものと認識してよい。つまり、鷺森で発生したとはいえないのである。

2　鷺森御坊の大堀

平成二四～二七（二〇一二～一五）年度の鷺ノ森遺跡（城北小学校）発掘調査(48)の結果、かつての御坊境内（第二次大戦後、境内が縮小）があった少し南側から大規模な堀跡が検出された（**図5**参照）。徳川家康の浜松城では一〇メートルの堀(49)が、山科本願寺の発掘では最大で一二メートルの堀が検出されているが、(50)鷺森は上端幅最大約一七メートルもあり、(51)深さ二メートル余りとのことである。

それでは、この堀はいつ掘られたのであろうか。可能性があるのは、永禄六（一五六三）年の和歌浦御坊山から移転した際か、天正二（一五七四）年の鷺森御坊増築整備のときか、同五年の信長による雑賀攻めに対応したものか、それとも同八年の「石山合戦」講和後に本願寺が大坂から退去する頃か、この四時期のいずれかであろう。

堀の底から火縄銃の鉛玉（未使用）、甲冑の小札、小刀や人骨の一部等が出土した。天正一〇年六月の「宇野主

図5　鷺ノ森遺跡の大堀発掘（奥の大屋根は鷺森別院）　和歌山市教育委員会提供

水日記」に「鷺森寺内へ湊ヨリ寄来」（戦国五〇四）とある。後述するように、これは本能寺の変にともない、長宗我部と連携した土橋氏一党が織田信長派であった鈴木孫一勢に対して反撃した際の記載で、鷺森寺内でも合戦があったのだろう。もちろん、天正八年以前にも争闘があった可能性は十分ある。それゆえ、遺物だけでは堀が掘られた時期は確定しがたい。

まず、鷺森へ御坊が移転したときに堀が掘られたことは十分想定できる。しかし、御坊の堀としては強大だ。やはり、これは本願寺が退去してきた際の防御の堀として拡張されたと考えるべきであろう。ただし、天正八年の「石山合戦」講和後に本願寺が退去した頃とすると、堀の拡張工事は信長に疑惑を抱かせる恐れがあるから、それは避けるに違いない。これに対し、天正一一年の鷺森御坊増築整備は、本願寺がこの場所を退去地として決定したことを意味する可能性が高い。そうであるなら、堀が拡張されたのは

「石山合戦」の最中であるこのときではなかろうか。この根拠となるのが、堀の底から次の遺構が検出されたからだ。

境内の南側にあった江戸時代の裏門の位置に通じる幅三メートルほどで二・五メートル間隔の橋の橋脚が、根積みの石塊とともに堀跡から発掘された。当然、東側にあった表門の所にも橋が架かっていたであろう。後述するように、江戸初期に堀は完全に埋め立てられた。鷺森御坊増築整備の際なら、これだけの橋を建設する材料も職人も揃っていたと推定してよい。天正五年の信長の雑賀攻めの際には、堀を拡張しても防御のためなら橋を架ける必要はないし、その余裕もなかろう。それゆえ、天正二年頃の可能性が最も高いのではなかろうか。

なお、最初に堀を掘った際、その土砂で境内を土盛りしたであろうが、それとともに土塁も形成したに違いない。土塁は当然防御の意味があった。それとともに、紀ノ川に近い立地であったことを考えると、堤防の役割を兼ねていたであろう。ただし、これだけの幅に堀を拡張した際には、掘った土砂で土塁をさらに積み上げたと推察してよい。

南門延長上横の土塁の内側から直径六〇センチメートル、深さ二〇センチメートルを測る多数のピットが検出された。これは建物の基礎部にあたる礎石の抜取り穴と考えられる。建物の規模は東西五メートル、南北三メートルに復元できることから、南門の内側に構築された井楼矢倉跡のようだ[52]。当然土塁を超えた高さがあり、かなり遠くまで見渡せたであろう。

この堀はいつ埋められたのであろうか。これは一度に埋められたのではないようだ。鷺森御坊境内と堀との間の空間には、土塁があったと認識してよい。最初に堀を埋めた際、境内側から多くの土砂が入っており、これは土塁の土砂と考えてよかろう。しかし、これで完全に埋められたわけではなかった。というのは、当初の堀は完結した空堀であったのが、のちに河川と繋いで水路の機能を果たした形跡が発掘で確認されたからだ。

それでは、最初に埋められたのはいつなのだろうか。一五八六（天正一四）年のイエズス会の報告書に、「市の他の方面には大坂の坊主〔本願寺〕の大なる町〔紀州鷺森〕がある。そこには立派な邸宅があるが、関白殿は壕その他防御の用をなす設備を許さぬ」とある。(53) しかし、この前後の記述は大坂の町についての報告であり、「大なる町」を翻訳者は鷺森と推定しているが、貝塚から本願寺が移転した天満のことと判断すべきであろう。

とはいえ、豊臣秀長以降の紀州の領主にとって、和歌山城の近くにあって一向一揆の拠点となる御坊が巨大な防御施設を備えていることは脅威であったに違いない。天満本願寺に「関白殿は壕その他防御の用をなす設備を許さぬ」のであれば、秀吉なり秀長が鷺森の設備を許すはずはないと考える。堀の最初の埋め立ては彼らの指示による可能性が高いのではなかろうか。そうであるなら、時期は天正一三年か一四年ということになろう。

次に、享保八（一七二三）年に書かれた「鷺森神社記」（鷺森別院蔵）に、下記のように述べられている。

慶長六年御坊屋敷免許の後、四方垣無之故、惣外堀埋メ申ニ付、元和年中本寺へ申達けれハ、京都より池尾主水と申奉行御下シ被成、公儀へ相達、検地致され、境内を極め、四方に溝堀を相定しより鷺森の境内極り畢ぬ、

「慶長六年御坊屋敷免許」とは、当時の和歌山城主であった浅野幸長による鷺森寺内の地子免許のことで六四石、約七五〇〇坪あった。規模は東西一〇六間（約二〇〇メートル）、南北一三三間（約二五〇メートル）である。寺内の南の境が大堀の外側の縁とほぼ一致しているところから判断すると、寺内の周りにこの大堀をめぐらしていたのではなかろうか。

この「惣外堀埋メ申」とある外堀は発掘で検出された大堀なのか、それとも鷺森寺内がある宇治の外側にある環濠なのか、どちらであろうか。宇治は「内」の意味との説があり、紀ノ川の大きな中州だったのかもしれない。中州である宇治の周りは、堀もあった可能性はあるが、ほとんどが紀ノ川の流路であったろう。紀ノ川の本流以外は、城下建設にあたり、堀として整備されている。これに対し、今回発掘された大堀は内堀ともいうべき御坊のすぐ外

側の堀と考えるべきであろう。宇治の外側にある環濠は埋められていないから、「惣外堀埋メ申」した堀は、発掘された堀と判断してよい。最終的に堀が埋められたのは、元和年間のことのようだ。

ここで注意すべきは、元和の埋立てと検地によって、御坊の「境内を極め」たという点である。それでは、なぜそれまで境内地が定まっていなかったのだろうか。それは、堀や土塁で囲まれた内部が、御坊の境内だったからであろう。「四方垣無之」というのは、堀や土塁に囲まれていたため、垣を巡らす必要がなかったということだと思われる。そこに御坊だけでなく、たくさんの多屋も建てられていたであろう。それが、土塁がすでに崩され、堀も埋められたため、新たに「境内を極め、四方に溝堀を相定」めたものと推察してよい。もちろん、この「溝堀」とは、かつてのような大規模な堀ではなく、『紀伊国名所図会』の鷺森御坊の絵図(54)を見ると、やや大きな溝に近いものだった。

発掘の結果、最初に埋められ水路として機能していた堀は、その後洪水とおぼしき土砂で埋まっていた。おそらく、これを機会に本山に報告して完全に堀を埋め、紀州徳川家の許可のもと整地して、本願寺の奉行が検地して屋敷地として貸し出したのであろう。『鷺森旧事記』は「元和年中ニ。本山ヨリ池尾主水ト申奉行御下シ被成。検地ニ而。四方ニ堀溝ヲ極メ。地子ヲ定メ給フノヨシ」(四八頁)と書いている。発掘すると堀跡には、屋敷地にするためにたくさんの杭が打ち込まれていた。鷺森の町大年寄でこの地の水帳を管理し、紀州忍冬酒の醸造元であった北村源次郎大夫が、堀のあった場所の一部に店を構えている。

3　鷺森御坊の「辻本三十六人」

第二節で述べたように、黒江御坊をめぐる「十八人衆」と「惣門徒衆」との間の訴訟により、「惣門徒衆」が御坊を運営することになった。それでは、鷺森御坊はどのように管理されていたのであろうか。

『鷺森旧事記』に「鷺森ハ近在之辻本三十六人寄テ。カハル〳〵常番シケル」（四七頁）とあり、また「近在ノ辻本道場。三十六人寄合支配セシ」（四九頁）とある。ただし、これは本願寺が鷺森から貝塚に移転した後の記述である。しかし、これは当初の姿で、本願寺が大坂から鷺森に退去する前の状態に戻ったと判断してよかろう。つまり、黒江御坊では「十八人衆」であったが、鷺森御坊では「近在之辻本三十六人寄テ。カハル〳〵常番」していたのである。「三十六人ハ四・五日程相務候ては令交替候」との記録がある(55)。

この「辻本」とは「厨子本」の意味で、自庵道場のことと考えられている(56)。それでは、なぜ自庵道場が選ばれているのであろうか。看坊道場の場合、道場坊主は基本的に門徒に雇われているだけで、決定権は門徒側にあり、自由な行動は許されていない。これに対し、一族で道場を建立した自庵の場合、道場坊主が基本的に権限を持っており、地域の有力者の一党である場合が多い。それゆえ、彼らが御坊の管理を担ったのであろう。

鷺森別院所蔵『鷺森旧事記』（江戸本）には、「辻本三十六人」の記述の欄外に、「辻本三十六寺」についての書き込みがある。これは本文と筆跡が違う。『鷺森旧事記』は本文と追加文で構成されているが、本文最後の余白に「天明三年癸卯六月　輪番慶証寺景耀点検」と書き付けており、欄外の字と同じであるから、玄智（慶証寺景耀）が記述したものと判断してよかろう。

まず、「辻本三十六寺」の名を調べた経過を、下記のように記している。ただし、一部虫食いのため読解できなかった。

辻本三十六寺ノ名位旧記不存故、安永中百計捜索シテ、得之ヲ関戸円明寺。旧功可嘉故、附之於上。但、原本不出真乗寺■■。蓋由小雑賀真乗寺改派乎。安■塩屋真乗寺、代之而可。

安永年中に調査した結果、原本は小雑賀の真乗寺にあったようだが、東本願寺末に改派していたため見られず、同様の史料が西本願寺末に留まった塩屋の真乗寺にあったようで、この史料か写しを関戸の円明寺で得て、記載したようだ。

続いて「辻本三十六寺」の名前を欄外に書き付けている。ただし、実際に書いているのは「合三十九寺」であった。まず、三九の寺院の寺号を挙げ、肩付に番号と一部地名を記している。ただし、「卅六」の「万福寺」以下の前に、「後加」とある。

次に「右俗姓名如左」と題して、肩付に番号を記し、各寺の住職の姓名を書いている。以上を**表1**の「『鷺森旧事記』」の欄に記した。なお**表1**には、各寺院に該当する道場名を第四章で紹介する「雑賀一向衆列名史料」に登場する名前から拾い出し、さらに本末と道場があった戦国期の地名を「備考」に付記している。

本末を見ると興正寺門徒の性応寺末が一番多く一五、同じ真光寺末が八、本願寺系の浄光寺末が九、直末が四、その他が三である。その他の三の内、二が興正寺門徒であり、全体の三分の二に近い二五が興正寺傘下であるのに対し、直末が四しかなく、実際的な影響力が弱かったといえよう。これでは、黒江において御坊の管理運営権を直末が握っていたなら、与力衆から不満が出てくるのも無理はない。

他方、記載された三九の寺院の雑賀五組の地域分布を見ると、雑賀庄二一（宇治郷七、岡一、中之島三、雑賀本郷六、粟村郷四）、十ケ郷三、宮郷六、中郷三、南郷一、周辺五となる。これは鷺森が位置する雑賀庄が多数を占めるのは当然であろう。特に雑賀庄でも、鷺森がある宇治郷と移転前の御坊山が所在する雑賀本郷の寺院が多い。これに対し、黒江御坊が位置した南郷は一カ寺だけであり、それも吉礼という南郷では最北端の寺院である。それゆえ、後述の浄満寺を除き、全て和田川以北に位置している。これは、黒江御坊があった南郷の道場の影響力が弱まった証と思われる。

ここで注意すべきは、雑賀五組外の那賀郡小倉の寺院が二つも挙がっている点である。この二カ寺は、「雑賀一向衆列名史料」にも登場する。また、雑賀五組に含まれない海部郡加茂谷一坪（橘本）の道場（浄満寺）の存在も注目しなければならない。つまり、雑賀五組の領域と雑賀御坊に結集する道場の範囲とは違うのである。浄満寺の存在は、道場主の藤田五郎二郎が南郷を中心とした地域の直末の中心人物だからであろう。先の黒江御坊の訴訟の際に、「黒江十八人衆」の代表の一人として登場する「藤田助左衛門」（『天文日記』天文五年一〇月二〇日条）はその一族かもしれない。ただし、浄満寺の先祖書等の史料にはこの人物は見当たらない。また、一坪の道場をはじめ海部郡加茂谷（現、海南市下津町）の道場は「雑賀一向衆列名史料」には登場しない。それゆえ、加茂谷は真宗道場が多かったが、これをどのように位置づけるべきか、今後の課題として残る。

最後に三六ではなく三九カ寺である理由を、欄外の記述は次のように考察している。

於中、津村・北畑・木本、分為両家故、約其本、則三十六、就其末、則三十九者歟。更考之、於中、如根古・光性・明光・正順、並為興正寺免許寺号、則寺号ハ近来随其所呼、而記之乎。

まず、「津村」姓は浄専寺と養専寺であるが、すでに天正八年と考えられる「雑賀一向衆列名史料」に両者が登場している。「北畑」姓は北畠で法福寺と宗善寺であるが、こちらは天正八年以後に二つに分かれたのかもしれない。「木本」は西報寺（現存せず）と長楽寺であるが、姓ではなく、地名の可能性が高く、両方とも「雑賀一向衆列名史料」に登場している。それゆえ、両家に分かれたので三九になったというのは、妥当ではない。

次に、根古寺、光性寺、明光寺、正順寺は「興正寺免許寺号」で「寺号ハ近来随其所」としているが、いずれも「雑賀一向衆列名史料」に登場しており、道場としては古くから開基している。

それよりも、三九の寺院のうち一つ注意を要するのは、教応寺である。なぜなら、『風土記』は教応寺について、

表1 鷺森辻本三十六人（寺）関係史料（史料名の欄は文書の記載のママ）

	『鷺森旧事記』		備考（天正期の本末・所在地）		「雑賀一向衆列名史料」より	「三十六箇寺控」			「三拾六人連名」**	「紀州三十六人聞書」***
一	妙慶寺	榎木段右衛門	真光寺末	雑賀庄宇治郷湊	湊・円仏道場		妙慶寺	榎木段右衛門	湊段右衛門	湊段右衛門・妙慶寺
二	善能寺	宮本平太夫	性応寺末	雑賀庄宇治郷湊	ミナト・平大夫道場		善能寺	宮本平大夫	湊・善能寺	湊、善能寺
三	浄専寺	津村明道	その他	雑賀庄宇治郷湊	ミナト・右衛門大郎道場		浄専寺	津村何某	湊・浄専（泉）寺	湊、浄泉寺
四	養専寺	津村亀太夫	その他	雑賀庄宇治郷湊	ミナト・浄法道場		養専寺	津村亀大夫	養専寺	養専寺
五	念誓寺	岡了順	浄光寺末	雑賀庄岡	岡（道場）	広瀬	念誓寺	岡了順	念誓寺	岡、念誓寺
六	教応寺	穂出了願	性応寺末	雑賀庄宇治郷 鷺森	？（日高郡より移転）	鷺森	教応寺		穂出五郎右衛門	
七	西光寺	釘貫某	性応寺末	雑賀庄宇治郷	クミヌキ・右近大夫道場	北町	西光寺			
八	西法寺	（未詳）	直末	宮郷新内	？	新町	西方寺		新町・西法寺	新町、西法寺
九	善称寺	錠口刑部太夫	直末	雑賀庄宇治郷	六日市・刑部大夫（道場）	桶屋町	善称寺		城ノ口・善称寺	城ノ口、善称寺
十	西念寺	（未詳）	浄光寺末	宮郷新内	荒内権大夫道場	新内	西念寺			
十一	専光寺	鈴木孫市	性応寺末	雑賀庄中之島	シマ・孫一郎道場	六軒町	専光寺	鈴木孫市	中ノ島・専光寺	中之島、専光寺
十二	真乗寺	高松右馬太夫	真光寺末	雑賀庄雑賀本郷	高松・三郎右衛門道場 又は藤内大夫（道場）				高松右馬大夫	高松右馬太夫
十三	円明寺	慈幸源二太夫	性応寺末	雑賀庄雑賀本郷 関戸	シカウ・源四郎大夫道場	関戸	円明寺	*	雑賀松大夫	関戸、雑賀松太夫
十四	永正寺	永穂権守	浄光寺末	田井荘永穂			永正寺	永穂権守	永穂権守	永正寺永穂権守
十五 ヲカサキ	西教寺	岡崎藤太夫	浄光寺末	中郷岡崎	岡崎・藤大夫道場		西教寺	岡崎藤大夫	岡崎・西教寺	岡崎、西教寺
十六 フクシマ	光源寺	福島二郎太夫	その他	雑賀庄粟郷福島	福嶋道場		光源寺	福島二郎大夫	福嶋・光源寺	福嶋、光源寺
十七	浄永寺	瀧五郎左衛門	浄光寺末	直川荘直川	直川（道場）	直川	浄永寺	瀧五郎左衛門		
十八	西正寺	和田浦右近太夫	性応寺末	雑賀庄雑賀本郷 和歌浦	和田原・右近大夫道場	和歌	西正寺	和田浦 右近大夫	雑賀右近大夫	和歌、雑賀右近太夫
十九	法福寺	北畑宗右衛門	性応寺末	雑賀庄雑賀本郷 和歌浦	ワカ・宗大夫道場？	和歌	法福寺	北畑宗右衛門		
二十	覚円寺	狐島左衛門太夫	真光寺末	雑賀庄粟郷狐島	狐島・左衛門大夫道場	狐島	覚円寺	狐島左衛門大夫		狐島、覚永寺
廿一 ツボ	浄満寺	藤田五郎二郎	直末	浜中荘一坪		在田一壺	浄満寺	藤田五郎二郎	藤田太郎五郎	加茂、浄満寺藤田太郎次郎

廿二	光永寺	杭瀬明尊	性応寺末	宮郷杭瀬	クヰノセ・助大郎道場	杭瀬	光永寺	松本平内		杭瀬、光永寺
廿三	教明寺	岡崎甚九郎	性応寺末	中郷岡崎	ヲカサキ・甚九郎道場	岡崎	教明寺	岡崎三郎大夫		
廿四	願立寺	黒田嘉兵衛	浄光寺末	宮郷黒田	黒田・左衛門大夫道場	黒田	願立寺			
廿五 コサイカ	浄明寺	小雑賀善兵衛	性応寺末	雑賀庄雑賀本郷 小雑賀	コサイカ・四郎大夫道場	小雑賀	浄明寺	小雑賀善兵衛	小才加善兵衛	小雑庄兵衛
廿六	宗善寺	北畑刑部左衛門	性応寺末	雑賀庄雑賀本郷 和歌浦	ワカ・宗大夫道場？	和歌	宗善寺	北畑宗左衛門	北畑刑部左衛門	北畑刑部左衛門
廿七	根古寺	笛五郎右衛門	真光寺末	雑賀庄粟郷狐島	狐島・三郎大夫道場	狐島	根古寺			
廿八	光性寺	梶取左近太夫	真光寺末	雑賀庄粟郷梶取	カントリ・左衛門二郎道場	梶取	光証寺			
廿九キレ	浄徳寺	吉礼宮脇道西	性応寺末	南郷吉礼	キレ・孫六大夫道場	吉礼	常徳寺			吉礼、浄徳寺
三十	西報寺	木本甚太夫	真光寺末	十ケ郷木本	キノモト・刑部右衛門道場	木本	西報寺			
卅一キノモト	長楽寺	同某	浄光寺末	十ケ郷木本	木本東・藤大夫道場	木本	長楽寺			
卅二	正順寺	金谷二郎四郎	性応寺末	小倉荘金谷	ヲクラ・孫左衛門道場	金谷	正順寺	金谷孫左衛門	金谷次郎四郎	正順寺金谷次郎四郎
卅三ハンサキ	明光寺	吐崎強鍛治善次	真光寺末	小倉荘吐崎	ヲクラ・わかへもん道場または刑部二郎道場	小倉 吐崎	明光寺			
卅四	玄妙寺	森某	浄光寺末	宮郷鳴神	なるかみ・宮内道場	鳴神	玄妙寺	森甚大夫		
卅五クルス	道味道場	前池刑部左衛門	真光寺末	中郷西栗栖	ニシクルス・刑部道場	西栗栖	道味道場	前池刑部		
追加卅六	万福寺	松江源三太夫	直末	十ケ郷松江	松江東西（道場）	松江	万福寺	松江源三大夫		
卅七	源光寺	島太郎二郎	性応寺末	雑賀庄中之島	シマ・治部大夫道場	紺屋町	源光寺	島太郎二郎		
卅八	玄通寺	太田太良二良	浄光寺末	宮郷太田	大田・与三左衛門道場	大田	玄通寺	大田太郎二郎		
卅九	入願寺	的場源四郎	性応寺末	雑賀庄中之島	？（天正八年開基ヵ）	中ノ島	入願寺	的場源四郎		的場源四郎

＊「開基雑賀隼人佐と申ハ享禄時代ノ人也、慈幸左近と申ハ明応時、同源二大夫と申ハ天文天正ノ時、雑賀松大夫と申ハ寛永十一年迄ノ人也」。

＊＊その他の表記者は「鈴木孫市、土橋平次、岡崎三郎大夫、岡左衛門大夫、渡辺藤左衛門と土井桑原両人」。

＊＊＊その他の表記者は「平井城主鈴木孫市、土橋原次、岡崎三郎太夫、岡左衛門大夫、渡辺藤左衛門、根来小ミツチヤ、和歌源次太夫、田所平左衛門、神前中務、桑原土井、穂村太郎左衛門」。湊段右衛門と妙慶寺が両方記載。

図6　佐渡野浦道場木仏尊像

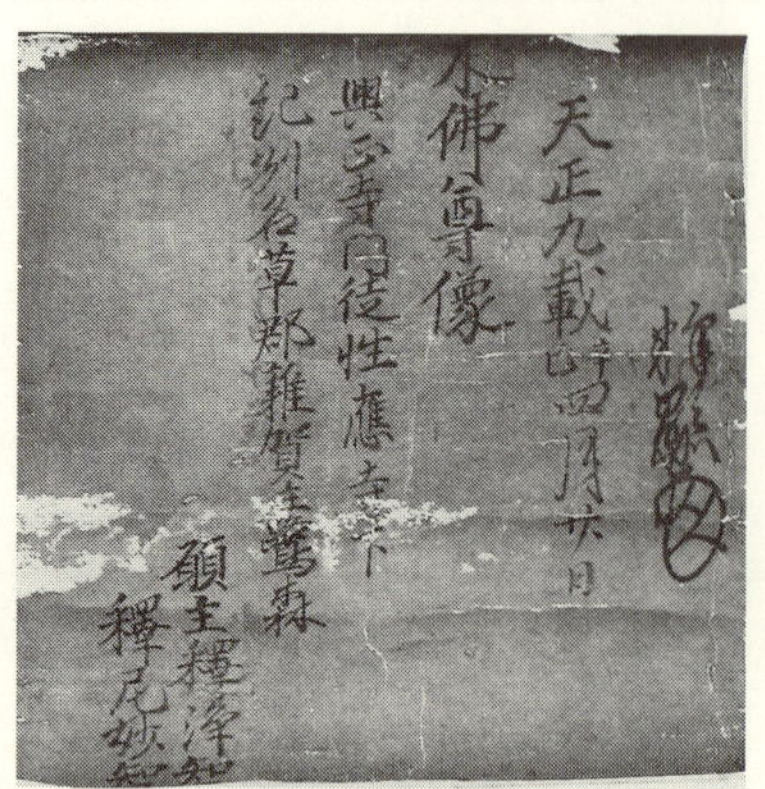

顕如（花押）
天正九載辛巳四月廿日
木佛尊像
興正寺門徒性應寺下
紀州名草郡雑賀庄鷺森
願主釋淨智
釋尼妙智

図7　佐渡野浦道場木仏下付御札

「鷺ノ森御坊境内にあり開基了願、永禄六年建立日高郡小松原にあり後こゝに移す」（第一輯一一一頁）とあるからだ。それゆえ、移転時期は不明であるが、当初からのメンバーではないのではなかろうか。ただし、ここで注意すべき左記の木仏下付の御札が、佐渡の野浦道場にある（**図7**）。

　　　　釈顕如（花押）
　　天正九載辛巳四月廿日
木仏尊像
　興正寺門徒性応寺下
　紀州名草郡雑賀庄鷺森
　　　　　願主釈浄智
　　　　　　釈尼妙智

江戸時代において鷺森の性応寺末寺院は、この教応寺以外に専光寺、西光寺がある。しかし専光寺は元は中之島にあり、慶長一二年に駿河町に移った後、現在地に移転した。また西光寺は和歌山城築城にともない現在の和歌山城二の丸ないし三の丸付近にあった釘貫村から現在地に来たのは天正一三年以降である。それゆえこの木仏は、もともとは教応寺のものである可能性があり、天正九年までに鷺森へ移っていたのかもしれない。

教応寺が建立された日高郡小松原は、国人領主で奉公衆の湯河氏の本拠地である。天正八年に本願寺が鷺森に退去したのにともなって、同寺と関係の深かった湯河氏が因縁のある道場を鷺森に塔頭として移転させるということは十分推測される。また、そのような道場であれば、早くから木仏を下付されても不思議ではない。

この『鷺森旧事記』で教応寺の住職を「穂出了願」と書いているが、他の「辻本三十六寺」の史料では「穂出五郎右衛門」とある。「藩中古文書」（国立史料館蔵）に、天正四年と比定される「保手五郎右衛門」宛の「毛利輝元書状写」（戦国三二八）と同五年比定の「鷺森　穂出五郎右衛門」宛の八月一五日付「一色昭秀・真木嶋昭光連署状」（戦国三六八）がある。ことによると、教応寺は天正五年以前に移転していた可能性がある。しかし、「穂出五郎右衛門」が住職というのも腑に落ちない。というのは、「藩中古文書」によると、「穂出五郎右衛門」は紀州藩の家老である久野家の家臣になっているからだ。「穂出了願」は一族のもので、それが住職になったのだろうか。

他方、「了願」と「穂出五郎右衛門」は全く関係がないとも考えられる。『鷺森旧事記』に、「石山合戦」講和後に顕如が鷺森へ退去した際、「穂手五郎右衛門ナト。イヘル雑賀百人之年寄中守護シ奉レハ、御門主モ安堵」（四七頁）とあり、元からの雑賀衆の一員だったのかもしれない。永禄五（一五六二）年の「雑賀衆宛湯河直春起請文」（戦国一三一）には「市場　五郎右衛門尉殿」とあった。これが「穂出五郎右衛門」で市場村の有力者であり、天正期には同じ宇治の鷺森に住まいしていた可能性も想定される。しかし、現在の電話帳を見る限り、和歌山市に穂出（保手）姓の者はいない。他方、湯河氏の家臣にも管見の限り穂出（保手）姓は見当たらないし、御坊市およびその周辺の電話帳でも同姓の家を見付けられなかった。

これ以外に三九の寺院で、雑賀五組内に所在するのに「雑賀一向衆列名史料」に登場しない寺が存在する。それは宮郷新内にあった西法寺（のち新中通六丁目に移転）である。『風土記』によると、直末で明応八（一四九九）年に新内で開基したことになっている（第一輯一一七頁）。西法寺は、表にあるように『鷺森旧事記』以外の「鷺森辻本三十六人」関係史料にも書かれていた。しかし、「雑賀一向衆列名史料」で宮郷新内にあった道場は浄光寺末の「荒内権大夫道場」（江戸期も浄光寺末の西念寺）のみで、なぜ記載がないのか不思議でならない。

人物の記載で注意する必要があるのは、専光寺が「鈴木孫市」となっている点である。専光寺は孫一の本拠地である十ケ郷の平井ではなく、中世では雑賀庄の中之島に所在していた。専光寺は鈴木孫一と縁戚関係にあったとの伝承がある。ただし、詳しくは第四章で検討するとして、結論を先に述べておくと、専光寺は「孫一郎道場」であり、責任者は鈴木孫一ではなく、源内大夫である。

ちなみに、鈴木孫一が開基した道場と考えられる平井の蓮乗寺には、天正八年に下付された方便法身尊像が現存している。孫一はもともと道場坊主ではなく、「石山合戦」の活躍で開基が許されて「入道」となったのである。この「入道」も僧籍を与えられたのかもしれないが、道場坊主になったかどうかは分からない。とにかく、少なくとも天正八年以前に鈴木孫一が「辻本三十六人」に入っていないと推定する。

これと同様なのが、的場源四郎の菩提寺として建立された中之島の入願寺である。的場家は、もともとは真宗ではなく浄土宗か禅宗だといわれており、彼も「石山合戦」での功績として入願寺の元となる道場を建立した。ただし、的場源四郎自身は道場坊主になっていない。紀州徳川家の家臣となっている。それゆえ、的場源四郎は「辻本三十六人」とは考えられず、また、天正八年以前に入願寺の前身の道場が、鷺森御坊の運営に携わっているはずはない。

ここで一つ注目すべきは、性応寺や真光寺といった雑賀に移転してきた中本寺が登場していない点である。彼らは御坊の運営に直接関わっていなかったと判断してよかろう。この両寺は「雑賀一向衆列名史料」にも登場せず、「石山合戦」においても自分たちの末道場は別にして、雑賀一向衆全体に対してあまり影響力を保持していなかったと推察してよい。「石山合戦」において雑賀門徒を統率したのは「辻本三十六寺」にも当然入っている四人の雑賀門徒年寄衆、すなわち岡了順（浄光寺末念誓寺）、嶋本左衛門大夫（真光寺末覚円寺）、宮本平大夫（性応寺末善能寺）、松江源三大夫（直末万福寺）だったことは第六章で明らかにする。

『鷺森旧事記』以外にも「辻本三十六人」に関する同様の史料がいくつか存在する。第一は「三十六箇寺控」と表書のある冊子である。これは残念ながら現物は未見で、平井鈴雄氏からコピーをいただいた。「三十六箇寺控」とあるが、挙がっているのは三八カ寺で、多くは肩付に所在地を書き、一部は頭註に道場主の名前を筆記しており、**表1**に入れた。ただし、コピーのため頭註の細かい字は一部読解できない。この三八カ寺は『鷺森旧事記』の三九カ寺から小雑賀真乗寺が除かれたもので、これは同寺が東本願寺末に転派したためであろう。そうであるなら、この史料は『鷺森旧事記』の頭註が書かれた天明三年以降に成立したものではなかろうか。

この「三十六箇寺控」では岡崎の教明寺が「岡崎三郎大夫」となっている。第七章で明らかにするが、他の史料に登場する「岡崎三郎大夫」は岡三郎大夫の誤記で、岡三郎大夫は念誓寺の岡了順のことと考えている。これに対し岡崎の教明寺は、『鷺森旧事記』が書いている「岡崎甚九郎」であったことが、「雑賀一向衆列名史料」でも確認できるので、この史料の記述は検討する必要がある点を指摘しておきたい。

第二に、南郷を中心とした地域の直末の中心的道場であった海部郡加茂谷一坪（橋本）の浄満寺に、「三拾六人連名」なる史料があり、**表1**に加えた。「三拾六人連名」と書かれているが、実際に挙がっているのは二四の人名および寺院名で、最後に「土井桑原両人」と追加されている。黒江御坊の「十八人衆」からいきなり鷺森御坊の

「辻本三十六人」になったのではなく、途中で二四人の時代があったのかもしれない。いずれも、六の倍数である。

それはともかく、この史料で『鷺森旧事記』の「辻本三十六人」に対応する寺が一九あるのに対し、該当するのか不明な人物が七人書かれている。それは、「鈴木孫市」「土橋平次」「岡崎三郎大夫」「岡左衛門大夫」「渡辺藤左衛門」の五名と、追加の「土井桑原両人」である。

まず、「中ノ島専光寺」とは別に「鈴木孫市」が登場する。本来なら天正八年に開基した鈴木孫一道場である平井の蓮乗寺ということになろうが、他の「辻本三十六人」関連史料では、平井の蓮乗寺は登場しない。なお、同時代のものには「鈴木孫一」としか記載されておらず、この史料は「鈴木孫市」と書いている時点で江戸時代のものと判断してよい。次に、雑賀において鈴木孫一と双璧の土豪である「土橋平次」を記載しているが、土橋家は西山浄土宗である。鷺森の「辻本三十六人」の史料には登場しておらず、その一員になるはずもない。

三番目の「岡崎三郎大夫」は前述したように岡三郎大夫の間違いで、念誓寺の岡了順のことと考える。念誓寺も登場しているから、事情が分からずに記載したのであろう。四番目の「岡左衛門大夫」はおそらく嶋本左衛門大夫の誤記と思われる。覚円寺の嶋本左衛門大夫は四人の雑賀年寄衆の一人であるにもかかわらず、この史料では全く登場しないからだ。

五番目の「渡辺藤左衛門」については、『南紀徳川史』所収の「十寸穂の薄」に「摂津の国名所図絵に曰紀州雑賀渡辺藤左衛門籠摂津花熊城と出たり、此藤左衛門は本国三州の人、元亀年已来門徒一揆に与して紀州雑賀に居、門徒卅六人の魁首也(57)」とある。そうであるなら、もともとの雑賀衆ではない。また、この「卅六人」とは鷺森の「辻本三十六人」ではなく、小牧長久手の合戦の際に「紀州之郷士」が「後詰連判(58)」した三十六人に、土橋平次や的場源四郎とともに「渡辺藤左衛門」が登場するから、このことではなかろうか。和歌山市・海南市に渡辺姓の真宗寺院は現在存在しない。渡辺藤左衛門は、「本国三州の人」とあった。三河一向一揆の参加者には、のちに尾張藩の家老となった渡辺守綱をはじめ渡辺党がいたことは有名である。渡辺藤左衛門はこの渡辺氏の一員である可能性があろう。「藩中古文書」（国立史料館蔵）の「穂出五郎右衛門」所蔵文書にあった、先の「保手五郎右衛門」宛の「毛利輝元書状写」（戦国三二八）に「渡辺藤左衛門」が登場するが、毛利家からも一目置かれている存在であることは間違いない。なお、追加の「土井桑原両人」については後述する。

第三に、浄満寺が所蔵する「三拾六人連名」の進化形とおぼしき「紀州三十六人聞書」という史料が紹介されており、[59]表1に加えた。「三十六人」とあるが、こちらは二四人ではなく三四人に増えていて、「二人不足子細不知」としている。

この史料で『鷺森旧事記』の「辻本三十六人」に対応する寺が二三であるのに対し、該当するのか不明な人物が一一人と、それぞれ増えている。不明な人物は前記の七人に加え、新たに五人書かれている。一人少ないのは、「土井桑原両人」が「桑原土井」と続けて書き、一人の扱いになっているからだ。なお、「土橋平次」が「土橋原次」となっている。また、覚円寺とおぼしき「覚永寺」が登場するのに、「岡左衛門大夫」が記載されていた。増えたのは「田所平左衛門」「神前中務」「根来小ミツチヤ」「和歌源次大夫」「穂村太郎左衛門」の五名である。

このうち「雑賀衆宛湯河直春起請文」（戦国一三三一）に登場する「田所平左衛門」と「神前中務」が書かれているが、いずれも真宗門徒ではなく、「辻本三十六人」に加えることはできない。両者とも紀州徳川家の家臣となっている。また当然、根来衆として有名な「根来小ミツチヤ」についても同じことがいえよう。「和歌源次大夫」については、「雑賀一向衆列名史料」に「西浜源二大夫」が記載されており、この人物かもしれないが、該当する寺院はない。他方「桑原土井」と「穂村太郎左衛門」については、和歌山市・海南市に桑原姓・土井姓と穂村姓の真宗寺院は現在存在しないし、同時代史料にも登場しないから、いったい誰なのか全く不明である。

以上、『鷺森旧事記』の欄外に書かれた「辻本三十六人」についての記述と、同様の史料について考察した。鷺森御坊は近在の「辻本三十六人」が当番で管理したのである。これは黒江御坊の「十八人衆」から進化したものと推察してよい。ただし、「黒江十八人衆」と「黒江与力衆」との訴訟により、直末だけだったのが雑賀全ての本末が関与するようになった。また、「十八人衆」からいきなり「辻本三十六人」になったのではなく、途中で二四人の時代があった可能性があろう。いずれにしろ、「石山合戦」期の岡了順のように全体の責任者はいるものの、雑賀の御坊は雑賀門徒衆の合議制で自主的に運営されたと考える。

『鷺森旧事記』によると、「近在ノ辻本道場。三十六人寄合支配セシ処ニ。近在ノ僧衆ト合掌シテ。本山ノ為ヨロシカラス。依之森讃岐ト申者ヲ。置給ヒケル」（四九頁）とある。この森讃岐は本山の坊官ではなかろうか。本願寺は統制を強めてきた。これがいつ頃か分からないが、徳川頼宣が入国した際に森が献上のため御目見しているから、元和五（一六一九）年以前であることは間違いない。その後、「其子清右衛門」が跡を継いでいる。ところが、「黒江秘事」という異安心問題が発生し、寛文四（一六六四）年に一行寺道空が輪番として派遣された。以後鷺森御坊は本山から派遣された輪番が管理することになったのである。

註

（1）『真宗新辞典』法藏館、一九八三年、一六八頁。
（2）千葉乗隆編『木仏之留　御影様之留』同朋舎出版、一九八〇年、七七頁。
（3）小山靖憲「中世賀太荘と漁業」（『紀州文化史経済史研究所紀要』一二、一九九二年）一七頁。
（4）『真宗史料集成』第二巻、同朋舎、一九七七年、五五五〜五五七頁。

(5)『真宗全書』第六九巻（国書刊行会復刊、一九七六年）一〇七頁。
(6) 小谷利明『畿内戦国期守護と地域社会』清文堂出版、二〇〇三年、一八七頁。
(7)『胎謀録』（鷺森別院蔵）。なお、「雑賀御坊（清水）屋敷売券写」は『海南市史』第三巻（海南市役所、一九七九年、六三九頁）に収載。
(8)『図録蓮如上人余芳』本願寺出版社、一九九八年、一一三頁および六四頁。なお、写真を見る限り、両裏書の署名は同じであり、「安城御影修復裏書」も「隠士」ではなく「陰士」ではなかろうか。
(9) 木村壽・上場顕雄「摂河泉における真宗教団の展開」（『講座蓮如』第六巻、平凡社、一九九八年）三六一～三六二頁。
(10) 金龍静『蓮如上人の風景』本願寺出版社、一九九八年、一一一～一一二頁。なお、「陰士」については金龍静氏からいろいろ御教示を得た。
(11) 佐々木進「実如裏書の方便法身尊像」（栗東歴史民俗博物館企画展図録『近江の真宗文化』同館、一九九七年）。
(12) 前掲註(4)『真宗史料集成』第二巻、四二〇頁・四三七頁。
(13) 鈴木慎一「新発見の蓮如関係史料」（『大阪の歴史と文化財』創刊号、一九九八年）によると、長享三（一四八九）年に摂津西成郡福嶋（現、大阪市福島）の「本遇寺門徒」に蓮如が下付した方便法身尊像が見つかっている。
(14) 和歌山市立博物館図録『雑賀衆と織田信長』和歌山市教育委員会、一九九八年、一三頁、図版A―16。
(15) 金龍註(10)前掲書、九八頁。
(16) 石田晴男「「紀州惣国」再論」（『戦国期の真宗と一向一揆』吉川弘文館、二〇一〇年）一〇〇頁。
(17)『増補改訂　本願寺史』二〇一〇年、本願寺出版社、五四六～五五九頁。
(18) 藤田実「寺内町大坂（石山）とその地理的環境」（『大坂城と城下町』思文閣出版、二〇〇〇年）三七〇頁。
(19)「実如上人闍維中陰録」（『真宗全書』第六四巻、国書刊行会復刊、一九七六年）中の「御中陰御斎非時之次第」。
(20)『増補津村別院史』（津村別院、一九八三年復刻）六四頁。
(21) 前掲註(19)参照。
(22) 川端泰幸『日本中世の地域社会と一揆』法藏館、二〇〇八年、一四三頁。なお、川端氏は黒江の訴訟について

「与力衆と長衆との間で「御坊進退権」に関する相論が発生」（一三九頁）と述べているが、これは明らかに間違いである。

(23) 金龍静「宗教一揆論」（『岩波講座日本通史』第一〇巻、岩波書店、一九九四年）七二頁。
(24) 図録『中世の村を歩く』和歌山県立博物館、二〇一二年、七頁、図版1。
(25) 同前、四二頁、図版32。
(26) 和歌山市立博物館図録『鉄砲伝来と紀州』和歌山市教育委員会、一九九三年、三〇頁、図版Ⅰ―44。
(27) 註(24)前掲図録、一六五頁、図版125。
(28) 薗田香融「小川八幡神社所蔵大般若経について」（『南紀寺社史料』関西大学出版部、二〇〇八年）。
(29) 註(14)前掲図録、一四頁、図版A―18。
(30) 玄智「祖門旧事記」（『真宗全書』第六四巻、国書刊行会復刊、一九七六年）二七八～二七九頁。
(31) 『紀伊国名所図会（二）』歴史図書社、一九七〇年、一四六～一四八頁。
(32) 藤田達生「織豊期の北畠氏」（『伊勢国司北畠氏の研究』吉川弘文館、二〇〇四年）四六頁。
(33) 註(31)前掲書、一四八～一五〇頁。
(34) 大熊喜邦「和歌山市鷺森本願寺別院御主殿及対面所の建築について」（『建築史』四―三、吉川弘文館、一九四二年）四頁。
(35) 和歌山市立博物館図録『鷺森本願寺の歴史と寺宝』和歌山市教育委員会、一九九〇年、七頁、図版Ⅰ―21。
(36) 小泉義博『本願寺教如の研究　上』法藏館、二〇〇四年、六八～一〇五頁。
(37) 鍛代敏雄『中世後期の寺社と経済』思文閣出版、一九九九年、一九〇～一九一頁。
(38) 千葉註(2)前掲書、三四九頁。
(39) 『南紀徳川史』南紀徳川史刊行会、一九三一年、第六冊、二二四頁。なお「佐武伊賀働書」については、武内雅人「「佐武伊賀働書」史料解題の改訂及び補遺」（『紀州経済史文化史研究所紀要』三二号、二〇一一年）を参照されたい。
(40) 『天文日記』天文一五年五月一五日条に「於鷺森主計死去」とある。もちろんこれだけでは、この「鷺森」が雑賀庄宇治郷かどうかは分からない。

(41) 註(35)前掲図録、九頁、図版Ⅰ―27。
(42)『大系真宗史料　文書記録編12　石山合戦』法藏館、二〇一〇年、三一五頁。
(43) 註(35)前掲図録、八頁。
(44) 同前、表紙。
(45) 大熊註(34)前掲論文、四頁。
(46) 同前、八頁。
(47) 藤岡通夫『近世の建築』中央公論美術出版、一九七一年、五五～六四頁。
(48) 発掘の成果は和歌山市文化スポーツ振興財団の井馬好英氏と西村歩氏の御教示による。ただし、文責はあくまで筆者に帰する。なお、発掘調査報告書は二〇一八年度に発行予定であるが、鷺森御坊の建物の変遷については、西村氏が図入りで詳しく報告しているので参照されたい。
(49) 浜松市文化財課の御教示による。ただし、攪乱による少し下の数値で、もう一～二メートル幅が大きい可能性があるとのこと。
(50) 山本雅和「洛中の構」(『関西近世考古学研究』二二、二〇一四年) 八八頁。
(51) 井馬好英「鷺ノ森遺跡第8次調査」(『和歌山市埋蔵文化財発掘調査年報――平成24年度――』和歌山市文化スポーツ振興財団、二〇一五年) 四一頁。
(52)「和歌山市埋蔵文化財発掘調査情報二〇一六」和歌山市教育委員会文化振興課、二〇一六年、二頁。
(53)『イエズス会日本年報　下』雄松堂出版、一九六九年、一四五頁。
(54) 註(31)前掲書、一〇四～一〇五頁。
(55)「稿本『観池山法照寺来暦』」(『和歌山市史研究』二七、一九九九年) 一五頁。
(56) 森岡清美「「辻本」考」(『真宗教団における家の構造』御茶の水書房、一九七八年)。
(57) 前掲註(39)『南紀徳川史』第一一冊、五六七頁。
(58) 同前、第一一冊、七〇二頁。
(59) 塩崎曠「「紀州三十六人聞書」に就いて」(『紀州文化研究』三―八、一九三九年)。

補論3　戦国期の鷺森寺内と宇治

一　鷺森御坊の寺内と鷺森本願寺の寺内町

平成二四〜二七（二〇一二〜一五）年度の鷺ノ森遺跡（城北小学校）発掘調査の結果、古墳時代中期末から飛鳥時代にかけての倉庫群と住居跡が検出され、古代における安定的な生活面と湊の施設が確認された。しかし、鎌倉以降の出土遺物が極端に少なくなる。室町後期になると遺物が少し増加してくるが、発掘状況から見ると、御坊が移転するまで鷺森自体は人家が少なかったと想定すべきであろう[1]。なお、第三章で述べたように、「鷺森御坊」と呼ばれるようになったのは本願寺が鷺森から貝塚に移転した後であり、本願寺が来るまでは「雑賀御坊」という名称であったと考えるが、煩雑なので「鷺森御坊」で統一する。

ところで、鷺森が位置する宇治には三日市や六日市があり、六斎市が開かれていたことは知られていた。永禄五（一五六二）年の「雑賀衆宛湯河直春起請文」（『和歌山市史』第四巻、和歌山市、一九七七年、戦国時代二三一号、以下同書掲載史料は時代・番号のみを略記）に「三日市　左衛門大夫殿」と「市場　五郎右衛門尉殿」とあり、翌年に御坊が移転してくる以前、すでに市が成立していたと判断してよい。「佐武伊賀働書」に登場する「宇治の市場衆[2]」とは、彼らが率いた集団であろう。

『紀伊続風土記』（和歌山県神職取締所、一九一〇年復刻、以下『風土記』と略）によると、鷺森に近接した浄土真宗本願寺派の称名寺は「永正元年名草郡宇治三日市に創建」（第一輯一一一頁）とある。また、近辺の同派善称寺は「永正年中僧専正開基宇治市場村にあり」（第一輯一一一頁）と伝承されている。第四章で紹介する「雑賀一向衆列名史料」では、それぞれ「三日市道場」や「六日市　刑部大夫」と書かれており、市場村が「六日市」だったと認識してよい。

小山靖憲氏はこの「六斎市」について指摘し、「宇治郷鷺森が雑賀新御坊の建設地に選ばれた最大の理由もここにあったのである。したがって、一六世紀中葉の鷺森は交通の要所であるとともに、かなりの商業地であったといえよう(3)」と述べている。たしかに、摂津・河内の新興寺内町には、町場化した所が「大坂並特権」を得るために真宗寺院を誘致した例がいくつか見られる。鷺森も同様のものといえるだろうか。

現在、鷺森別院のすぐ北に称名寺があり、三日市は鷺森に隣接していたかのように指摘した文献があるが、それは正しくない。称名寺も善称寺も宇治で開基したことは間違いないが、現在地にあったわけではない。『風土記』によると慶長期に、三日市道場であった称名寺は福町へ、六日市の道場であった善称寺は北桶屋町に移転させられている（第一輯一一一頁）。これは浅野家による城下町整備にともなう配置替えであろう。さらに、称名寺は寛文一二（一六七二）年に現在地へ変わってきたようだ。また、善称寺は和歌山大空襲により現在地に移った。

前述したように、今回の鷺ノ森遺跡発掘で室町時代はそれほど遺物が検出されていない。享保八（一七二三）年に書かれた「鷺森神社記」（鷺森別院蔵）に、御坊が鷺森に移転した当時「此辺荒畑の草原なり、人家迚もなく御堂一宇のミにて遠くみれハ海上に大船を浮かへたるかことくと」とある。吉崎御坊や大坂御坊が「虎狼のすみか」と称される無住の地や荒地に建設されたことを考えると、鷺森御坊の場合も、ここに人家が全く無かったわけではないにしても、「此辺荒畑の草原なり」と述べられたように、ここも野原に近い土地だった可能性があるのではなかろうか。

本願寺の御坊の場合、劣悪な条件ではあっても、権力の干渉排除を第一に志向して立地されていることが多い。『鷺森旧事記』(『大日本仏教全書』第六九巻、鈴木学術財団、一九七二年、以下『鷺森旧事記』の引用は同書の頁数のみ記載)は鷺森の移転場所について、「地頭御家人ナトイフ事ヲサダカナラス。ヒトヘニ広野ノコトクナレハ」(三五頁)と述べている。この地も領有権があまり及ばない「無主の地＝虎狼のすみか」だったのだろう。このことから、鷺森寺内の創成も、人家が少ない所に御坊がまず移転され、しばらくして寺内が形成され、元からあった近辺の市場や湊と有機的に結び付いたと推察した方がよい。

鷺森の周りがもともと町場化していなかったことは、以下のことからも窺える。鷺森の北東部には釘貫丁がある。「長泰年譜」によると、釘貫村は現在の和歌山城二の丸ないし三の丸付近にあったのが、天正一五(一五八七)年に豊臣秀長の城代であった桑山氏の城郭整備にともなって釘貫丁に移されたといわれている[4]。また、『鷺森旧事記』には、桑山氏が城代の時節、「山下ノ此彼ニ民屋アリ。ソレヲ釘貫村ト号シケルヲ。府城ノ郭外屋敷替イタシ侍ル。今ノ若山北町是ナリ。御坊ノ前ナル故。右ノ村ヲ曳テ町造リニイタシケレハ。城ヨリ北ニ当ルユヘ。北町ト申トナン」(四九頁)とある。鷺森の東に隣接し、門前にあたる北町も、城郭建設にともない釘貫村から北に移転したから北町と呼んだようだ。現在の住所では北町に隣接した西大工町に属する西光寺(住職は釘貫家)は、釘貫村から北町に移転してきたという。

さらに、豊臣氏による当初の大手筋(広瀬通丁)の設置にともない、岡念誓寺の門徒が鷺森の南東に位置する中ノ店に移住している。そうであるなら、その際には釘貫丁や北町、中ノ店には移転可能な無住地が広がっていたことになろう。たとえば中ノ店北ノ丁について、『風土記』は「旧は加屋町といふ茅生茂りありし地を開きしより名つくといふ」（八八頁）と述べている。また、「紀藩街官司秘鑑」は「中之店北之丁ヲ萱ヤ丁と唱」えると書いていた。ちなみに、徳川期の和歌祭で雑賀踊りを演じたのは、中ノ店の念誓寺門徒であったという。[5]

特に、門前である北町ですら、移転により「町造リニイタシ」と書かれていた。ということは、鷺森御坊の寺内の範囲はそれほど大きくはなかったのではなかろうか。つまり、環濠の中に寺を中心として町場が形成されているような、摂津・河内の典型的な寺内町と鷺森寺内とは違っていたと認識してよい。

後述するように慶長六（一六〇一）年、当時の和歌山城主である浅野幸長によって六四石余り、約七五〇〇坪が鷺森御坊免許地として地子免許された。浅野家により城下町が建設されたが、鷺森周辺だけは昔のままの地割が残ったのである。ただし、それまでの鷺森寺内全ての土地ではなく、近世大名権力が容認し得る程度に縮小された可能性が指摘されている。[6]しかし、鷺森御坊の寺内はそれほど大きくなく、せいぜいこの約七五〇〇坪の範囲だったとも推測されよう。第三章で紹介した鷺森の大堀の外側は、地子免許地の端と一致していた。

もっとも、鷺森御坊の寺内と鷺森本願寺の寺内町と同じであるはずはなかろう。約七五〇〇坪の鷺森御坊免許地が寺内の範囲だったとしても、当時は大堀と土塁で囲まれていたのであるから、それだけではかなり狭かったと判断してよい。本願寺が移転してきた後に、鷺森寺内が寺内町として拡大された可能性は大きい。

まず、興正寺や常楽寺など顕如と行動を共にした有力寺院は、本願寺に従って鷺森に移ってきた。次に、紀州門徒だけなら鷺森御坊の寺内にあった多屋で十分だったであろう。だが、本願寺は全国の門徒に雑賀への参詣を呼びかけているから、周辺には各地の多屋が数多く建設されたに違いない。特に、報恩講の際などには、賑わっていたと思われる。さらに、鷺森への退去時に大坂寺内町の住人は、ほとんどがそのまま残ったであろう。しかし、本願寺のさまざまな機能を支える職人や商人を、徐々に呼び寄せたと考えて間違いない。すなわち、大堀の外にも寺内町が拡大されたと推察してよい。特に門前である北町や釘貫丁辺りは、元はほとんど住人がいなかったが、本願寺の移転にともない次第に町屋が建ち、寺内町が形成されたと考えられる。

ここで気になるのが、卜半町の存在である。ここに貝塚の卜半斉の屋敷があって、この名が付いたという。卜半斉が屋敷を構えるなら、鷺森に本願寺があった天正八年から一一年の間とも考えられる。そうであるなら、南西は卜半町あたりまで寺内町が拡大されていたのかもしれない。

しかし、「紀藩街官司秘鑑」に「卜半御当地へ被参候得者、使被差越候」(7)とあり、紀州徳川家へしばしば御機嫌伺いなどで和歌山に来ており、このための屋敷があったと判断した方がよかろう。政治家である卜半斉のことだから、浅野家にも挨拶に来ていたに違いない。外堀に面した卜半町は、浅野家による城下町整備にともなって形成されたと推測される。もっとも、卜半町あたりまで寺内町が拡大されていなかったとしても、鷺森御坊の寺内だけでは本願寺の寺内としては広さが十分ではなく、寺内町として周囲に拡大されたと考えてよい。

ところが、天正一一年に貝塚へ本願寺の寺基が移ると、当然有力寺院も行動を共にし、職人や商人も引越し、他国の多屋も移転することになる。天正一三年に和歌山城が築城されると、前述したように、その後虎伏山（岡山）の麓にあった釘貫村が御坊門前の空き地に移され、北町や釘貫丁が形成されたのである。

関ヶ原の戦により慶長五年浅野家が入国すると、市堀川の北にも城下が整備され、旧の鷺森御坊の寺内の範囲は地子免許されるが、その周辺は城下町に包摂された。『風土記』によると慶長期に、三日市道場であった称名寺は福町へ、六日市の道場であった善称寺は北桶屋町に移転させられているが、これも浅野家による城下町整備にともなうものであろう。ことによると、浅野期に大手筋が和歌山城南東の岡口門―広瀬通から北東の一の橋―京橋―本町通へと変更されるが、これと関連したものかもしれない。

二　戦国期の雑賀庄宇治

雑賀庄宇治の地域は、鷺ノ森遺跡の他では北東に隣接した山吹丁遺跡しか埋蔵文化財の包蔵地に指定されておらず、鷺森御坊周辺以外では発掘調査の実績が少ない。また、近世に城下町が建設されたため、それ以前の景観を想像することは困難である。このため、戦国期宇治の実態を明らかにするためには、文献史料や絵図などに基づく歴史地理的な考察が必要となる。

紀ノ川の流路が縦横に流れる和歌山平野のデルタ地帯には、多くの中州があった。中之島はもちろん、北島・福島・狐島といった島の付く地名は中州だったと認識してよい。「内」を意味するという宇治も紀ノ川の大きな中州だったのかもしれない。北には現在も紀ノ川が流れている。また、東にある現在の真田堀も旧河道の可能性が高い。さらに、通説では西と南には古代の紀ノ川の本流とされている土入川から和歌川への流路（現在は市堀川）があったといわれている。たしかに「長泰年譜」は、「今の大手口、本（町）一丁目辺ハ芦原」だったと述べていた(8)。

近世の城下建設の際には、ほぼ東西南北に機軸が引かれたが、鷺森寺内はそれまでの地割が残され、紀ノ川にほぼ平行した斜めのままであった。鷺森寺内への陸路は、東の中之島からの斜めの道と思われる。江戸時代も旅籠町には中之島へと続く斜めの道が残されており、これは旧道の名残と考えてよかろう。『風土記』は、真田堀の教仙橋は佐武伊賀が「架せし橋なり」（第一輯八四頁）と書いている。これがどこまで真実か分からないが、中之島へ往く道が真田堀となる旧河道か前身の堀と交わる所に、近世以前に橋が架かっていたのではなかろうか。

天正五（一五七七）年の信長による雑賀攻めの際には、土塁など強固な防御施設を宇治の河岸に設置していただろう。鷺森は「要害」の点でも適していたのかもしれない。たしかにこのとき、中野城や鈴木孫一構、それに御坊山で合戦があったのに、雑賀門徒衆の本拠地である鷺森御坊では戦闘の記録が見当たらないのである。ただし、本願寺は鷺森御坊を退去地とすべく、天正二年に増築整備している。大坂本願寺を明け渡すことが信長にとっての主要な目的であるなら、あえて移転先である鷺森への攻撃を避けたとも推測されよう。

『風土記』は中世の宇治について、「後世分れて鷺ノ森七日市六日市ノ三村となる又釘貫徳田木四日市なといふ小名あり」（第一輯八四頁）と書いている。しかし、戦国期の史料に登場するのは六日市以外は、七日市や四日市ではなく三日市であった。それゆえ宇治は、鷺森寺内以外に三日市と六日市とがそれぞれ独立して存在しているといった、この三村による空間構成になっていたということであろうか。なお、宇治の北西部に現在も徳田木丁があり、小名の徳田木はこの辺りと認めてよかろう。これに対し、前述したように、釘貫の宇治への移転は豊臣期であった。ただし、『風土記』は天保年間に書かれているから、戦国期の記述についてそれほど信を置くことはできない。永禄五（一五六二）年の「雑賀衆宛湯河直春起請文」（戦国一三三一）に、宇治では「三日市　左衛門大夫殿」と「市場　五郎右衛門尉殿」だけでなく、「宇治　藤右衛門尉殿」が登場する。この「宇治」は宇治惣村全体ではなく、三日市や市場と同等の村と解釈すべきであろう。ということは、この時点では三日市、市場（六日市）、宇治本村の三村構成になっていたということではなかろうか。そうであるなら、鷺森寺内創設により四村構成になったと考えたらよかろう。

というのは、『風土記』は有本の若宮八幡宮の項で、「菀道村小名三つに分れ菀道市場四日市といふ」（第一輯一五七頁）と述べているからだ。この「菀道」は宇治のことで、日前宮を主宰する紀伊国造家第六代の宇遅比古（菀道彦）によるものか、記紀に登場する菟道稚郎子（うじのわきいらつこ）に因んだものかは分からない。なお、「菟道」とは山城国宇治の古代表記とされており、現在も宇治市に菟道の地名が残っている。『風土記』は本居大平が編纂に関わったから、国学の影響が強く、「菟道」と記述したのであろうが、中世の文書にはこの名は登場せず、「宇治」としか書かれていない。また、「四日市」は「三日市」のことであろう。いずれにしろ、宇治は三日市、市場（六日市）、宇治本村の三村構成になっていたと判断してよい。

　また、『風土記』は他方で鷺森について、「宇治郷の枝郷なり後別に一箇村となる」（第一輯一五〇頁）と述べている。ここでの「宇治郷」とは湊を含まない、惣村としての宇治村のことと認めてよい。「雑賀衆宛湯河直春起請文」が書かれた永禄五年は御坊が移転してくる前年であり、鷺森は三日市、市場（六日市）、宇治の本村とは違い、雑賀衆に代表を出すほどの村ではなく、宇治本村の枝村にすぎなかったのであろう。人家が少なかった所に御坊が移転して寺内が形成され、独立して一村規模となったということになる。

　城下町の建設により宇治や鷺森は包摂され、徳川期における和歌山城下町の区分である「大名八所（おおな）」では、この地は北側の「宇治」と南側の「内町」に区分けされた。城の外にある内町は、「寺の内」の意味で名付けられたのであろう。これに対し、北の宇治こそ宇治本村のあった場所と推察してよいのではなかろうか。

　ところで、市場村について気になる記述が、『南紀徳川史』所収の「十寸穂の薄」にある。すなわち、「市場村は福島の渡り今の三部の祠近辺の地の名前島ともいふ[9]」と書いているのである。これが正しければ、市場村（六日市）は、「三部の祠」であった新魚町の宇治神社辺りにあったことになろう。「前島」とあるから、もともとは別の中州だったのかもしれない。とにかく新魚町辺りは比較的標高が高く、紀ノ川の自然堤防に位置していたように思う。いずれにしろ、六日市は宇治の北東部に存在したと考えてよかろう。

市は神社仏閣の門前市に由来する場合が多い。というのは、「市の聖域性は、市で市神をまつる形態はもちろんのこと、共同体をその外から分かつ異界との境界領域よりも、他界との境界領域としての神の示現する聖地のかたちのほうが古く、そこに立てられた市での売買などの交換行為そのものが神々を喜ばせ、祀ることに通ずるという観念が、その本質をなすものであった」[10]からだ。

江戸後期に「三部明神社」と呼ばれた宇治神社の横には、今も源蔵馬場という地名が残っている。この馬場は城下町形成にともなった武家のための馬場というよりも、神社に付随した馬場の名残と認識すべきではなかろうか。徳川期、馬場は和歌山城西側の追廻門付近に造られている。これに対し、宇治神社周辺は西側に武家の屋敷地、東側に町人町が形成され、馬場は存在しない。

これに関連して注意すべきは、徳田木丁の東に接した杉ノ馬場という地名である。この周辺は、江戸後期は全て武家屋敷地となっているが、これも神社の馬場があった名残ではなかろうか。そうであるなら、徳田木丁辺りの宇治の北西部に神社があり、そこが三日市であったのかもしれない。

『紀伊国名所図会』に、「市場」として「宇治郷二十五本松の辺をいふ。此地は往昔神社仏閣のいと多く立てりし所なり」[11]と書いていた。複製図である「旧和歌山市街図（文政八年調）」[12]（和歌山城整備企画課蔵）に徳田木丁の北側に松並木が描かれ、「廿五本松」と書かれている。つまり、この「市場」とは六日市ではなく三日市のことと推測される。徳田木丁辺りも比較的標高が高く、紀ノ川の自然堤防上だったのだろう。

ただし江戸後期、杉ノ馬場周辺一帯は武家屋敷で神社がない。しかし、『風土記』は「三部明神社」について、「古宇治郷徳田木村等あり其産土神といひ伝へたり」（第一輯九七頁）と書いている。江戸後期に「三部の祠」が宇治神社の所にあったのは間違いないが、もともとここに所在したのか検討する必要があろう。つまり、「三部明神

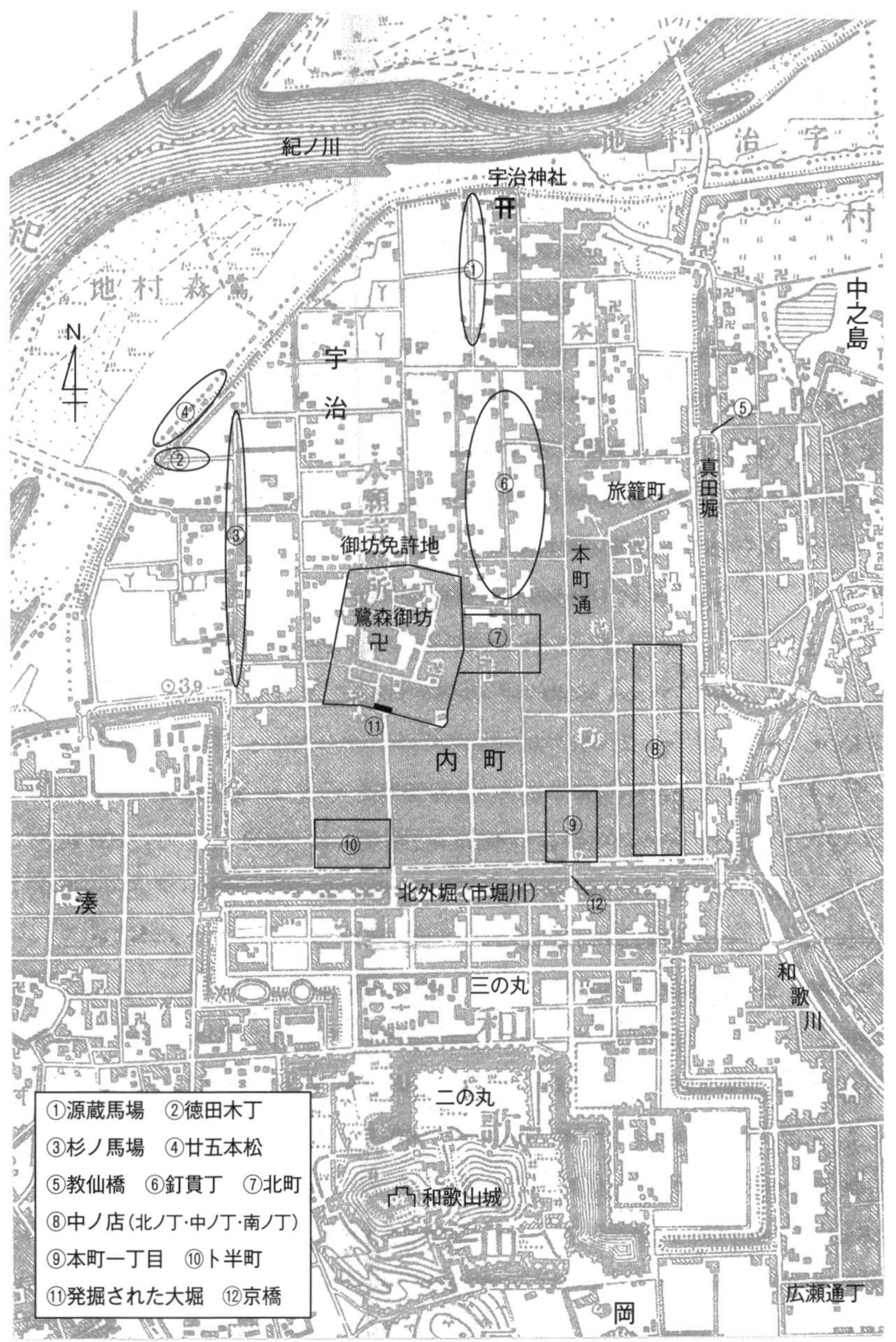

図　鷺森・宇治周辺関係図（原図：明治19年測量仮製図）

社」は当初は徳田木丁周辺にあり、武家屋敷建設にともない現在の宇治神社の所に移転させられた可能性が高いのではなかろうか。

というのは、『風土記』は有本の若宮八幡宮の項で、「菟道村小名三つに分れ菟道市場四日市といふ」と述べた後、「市場は恵比須を氏神とし四日市は三部明神氏神とす」（第一輯一五七頁）と書いているからだ。この「四日市」が三日市だとすると、ここの氏神が三部明神であり、これに対し市場（六日市）は「恵比須を氏神」としたことになる。

この恵比須について、『風土記』によると、有本の若宮八幡宮の項目に「末社恵比須寛文記に旧は市場村の氏神なりしか本社と同しく此地に移す」（第一輯一五八頁）とある。若宮八幡宮の縁起によると、「永享の乱」で鶴岡八幡宮が焼失した際、御神体が赤穂に逃れたが、「嘉吉の乱」で当国に来て若宮八幡宮が宇治の氏神となったとする。これを寛永期に徳川頼宣が有本の現在地に移転させた。それは、この場所が和歌山城の鬼門にあたるからと判断してよい。その際、市場村の恵比須社も有本に移転したようだ。

以上より、徳田木丁のある宇治北西部に三日市があって、そこの氏神が三部明神であり、これに対し宇治神社のある宇治北東部に市場村（六日市）があって、恵比須を氏神としたが、宇治本村の若宮八幡宮とともに、寛永期に有本に移転した。これにともない、旧恵比須社のあった宇治神社の所に三部明神が移り、三部明神があった場所は武家地となり、かつての名残として杉ノ馬場という地名が残ったということと思われる。

江戸時代、『風土記』によると宇治には他に朝椋神社、住吉社、神明社があった。このうち、住吉社は三木町堀詰から移転してきたものであり、神明社は「勧進年歴詳ならす」（第一輯九七頁）とある。また、朝椋神社については、神社の敷地が御坊の地子免許地内にあり、本願寺への地代支払い問題が絡んでいるので、由緒については主張が異なっている。『鷺森旧事記』は釘貫村から移転してきたものとし（四九頁）、他方『風土記』は元から鷺森にあったと、基本的に神社側の主張を書いている（第一輯九六頁）。

今回の鷺ノ森遺跡の発掘で、鎌倉・室町時代に居住地の痕跡があまり見出せなかったことから推察して、釘貫村から移転したと判断するのが合理的ではなかろうか。そもそも御坊に地子免許された時点で元から神社が所在していたなら、紛糾しているはずであるが、そのような記録はない。いずれにしろ、朝椋神社が宇治本村に所在しないことは間違いなく、いずれの神社も杉ノ馬場周辺にあったとはいえないだろう。

以上、戦国期の宇治では北側に宇治本村があり、本村の両側の神社で交互に三日と六日に市が開かれるようになり、三日市と市場村（六日市）が形成され、それぞれ独立して雑賀衆に代表を出せるまでに成長し、全体として町場化していたと思われる。さらに永禄六年、人家が少なかった南側の鷺森に御坊が移転してきて、御坊の寺内が形成されたが、六斎市とは離れており、寺内町と呼べるほどの規模ではなかったと推測した。これが戦国期の宇治の構造だったと考える。

註

（1）鷺ノ森遺跡の発掘の成果は和歌山市文化スポーツ振興財団の井馬好英氏と西村歩氏のご教示による。ただし、文責はあくまで筆者に帰する。なお、発掘調査報告書は二〇一八年度に発行予定であり、詳しくはそちらを参照されたい。

（2）『南紀徳川史』南紀徳川史刊行会、一九三一年、第六冊二二七頁。なお「佐武伊賀働書」については、武内雅人「「佐武伊賀働書」史料解題の改訂及び補遺」（『紀州経済史文化史研究所紀要』三二、二〇一一年）を参照されたい。

（3）小山靖憲「鷺森寺内町から和歌山城下町へ」（『和歌山の都市機能および社会集団に関する基礎研究』和歌山大学教育学部、一九八九年）四頁。

(4) 三尾功「城下町和歌山の形成　試論」(『和歌山市立博物館研究紀要』一四、一九九九年) 五頁。ただし、天正一三 (一五八五) 年閏八月に桑山重晴が城代となった可能性が高く、天正一五年では期間があきすぎており、もう少し前であったと考えるべきであろう。
(5) 『和歌山県史　近世史料二』和歌山県、一九七七年、九一四頁。
(6) 小山註(3)前掲論文、五頁。
(7) 註(5)前掲書、九二四頁。
(8) 三尾註(4)前掲論文、五頁。
(9) 註(2)前掲書、第一一冊、五八三頁。
(10) 勝俣鎮夫「売買・質入れと所有観念」(『日本の社会史』四、岩波書店、一九八七年) 一八六～一八七頁。
(11) 『紀伊国名所図会 (二)』歴史図書社、一九七〇年、九四頁。
(12) 原本は所在不明。なお「文政八年調」とあるが、付家老の水野家が「大炊頭」であり、三の丸に「衆議所」ができており、文久三年以降の図と考えるべきである。

第Ⅱ部　雑賀衆と雑賀一向衆

第四章　雑賀一向衆の実態
――「雑賀一向衆列名史料」の検討――

第一節　「雑賀一向衆列名史料」について

二〇〇〇年に本願寺史料研究所の御好意により、浄土真宗本願寺派（以下、西本願寺と略す）にある雑賀一向衆に関する文書の複写本を提供され、紹介する機会を得た。「雑賀衆」ではなく「雑賀一向衆」と表示したのは、非門徒も含めた惣的結合集団である雑賀衆や雑賀一揆ではなく、明らかに雑賀の門徒集団である雑賀一向衆や雑賀一向一揆についての史料であるからだ。なお、「雑賀」という場合は雑賀五組（搦）全体を指し、五組の一つである雑賀は「雑賀庄」と明記する。雑賀五組とは、雑賀庄以外に十ケ郷、宮郷（社家郷・神宮郷）、中郷（中ツ郷）、南郷（三上郷）からなっていた。

あえて「雑賀一向衆」と表示したのは、それだけではなく、「雑賀衆」と雑賀の門徒集団を同一のものとする見解を批判するためである。たとえば、『国史大辞典』の「雑賀衆」の項では、「室町時代後期、紀州鷺森御房を中心に結束した本願寺門徒[1]」と定義している。しかし、非門徒も含めた惣的結合集団である雑賀衆と雑賀（鷺森）御坊を中心に結束した本願寺門徒集団である雑賀一向衆とは、分けて考察すべきであると考える。というのは、両者の混同が、雑賀衆についての誤った理解や議論の混乱を招いているように思うからだ。もちろん、雑賀一向衆の大半は雑賀衆の一部である。だが、雑賀衆そのものではない。一向衆が占める割合も、各組ごとに異なっていた。

両者が混同されてきた原因の一つは、雑賀一向衆の全体像を窺える史料がなかったためであろう。これまで、雑賀衆については、永禄五（一五六二）年七月付「雑賀衆宛湯河直春起請文」（『和歌山市史』第四巻、和歌山市、一九七七年、戦国時代一三一号。以下、同書掲載史料は時代名と番号のみを略記）のように少ないながらも存在した。また、一向一揆を指導した雑賀門徒の年寄衆をはじめとした個々の指導者に関する文書は、西本願寺や関係寺院等にある程度現存している。だが、今回紹介する史料により、雑賀一向衆の全容が初めて明らかになったのである。その意味で、これは非常に重要な文書なのだ。ただし、ここでは、今回紹介する文書に考察の対象を限定し、他の史料への言及は必要最小限度にした。このため、雑賀衆と雑賀一向衆の異同については、必要な範囲で指摘するにとどめ、詳しくは第五章で明らかにする。

今回紹介する史料は、章末に【史料翻刻】として掲示した。文書は全部で九枚である。このうち前半の六枚（**史料1～6**）は、雑賀における各本末ごとの道場名を列記し、何かを「御請」したものが花押、あるいは署名と花押を書いている。これに対し後半の三枚（**史料7～9**）は、同じく各本末ごとに分かれているが、個人名に花押を付しただけであり、何についての史料であるのか判断しがたい。そこで、本章では前半の六枚を中心に考察し、必要な範囲で後半の付属史料についても触れることにしたい。

原史料を未見のため判定しがたいが、前半の史料については、六枚とも筆跡は同一人物のもののようだ。つまり、字は一人の人間が筆記しているのである。ただし、花押はそれぞれ各人が書いており、決して写しではない。ちなみに、有名な天正八（一五八〇）年四月八日付「雑賀衆起請文」（戦国四三四）とも、筆跡が酷似している。それゆえ、雑賀において重要な文書をもっぱら筆記した書師の手によるものかもしれない。

これに対し、後半の史料は各文書ごとに字が違う。ただし、**史料8**については前半の史料の筆跡と似ている。また、紙質と寸法が前半と後半の両史料ともほとんど同じである。さらに、同じ花押も散見される。それゆえ、同じ時期に書かれた可能性は捨て切れないが、同時期でなくとも、時代的にそれほど離れていないと考えてよかろう。なお、紙質と寸法は本願寺史料研究所の御教示による。

前半の史料はそれぞれ一行目に「性応寺方御請之衆」「真光寺方御請之衆」「真光寺方」「方はつれ御請之衆」「浄光寺方御請之衆」「直参方御請之衆」と表題を記している。このうち、三番目の「真光寺方」とあるのは「真光寺方御請之衆」の二枚目と考えてよい。

ここで、紀州における浄土真宗の拡がりと本末形成について確認しておこう。第Ⅰ部で明らかにしたように、浄土真宗の信仰が紀州に及んだのは、南北朝時代にさかのぼるが、それは本願寺ではなく仏光寺の教えであった。その布教を担ったのが、泉州堺の阿弥陀寺（のち、紀州海部郡和歌浦に移転し、性応寺と改号）[2]と泉州嘉祥寺の真光寺（のち、紀州海部郡宇須に移転）である。他方、本願寺教団においては、文明一八（一四八六）年の蓮如の紀州来訪以前に、泉州嘉祥寺の浄光寺が紀ノ川下流域に教えを広めていた。また、浄光寺の上寺とおぼしき河内出口の本遇寺も教線を伸ばしている。さらに蓮如来訪後は、名草郡清水を拠点に、直末が広がっていった。

実如期になると「河内錯乱」・「大坂一乱」の影響か、二尊像が清水から黒江に移され御坊が成立するとともに、本遇寺末が浄光寺に吸収されたようだ。また、有田・日高両郡に直末系の宮原門徒（福蔵寺末）が形成された。さらに、摂津富田の光照寺（のち、本照寺）が紀ノ川中流域や湯浅に教線を伸ばしてくる。証如期になると本願寺が山科から大坂へ移転したことにともない、後背地である雑賀一向衆の役割が大きくなり、御坊が黒江から和歌浦御坊山へ北遷する。また、日高郡の国人領主で奉公衆でもあった湯河氏が真宗に帰依し、同郡吉原に御坊を建立し、吉原（のち薗）御坊付の道場が組織された[3]。

この結果、紀ノ川下流域の雑賀に限っていえば、性応寺末、真光寺末、浄光寺末、直末の四派が、大半を占めていた。この史料で、それ以外の末道場が「方はつれ（外れ）」として一括されているのは、このためだ。つまり、雑賀一向衆は、「方はつれ」を含めると、この五派によって構成されていたのである。

ここで注目すべきは、雑賀衆が五組を基盤にした地縁的結合集団であったのに対し、雑賀一向衆は、本末関係を基本に五組の枠を横断して構成されている点だ。すなわち、構成原理が異なっているのである。たとえば、先の『国史大辞典』は雑賀の「門徒組織は雑賀五組といわれ」、組を「基盤に形成されていた」と述べているが、これは誤りといわねばならないだろう。しかし、この問題も、雑賀衆と雑賀一向衆とを全体的に比較することで、より明らかになるので、この点詳しくは第五章で述べたい。

それでは、前半の史料の本文について検討しよう。本文は、まず上段に地名・道場名を記す。道場には二種類ある。一つは、右肩に地名を付した個人名の道場と、もう一つは地名による道場である。次いで、御請した場合、道場名の下に同意した人員、それに花押あるいは署名と花押を書いている。何の書き込みもない道場は、御請しなかったと考えてよい。署名と花押の位置も二種類ある。少し例外はあるが、基本的に個人名のついた道場は署名がなく、道場名のすぐ下に花押のみ書いている。これに対し、地名の道場では、一番下に署名を記し、花押を書いている。

この二種類の道場の違いは何であろうか。基本的に、個人名の道場は自庵であるのに対し、地名の付いた道場は惣道場と思われる。ただし、惣道場が全て看坊とは考えていない。たとえば、**史料5**に登場する岡了順で有名な岡道場（念誓寺）である。岡を統率した岡（岡本）家は兄弟で、一方はこの地の産土神である岡宮の宮司に、他方は岡道場の道場主になっている。この岡道場は、鷺森御坊を管理した「辻本三十六人」の一つで、代々岡家の自庵であり、かつ、岡地域のいわば「氏寺」としての惣道場なのである。

前半の史料を一目で分かるように**表**にした（**表Ⅰ～Ⅴ**）。なお、真光寺末は二枚の文書を一つにまとめている。各本末ごとに、出てくる順に道場名に番号を付け、江戸時代における地名とどの寺院にあたるのか、『紀伊続風土記』（和歌山県神職取締所、一九一〇年復刻、以下『風土記』と略）をもとに示した。紀州藩が編纂し、天保期に完成したこの書物を基本にしたのは、今はない寺が存在するし、また、『風土記』が記している荘名を書いた方が、雑賀五組との関係が容易に理解できるからだ。ただし、史料のなかには現在では不明な地名や、どの寺か分からない道場も存在しており、この点はのちに検討する。だが、これは少数で、**表**の地名・道場名とも、現在の名称と変わらないところが大半である。

次に、**表**では、署名が書かれている場合は、道場名の下の括弧内に、その名前を記している。また、御請の人員、それに花押と略押の違いも明記した。それに、各寺院の開基時期をできるだけ載せている。ただし、なかには裏書等が残っている場合もあるが、多くは後年の由緒書や寺伝であり、参考の域を出ないので注意されたい。特に「文明」とあるのは、文明八年の蓮如上人熊野詣伝説を寺の開基と結び付けたものであり、認めがたい。最後の備考欄では、比定した根拠など、必要事項を記している。

表の中に、一つの道場名の下に二つ以上の寺院名を記した欄がいくつか存在する。これは、判断材料が不十分であるため、該当しそうな寺院を全て掲げたのである。これとは逆に、二つの道場名の下に一つの寺院名を記入した欄が一カ所だけある（**表Ⅱ**—13・14）。これは、寺院が一つしか分かっておらず、どちらの道場に該当するのか不明な場合である。

第二節　史料の内容と時期

ここで、前半の史料に書かれた「御請」の対象が何なのか考察し、この文書の年代を推定したい。この史料を西本願寺が所蔵しているから、「御請」の宛所は本願寺であると考えて間違いなかろう。それでは、何を「御請」したのだろうか。複写本に、これらの史料の包紙ないし表紙と思われる紙が写っており、以下の三つの表題が左端に書かれている。

一　准如様御代替之節紀州御末寺御請書　十二(カ)八通
一　紀州御坊惣中ゟ手塚清右衛門尉宛書状　壱通
一　故雑賀衆名前書　壱枚

今回紹介する史料は、このうち「准如様御代替之節紀州御末寺御請書」の一部であると考えるのが妥当であろう。最初の数字（八カ）を抹消して「十二通」とあるから、本来は少なくとも一二枚以上あったはずである。だが、今のところ確認できるのは紹介する九枚だけだ。もっとも後半の史料は、「性応寺方」「方はつれ」「浄光寺方」の三枚しかないから、前半の史料と同様に、当然「真光寺方」「直参方」と書かれた文書もあったと考えるべきであろう。また、これとは別に「故雑賀衆名前書」が一枚あったようだが、不明である。

この史料が包紙の表書きのとおりであるなら、豊臣秀吉の命により教如が本願寺の宗主を退隠し、准如が継職した文禄二（一五九三）年頃のものとなろう。しかし、表書きは後年のものであるから、ただちに信用できるものではない。むしろ、結論を先に述べると、天正八（一五八〇）年の「石山合戦」講和と大坂本願寺退去をめぐる史料であると考えている。

理由の第一は、前半の史料で確認できる「御請」の実体が、他の史料で推測されてきた「石山合戦」講和期の雑賀一向衆の状況と一致するからだ。(4)

今回の史料でまず注目すべきは、雑賀衆の有力集団であり、浄光寺末の筆頭である岡の道場において、御請したのが了順のみである点だ（**史料5**）。次に、雑賀年寄衆の一人である狐島・嶋本左衛門大夫の道場（覚円寺）が御請していない（**史料2**）。しかも、「覚円寺縁起」（覚円寺蔵）において同寺末とされる道場（**表Ⅱ**―4、5、13・14、19、20、23、25、26）がほとんど御請していない点は重要だ。真光寺末が他派に比べて御請した道場が圧倒的に少ないのは、同末の筆頭ともいうべき嶋本左衛門大夫道場が御請に反対したからであろう。

正親町天皇の勅命により、天正八年閏三月、顕如は信長からの講和条件を受け入れる。しかし、講和反対派は教如を擁して徹底抗戦をとなえた。閏三月一三日付の書状（戦国四二三）で、岡了順、宮本平大夫、松江源三大夫、嶋本左衛門大夫、岡太郎次郎宛に、教如は籠城の継続を訴え、雑賀一向衆の支援を求めている。この書状で、「猶左衛門大夫、太郎次郎可演説候」とあるように、両者はすでに教如側についていたようだ。

しかし、宮本平大夫、松江源三大夫の賛成が得られなかったようで、閏三月二〇日付と二一日付の教如書状（戦国四二四・四二六）は、岡了順、嶋本左衛門大夫、岡太郎次郎宛になっている。他方、宮本平大夫と松江源三大夫には、閏三月二八日付で顕如から「当寺退出之儀付而、無二之覚悟、誠ニたのもしく候」と認めた感状が届く（戦国四二九・四三〇）。雑賀年寄衆も、宮本平大夫や松江源三大夫の講和派と嶋本左衛門大夫や岡太郎次郎の抗戦派に分かれていたのである。なお、「本願寺文書」に登場するこの雑賀年寄衆は、雑賀一向衆の年寄衆であって、雑賀衆のそれではない。詳しくは第六章で明らかにする。

岡太郎次郎に代表されるように、岡門徒は抗戦派に与していた。しかし、雑賀年寄衆の筆頭ともいうべき岡了順は、苦渋の選択で一人講和を受け入れたのである。六月二五日付「常楽寺宛書状」（戦国四五三）で彼は、顕如に対する忠誠を披露し、「老若令衆議候間、……若者共、新門主様へ御請申上、此如とやかくやと候て、老来之拙者一人之迷惑極申候」と苦しい立場を訴えている。

以上、「雑賀一向衆列名史料」の「御請」の内容は、岡で了順のみ承諾し、嶋本左衛門大夫とその一党が拒否していることから考えて、「石山合戦」講和と本願寺の雑賀への退転であると判断して大過なかろう。

それでは、本願寺はなぜ雑賀一向衆にこのような文書を提出させたのであろうか。それは、天正八年閏三月五日付の講和条件の一つに、「雑賀之者共、御門跡次第ニ可致覚悟之由、誓紙可申付事」とあるからだ（戦国四二一）。もっとも、そのような条件がなかったとしても、本願寺にとって、退去地である雑賀門徒の動向を把握することが肝要であったろう。また、教如側が雑賀年寄衆に対して支援を求めた以上に、顕如側も雑賀門徒を味方につける必要が当然あった。この「雑賀一向衆列名史料」は誓紙そのものではないが、「雑賀之者共」から誓紙を出させるために、顕如側が各道場の状況を掌握しつつ、同時に講和受け入れを働きかけたことを示す文書と考えてよかろう。

ところで、この雑賀一向衆内部における講和をめぐる対立は、ほどなく解消されたと考えられる。前述の天正八年四月八日付「雑賀衆起請文」（戦国四三四）こそ雑賀一向衆の誓紙そのものと思われるが、ここに「向後弥可為御門跡様次第候」とあり、嶋本左衛門大夫と岡太郎次郎とが他の有力者とともに名を連ねているからだ。また、東西分派の際には、先の雑賀年寄衆は全員、また雑賀門徒もほとんど西本願寺についたことからも、この対立がそれほど深刻なものではなかったことが窺えよう。雑賀一向衆における講和をめぐる対立が四月には解消されたとなると、この文書の成立時期は天正八年で、しかも閏三月である可能性が高いことになる。

准如が継職した文禄期の史料でないと判断するもう一つの理由は、平井・大谷両道場の孫一の存在である（**史料5**）。「石山合戦」の驍将として有名な鈴木孫一の本拠地は、これまで平井と考えられてきたが、大谷にも及んでいたようだ。周知のように、鈴木孫一は代々の名前である。だが、ここに書かれている花押は、先の「雑賀衆起請文」にある鈴木孫一の花押と一致し、鈴木孫一重秀と考えてよい。ところが、鈴木孫一重秀は文禄期には雑賀にいた可能性はきわめて低い。なお、鈴木孫一もこの史料で「御請」を承諾している点は注意する必要があろう。すなわち、孫一は抗戦派ではなかったのである。

天正九年、鈴木と土橋という雑賀衆の領袖の間で確執が生じ、翌年正月、孫一重秀の一味が、信長の勢力を背景に土橋平次（若大夫）を殺害した。対立の原因は、海部郡木本の土地争いであったようだ。ところが、天正一〇年六月の本能寺の変により信長という後ろ盾を失うと、今度は鈴木孫一の一党が、土橋勢によって駆逐されてしまった。この後、鈴木孫一重秀がどうなったのか定かでない。天正一二年の「羽柴秀吉陣立注文」（戦国五四五）に「鉄炮衆」として「鈴木孫一」が登場する。彼が孫一重秀である可能性は高いと思う。翌一三年の紀州太田城水攻めの際には、秀吉方で使者案内役を務めたという伝承もある。ただ、いずれにしろ、天正一〇年以降、鈴木孫一重秀は雑賀には居住せず、同一三年以後は地元の史料から消えてしまうのである。

それでは、なぜ「石山合戦」講和期の史料であるにもかかわらず、包紙の一行目に「准如様御代替之節紀州御末寺御請書」と書かれているのであろうか。それは、二行目の「紀州御坊惣中ゟ手塚清右衛門尉宛書状」を、青木忠男氏が文禄四年と推定しているように、准如継職時のものであるからだ(5)。この文書によると、手塚は顕如譲状写を紀州御坊惣中に送って、准如継職の正当性を徹底しようとしており、また、惣中の動向の把握に努めているという。

つまり、後年史料を整理した際、手塚宛紀州御坊惣中の書状から推察して、本史料の「御請」の内容もこのときのものと判断されてしまった、と考えて間違いなかろう。

第三節　地名の検討

史料の個々の点について検討しよう。まず重要なのは、地名である。なぜなら、この文書で天正期に存在した雑賀の地名が確認できるからだ。そのなかには、現在ない名称も存在する。ただし、**表**の備考欄ですでに由来を検討している地名については言及しない。

史料1で聞き慣れない名称は、シカウと和田原（**表**Ⅰ―10・11）である。シカウは慈幸で、雑賀庄の本郷であった江戸時代の関戸村の一部で、慈幸山円明寺の所在地付近と考えてよい。万治元（一六五八）年の「御影様之留」（西本願寺蔵）に、「性応寺下紀伊国海士郡雑賀庄関戸慈幸村円明寺常住物也」[6]とある。和田原は、『風土記』（第一輯四七四〜四七五頁）にある和歌浦（村）の内の和田浦のことであろう。右近大夫道場であった西正寺は、和田浦にあった。当時は、和田原と呼ばれたようだ。現在は、和田坪という小字名が残っている。

史料2で注意する必要がある地名は、宇須新在家（**表**Ⅱ―21）である。これまで新在家といえば、ただちに宮郷の新在家（**表**Ⅳ―16）と考えられてきた。だが、この史料で雑賀庄宇須にも新在家が存在することが判明したことにより、他の史料に登場する新在家について検討しなければならなくなった。これは本章の範囲を逸脱することになるが、非常に重要なので言及したい。

まずは、雑賀衆の史料としてよく引用される永禄五（一五六二）年推定の九月二九日付「湊藤内大夫等連署起請文」（戦国二三四）だ。これは雑賀庄湊領家分の面々が署名した上段に、他の雑賀衆一一名が調停人として連署し、湯河安芸守（宗慶）に提出した起請文である。ただし、長くなるので原文は掲載しない。雑賀衆一一名の右肩に付いている地名で、以前「ミかつら（三葛）」と読まれていたものが、近年「ミかいち（三日市）」と訂正されている。(7)これに加えて、この史料の新在家は宇須新在家と考えるべきであろう。さらにいうなら、判読できずに「うちはらカ」とされているところは、「六かいち（六日市）」と読めるのだが、どうであろう。

これにより、この史料に登場する雑賀衆一一名のうち最後の「十ケ郷　孫二」と「中郷　源大夫」を除く最初の九名は、雑賀庄内の湊以外の地域代表であることが明確となったと思う。また、後の二名が右肩に「平井　孫一」や「岩橋　源大夫」という村名が付いていずに、十ケ郷や中郷という雑賀五組の郷名が書かれている理由も理解できよう。つまり、この二人は組の代表として署名しているのである。この点で、前述の同年七月付「雑賀衆宛湯河直春起請文」で、この両者が各組の一番初めに登場することに注目する必要があろう。なぜなら、この史料で雑賀五組のそれぞれ最初に位置する人物が、組の代表者である可能性が高くなったからだ。

次に、『南紀徳川史』が掲載した「佐武伊賀働書」に新在家が登場する。この史料の「新在家のくち」(8)は、「遠藤（塩道）」の近辺であるから、宇須新在家であることは明らかだ。これにより、この記録に登場する「ゐつた村」が、平井村（渡辺広説）ではなく岡嶋村（藤本清二郎説）であることが確定した。(9)また、このことは、「佐武伊賀働書」自体の信憑性が増し、あわせて、「岡嶋皮田」がすでに戦国期に成立していた公算が強くなったことを意味するのである。

どこであるのか全く見当がつかない地名が三つある。**史料1**の「地中」（**表Ⅰ**—20）と**史料5**の「名川」（**表Ⅳ**—7）、それに**史料6**の「松村」（**表Ⅴ**—16）である。御教示を乞う。

ここで、それぞれの史料に登場する道場が、どのような順序で書かれているのか考察しよう。これは、真光寺末とそれ以外とでは大きく異なっている。すなわち、真光寺末以外は全て基本的に、鷺森御坊周辺という雑賀の中心部から外縁部に向かって書かれているのに対し、真光寺末では東の端から西に向かって掲載されているのである。これは、真光寺末の道場の多くが、御請に反対していたことと無関係ではあるまい。つまり、真光寺末は抗戦派が多いと見越されていたので、単に東から順に道場名を書いた。他方、それ以外が中心部から周辺に向かって登場するのは、賛成派が多数を占めているので、鷺森から持ち回って署名するのに便利なように記載したのではなかろうか。

地名で最後に問題となるのは、この史料に掲げられた地名の範囲である。「雑賀一向衆列名史料」と名付けたように、ここに記された道場は大半が雑賀の範囲に属する。しかし、先の「雑賀衆宛湯河直春起請文」に登場する雑賀衆の領域とは、微妙に異なっている。また、鷺森（雑賀）御坊を管理した「辻本三十六人（寺）」の分布とも少し違う。

ここで問題となるのは、当然この史料に登場すべきであるのに、掲載されていない道場の存在である。その代表が、「辻本三十六人（寺）」の一つである名草郡永穂の永正寺だ。第一章で述べたように、浄光寺末であった永正寺は、蓮如が紀州に来訪した際に立ち寄ったところであり、初代の長尾権守は蓮如の帖外の「御文章」にも登場する。永正寺はその名が示すように、遅くとも永正年代には道場を開基したと考えるべきであろう。また、この周辺には、永正寺以外にも天正期以前に開基したといわれている寺が数カ寺ある。それゆえ、なぜこの史料に登場しないのか検討する必要があろう。しかし、この点を含め、構成メンバーの分布範囲を考察するには、他の史料と比較せねばならず、次章に譲りたい。

第四節　人名と花押の検討

次に、人名と花押について検討しよう。

まず、道場に付けられた人名は、基本的に、天正当時の道場主の俗名ではなく、開基者の俗名と考えた方がよい。表の備考欄に書いたように、道場名が開基者の俗名と一致する所が散見される。たとえば、史料1の「キレ・平左衛門道場」（表Ⅰ—7）は木村平左衛門高重の開基といわれている。だが、書かれた花押は史料7の「キレ」の「助左衛門尉」の花押と同じであり、彼が当時の道場主である可能性が高い。

もちろん、史料1の「ミナト・平大夫道場」（表Ⅰ—1）のように、代々平（兵）大夫を名乗り、花押も「雑賀衆起請文」（戦国四三四）の平大夫の花押と一致し、間違いなく宮本平大夫高秀のものである。つまり、天正当時も道場名と同じ名である道場主も存在した。しかし、これは少数派であるように思う。

しかも、個人の道場名の下に書かれた花押は、道場坊主のものとは限らないのである。明確なのは、史料4の「ミナト・浄法道場」（表Ⅲ—1）だ。この花押は、史料8の「ミナト浄法」のものではなく一人飛ばした「亀大夫」の花押である。この亀大夫の花押は「雑賀衆起請文」の同人の花押と一致する。つまり、自庵である「ミナト・浄法道場」の代表者は、道場坊主と思われる浄法ではなく、一族の総領とおぼしき津村亀大夫なのである。

これと同様なのが史料1の「シマ・孫一郎道場」（表Ⅰ—12）である。この花押は、史料7の「中嶋東道場」の「源内大夫」の花押であり、彼が道場の代表者といえる。この源内大夫の花押は、前出「雑賀衆起請文」の同人の花押とも一致する。つまり、「シマ・孫一郎道場」を統率していたのは「源内大夫」なのである。なお、天正三年一〇月八日付で本願寺に出した誓紙の[10]「了」は了順で間違いないと思うが、「源」は松江源三大夫ではなく、この源内大夫である可能性が高いのではなかろうか。彼は興正寺系の有力者であったからだ。

ところで、この**史料7**の「中嶋東道場」の面々には「孫一郎」の名はないが、「孫太郎」は存在する。「孫一郎道場」であった専光寺の「専光寺歴代幷系譜」（同寺蔵）には、「二代順勝　俗名中嶋孫太良」とあり、「孫太郎」が道場坊主であったと考えて間違いない。同寺には「中嶋孫太郎宛下間正秀感状」（戦国三一三）が所蔵されている。

以上、道場名に付いている人名は、基本的に天正期のものとはいえない。また、書かれた花押も道場の代表者のものであっても、道場坊主のものとは限らないのである。これは自庵における道場坊主の存在形態を表している。つまり、一族の総領が自庵の坊主になるとは限らないのである。総領が隠居して道場主になる場合もあれば、総領が俗世界の仕事に専心し、一族の他の人物が坊主となる場合も少なくなかったように思う。

これに対し、地名が付いている道場の場合、署名は天正期の人名であり、花押も本人のものと考えてよかろう。第二節で述べたように、平井・大谷両道場の孫一の花押は、「雑賀衆起請文」にある鈴木孫一の花押と一致し、鈴木孫一重秀であることは間違いない。同様に、**史料6**の「松江東西」の「源三大夫」（**表V**—3・4）の花押も、「雑賀衆起請文」の源三大夫の花押と同じであり、間違いなく松江源三大夫定久のものである。さらに、岡道場の了順の花押は、天正一七（一五八九）年八月の「岡了順田地屋敷置文」（戦国六二八）の了順の花押で本人のものと確認できる。ただし、了順のような道場坊主の例もあるが、惣道場は基本的に看坊が多いから署名人は門徒の代表者の方が多数であると考えた方がよかろう。

以上、地名が付いた道場の署名は天正期の人名であり、他の史料との比較が可能である。もっとも、同じ名前であっても、花押が同じであるなど、確実な根拠がない限り、同一人とはいえないのは、いうまでもない。たとえば、今回紹介した史料に「源三大夫」は松江源三大夫定久を含め三名（**表Ⅳ**—12、**表Ⅴ**—2、3、4）登場するが、それぞれ花押が異なっている。また、これ以外にも、太田城水攻め関係の史料に「太田源三大夫」が登場するが、この三名とは居住地が異なっており、同一人物である可能性はほとんどないに等しい。

第五節　付属史料の考察

最後に、後半の付属史料について検討したい。前述したように、後半の三つの文書は本末ごとに署名と花押を書いているが、前半の史料と同じ名前や花押が存在するから、後半の史料も同じ天正期頃のもので、人名も当時のものと考えてよかろう。

たとえば、**史料9**の「浄光寺方」の「モト脇・左衛門九郎」は、花熊城攻防戦で活躍した本脇の中村左衛門九郎吉正（のち、善等）と思われる。彼の子孫が宮司を務める、本脇の鎮守社である射箭頭八幡宮に、中村左衛門九郎宛荒木村重や荒木重綱の書状（戦国四〇四・四〇九）が伝来している。また、上寺である浄光寺が無住になったため、中村左衛門九郎吉正は浄光寺に入寺して善等となるが、それは「石山合戦」で活躍したからという[11]。実際、浄光寺は現在まで中村家が住持しているが、他方で彼の子孫が代々地元の神社の宮司を務めており、これは先の岡家の場合と類似している。

史料7の「性応寺方」の肩付に書かれている「本雑賀衆」とは、性応寺方全体を指すのではなく、最初の三行の「北ハタ」「西浜」「わか（和歌）」の面々のことと考えるべきであろう。なぜなら、そもそも雑賀庄に属さない「キレ（吉礼）」が、本雑賀衆とはいえないからだ。つまり、本雑賀衆とは、雑賀庄全体の鎮守である矢ノ宮（矢宮神社）を村の産土神とする関戸、西浜、宇須、塩屋、小雑賀の五村（『風土記』第一輯四六六頁）に、和歌浦・雑賀崎を加えた、雑賀庄南部に位置する雑賀本郷の面々を指すものと判断するのが妥当であろう。

ところで、ここで登場する「北ハタ」とは和歌浦の小名ではなかろうか。第三章で明らかにした『鷺森旧事記』の欄外に書かれた「辻本三十六人」の記述で、和歌浦宗善寺の俗名を「北畑刑部左衛門」としており、この史料の「北ハタ・刑部左衛門尉」は宗善寺（北畠家）の先祖であり、「北ハタ（畑）」とはもともと地名である可能性が高い。宗善寺以外にも、和歌浦には北畑・北畠姓の家が散見される。[12]

個々には興味深い点があるものの、全体として後半の三つの史料は、前半の史料のような統一性が見られない。「性応寺方」（**史料7**）は、中之島は道場ごとに名前を挙げ、他は地域ごとに分かれている。ただし、**史料1**に登場した性応寺末の全部の地域ではない。しかも、雑賀庄だけかといえば、南郷に属する吉礼が入っている。なお、この文書のみ、折紙になっている。また、「浄光寺方」（**史料9**）もほんの一部だけで、地域もバラバラだ。これに対し、「方はつれ」（**史料8**）は、**史料3**に掲げられた地域はもちろん、それ以外の場所も含まれている。

さらに、人名を見ても、前半の史料に花押を書いたメンバーもいれば、後半の史料にのみ登場する人物もいる。道場坊主もいれば、それ以外の人もいる。道場のある地域の人物もいれば、道場のない場所の人間もいる。それも、花押を書くクラスの人物もいれば、略押の人もいる。つまり、地域の点でも構成員の点でも階層の点でも、統一性がない。いったいどのような基準によるものか判断に苦しむのである。ただ一点共通性があるとすれば、道場のある地域は、全て前半の史料で全員「御請」した所である。しかし、それなら新たに署名を取る必要はないように思う。ことによると、天正期頃のものであっても、前半の史料のような、「石山合戦」講和に関する文書ではないのかもしれない。いずれにしろ、後半の付属史料については、もう少し検討を要することだけは間違いなく、今後の課題となる。

註

(1)『国史大辞典』第六巻、吉川弘文館、一九八五年、一三二頁。
(2)熊野恒陽「興正寺開山蓮教上人のこと」(『仏光寺異端説の真相』白馬社、一九九九年)二五四頁。
(3)湯河氏が真宗に帰依したといっても、完全に門徒化したわけではない。臨済宗の鳳生寺や浄土宗の法林寺も湯河氏の菩提寺であるからだ。
(4)薗田香融「道心堅固」(『思い出——岡道固追憶集——』念誓寺私家版、一九八二年)。
(5)青木忠夫「東西分立期の本願寺家臣等誓紙関係文書」(『年報中世史研究』一六、一九九一年)一四七頁。
(6)千葉乗隆編『木仏之留 御影様之留』同朋舎出版、一九八〇年、四一七頁。
(7)小林保夫「紀州「惣国」小論」(『日本国家の史的特質　近世・近代』思文閣出版、一九九五年)九五頁。なお、史料写真は『和歌山県史　中世史料二』和歌山県、一九八三年、図版11に掲載されている。
(8)『南紀徳川史』第六冊、南紀徳川史刊行会、一九三二年、二二四頁。
(9)藤本清二郎「渡辺広著『未解放部落の源流と変遷——紀州を中心として——』を読む」(『部落問題研究』一四八、一九九九年)四八頁。
(10)『大系真宗史料　文書記録編12　石山合戦』法藏館、二〇一〇年、一七六頁。
(11)「中村家先祖書」(浄光寺蔵)。なお、『風土記』第一輯五二五頁に同様の記述があるが、善等の俗名が「中村左衛門九郎忠政」となっている。
(12)和歌浦性応寺に良如が下付した准如絵像の裏書に「興正寺門徒紀伊国名草郡本雑賀庄和哥村性応寺常住物也」(註(6)前掲書、三六〇頁)とある。

表Ⅰ　性応寺方

No.	地名・道場名（署名人）	御請	花押	寺院名	「鷺森辻本三十六人」	所在地	開基年	備考（寺伝等）
1	ミナト・平大夫道場	全員	花押	善能寺	○	海部郡雑賀荘湊	明応三年	宮本平大夫政宗が開基。
2	クキヌキ・右近大夫道場	全員	花押	西光寺	○	名草郡雑賀荘釘貫	大永二年	釘貫村は和歌山城北麓にあった。
3	クヰノセ・助大郎道場	全員	略押	光永寺	○	名草郡神宮郷杭瀬	明応三年	
4	コサイカ・四郎大夫道場	全員	略押	浄明寺	○	海部郡雑賀荘小雑賀	暦応年中	
5	狐島・道安道場	なし	なし	演光寺		名草郡雑賀荘狐島	(不明)	
6	キレ・孫六大夫道場	全員	略押	浄徳寺	○	名草郡吉礼荘吉礼	永正一六年	
7	キレ・平左衛門道場	全員	花押	善正寺		名草郡吉礼荘吉礼	享禄五年	木村平左衛門高重が開基。
8	ヲカサキ・甚九郎道場	全員	花押	教明寺	○	名草郡岡崎荘寺内	「文明」	岡崎甚九郎が開基。
9	ワカ・宗大夫道場	全員	略押	法福寺 宗善寺	○ ○	海部郡雑賀荘和歌浦 海部郡雑賀荘和歌浦	興国年中 明応四年	当初、和歌和田浦にあり。
10	シカウ・源四郎大夫道場	全員	花押	円明寺	○	海部郡雑賀荘関戸	明応三年	山号は慈幸山。
11	和田原・右近大夫道場	全員	略押	西正寺	○	海部郡雑賀荘和歌浦	明応三年	和田浦右近大夫が開基。
12	シマ・孫一郎道場	全員	花押	専光寺	○	名草郡雑賀荘中之島	明応三年	中之島孫一郎に下付の親鸞像あり。
13	シマ・九郎大夫道場	全員	略押	西覚寺		名草郡雑賀荘中之島	「文明」	島九郎太夫が開基。
14	シマ・治部大夫道場	全員	略押	源光寺	○	名草郡雑賀荘中之島	天正六年	元和二年、城下東紺屋町に移転。
15	ヲクラ・孫左衛門	なし	なし	正順寺	○	那賀郡小倉荘金谷	(不明)	
16	ハラ・野上両道場	なし	なし	正善寺		那賀郡上荘原野	明応八年	
17		なし	なし	実相寺		那賀郡野上荘原野	(不明)	
18	木本西庄・四郎大夫道場	全員	花押	願成寺		海部郡木本荘西庄	天文二〇年	
19	楠見道場（孫二郎大夫）	全員	略押	阿弥陀寺		名草郡楠見荘中村	明応二年	現存せず。
20	地中	なし	なし	(不明)		(不　明)	(不明)	
21	源大夫道場	全員	略押	(不明)		(不　明)	(不明)	

表Ⅱ　真光寺方

No.	地名・道場名（署名人）	御請	花押	寺院名	「鷺森辻本三十六人」	所在地	開基年	備考（寺伝等）
1	ヲクラ・刑部二郎道場	なし	なし	安楽寺		那賀郡小倉荘大垣内	明応三年	1、2の道場はそれぞれ、どちらが安楽寺か明光寺かは不明。
2	ヲクラ・わかへもん道場	なし	なし	明光寺	○	那賀郡小倉荘吐前	（不明）	
3	ワサ・右衛門大夫道場	全員	花押	極楽寺 正光寺		名草郡和佐荘中村 名草郡和佐荘関戸	（不明） （不明）	
4	井之口道場	なし	なし	報徳寺		名草郡和佐荘井ノ口	応永三〇年	
5	下和佐道場	なし	なし	永光寺		名草郡和佐荘下和佐	証如時代	
6	イワシ・九郎大夫道場	なし	なし	真宗寺		名草郡岩橋荘岩橋	明応年中	
7	クルス・掃部道場	なし	なし	（不明）		名草郡栗栖荘栗栖	（不明）	栗栖村八軒屋に智大寺あるが不明。
8	ニシクルス・刑部道場	なし	なし	（不明）	○	名草郡栗栖荘西栗栖	（不明）	「辻本三十六人」の「道味道場」カ。
9	ヤマクチ・四郎右衛門道場	なし	なし	（不明）		名草郡山口荘？	（不明）	「覚円寺縁起」に山口に所領あり。
10	且来	なし	なし	（不明）		名草郡多田荘且来	（不明）	
11	ヒカシハタ・治部大郎道場	なし	なし	霊性寺		名草郡重根荘東畑	（不明）	
12	小宅道場	なし	なし	正善寺		名草郡神宮郷手平	明応三年	手平は旧小宅郷。
13	高松・三郎右衛門道場	全員	略押	真乗寺	○	海部郡雑賀荘高松	明応三年	真乗寺は13、14のどちらか不明。のち、同郡小雑賀へ移転。
14	高松・藤内大夫	なし	なし					
15	キノモト・刑部右衛門道場	全員	略押	西報寺	○	海部郡木本荘木本	天文年中	木本刑部右衛門が開基、現存せず。
16	キシ・笠之道場（藤三大夫）	全員	花押	建徳寺		名草郡貴志荘中村	（不明）	元は善行寺、旧名笠口村。
17	狐島・左衛門大夫道場	なし	なし	覚円寺	○	名草郡雑賀荘狐島	明応二年	嶋本左衛門大夫直守が開基。
18	湊・円仏道場	なし	なし	妙慶寺	○	海部郡雑賀荘湊	明応年中	湊和田浦より移転、山号は円仏山。
19	野崎道場	なし	なし	正光寺		名草郡雑賀荘野崎	（不明）	
20	カントリ・左衛門二郎道場	なし	なし	光性寺	○	名草郡雑賀荘梶取	（不明）	
21	宇須・新在家（五郎さへもん）	全員	略押	（不明）		海部郡雑賀荘宇須	（不明）	
22	北島道場	なし	なし	浄源寺		名草郡雑賀荘北島	明応六年	

No.	地名・道場名（署名人）	御請	花押	寺院名	「鷺森辻本三十六人」	所在地	開基年	備考（寺伝等）
23	東松江・川端道場	なし	なし	正善寺		名草郡貴志荘東松江	天文一一年	
24	西之庄・源三大夫道場	全員	略押	（不明）		海部郡木本荘西庄	（不明）	
25	狐島・三郎大夫道場	なし	なし	根古寺	○	名草郡雑賀荘狐島	明応八年	現存せず。
26	中野・三郎大夫道場	なし	なし	西教寺		名草郡貴志荘北土入	天文五年	

表Ⅲ　方はつれ

No.	地名・道場名（署名人）	御請	花押	寺院名	「鷺森辻本三十六人」	所在地	開基年	備考（寺伝等）
1	ミナト・浄法道場	全員	花押	養専寺	○	海部郡雑賀荘湊	明応八年	端坊末、津村亀大夫が開基。
2	ミナト・右衛門大郎道場	全員	花押	浄専寺	○	海部郡雑賀荘湊	明応九年	端坊末。
3	福嶋道場	全員	略押	光源寺	○	名草郡雑賀荘福島	文亀二年	天満定専坊末。
4	クルス・掃部大夫道場	全員	略押	教蓮寺		名草郡栗栖荘栗栖	永正七年	泉佐野湊教蓮寺掛所。
				称名寺		名草郡栗栖荘栗栖	永正七年	同教蓮寺末、のち同郡岩橋に移転。

表Ⅳ　浄光寺方

No.	地名・道場名（署名人）	御請	花押	寺院名	「鷺森辻本三十六人」	所在地	開基年	備考（寺伝等）
1	岡	了順	花押	念誓寺	○	名草郡雑賀荘岡	延徳四年	天正期は岡了順。
2	大田・与三左衛門道場	全員	略押	玄通寺	○	名草郡神宮郷太田	明応年中	元真言宗。
3	黒田・左衛門大夫道場	全員	花押	願立寺	○	名草郡神宮郷黒田	明応二年	元真言宗、現存せず。
4	なるかミ・宮内道場	全員	略押	玄妙寺	○	名草郡神宮郷鳴神	明応年中	
5	岡崎・藤大夫道場	全員	花押	西教寺	○	名草郡岡崎荘西	永正二年	岡崎藤大夫（『鷺森旧事記』）。
6	岩橋	なし	なし	法照寺		名草郡岩橋荘岩橋	蓮如時代	自庵から看坊に。
7	名川	なし	なし	（不明）		（不明）	（不明）	
8	直川	なし	なし	浄永寺	○	名草郡直川荘直川	元亀元年	

No.	地名・道場名（署名人）	御請	花押	寺院名	「鷺森辻本三十六人」	所在地	開基年	備考（寺伝等）
9	平井　両道場（孫一）	全員	花押	蓮乗寺		名草郡貴志荘平井	天正八年	俗に鈴木孫一道場。
10	大谷			慶円寺		名草郡貴志荘大谷	天文四年	
11	クスミ・藤八郎道場	全員	なし	正覚寺		名草郡楠見荘次郎丸	天文二三年	元真言宗。
12	中野道場（若大夫、源三大夫）	全員	略・花	長徳寺		名草郡貴志荘向	永正九年	
13	松時之道場（太大郎）	全員	花押	本遇寺		名草郡雑賀荘西土入	永正元年	西土入は旧、末（松）時村。
14	木本東・藤大夫道場	全員	なし	長楽寺	○	海部郡木本荘木本	天文三年	同荘谷川村より移転。
15	本脇道場（掃部兵へ）	全員	花押	法専寺		海部郡加太荘本脇	「文明」	
16	新在家道場（治部四郎）	全員	花押	信楽寺		名草郡神宮郷新在家	天文一〇年	
17	荒内権大夫道場	全員	略押	西念寺	○	名草郡神宮郷新内	永正元年	一説に永正一七年開基。

表V　直参方

No.	地名・道場名（署名人）	御請	花押	寺院名	「鷺森辻本三十六人」	所在地	開基年	備考（寺伝等）
1	六日市・刑部大夫	全員	略押	善称寺	○	名草郡雑賀荘宇治	永正年中	宇治田刑部大夫専正が開基。
2	三日市道場（源三大夫）	全員	略押	称名寺		名草郡雑賀荘宇治	永正元年	
3	松江東西（源三大夫）	全員	花押	松専寺		名草郡貴志荘中松江	（不明）	
4				万福寺	○	名草郡貴志荘西松江	天正年中	源三大夫が開基。
5	木本・船津道場（四郎大夫）	全員	花押	西勝寺		海部郡木本荘木本	永正一四年	元真言宗。
6	中村　両道場（大郎大夫）	全員	略押	空山寺		名草郡貴志荘中村	天文六年	
7	梅原（権大夫）	全員	略押	徳号寺		名草郡貴志荘梅原	天正一〇年	
8	黒江（五郎さへもん）	全員	略押	黒江御坊		名草郡五箇荘黒江	永正四年	現、浄国寺。
9	清水（十郎へもん）	全員	略押	清水御坊		名草郡大野荘清水	文明年中	現、了賢寺。
10	ノカミ・次郎左衛門	全員	花押	大光寺		那賀郡野上荘溝口	永禄年中	以下のどの寺か不明。
				安楽寺		那賀郡野上荘奥佐々	大永五年	
				円照寺		那賀郡野上荘奥佐々	天文二三年	

11	三里：多田、こセた、に井辺（五郎さへもん、大郎さへもん）	全員	略・略	遍照寺？		名草郡多田荘小瀬田（多田・仁井辺）	天正四年	貝塚・信願寺が移転、改号。
12	本渡（左衛門大夫）	全員	花押	教専寺		名草郡多田荘本渡	永正年中	
13	且来（源二郎）	野田一人	花押	光明寺		名草郡多田荘且来	天文一〇年	宇野田にあり。
14	岡田（源大郎）	全員	略押	弘誓寺 教法寺		名草郡多田荘岡田 名草郡多田荘岡田	「文明」 「文明」	どちらの寺か不明。
15	サントウ・南畑（大夫右衛門）	全員	花押	願成寺		名草郡山東荘南畑	「文明」	
16	松村	全員	なし	（不明）		（不　明）	（不明）	
17	冬野（十郎大郎）	全員	略押	正教寺		名草郡五箇荘冬野	（不明）	
18	境原（左衛門二郎）	全員	略押	光沢寺		名草郡安原荘境原	天文年中	

【史料翻刻】　寸法は縦×横（単位はセンチメートル）

史料1　性応寺方御請衆列名　竪紙　楮紙（二八・七×四六・〇）

性応寺方御請之衆

（ミナト）平大夫道場（花押）　一人も不残御請
（クキヌキ）右近大夫道場（花押）　一人も不残御請
（クキノセ）助大郎道場（略押）　一人も不残御請
（コサイカ）四郎大夫道場（略押）　門徒共一人も不残御請
（狐島）道安道場
（キレ）孫六大夫（略押）
平左衛門（花押）　両道場　一人も不残御請
（ヲカサキ）甚九郎道場（花押）　一人も不残御請
（ワカ）宗大夫道場（略押）　門徒一人も不残御請
（シカウ）源四郎大夫道場（花押）　同一人も不残御請
（和田原）右近大夫道場（略押）　同一人も不残御請

シマ
孫一郎道場（花押）　一人も不残御請

同
九郎大夫道場（略押）　一人も不残御請

同
治部大夫道場（略押）　一人も不残御請

ヲクラ
孫左衛門

ハラ
野上両道場

木本西庄
四郎大夫道場（花押）　一人も不残御請

楠見道場　一人も不残御請　孫二郎大夫（略押）

地中

源大夫道場（略押）　門徒共一人も不残御請

史料2　真光寺方御請衆列名①　竪紙　楮紙（二八・七×四六・〇）

真光寺方御請之衆

ヲクラ
刑部二郎道場

同
わかへもん道場

ワサ
右衛門大夫道場（花押）　門徒共一人も不残御請

井之口道場
下和佐道場
イワシ 九郎大夫道場
クルス 掃部道場
ニシクルス 刑部道場
ヤマクチ 四郎右衛門道場
且来
ヒカシハタ 治部大郎道場
小宅道場
高松 三郎右衛門道場　門徒一人も不残御請（略押）
同 藤内大夫
キノモト 刑部右衛門道場（略押）　門徒一人も不残御請
キシ 笠之道場　一人も不残御請　藤三大夫（花押）
狐島 左衛門大夫道場
湊 円仏道場
野崎道場

カントリ
左衛門二郎道場
宇須
新在家　　　　　　一人も不残御請　五郎さへもん（略押）

史料3　真光寺方御請衆列名②　竪紙　楮紙（二八・六×四六・〇）

真光寺方
北島道場
東松江
川端道場
西之庄
源三大夫道場　　　門徒共一人も不残御請（略押）
狐島
三郎大夫道場
中野
三郎大夫道場

史料4　方はつれ御請衆列名　竪紙　楮紙（二八・六×四六・〇）

方はつれ御請之衆
ミナト
浄法道場（花押）　　門徒一人も不残御請

同
右衛門大郎道場（花押）　同一人も不残御請

福嶋道場（略押）　一人も不残御請

クルス
掃部大夫道場（略押）　門徒共一人も不残御請

史料5　浄光寺方御請衆列名　竪紙　楮紙（二八・六×四五・五）

浄光寺方御請之衆

岡　了順（花押）

大田
与三左衛門道場（略押）　一人も不残御請

黒田
左衛門大夫道場（花押）　一人も不残御請

なるかミ
宮内道場（略押）　一人も不残御請

岡崎
藤大夫道場（花押）　一人も不残御請

岩橋

名川

直川

平井
大谷　両道場　　一人も不残勧請　孫一（花押）
クスミ
藤八郎道場　　一人も不残御請
中野道場　　一人も不残御請　若大夫（略押）源三大夫（花押）
松時之道場　　一人も不残御請　太大郎（花押）
木本東
藤大夫道場　　一人も不残御請
本脇道場　　一人も不残御請　掃部兵へ（花押）
新在家道場（花押抹消）　一人も不残御請　治部四郎（花押）
荒内権大夫道場（略押）　一人も不残御請

史料6　直参方御請衆列名　竪紙　楮紙（二八・七×四六・一）

直参方御請之衆
六日市
刑部大夫（略押）　門徒一人も不残同前
三日市道場　　一人も不残御請　源三大夫（略押）
松江東西　　一人も不残御請　源三大夫（花押）

船津（木本）道場　一人も不残御請　四郎大夫（花押）

中村
梅原　両道場　一人も不残御請　大郎大夫（略押）
　　　　　　　　　　　　　　　権大夫（略押）

黒江　一人も不残御請　五郎さへもん（略押）

清水　一人も不残御請　十郎へもん（略押）

次郎（ノカミ）左衛門（花押）　門徒一人も不残同前

三里（多田こセたに井辺）　一人も不残御請　五郎さへもん（略押）
　　　　　　　　　　　　　　　　　　　　　大郎さへもん（略押）

本渡　一人も不残御請　左衛門大夫（花押）

且来　野田一人御請　源二郎（花押）

岡田　一人も不残御請　重而挟入候事
　　　　　　　　　　　源大郎（略押）

南畑（サントウ）　一人も不残御請　大夫右衛門（花押）

松村　一人も不残御請

冬野　一人も不残御請　十郎大郎（略押）

境原　一人も不残御請　左衛門二郎（略押）

史料7　性応寺方列名　折紙　楮紙（二八・六×四六・〇）

本雑賀衆　性応寺方

北ハタ 刑部左衛門尉（略押）　西浜 喜内大夫（略押）

西浜 源二大夫（略押）　にし浜 藤衛門尉（略押）

わか 宗五郎（略押）

中嶋東道場

源内大夫（花押）　孫三郎大夫（略押）

孫左衛門尉（略押）　源右衛門尉（略押）

左衛門大夫（略押）　与三左衛門尉（略押）

源三郎（花押）　刑部五郎（花押）

孫太郎（花押）　孫四郎（花押）

六郎四郎（略押）　宗内大夫（略押）

中嶋西道場

掃部大夫（略押）　新左衛門尉（略押）

源左衛門尉（略押）　源三郎（略押）

中嶋中道場

孫大夫（略押）　治部五郎（略押）

左衛門五郎（略押）

湊

治部左衛門尉（花押）　右馬大夫（略押）

甚大夫（略押）　蔵人助（略押）

才介（花押）　織部（略押）

甚吉郎（花押）

クキヌキ

三郎次郎大夫（略押）　掃部大夫（略押）

六郎右衛門尉（略押）　左近大夫（略押）

三郎四郎（略押）　左衛門九郎（略押）

キレ

藤右衛門尉（略押）　助左衛門尉（花押）

孫左衛門尉（略押）

史料8　方はつれ列名　竪紙　楮紙（二八・六×四六・〇）

方はつれ

浄法（ミナト）（花押）
同　右衛門大夫（花押）
同　亀大夫（花押）
同　刑部介（花押）
二郎大夫（ふくしま）（略押）
刑部大夫正次（ミなと）（花押）
源四郎大夫（ふくしま）（略押）
刑部左衛門（ミなと）（花押）
同　七大夫（花押）
同　大郎さへもん（花押）
刑部二郎大夫（クキヌキ）（略押）
六郎大夫（キタシマ）（略押）
掃部大夫（クルス）（略押）

史料9　浄光寺方列名　竪紙　楮紙（二八・七×四六・〇）

浄光寺方

木本
一郎大夫（略押）

ミナト
長左衛門（略押）

平井
藤五郎（略押）

岡崎
掃部太郎（花押）

フナトコロ
次郎大夫（略押）

岡
次郎右衛門（略押）

同
掃部兵衛（略押）

モト脇
左衛門九郎（花押）

第五章　雑賀衆と雑賀一向衆

はじめに

フロイスは、天正一三（一五八五）年にイエズス会へ送った手紙のなかで、雑賀の住民について「ヨーロッパ風に言えば、いわば富裕な農民」であるが、「彼らは勇猛にして好戦的であるとの名声を博して」いる点で異なると説明した後、次のように述べている。

彼らは僧籍を有せず、すべて一向宗の信徒であり、かつて大坂の街および城の君主であった（石山本願寺の）仏僧（顕如）を最高の主君に仰ぎ、彼に従っていた。（織田）信長は六年にわたって（顕如）を包囲したが、しばしば（この）大坂（勢）には悩まされ、（信長）勢は彼らの攻撃を受けた。当時、この僧侶をもっとも支えたのは、彼が常時手許に置いている六、七千人もの雑賀の兵であった。彼らは自ら奉ずる宗教への信心ならびに熱意から、不断に（大坂）城に馳せ参じ、自費をもって衣食をまかなうとともに、海陸の戦いでは武器弾薬を補給した。(1)

フロイスは、雑賀の住民は「すべて一向宗の信徒」であると明言している。宣教師である彼が、「悪魔を崇拝する宗教」だと非難した仏教に、全てを関連づけて捉えていたとしても仕方がない。しかし、この思い違いは、程度の差こそあれ現在も続いている。

「雑賀衆」は、「石山合戦」において多数の鉄砲を駆使し、また水軍としても奮闘して織田信長と抗戦し、本願寺を支えた集団としてあまりにも有名だ。この活躍に幻惑され、雑賀衆は土橋氏のような非門徒もいるが、基本的には門徒集団であり、雑賀一揆は一向一揆であるというのが今も通説となっている。たとえば第四章で指摘した『国史大辞典』ばかりでなく、『日本仏教史辞典』も「雑賀衆」の項目で、「室町時代後期、紀州鷺森御房を中心に結束した本願寺門徒」と定義し、「その門徒組織は雑賀五組といわれ、それぞれ社家郷（宮郷）・中郷（中川郷）・南郷（三上）・雑賀庄・十ヶ郷を基盤として形成されていた」と解説している。(2) だが、雑賀衆は門徒集団といえるだろうか。また、雑賀五組は門徒組織なのだろうか。

まず、雑賀庄・十ケ郷・宮郷（社家郷・神宮郷）・中郷（中ツ郷）・南郷（三上郷）という雑賀五組（搦）を基盤に、惣村さらに惣郷・惣荘単位に一揆を結んだ地縁集団である雑賀衆と、雑賀（鷺森）御坊を中心に結束した本願寺門徒集団である雑賀一向衆とは分けて考察すべきであると考える。というのは、両者の混同が、雑賀衆や雑賀一揆についての誤った理解や議論の混乱を招いているように思うからだ。「惣国」の解釈についても、この問題が影響している気配がある。それでは、雑賀衆と雑賀一向衆とはどのように違い、いかなる関係にあるのだろうか。

雑賀一向衆の実態については、第四章で紹介した「雑賀一向衆列名史料」によりある程度明らかにした。他方、雑賀衆については、永禄五（一五六二）年七月付「雑賀衆宛湯河直春起請文」（『和歌山市史』第四巻、和歌山市、一九七七年、戦国時代一三一号。以下、同書掲載史料は時代名と番号のみを略記）等の史料で、その様相がそれなりに窺える。まず、この史料を使って雑賀衆の実体について検討しよう。

もちろん、雑賀一向衆の大半は雑賀衆の一部である。だが、雑賀衆そのものではない。フロイスをはじめ多くの人たちが、雑賀を真宗地帯であるかのように思っている。この思い込みが、雑賀衆や雑賀一揆についての誤認を生んできたのではなかろうか。だが、全体として雑賀は北陸のように真宗勢力が地域を圧倒してはいない。それでは、実際どうだったのだろうか。今まで、この問題が十分解明されてこなかった。そのため、本章では次にこの点を確認したい。

第一節　雑賀衆の実体と範囲

戦国期は郡規模の分業流通の発展によって各地に地域経済圏が成立し、国人領主はそれに対応して戦国領主に成長した。一方、惣村の側もそれに対応して、たとえば近江甲賀郡中惣や伊賀惣国といった地域権力を形成する。雑賀一揆（雑賀惣国）もこうした地域権力の一つと考えてよかろう。その構成員が雑賀衆なのである。(3)

第四章では「雑賀一向衆列名史料」と他の史料との比較が不十分であり、課題として残しておいた。そこで、雑賀衆の実体を確認し、比較を行ないたい。雑賀衆の様相については、永禄五（一五六二）年七月付「雑賀衆宛湯河直春起請文」で、ある程度窺える。この史料は、紀州日高郡を基盤とする国人領主で奉公衆の湯河氏が、改めて雑賀一揆との同盟を誓った起請文で、同年の河内教興寺の戦で直光が死去し、直春に代替わりしたために出されたものである。

宛所は全部で三六人で、これが永禄五年段階の雑賀一揆を構成する各地の代表と認めてよい。この文書はすでによく知られているので、全文を引用せず、三六人の所在地名と名前を組ごとに表にして掲げた（表1）。さらに、その所在地が『紀伊続風土記』（和歌山県神職取締所、一九一〇年復刻、以下『風土記』と略）のどの郷・荘にあたるかを付記している。『風土記』はこの郷・荘について、この書の巻頭凡例第一項に「中世以降郷荘を以て諸村を総ふ此編其制に従ふ」とあり、中世の地域的まとまりの残映と考えてよかろう。

まず、「雑賀衆宛湯河直春起請文」の宛所になっている三六人について、必要な範囲で検討を加えたい。宛所の人名の上の記述は、郷・荘等の地名であると、これまでいわれてきた。たしかにほとんどが地名である。しかし、名字も書かれている。孫一の「鈴木」は明らかに姓名だ。「鈴木」という地名は存在しない。この違いは何であろうか。

石田晴男氏は、雑賀一揆を「在地領主連合(4)」と把握したが、矢田俊文氏は「小領域を支配する領主ではな」く、「雑賀衆は、惣荘または惣村の規制を受けつつ行動する地域の代表である(5)」と指摘した。さらに、伊藤正敏氏も宛所の数名を分析して「中間層に属する存在である」とし、「ある時点における各惣郷・惣荘の代表者で、個人の資格でこれらの文書に登場するのではない(6)」と述べている。

宛所の人々が各惣郷・惣荘・惣村の代表であることは間違いないと考える。だが、伊藤氏が主張するように「彼らはいずれも中間層に属し」、「在地領主と位置づけることなど到底できない」といえるだろうか。たしかに、上に地名が付いた大半の人々は在地領主とはいえず、ある時点での代表者以上のものではなかろう。だが、鈴木孫一のような有力土豪は、在地領主として地域を代表していてもおかしくない。地名ではなく姓名が付けられているのはこのためではなかろうか。第六章で述べるように、雑賀一向衆においても、鈴木孫一のような有力土豪は別格の扱いになっている。

「土橋平次」の場合は、粟村の小名に土橋という地名もあるので微妙だが、これも名字である可能性が高いように思う。そうすると、土橋で二名登場するのは、土橋の土地の代表と土橋氏であるという理解が可能になる。天正五（一五七七）年「織田信長朱印状」（戦国三五四）の宛人には「土橋若大夫」とともに「粟村三郎大夫」もいる。また、史料によく登場する「幸仏」（戦国四八七・五〇三）であるが、『風土記』によると村の産土神である九頭明神社の慶長四（一五九九）年の棟札に「村豪幸仏氏土橋氏造営」（第一輯一五九頁）とあり、この地には他の有力者も存在したようだ。このためか、後世の記述にすぎないが、『南紀徳川史』には「鈴木孫一郎　平井村に有領地」とあるのに対し、「土橋若大夫　加地子四五百石の主にて雑賀庄土橋に住す」とある。(7) つまり、土橋氏は各地に加地子を所有し、雑賀衆の有力土豪であっても、土橋の地を一円支配していたわけではなかったのかもしれない。

それはさておき、この名字と地名の違いは何であろう。たとえば、南郷大野の稲井氏は在地領主なのではなく、

表1　永禄5年の雑賀衆

No.	組	地名・姓名	宛所	荘・郷
①	雑賀庄	本郷	源四郎大夫	雑賀荘
②		岡	三郎大夫	同
③		湊	森五郎	同
④		湊	藤内大夫	同
⑤		宇治	藤右衛門尉	同
⑥		市場	五郎右衛門尉	同
⑦		三日市	左衛門大夫	同
⑧		中嶋	平内大夫	同
⑨		土橋	平次	同
⑩		土橋	太郎左衛門尉	同
⑪		福嶋	次郎右衛門尉	同
⑫		狐嶋	左衛門大夫	同
⑬		狩（梶）取	与三大夫	同
⑭	中郷	岩橋	源大夫	岩橋荘
⑮		岡崎	藤右衛門尉	岡崎荘
⑯		栗栖	四郎大夫	栗栖荘
⑰		野上・若林	治部	不明
⑱		和佐	九郎大夫	和佐荘
⑲		山本	刑部左衛門尉	不明
⑳		加能(納)	刑部大夫	直川荘河南
㉑	十ケ郷	鈴木	孫一	貴志荘
㉒		楠見	藤内大夫	楠見荘
㉓		坂井(栄)谷	源次郎大夫	貴志荘
㉔		松江	左近大夫	貴志荘
㉕		賀田(太)	助兵衛	賀太荘
㉖		木本	源内大夫	木本荘
㉗	南郷	大野	稲井	大野荘
㉘		且来	松江	多田荘
㉙		多田	神主	多田荘
㉚		吉原	林	五箇荘
㉛		安原	五郎右衛門	安原荘
㉜		吉礼	次郎大夫	吉礼荘
㉝		三葛	田所	五箇荘
㉞		本和多利(渡)	左衛門大夫	多田荘
㉟	宮郷	中嶋	嶋田	神宮郷
㊱		神崎(前)	中務	神宮郷

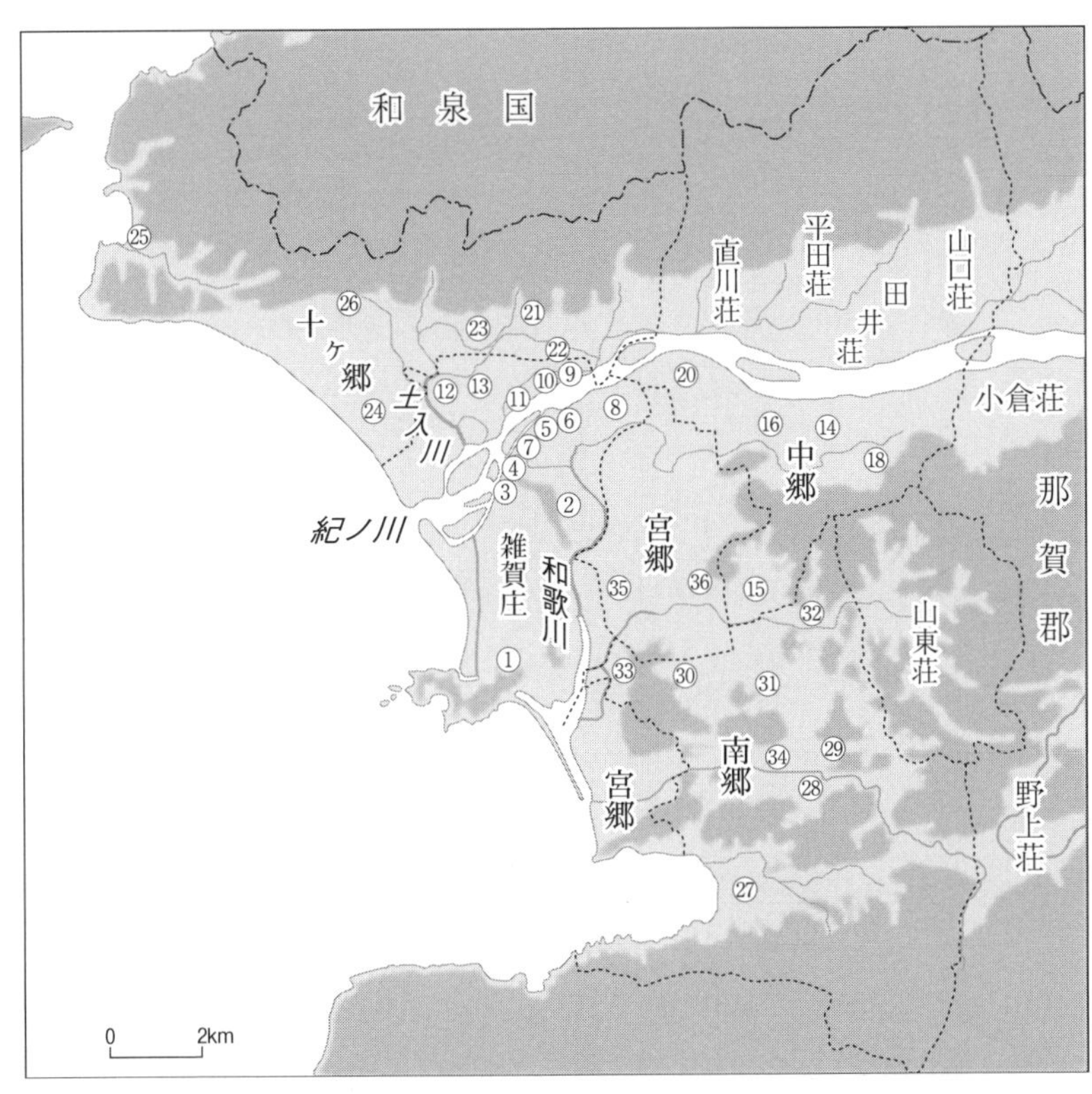

図1　雑賀五組図

大野十番頭の一員で他のメンバーと同等の存在であり、勝手な振る舞いは許されない。だが、鈴木孫一は根拠地である平井・大谷では突出した存在であり、他の村民の了解がなくても自由に行動できたと考えてよかろう。つまり、本拠地での立場の違いだと推察する。矢田俊文氏は前述したように、「雑賀衆は、惣荘または惣村の規制を受けつつ行動する地域の代表」であり、「小領域を支配する領主ではない」と述べている。だが、鈴木孫一のような最有力土豪は、小規模であっても、在地領主として地域を代表していてもおかしくない。地名ではなく名字が付けられているのはこのためであろう。ただし、鈴木や土橋は、雑賀一揆はもちろん、十ケ郷や雑賀庄という組においても意のままに振る舞えたわけではなく、当然全体の規制を受ける存在であったことは間違いない。

所在地不明の「野上　若林」と「山本」については後述するとして、湊が二名登場する点について述べよう。これは湊氏と地域の湊の代表だとの説もある。「雑賀衆宛湯河直春起請文」に「差越湊喜兵衛尉候」とあり、湊喜兵衛は雑賀側から遣わされたとの見解があるが、直春が寄越したと解釈すべきであろう。この湊喜兵衛は湯河家中内の誓紙（戦国一二三五・一二三六）のやり取りにも派遣されていた。湊氏は湯河氏の被官以外は知られておらず、湊喜兵衛は直春の腹心だったと考える。

湊で二名登場するのは、天正一〇年と推定の「香宗我部親泰書状写」（戦国五〇七）の宛所が「紀湊両所惣中」となっており、紀伊湊は二つの地域になっていたのではなかろうか。紀ノ川が現在の流路になったため（明応大地震によるとの説が有力）、湊地域は北岸と南岸に分かれたので、これと関係しているように思われる。

以上、雑賀衆の大半は、惣荘または惣村の規制を受けた、ある時点における地域の代表者であるが、一部鈴木や土橋のような有力土豪は、在地小領主として各惣郷・惣荘・惣村を代表していると考える。だが、いずれにしろ雑賀衆は、門徒・非門徒に関係なく、五つの組を基盤にし、惣村さらに惣郷・惣荘単位に一揆を結んだ地縁集団であると判断してよい。

次に、「雑賀衆宛湯河直春起請文」により雑賀衆の範囲、すなわち雑賀五組の領域について検討しよう。

雑賀衆の範囲を考える上で、宛人のなかで最も問題となるのが「野上　若林　治部」である。この場合、肩付の「野上」は明らかに地名であるが、「若林」は名字と思う。というのは、野上の若林氏の一党が他の史料でも登場するからだ。

まず、『南紀徳川史』地士録に「南紀士姓旧事記」の引用として、「天正十二年小牧御陣御見方」の内に「野上溝口若林万助」とある。[8]他方、『風土記』は同様の史料を取り上げ、「野上亀野川村若村〔林〕萬助」（第一輯二五三頁）と記述している。この手の史料は、徳川家に対し先祖がいかに貢献したのかを、紀州藩に訴えるために後世書かれたものが大半で、信憑性に欠けるものが多い。しかし、当該史料に登場するのが太田周辺の宮郷内の人物がほとんどであるのに、あえて野上の人物を記入しているということは、何らかの根拠があってのことと思われる。しかもこの人物の場合、「雑賀衆宛湯河直春起請文」という確実な史料に同姓の者が登場するから、野上の「若林」という有力者が戦国期に実在したと考えて大過なかろう。

ここで問題となるのが、なぜ「野上 若林」が野上荘に隣接する南郷ではなく、離れた中郷に記載されているのかという点だ。これは、溝口か亀野川村五箇村内かは分からないが、本拠地が野上にあり、その一族が中郷のどこかに居住していたと考えるのが合理的である。それゆえ、天正一二年と書かれた史料にも太田の面々とともに名を連ねているのであろう。若林氏との関係は未解明であるが、文和四（一三五五）年の「摩訶鶴丸文書紛失状案」（南北朝一六二一）に中郷周辺の在庁官人とともに「のかミの太郎平行光」が連署している。

これに対し、もう一人所在地不明の中郷の「山本」も、このような地名はなく名字の可能性が高い。しかし、熊野の奉公衆山本氏は有名であるが、管見の限り中郷で「山本」を名乗る有力土豪に心当たりがない。御教示を乞う。

所在地不明の「野上 若林」と「山本」を除くと、雑賀衆が登場する地域は全て名草郡と海部郡の北半分の範囲内である。周知のように紀州海部郡は特殊な郡で、北から加太・木本、湊・雑賀本郷（以上、和歌山市）、加茂谷（海南市下津町）・初島（有田市）、由良（日高郡由良町）という海路でつながった四つの飛び地で形成されており、前二者のみ雑賀五組に属していた。今後、海部郡といっても南半分は考察の対象から除く。また前述したように、

「野上 若林」とあっても雑賀衆の範囲に那賀郡野上荘は含まれるのではなく、海部・名草両郡を出ないと考えるべきである。伊藤氏が作成した「雑賀地域とその周辺」図では那賀郡小倉荘も五組の中に入れているが、「雑賀衆宛湯河直春起請文」に登場しない以上は、当然範囲外とすべきであろう。[9]

ところが、名草郡においてはこの史料に登場しない荘が存在している。まず、紀ノ川南岸では、重根荘と山東荘である。このうち重根荘は雑賀五組に含まれると考える。第一に、重根荘は南郷（三上郷）の前身ともいうべき三上院十二郷に含まれているからだ。[10]第二に、「重根御百姓」から「湯河小次郎」宛の申状案に、守護に対する重根郷の年貢納入は、「惣国会合之御定」に基づくと記載されている。[11]「惣国」については紀伊国一国規模のものか、実質的に雑賀一揆を表す言葉なのか論争があるが、この場合、重根郷の地下請について一国規模の会合で取り決めるとは考えられないから、この「惣国」は「雑賀一揆」のことと推察してよかろう。このことは、重根荘が雑賀一揆の規制が及ぶ範囲内であることを意味している。

これに対し、山東荘は雑賀一揆の範囲外と考える。山東荘は三上院十二郷に含まれていない。だが、大伝法院領の立券文案（平安一九四）には三上院とあり、一三番目の郷とされている。しかし、ここは地形的にも山東盆地（伊太祈曽盆地）として他とは隔絶した一つのまとまりを持ち、他の一二郷とは微妙に違う。しかも、山東荘は長承元（一一三二）年に大伝法院領が初めて成立したときの四つの荘園の一つであった。雑賀五組のなかにも根来の勢力が浸透している地域もある。だが、ここは雑賀一揆の規制がほとんど及ばない根来寺の寺領と考えた方がよく、雑賀五組から除外すべきであろう。

次に、名草郡の紀ノ川北岸では「雑賀衆宛湯河直春起請文」に貴志荘以西は登場するが、直川荘河北部から平田荘・田井荘・山口荘にかけての東部地域が出てこない。この地は根来寺に近く、大伝法院領である山崎荘に隣接し、直川荘は根来寺領であったこともある。だが、もともとここは国衙の所在地で、六十谷・直川・田屋・田井・永穂・中村（現、楠本）には在庁官人である在地領主が居住していたことが確認でき、その意味では対岸の和佐・岩橋・栗栖・加納等の中郷とほぼ同様の傾向を持つ地域であるといえよう[12]。根来寺が一円支配した山東荘とは異なり、その浸透も中郷とそれほど大差がないように思う。

伊藤氏は「中郷は鎌倉時代の在地領主による地縁的結合が、大きく変質しながら発展したもの」とし、「雑賀地域とその周辺」図でこの北岸東部も中郷に含めている[13]。しかし、「雑賀衆宛湯河直春起請文」に登場しないのであれば確実な根拠がない限り、雑賀五組に算入すべきではない。たしかに、なぜ入らないのか疑問として残るが、第四章で述べたように、雑賀一向衆においてもこの辺りは含まれるかどうか微妙な場所であった。少なくとも雑賀衆の範囲については、この地域は除外した方が賢明であるように思う。

以上、雑賀の場合、海部郡という特殊な郡を抱え、また名草郡も根来寺等の影響で郡全体に及ばないが、地縁的結合組織である雑賀一揆は、紀ノ川下流域という地域的一体性を持つ、二郡にまたがる一種の郡中惣と判断してよかろう。これが「惣国」の内容だと考えるが、この点は後で検討する。雑賀五組の範囲だけでなく各組の境界を地図に落としてみた（**図1**）。この根拠について詳しくは、補論4で明らかにしたい。なお、「雑賀衆宛湯河直春起請文」の三六人の所在地（不明者を除く）は、**表1**の番号で示している。

第二節　雑賀一向衆の組織原理と範囲

雑賀一向衆の実態が初めて明確になった本願寺文書が、第四章で紹介した「雑賀一向衆列名史料」である。これは「性応寺方」「真光寺方」「浄光寺方」「直参方」という雑賀を代表する四派に「方はつれ」を加えた五つの本末ごとに道場名を列記した史料で、何かを「御請」した場合、花押あるいは署名と花押を記している。道場数は性応寺方が二一、真光寺方が二六、「方はつれ」が四、浄光寺方が一七、直参方が一八で、全部で八六である。この「御請」の内容は、天正八（一五八〇）年の「石山合戦」の講和と顕如の雑賀への退去であると推定した。なお、「方はつれ（外れ）」とは泉佐野の教蓮寺末や端坊末、定専坊末といった、四派以外の少数の末道場のことである。

この史料で注目すべきは、「御請」について本末ごとに集約されているだけでなく、各道場単位で取り決めている点である。つまり、同じ村の道場でも対応が分かれているのだ。これは、惣村で集合し、そこで意志を決定していない証左といえよう。

雑賀一向衆が「石山合戦」の出陣にあたっても、道場を単位とし本末を軸に行動していたことを示す史料が、国文学研究資料館所蔵「紀伊国続風土記編纂史料」の「海部郡古文書」の「本脇八幡神社神主中村主悦蔵文書」の一つにあり、以下のとおりである。

軍法浄光寺方折之日記

一方　岡

一方　岩橋、直川

一方　永穂、大田　此内支配少アマル
木本

一方　岡崎、鳴神、荒内
黒田

一方　中野　此内支配ハ少アマル
楠見、大谷、平井、本脇、万時

半　新在家、藤田

天正三年八月晦日

「天正三年八月晦日」付の「軍法浄光寺方折之日記」と表題のあるこの文書は、時期と中身から判断して、雑賀一向衆の一翼を担う浄光寺末の「石山合戦」における動員体制や陣立を示す史料だと推察した。

本文は、浄光寺末道場の所在地を五つ半に分けて記述している。道場との対応関係は、第四章の**表Ⅳ**と比較すれば明白だ。**表**にあるのに本史料に載っていないのは、所在地不明の「名川」だけである。なお、**表**の「松時」が本史料では「万時」と書かれている。逆に、本史料に登場するのに、**表**にないのは永穂と藤田である。永穂と藤田には天正以前開基の浄光寺末道場があり、なぜ「雑賀一向衆列名史料」に記載がないのか不思議だ。この点は、後に言及する。

ところで、この史料における道場の組み合わせを見ると、一方では近隣した道場でまとまっている組もあるが、他方では宮郷の太田と十ケ郷の木本、それに雑賀五組に入るのかどうか微妙な永穂といった遠方の道場同士が一組になっている。これは動員や陣立においても、地縁関係があまり考慮されていないと判断してよい。

もう一つ注意すべきは、雑賀一向衆の有力集団である岡がそれだけで一組となっているのに、鈴木孫一の本拠地である平井・大谷が中野を中心とした一組に付属している点である。これは、門徒であっても孫一のような有力土豪は別格で、戦闘において彼の一党は独自に行動していたと考えてよかろう。

それでは、なぜ「雑賀一向衆」の史料が本脇の神社に伝来したのであろうか。本脇の鎮守社である射箭頭八幡神社の神主は、花熊城攻防戦で活躍した中村左衛門九郎吉正（のち、善等）の子孫である。中村左衛門九郎吉正は浄光寺末の本願寺門徒であり、浄光寺が無住になったため、「石山合戦」での活躍が認められ上寺に入り、善等と改名したという。実際、浄光寺（現、吹田市）は現在も中村家が住持している。子孫が宮司を務める神社に本史料が伝来し、彼が上寺である浄光寺に入寺したということは、中村左衛門九郎が「石山合戦」において浄光寺方を率いて戦ったのではなかろうか。たしかに、浄光寺末の筆頭道場主であり、雑賀年寄衆でもある岡了順が指導してもよさそうなものだ。しかし、当時本願寺側からの書状に、他の年寄衆は「殿」であっても、了順だけは「御房」（戦国三六四）と尊称されており、戦場で戦うには高齢すぎたのであろう。

それはさておき、「浄光寺方」の「日記」があるということは、他の本末にも同様のものが存在したと推察できる。つまり、「石山合戦」にのぞむにあたり、雑賀一向衆は地域ごとに編成されていたのではなく、本末ごとに陣立していたと考えてよい。たとえば、木本には浄光寺末（**表Ⅳ**―14）だけでなく真光寺末（**表Ⅱ**―15）や直末（**表Ⅴ**―5）の道場もあるが、彼らは木本の門徒で集合するのではなく、各本末ごとに分かれて出陣したのであろう。つまり、雑賀一向衆の組織原理は、地縁で結ばれているのではなく、道場を単位とし本末が軸となっていたことが、ここでも確認できるのだ。

雑賀一向一揆の場合、門徒衆は村ではなく本末を単位に編成されていた。同様に、法華一揆においても京都の町衆は、町ではなく所属寺院の信徒ごとに出陣していたようだ。山科本願寺を攻撃した法華一揆について、『経厚法印日記』天文元年八月二三日条は「山科本願寺へ勢遣、此口へハ京中ノ日蓮宗、所々尽員出張、上下京衆日蓮門徒ハ、其寺々ニ所属了(14)」とある。

雑賀一向衆の組織原理が本末制であることは、彼らを率いた年寄衆の構成を見ても推測できる。すなわち、「石山合戦」期の史料にしばしば登場する宮本平大夫高秀（性応寺末）、嶋本左衛門大夫吉次（真光寺末）、岡了順（浄光寺末）、松江源三大夫定久（直末）の四人である。この四人こそ、四つの大きな本末の代表として、雑賀（鷺森）御坊に結集する雑賀一向衆を統率したのだ。なお、鈴木孫一は道場坊主ではなく、一道場の代表信徒にすぎなかったが、本願寺において彼らとは同等以上の扱いを受けている。以上の点については、第六章で史料を紹介して詳述する。

雑賀衆は、組―惣郷・惣荘―惣村単位で一揆を結んだ地縁集団であった。これに対し、雑賀御坊に結集する門徒集団である雑賀一向衆は、道場を単位とし、本末関係を軸に雑賀五組や惣村を横断して組織されている。つまり、両者の組織原理は全く違うのだ。

今度は雑賀一向衆の範囲について検討したい。対象となるのは、「雑賀一向衆列名史料」に登場する道場の所在地である。これはすでに第四章で触れているが、比較のため一部再述する。

雑賀衆は、名草郡・海部郡の範囲から出ず、名草郡山東荘等も含まれないと考える。これに対し「石山合戦」期、名草・海部郡内各荘に真宗道場がほぼ全て存在した。しかも、「雑賀一向衆列名史料」に山東荘（**表Ⅴ**―15）の道場が載っているばかりでなく、那賀郡の小倉荘（**表Ⅰ**―15、**表Ⅱ**―1、2）と野上荘（**表Ⅰ**―16、17、**表Ⅴ**―10）の道場が数多く登場する。つまり、雑賀衆の範囲よりも雑賀一向衆の範囲の方が大きいのである。そもそも、雑賀御坊に結集する門徒の範囲と一種の郡中惣である雑賀衆の領域と同じであるわけがない。

ここで問題となるのが、「雑賀衆宛湯河直春起請文」に登場しなかった名草郡の直川荘河北部から平田荘・田井荘・山口荘にかけての紀ノ川北岸東部地域である。しかし、「雑賀一向衆列名史料」には直川や山口が登場する。直川道場の浄永寺（**表Ⅳ**―8）には、「石山合戦」に直川門徒が出陣するにあたって刻ませたと伝えられている元亀二（一五七二）年の「逆修講一結衆中」（戦国二八五）の石碑があり、また前掲の「軍法浄光寺方折之日記」に登場するから、「雑賀一向衆列名史料」に掲載されていても不思議でない。

だが、山口に真光寺末の道場（**表Ⅱ**―9）があったとは初耳だ。ただし、真光寺末の筆頭で雑賀年寄衆の嶋本左衛門大夫の寺である「覚円寺縁起」に、地頭であった嶋本家は山口にも領地を持ち、「復有山口谷村檀徒在、通称谷口六平之孫、谷口庄左衛門者也、山口喜内之苗也、郷中明座十名中之一也」とある。『風土記』は、山口に「荘中十番頭といふ家ありて旧家なり」とし、その六番に「谷六平」（第一輯二一四頁）とあり、この「谷口六平」のことであろう。前御住職のお話では現在も同寺の檀家とのことであった。山口喜内は大坂夏の陣で大坂方につき、没落したという。それゆえ、山口喜内の一党に真光寺末の道場主がおり、大坂夏の陣後、一部子孫は残ったものの道場は消滅した可能性はある。

この名草郡内紀ノ川北岸東部地域においては、「雑賀一向衆列名史料」はそれ以外にも重要な問題をはらんでいた。第四章で述べたように、この史料に当然登場すべき道場で掲載されていないものがいくつかあるが、特に目につくのがこの地域なのだ。その代表が、田井荘永穂の永正寺である。浄光寺末であった永正寺は、文明一八（一四八六）年蓮如が紀州に来訪した際に立ち寄ったところであり、初代の長尾権守は蓮如の帖外の「御文章」にも登場する。永正寺はその名が示すように、遅くとも永正年代には道場を開基している。しかも、「軍法浄光寺方折之日記」には載っていた。また、ここは鷺森御坊を管理した「辻本三十六人」の一坊に数えられている。それゆえ、当然「雑賀一向衆列名史料」に登場すべきであるのに、掲載されていない。

名草郡内紀ノ川北岸東部地域は浄永寺や永正寺以外にも、川辺の正念寺や山口西の覚善寺など天正以前に開基したといわれている浄光寺末の寺が数カ寺あり、「雑賀一向衆列名史料」に登場しない道場がこの地域に集中している。特に、「雑賀一向衆列名史料」に載っていない浄光寺末の山口荘藤田の道場（妙道寺）は、「軍法浄光寺方折之日記」に登場した。また、浄光寺末以外にも興正寺下教蓮寺末の小豆島の道場（善勝寺）には、大坂へ鉄砲一〇〇〇丁を上山させるよう要請した顕如の書状が残っているが、寺伝によると天正元年に六字名号を下付されて開基し、

「石山合戦」に参加してこの手紙を運んだと伝えられている。さらに、光照寺（のち、本照寺）末の中村の道場（照福寺）が「石山合戦」期以前に開基していた可能性が高いことは、第二章で述べた。

　名草郡のこの地域のいくつかの道場が、「雑賀一向衆列名史料」になぜ載っていないのか疑問として残る。このため以前は雑賀一向衆の範囲に入れることに躊躇した。しかし、那賀郡小倉荘や野上荘の道場すら含まれており、また、間違いなくこの地域の道場が「石山合戦」に他の雑賀門徒衆と一緒に参戦したことを示す史料も存在する。それゆえ、ここも雑賀一向衆の範囲に入ると判断しても不当ではあるまい。

　「雑賀一向衆列名史料」に登場する道場の分布を見ると、先に見た雑賀衆の広がりとは範囲の点でも違っている。再度述べるが、そもそも雑賀御坊に結集する門徒の区域と一種の郡中惣である雑賀衆の領域とが同じである必然性はない。雑賀衆の領域は、名草・海部両郡内にとどまるばかりでなく、名草郡山東荘や直川荘以東の紀ノ川北岸も含まれない可能性が高い。これに対し、「雑賀一向衆列名史料」に直川荘よりも東の紀ノ川北岸の道場の記載漏れが多いという問題はあるにしても、雑賀一向衆の範囲は名草・海部郡内だけでなく那賀郡小倉荘と野上荘にも分布している。つまり、雑賀衆と雑賀一向衆の範囲は異なり、後者の区域の方が広いのだ。そこで、雑賀衆と雑賀一向衆との関係を図で示した（**図2**）。重なっている所が、雑賀衆のなかの門徒だ。重複していない左側は雑賀衆の非門徒、右側は雑賀衆の範囲外の雑賀一向衆である。

　次に、この図で示した雑賀衆における門徒と非門徒との比率の根拠について明らかにしよう。

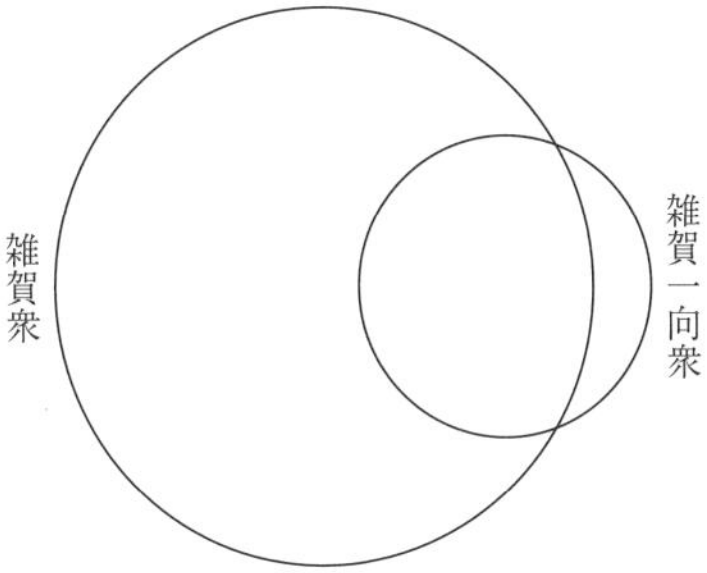

雑賀衆
雑賀一向衆

図2　雑賀衆と雑賀一向衆関係図

第三節　雑賀における門徒と非門徒

雑賀において門徒勢力はどの程度の割合であったのだろうか。手始めに『風土記』に基づいて、この地で多数を占める真宗・浄土宗・真言宗の寺院数を、雑賀五組とその周辺部における荘ごとに表にした（**表2**）。ただし『風土記』には、実際は存在したのに漏れていたり、宗派を誤って記載している寺院もあり、その点は訂正している。

文化三（一八〇六）年に編纂が始まり天保一〇（一八三九）年に完成した『風土記』は、江戸後期の宗派勢力地図を見るのに有効でも、戦国期の状況をどこまで映し出せるか疑問視するむきもあろう。真言宗については全くそのとおりで、その点を明確にするため、あえて**表2**に加えた。雑賀周辺において、天正一三（一五八五）年秀吉の紀州攻めにより焼けた寺で、『風土記』が記載するのは四六カ寺。うち宗派が分かるのが三一カ寺で、その半分の一六カ寺が真言宗という[15]。ただし、根来寺の新義真言宗は三カ寺しか書いていないが、未記載のものも多いと思う。なぜなら、後述するように、根来の勢力が浸透した岩橋荘で三カ寺の真言宗寺院が焼失したとの記録があり、これが『風土記』に載っていないからだ。

焼打ちにあった浄土宗寺院は八カ寺に及ぶが、真宗寺院の記載はない。その意味で、浄土宗寺院についてはこの点を考慮する必要があろう。他方、両派とも江戸時代になってから建立されたり、あるいは徳川家とともに和歌山に来るなど他所から移転してきた寺も当然ある。にもかかわらず、以下の理由から、真宗と浄土宗に関してはこの**表2**から戦国期の地域の傾向をある程度知ることができると考える。

まず真宗について検討しよう。「雑賀一向衆列名史料」に登場した八六の道場のうち、那賀郡の道場が六、所在地不明のものが四あった。**表2**では残り七六の道場を『風土記』の荘・郷ごとに分け、その数を括弧の中に示した。**表2**を見ると、雑賀五組とも道場数は寺院数の約六割前後でほぼ一定している。寺院数が道場数に比例しているということは、戦国期の各組の傾向がほぼそのまま江戸期にも引き継がれていると認めてよかろう。なお、雑賀庄が六割に少し足りないのは、移転してきた寺が城下に集中しているからだ。また、五組以外の名草郡内周辺部の道場数が少ないのは、天正以前に開基しているのに「雑賀一向衆列名史料」に掲載されていない道場が、この地域に顕著なためで、それを含めると六割以上になる。

表2　雑賀五組地域別の真宗・浄土宗・真言宗の寺院数

組	荘・郷	浄土真宗	浄土宗		真言宗
			鎮西	西山	
雑賀庄	城　下	23(8)	7	4	14
	雑賀荘名草	14(11)	1	10	6
	雑賀荘海部	13(7)	3	2	0
	計	50(26)	11	16	20
十ケ郷	楠見荘	3(2)	0	3	2
	貴志荘	15(10)	0	9	0
	木本荘	8(5)	0	4	0
	賀太荘	3(1)	0	6	0
	計	29(18)	0	22	2
宮　郷	神宮上郷	8(6)	9	1	6
	神宮下郷	5(1)	6	2	4
	計	13(7)	15	3	10
南　郷	吉礼荘	2(2)	0	1	0
	五個荘	3(2)	8	0	2
	安原荘	2(1)	0	4	1
	多田荘	7(5)	15	0	6
	大野荘	4(1)	7	1	8
	重根荘	2(1)	0	9	2
	計	20(12)	30	15	19
中　郷	栗栖荘	2(3)	1	0	3
	岩橋荘	4(2)	0	0	0
	和佐荘	5(3)	3	0	2
	岡崎荘	6(2)	0	0	1
	直川荘河南	1(0)	0	3	0
	計	18(10)	4	3	6
五　組	合　計	130(73)	60	59	57
名草郡内周辺	直川荘河北	2(1)	0	6	0
	平田荘	1(0)	3	4	0
	田井荘	3(0)	7	0	1
	山口荘	2(1)	0	7	2
	山東荘	2(1)	0	16	5
	計	10(3)	10	33	8

※寺院数は『風土記』より、(　)内は真宗道場数で「雑賀一向衆列名史料」より。

次に、浄土宗について見てみたい。雑賀において浄土宗は、鎮西派と西山派とが拮抗している。しかも、**表2**で一目瞭然のように、荘の単位ごとに見事に分かれる傾向にある。これは浄土宗の場合、両派とも各荘に中心寺院があって、その末寺が荘内に分布している場合が多いからだ。これは中世のほぼ同時期に、それぞれ荘園内の土豪層と結び付いて、勢力を伸ばしたからだと指摘されている(16)。つまり、浄土宗においても戦国期の傾向がそのまま江戸期に引き継がれ、『風土記』に反映しているといえよう。

それでは、組ごとに検討する。まず、雑賀庄は真宗の方が優勢であるといえよう。ただし、北部・中部と南部で様相が違う。雑賀庄において真宗勢力が強いといえるのは、南部の雑賀本郷と中部の岡、それに宇治も入るかもしれない。これに対し、紀ノ川北岸の北部と中部の湊と中之島においては、真宗と浄土宗西山派が拮抗している。これは、浄土宗西山派の明秀光雲が宝徳二（一四五〇）年に開創した同派の本山の一つであった総持寺が、北部の梶取にあるためだ。同様の状況は、十ケ郷にも当てはまる。ここの浄土宗寺院は全て西山派であり、真宗より寺数はやや少ないものの、ほぼ同程度の勢力を占めていた。

雑賀庄と十ケ郷の二組が反信長側についたのは、真宗の優勢地域であるからだとよく語られる。だが、これは正しくない。正確には、真宗と浄土宗西山派が多数を占めていたからだ、というべきだろう。なぜなら、雑賀衆の有力土豪土橋氏は浄土宗徒であるとすでに指摘されているが(17)、浄土宗でも西山派であったと考えてよい。土橋氏の本拠地である土橋は総持寺の近隣で、寺は宇城にある西山派の安楽寺しかなく、同氏の菩提寺という。他方、鎮西派の寺院は、十ケ郷において存在しないだけでなく、雑賀庄でも**表2**には一一カ寺あるが、天正以前にこの地で建立されたと確認できるのは天文年中開基と伝える湊の西岸寺ぐらいで、他はそれ以後に建てられたものか、別の所から移ってきたものばかりだ。つまり、雑賀庄や十ケ郷の浄土宗は、当時圧倒的に西山派だったのである。

西山派の有力者である土橋氏が反信長の立場で本願寺に与したとなると、西山派の人々も門徒と共同歩調をとることに違和感を覚えなかったとしても不思議ではない。「石山合戦」の戦記類によく登場する雑賀庄中之島の的場源四郎も、西山派である可能性が高い[18]。この点、次に述べる浄土宗鎮西派の場合と大きな対照をなしている。ただし、宗派の問題で全て語れると考えているわけでは決してない。雑賀庄や十ケ郷の西山派の有力土豪でも、加太の向井氏のように「石山合戦」に参加していないと思われるものもいる[19]。これは単に、それぞれの宗派の大まかな傾向を述べているにすぎないと理解していただきたい。

宮郷や南郷は真宗に比べて浄土宗がかなり優勢であるばかりでなく、浄土宗でも鎮西派が多数を占めている。また、江戸後期においても真言宗は浄土真宗と同程度の勢力を保持していた。これは、宮郷の中核である日前宮の神宮寺が真言宗であり、南郷においても且来の八幡宮、岡田の八幡宮、伏山百草明神社にそれぞれ神宮寺が、また坂井の産土社に別当寺が残っており、全て真言宗であるからだ。この二組においては、真宗勢力だけでなく浄土宗西山派も少数派なのである。

南郷の大野荘においては、天正五（一五七七）年の信長の雑賀攻めの直後、門徒と非門徒との間で深刻な対立が生じた。大野中村の岡本弥助と大野十番頭の一員である鳥居の稲井蔵之丞（「雑賀衆宛湯河直春起請文」に登場）が、信長側の先陣に加わっていたため、雑賀一向一揆側が大野十番頭に対し両者の首を要求したという。これへの対応をめぐって、大野十番頭が門徒と非門徒とで分裂し、前者が名高に後者が日方に陣取った。そしてついに天正五年八月に戦闘に及び、鈴木孫一が他の組の一向一揆勢を率いて支援し、門徒側が勝利したといわれている。これが、「井松原合戦」と呼ばれているものだ。

この「井松原合戦」の記録[20]はいずれも後年のもので、記載内容にどこまで信憑性があるか、検討しなければならない。しかし、天正五年八月一日付と推定できる、信長の近臣万見重元が淡輪氏へ送った書状（戦国三六六）に、「三搦面へ自雑賀取懸候由」とある。これは、「雑賀」から三組へ兵を出したとの報告に対する返書で、別に織田信張からも知らせてきたと述べている。また、このときの兵乱で日方の永正寺が焼失しており、詳細はさておいても、合戦があったことは間違いなかろう。

大野荘の浄土宗寺院は圧倒的に鎮西派で、ほとんどが永正寺の末寺であった。「井松原合戦」の戦死者について、「永正寺第四世伝誉上人の代々過去帳」に、「日方之人数俗名法名を悉く一所にしるせり」[21]とあるから、日方側（非門徒側）の多くは浄土宗鎮西派の信徒と思われる。すぐ近くの黒江御坊が無傷なのに、同寺が焼失したのはこのためだろう。

南郷では、以前から門徒と浄土宗鎮西派の信徒との間で「出入り」があったようだ。「佐武伊賀働書」に、「当国法あらそひ出来候時三月三日に合戦はしまり候に付門徒中人数を出し永正寺へとりかけ候処敵方寺之上城山を持申候間我等は岡田かみねへあかりそのまゝ追をろし」[22]た、とある。「佐武伊賀」とは佐武伊賀守義昌のことで、総領は浅野家に、次男・三男は紀州徳川家に抱えられている。この史料は当時の実体験を書いたものと認めてよい。このとき永正寺があった山は、現在も「城山」と呼ばれており、佐武たちが岡田から登った「かみね」とは城山の東の「城ケ峰」のことであろう。「三月三日」という記述が正しいなら、「井松原合戦」のときではない。また、永正寺が焼失していないようだから合戦以前で、しかも天正五年では信長勢が雑賀におり、南郷で兵戈を交える状況ではないから、それより前と考えてよかろう。ここで、門徒が永正寺を攻めているので、敵方は鎮西派の信徒が中心であったと推測できる。そうでないなら、永正寺が入寺を拒否するだろう。大野荘では真宗と浄土宗鎮西派とは以前から対立関係にあったようだ[23]。

中郷は、表2では真宗が他を圧倒し、岩橋荘などは全くの真宗優勢地域と考えられる。だが、江戸期はそうでも、戦国期の様相はかなり違っていた。岩橋庄司であった湯橋家の「観池山法照寺縁起」に、「岩橋庄往古之宗旨ハ真言宗ニ而……安居寺妙楽寺神宮寺等之三院」があったが、「天正十三乙酉年三月豊臣太閤公当州御征伐之刻兵火之為に当庄真言宗之寺院も焼失其已後は再興もなく」、「是より当庄内も不残真言宗を捨て浄土真宗専ら法義御繁栄ましく〵道場之数も出来」したと述べている。焼けた時期は検討を要するが、真言宗が優勢であったことは間違いなかろう。同家の「長泰年譜」では、元は「古義之真言宗」であったが、「根来寺繁盛之時年税諸納横領ノ地なる故自然と転新義候」とある(24)。

文明一八（一四八六）年に蓮如が紀州を訪れた際、この湯橋家に逗留しており、この頃すでに真宗の教線が伸びていた。だが、荘全体としては真言宗が優勢だったのである。そもそも、この湯橋家の当主は神主であったため自ら仏門には入らず、荘内に真宗の自庵を設け、僧を雇っていたが、他方根来寺に係累を入れ、子院の威徳院持ちでもあった。これを奇異に感じるかもしれないが、真宗の近世教学や近代的宗教観で中世を推し量ることはできない。宗派という視点から一律に論じることの危険性はここにある。なお、威徳院において同家の係累が絶えると、逆に根来寺の押領が強まったという。

西隣りの栗栖荘は粉河寺領であったが、ここも戦国期には根来寺の押領が進行したようだ。天文二一（一五五二）年、泉州熊取の中家持ちの根来寺成真院へ同蓮蔵院から栗栖荘の四カ所の田地が合計銭五〇貫文で売却されている(25)。なお中家は、三年後には根来寺松室坊から、岩橋荘の半分を一三八貫文で買い取っているのである。

天正五年信長の雑賀攻めの際、中郷が信長方についたのは根来の勢力が優勢であったためといえよう。根来寺の主流はほぼ一貫して信長側であった。特に、和佐荘の東隣りの小倉荘は、根来衆の頭目の一つである杉坊持ちの津田氏の拠点で、杉坊こそ信長派の中心人物であったのだ。たとえば、「長泰年譜」は、「当荘之門徒を召連石山城へ馳参」る際、「根来へ憚り姓名を仮ニ高柳監物と名乗る石山軍記ニも相見候」と記述している。「軍法浄光寺方折之日記」を見ると、岩橋から「石山合戦」に参加したことは間違いない。この「高柳監物」は、湯橋氏が岩橋の小名である高柳に居住していたための名乗りであろう。つまり、当時の中郷は、門徒が公然と本願寺を支援できる状況ではなかったのだ。だが、ある程度の勢力を保持していたことも事実である。

さて、ここで問題となるのは、土橋氏も根来衆の頭目の一つである泉職坊持ちであり、根来寺との関係はより強力だ。しかし、同氏は非門徒であるのに公然と本願寺側についている。この違いはなんであろうか。それは、ヘゲモニーの所在の問題だと思われる。つまり、湯橋氏の場合、威徳院持ちであったが主導権はすでに根来寺に移っていたのに対し、土橋氏の場合は、あくまで本家が主体で泉職坊はそれに従っていたと考えてよかろう。

雑賀五組全体では、真宗と浄土宗との寺院数は、前者が少し多い程度にすぎない。これが名草郡内の周辺を加えると、浄土宗の方がやや優勢となる。江戸期では、両派以外の寺院も全部合わせると同程度あり、真宗と浄土宗とその他の宗派という三者がこの地で鼎立していたといえよう。これが戦国期では、根来寺の勢力が浸透しており、真言宗の割合がより大きくなる。しかも、同じ村の真宗と他宗の寺院を比較すると、後者の方が規模（檀家数など）が大きい所が多い。この地の真宗は檀家一〇〇軒以下の寺院が少なくなく、五〇軒に満たない寺もよく見受けられる。これは、雑賀の真宗寺院の半数は自庵であり、村全体でなく寺の一党とその周辺の家族ぐらいしか信徒がいない場合がよくあるからだ。第四章で紹介した「雑賀一向衆列名史料」の八六の道場のうち過半数の四六が自庵であった。さらに、檀家持ちの看坊寺院も、村全体が門徒といえる所は少なく、たいてい他宗の寺院と並立している。

以上見てきたように、雑賀においては、真宗が地域を圧倒しているわけでは決してなく、江戸期では三分の一ほど、戦国期は事によると四分の一強の勢力を保持するにすぎなかった。雑賀一揆のような地域権力が、一つの信仰心を紐帯としてまとまれば一層強固な宗教権力になったであろうし、その信仰が浄土真宗の場合は一向一揆権力となる。加賀などはまさにそれであろう。しかし、雑賀は真宗地帯ではなかった。それゆえ、雑賀一揆は一向一揆権力ではないのである。

他方、この地の浄土宗は、西山派と鎮西派とが伯仲しており、「石山合戦」への対応は対照的であった。土橋氏をはじめ西山派の土豪が、反信長の立場で本願寺に与したのに対し、鎮西派の一部には一向一揆と対立する傾向が見られた。つまり、門徒が三分の一弱か四分の一強でも、西山派と合わせると半数近い勢力を占めたのである。特に雑賀庄と十ケ郷は、両者の優勢地域であった。

第四節　本願寺と雑賀衆および雑賀一向衆

雑賀衆＝雑賀一向衆ではないことは、天文一六（一五四七）年九月五日条の『天文日記』[26]における、本願寺第一〇世証如自身の証言で確認できよう。

晴元へ、返状出之。雑賀事者、国中相催之由、風聞之条、彼庄之儀難申付候、彼庄者各被官百姓事候間、非等閑候、門徒衆計之儀候者雖申付候、一国之儀候間、不及是非之通、為私懇申遣也。

これは細川晴元から、「雑賀之輩」が畠山勢として敵の細川氏綱を支援しているのを制止するよう本願寺に要請があったことに対する返答である。「証如上人書札案」（戦国一八五）を見ると、実際このように返答したようだ。証如は、「彼庄者各被官百姓」であり、「門徒衆計」りであれば申し付けるが、「彼庄之儀難申付」と述べている。

ということは、「雑賀之輩」は門徒衆だけで構成されていなかったと判断してよい。

ところが、石田晴男氏は、雑賀衆＝門徒衆との従来の見解に基づき、「雑賀事者、国中相催」の「国」は「門徒衆」以外も含まれているから、「雑賀衆」を超えた紀州一国の意味で捉えている[27]。だが、雑賀衆＝門徒衆でないのであれば、この「国」は雑賀一揆そのものと解釈できるのである。否むしろ、雑賀のことをいちいち紀州全体で取り決めるというのは不自然であり、「彼庄之儀」や「彼庄者」とある以上は紀州一国規模の話ではなく、「国」＝雑賀一揆と理解すべきであろう。

証如はここでは「彼庄之儀難申付」と述べているのに、他方で本願寺が出兵要請し、「惣国」＝雑賀一揆が談合して相応の出兵に応じたとこれまで解釈されている記事が、同じ『天文日記』にある。それは次の天文五年閏一〇月一八日条だ。

麻生与一自紀州丹下方帰候。未一途返事候。惣国以談合涯分可馳走之由候。（是ハ筑前兄弟成敗之儀也）

これは、「筑前兄弟」すなわち本願寺を出奔した下間頼秀・頼盛兄弟の「成敗」について、守護畠山稙長の守護代格の丹下が返事をまだよこさないのに、「惣国」が談合の結果、それなりに「馳走」すると述べたというのである。しかし、これを「惣国」＝雑賀一揆が出兵要請に応じたものと認定できるだろうか。これは、「筑前兄弟」すなわち本願寺を逐電した下間頼秀・頼盛兄弟の「成敗」を求めているにすぎない。天文の畿内一向一揆は本願寺にとって不利な状況となり、主戦派が後退し、和平派が台頭した。この主戦派の中心人物こそ、この兄弟であり、頼秀は一時証如を軟禁したともいう。一向一揆をめぐる戦闘は収束しつつあったが、本願寺も雑賀一揆も彼ら二人のために兵を差し向けるような状況ではない。「馳走」といっても、紀州に立ち寄るようなことがあれば協力する程度のことと考えてよかろう。いわば本願寺の内部問題である下間兄弟の「成敗」であるが、門徒衆が少なくない雑賀衆であるから、この程度のことなら本願寺の要請に応じたものと思われる。これと出兵要請とはレベルが違う話だ。なお、頼秀は天文七年に近江で、頼盛は翌年、堺で殺害された。

しかし、石田氏はこの「惣国」を雑賀衆と湯河氏による「惣国一揆」と理解している。[28]この時点で両者の間で一揆が成立しているかどうかの問題も検討する必要があるが、それはさておいても、いわば本願寺の内部問題である下間兄弟の「成敗」について、湯河氏らを含めた「惣国」がわざわざ談合し、守護方が返事もしていないのに、回答したというのは腑に落ちない。門徒衆が少なくない雑賀衆だからこそ、本願寺が派遣した麻生与一の要請に応じたと考えた方が自然である。

たしかに、天文四年六月一七日条の『私心記』[29]によると、「紀州衆」とともに「雑賀衆」が大坂本願寺に上山している。しかし、ここで注意すべきは、本願寺関係史料に登場する「雑賀衆」は、雑賀一向衆の意味で使われているという点だ。これは「紀州衆」などが紀州の人々全体を指すのではなく、紀州門徒を意味しており、ひとり「雑賀衆」だけが非門徒も含まれるとは考えられない。そもそもこのとき、証如が書状（戦国一五〇～一五二）で出兵を求めたのは「紀州惣門徒」に対してであって、「惣国」＝雑賀一揆に要請した形跡はない。すなわち、このとき上山した「雑賀衆」とは雑賀一向衆なのだ。「惣国」＝雑賀一揆が、本願寺のために兵を出したという事実は確認できないのである。

だが、先の『天文日記』天文五年閏一〇月一八日条と次の一一月二五日条の記述から、「「惣国」で合議の上、本願寺に加担することを定めたのであり」、「当年は「作よく候ツる間」、「自兵粮」にて番上を約した」のであるから、「紀州から本願寺へ上った番衆」は「「惣国」にて公認され、「惣」中より兵糧を支給された軍隊であった[30]」との指摘がある。しかし、一一月二五日条でも、そのような解釈が可能であろうか。

紀州宮原浄祐、又、左衛門大夫ニ以上野申事(下間蓮秀)ニハ、以顕証寺、興正寺被申趣申聞候、其子細者紀州衆五六十人申候、此方に自兵粮にても当年作よく候ツる間、可居住由内々所存候由候間、両人に相尋候へハ、更に如此之儀は、余人之儀ハ、不存候、於両人ニハ不存事候由候、殊紀州之儀も今ハ用心共候、先日番衆のぼせ候事なども、各迷惑にて候つれ共、御用心之儀御機遣共候間、上申候由申候

下間蓮秀が紀州宮原浄祐と左衛門大夫に、紀州の番衆が今年は作柄が良いから「自兵粮」で本願寺に留まってもよいといっていたと顕証寺や興正寺から聞いているが、どうなのか尋ねたようだ。だが、二人は、自分たちはそんなことは知らない、先日の番衆も迷惑だったが、本願寺の「用心」と証如の御機嫌のため、やむなく上山させたのだと答えている。もちろん、この番衆は通常の三十日番衆ではなく、臨時の出兵であろう。

本願寺側が国元の状況等を聞いた、「紀州宮原浄祐」と「左衛門大夫」とは何者だろうか。有田郡宮原の浄祐はのち、福蔵寺の寺号をもらい、有田・日高両郡の多くの末道場を統括した人物だ。他方、「左衛門大夫」は、天正期に四人の雑賀門徒年寄衆の一人としてよく登場するが、雑賀庄狐島の左衛門大夫道場（覚円寺）の道場主である。天正期は岡了順が雑賀門徒の代表であったが、このときは嶋本左衛門大夫だったと思われる。このとき上山しているばかりでなく、証如が天文一九年に紀州を訪れた際、黒江御坊に赴く前にまず投宿したのが左衛門大夫の所だったからだ（「証如上人紀州下向記写」覚円寺蔵）[31]。

「紀州衆」とは別に「雑賀衆」が同時期に大坂本願寺に上山していた。つまり、紀州の門徒組織は、雑賀一向衆とそれ以外の紀州門徒衆の二つに分かれており、左衛門大夫と宮原浄祐はそれぞれの代表だと考えられる。いずれにしろ、証如が上山を促したのは門徒に対してであったように、本願寺側が国元の状況を聞いた相手は門徒の代表以外のなにものでもない。すなわち、「惣国」＝雑賀一揆が関与しているとは解釈できないのだ。

さらに注目すべきは、先日の出兵は迷惑だったと彼らがはっきりと答えている点である。それなら、この度の要請を断ったのかもしれない。第七章で述べるように、自主的で自立性の強い自由な集団である雑賀一向衆は「石山合戦」においても本願寺の催促を拒否している。今回の理由は「殊紀州之儀も今ハ用心共候」とあり、国元の状況が許さなかったのだろう。だが、宮原浄祐はいざしらず、「惣国」が公認しているのであれば、左衛門大夫はある程度の上山や残留を渋る必要はない。そうではないということは、雑賀門徒も惣国とは関係なく出兵したものと思われる。

おわりに

以上、「惣国」＝雑賀一揆が本願寺の出兵要請に応じていたとか、あるいは雑賀門徒の上山であっても、「惣国」に公認され「惣」中より兵糧を支給された軍隊だとの解釈は成立しないと考える。誤った評価が生まれたのは、それが程度の差はあれ、雑賀衆＝門徒衆という理解に基づき立論されているためであろう。この前提を一度取り払って議論を組み直す必要がある。これまで、小山靖憲氏によって、他の史料において「惣国」がもっぱら雑賀衆の意味で使用されていると指摘されているが、[32]『天文日記』においてもそれが当てはまるといえよう。

ところが石田氏は、実悟の「信受院殿記」の写本（龍谷大学図書館蔵）を引用して、証如の死去による天文二三（一五五四）年八月二六日の中陰の非事を勤めているのが「紀伊国惣国衆」であることを指摘し、「証如の「葬儀・中陰」の際に「非時」を「惣国」が勤仕していることは、……非門徒を含む組織でありながら、本願寺と特別な関係を有していた」と述べている。[33]だが果たして、この「紀伊国惣国衆」の「惣国」とは、「惣国一揆」の「惣国」の意味であろうか。

雑賀においてすら、真宗が地域を圧倒しておらず、多くても三分の一ほどの勢力を保持するにすぎなかった。また、紀州門徒は雑賀御坊に結集する「雑賀衆」＝雑賀門徒とそれ以外の紀州門徒で構成された「紀州衆」の二つの組織に分かれていた。それゆえ、その両方の代表が中陰の非事を一緒に担当したので、「紀伊国惣国衆」と記述されたと理解する。他宗の者が本願寺宗主の中陰の非時の頭人に加わり、費用を負担したとは考えられない。「紀伊国惣国衆」はあくまで紀伊国の門徒衆の二つの集団に対する総称と判断すべきであろう。なお、第八章で述べるように、顕如が紀州惣門徒のことを「国」と記述した消息が存在する。

石田氏は新しい論文でも、「「惣国」を、「雑賀五郷」と湯河氏との「一揆」である「惣国一揆」との理解に立つ」とする。他方、前掲の「重根御百姓」から「湯河小次郎」宛の申状案を解釈し、石田氏は同じ論文で「重根郷の年貢の納入先をめぐって、「惣国会合之御定」と、湯河氏との間で、齟齬が見られ」、結局「湯河氏の代官佐藤氏に納めた」と述べていた[34]。この解釈は妥当なものと考える。しかし、「惣国」を雑賀衆と湯河氏とによる「惣国一揆」と解釈するなら、なぜ「惣国会合之御定」と湯河氏との間で対立するのか、理解に苦しむといわざるを得ない。やはり、惣国＝「雑賀五組」と判断すべきであろう。

註

（1）松田毅一ほか訳『フロイス日本史1』中央公論社、一九七七年、一五六〜一五七頁。
（2）『日本仏教史辞典』吉川弘文館、一九九九年、三六二頁。
（3）矢田俊文『日本中世戦国期の地域と民衆』清文堂出版、二〇〇二年、七五頁。

（4）石田晴男「守護畠山氏と紀州「惣国一揆」」（『歴史学研究』四四八、一九七七年、のち『本願寺・一向一揆の研究』吉川弘文館、一九八四年、二九五頁。以下、石田①論文と略）。なお、石田晴男「「紀州惣国」再論」（『戦国期の真宗と一向一揆』吉川弘文館、二〇一〇年、以下、石田②論文と略）でも同様の見解を述べている。
（5）矢田註（3）前掲書、七八頁。
（6）伊藤正敏「紀州惣国と在地領主」（『史学雑誌』一〇一―一一、一九九二年）六四〜六五頁。
（7）『南紀徳川史』第一一冊、南紀徳川史刊行会、一九三一年、六九六〜六九七頁。
（8）同前、七〇三頁。
（9）伊藤註（6）前掲論文、六四頁。
（10）「間藤家文書」一（『和歌山県史　中世史料二』和歌山県、一九八三年）。
（11）同前、四六。
（12）「湯橋家文書」一、「栗栖家文書」一ロ・二へ（註（10）前掲『和歌山県史　中世史料二』）。
（13）伊藤註（6）前掲論文、六四・六八頁。
（14）『改定史籍集覧』第二五冊、臨川書店、一九九一年、四二一頁。
（15）播磨良紀「紀州における豊臣秀吉の寺院焼打ちについて」（『和歌山市史研究』一一号、一九八三年）。
（16）薗田香融「日本仏教の地域発展4　紀伊」（『仏教史学』九―三・四、一九六一年）一二七〜一二九頁。
（17）金龍静「加賀一向一揆の構造」（『日本史研究』一七四、一九七七年）。
（18）的場源四郎の子孫である的場氏次郎らが明治一九年に著した『源四郎昌長真宗本山御助力実記』（和歌山市立博物館蔵）に、浄土宗であったが石山合戦後、累代の宗門を改め御門徒に帰したとある。天正期、中之島の浄土宗寺院は西山派しかなかった。
（19）「向井家文書」は註（10）前掲『和歌山県史　中世史料二』に一四三点掲載され、うち天正期のものが四〇点あるが、「石山合戦」に関する文書は一点もない。
（20）「井松原合戦」（『海南市史』第二巻、海南市、一九九〇年）九三八頁。
（21）同前。

(22) 前掲註(7)『南紀徳川史』第六冊、二二八頁。なお「佐武伊賀働書」について詳しくは、武内雅人「「佐武伊賀働書」史料解題の改訂及び補遺」(『紀州経済史文化史研究所紀要』三二、二〇一一年)を参照されたい。
(23) 『風土記』第二輯三九七頁によると、「日方辺の浄土宗等」が有田郡田殿荘長田村まで出向いて、真宗道場を破却している。
(24) 湯橋家の両史料は、森岡清美「「辻本」考」(『真宗教団における家の構造』お茶の水書房、一九七八年)に引用されているが、和歌山市史編纂室所蔵影写本で訂正している。
(25) 『熊取町史　史料編1』熊取町、一九九〇年、中世編六九一〜六九四文書・七一五文書。
(26) 『真宗史料集成』第三巻、同朋舎、一九七九年、所収。
(27) 石田前掲註(4)①論文、二八六頁。
(28) 石田前掲註(4)①論文、二八二〜二八三頁。
(29) 註(26)前掲『真宗史料集成』第三巻、所収。
(30) 『和歌山市史』第四巻(和歌山市、一九七七年)「解説」一三〇五頁。
(31) 註(10)前掲『和歌山県史　中世史料二』四三六〜四三七頁。
(32) 小山靖憲「雑賀衆と根来衆――紀州「惣国一揆」説の再検討――」(研究代表熱田公、昭和五七年度科学研究費補助金〔総合研究A〕研究成果報告書『根来寺に関する総合的研究』、一九八三年、のち『中世寺社と荘園制』塙書房、一九九八年、所収)。
(33) 石田前掲註(4)②論文、八八〜九三頁。
(34) 石田前掲註(4)②論文、八七・一〇四頁。

補論4　戦国期における雑賀五組の境界

一　雑賀一揆とその範囲

戦国時代、現在の和歌山市を中心とした紀ノ川下流域では、土豪、地侍、有力農民が惣村を基盤に一揆を結んでいた。すなわち雑賀一揆である。この雑賀一揆は、近隣の村々が連合した五つの組（搦）で構成されていた。雑賀庄・十ケ郷・宮郷・中郷・南郷の五組である。これまで雑賀五組の地図といえば、もっぱら『和歌山市史』第四巻（和歌山市、一九七七年、一三〇六頁）所載の「戦国期における雑賀一揆（五搦）関係図」（**図1**。以下、市史図と略）が使われてきた。しかし、いつまでも四〇年ほど前に作製された地図で満足していてはいけない。というのは、この地図は二つの点で大きな問題をはらんでいるからだ。

一つ目の問題は、五組それぞれの境界は示していても、雑賀五組全体の範囲を推定していない点である。なお、地図上に引かれている一点鎖線は現在の境界だ。市史図以外の雑賀一揆の図としては伊藤正敏氏が製作した「雑賀地域とその周辺」図[1]（以下、伊藤図と略）があり、五組の境界だけでなく全体の範囲を明示している。

五組の範囲、すなわち雑賀一揆の領域ついては、永禄五（一五六二）年七月付「雑賀衆宛湯河直春起請文」（『和歌山市史』第四巻、戦国時代二三一号。以下、同書掲載史料は時代・番号のみを略記）に基づき、第五章ですでに私見を

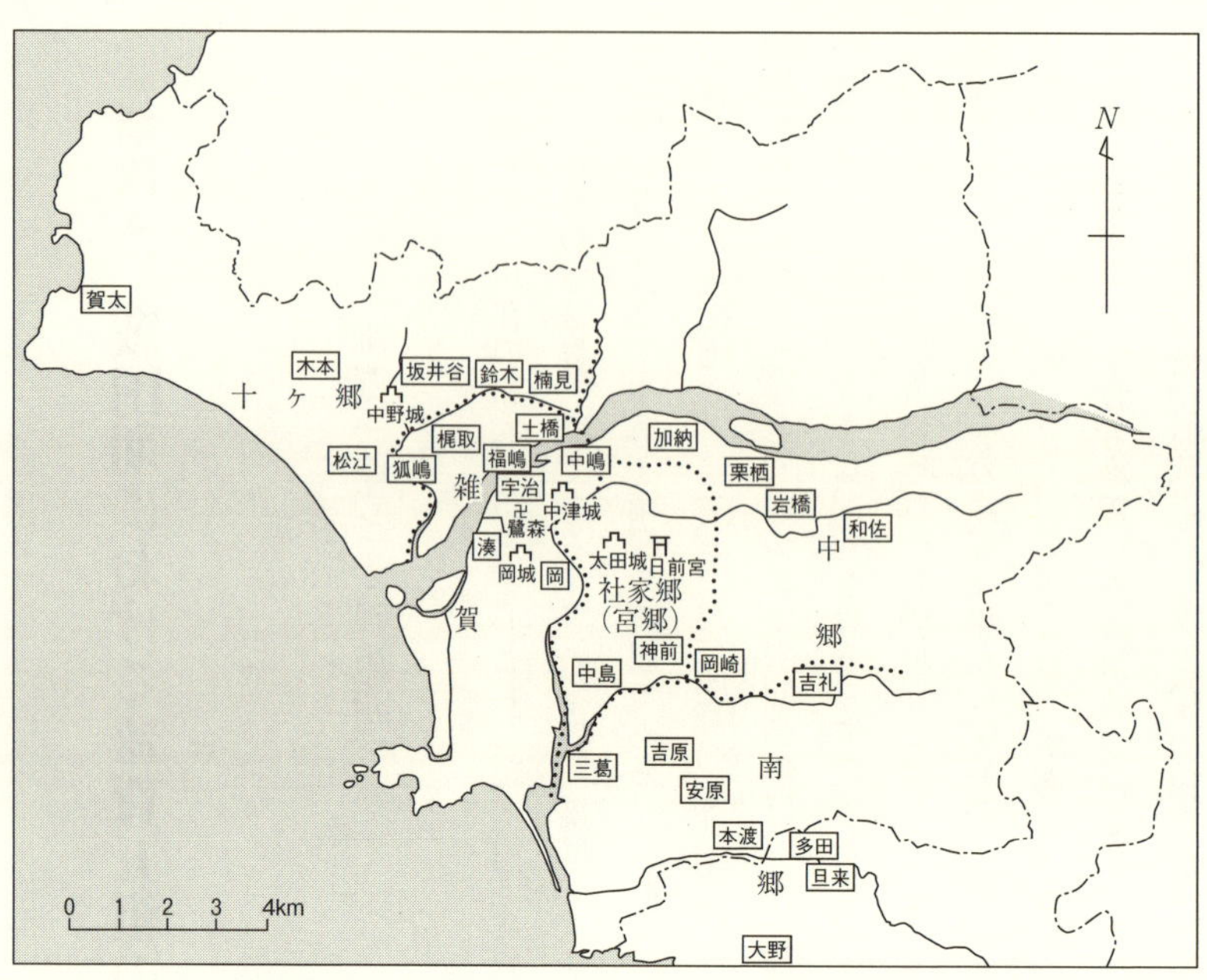

図１　戦国期における雑賀一揆（五搦）関係図（『和歌山市史』第四巻より）

明らかにした。ここでは結論だけ述べると、第一に、雑賀一揆の勢力圏は、海部郡と名草郡の区域内にとどまると考える。ただし、海部郡といってもその北半分だけだ。周知のように、海部郡は海路で繋がった四つの飛び地で構成されている。雑賀五組の範囲に入るのは、今は和歌山市内である加太荘・木本荘と湊・雑賀本郷を中心とした雑賀庄の過半であって、現在の海南市下津町・有田市初島と日高郡由良町の南半分は除外される。第二に、名草郡でも名草郡山東荘と同郡直川荘以東の紀ノ川北岸が含まれていない可能性が高いと推量した。

ここで問題となるのが、「雑賀衆宛湯河直春起請文」の宛人の一人として登場する中郷の「野上 若林 治部」の存在である。これは、「野上」とあっても、もともとの若林氏の本拠地が那賀郡野上荘内で、居住地は中郷のどこかであると推察した。伊藤図では、那賀郡小倉荘も五組の範囲に

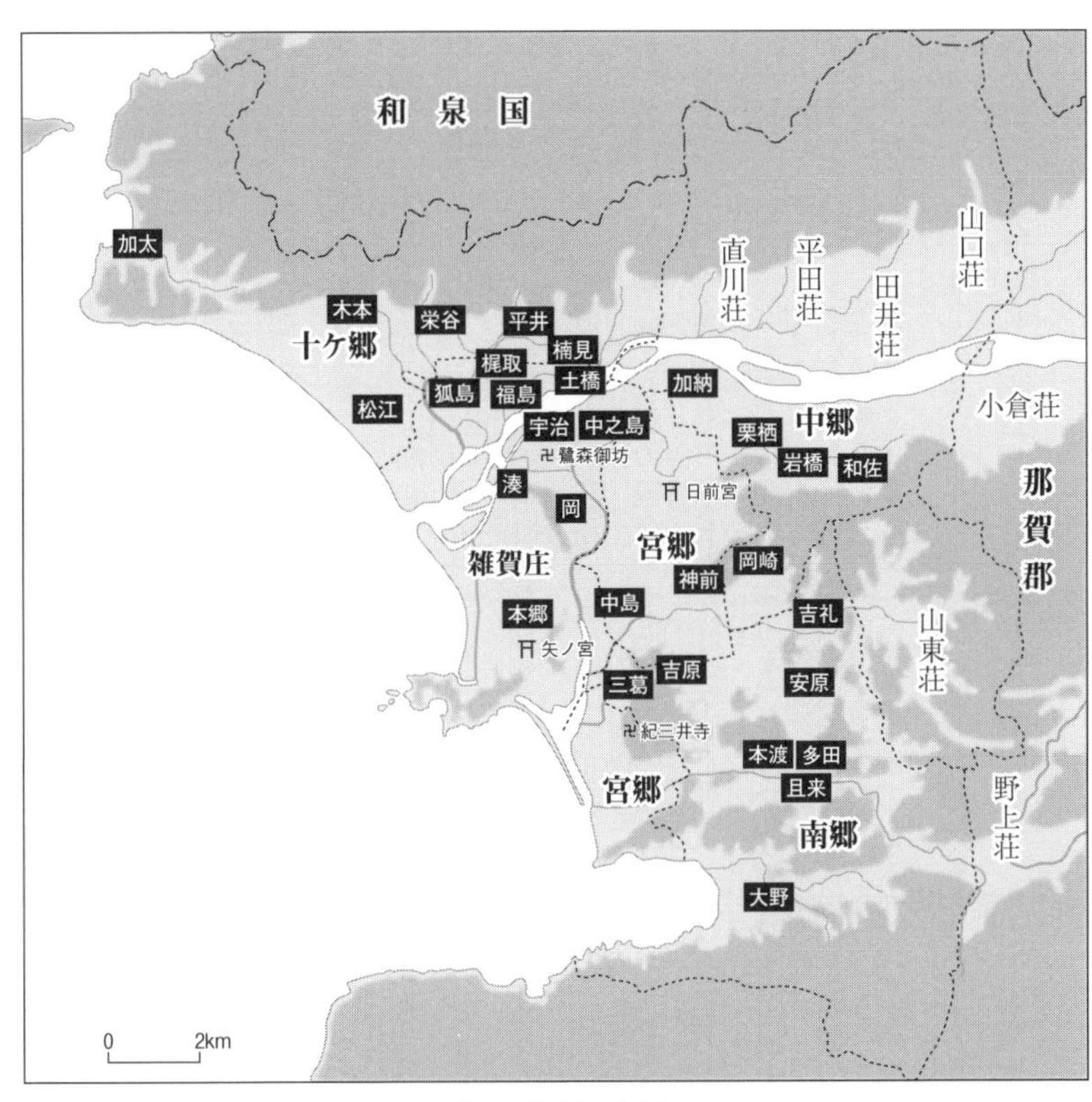

図2　雑賀五組図

含めているが、「雑賀衆宛湯河直春起請文」の宛人に登場しない以上は、当然範囲外とすべきであろう。やはり、雑賀一揆は名草・海部両郡内にとどまる郡中物と考えた方がよい。この問題と名草郡山東荘と同郡直川荘以東の紀ノ川北岸を雑賀一揆の範囲から除外した根拠については、第五章で述べている。

雑賀一揆の範囲と五組の大まかな境界を地図に落としたのが、「雑賀五組図」（**図2**）である。第五章では、雑賀一揆の範囲については検討したが、この図で線引きした五組それぞれの境界線の根拠については何も明らかにしていなかった。そこで、本論でこの問題について論じることにする。

雑賀五組のそれぞれの境界についても、市史図は大きな問題を抱えている。これがもう一つの問題点だ。それは現在の河川流路に組の境を求めている点にある。これはあまりにも安易であり、明白な間違いも少なくない。特に、雑賀庄の範囲でそれが顕著である。

二　雑賀庄と宮郷との境界

他方、伊藤図も五組の境界線を入れているが、大きな難点がある。それは、粉河や鞆淵まで含んだ地図であるため、縮尺が大きすぎて境が明瞭とはいえない点だ。これでは境がどこなのか、ほとんど見当がつかない。

そこで、雑賀庄を中心に五組の境をより詳しく示した地図（**図3**）を作製した。先の**図2**もこの図を基礎としている。**図3**は五組の境界を、『紀伊続風土記』（和歌山県神職取締所、一九一〇年復刻、以下『風土記』と略）に記載された各郷・荘を構成する村の境を基準に、明治一九（一八八六）年測量の「仮製図」に落としたものである。『風土記』の郷・荘を参考にする問題は後述するとして、「仮製図」を使用したのは、明治二二年の市制町村制以前の村界が引かれているからだ。もちろん、近世の新田開発等で境が改変されており、それがそのまま戦国期の境界と同じとはいえない。たとえば、和田川周辺の宮郷と中郷と南郷の境目が直線になっているのはこのためだ。しかし、戦国期の村界を知る史料がなく、近世前期の村絵図がないのであれば、次善の策としてこの仮製図に頼らざるを得ないのである。もっとも、雑賀庄は近世に城下町が建設されたため、かつての村界が消滅した所が多く、その範囲を確定するのは困難であるといわざるを得ない。そこで、雑賀庄の境を中心として、この図の根拠についてやや詳しく考察したい。

十ケ郷
中野
次郎丸
平井
善明寺
市小路
楠見中
園部
鳴滝川
直川
七箇川
土入
延時
梶取
粟
土橋
狐島
松江
土入川
有本
中之島
中郷
大門川
鷺森御坊
納定
黒田
吉田
岩橋
湊
湊
新内
太田
日前宮
紀ノ川
岡
宮郷
雑賀庄
小雑賀
岡崎
雑賀(本郷)
中島
和田川
水軒川
和田
坂田
田尻
御坊山
和歌川
矢ノ宮
三葛
名草山
紀三井寺
布引
内原
南郷
宮郷
毛見
黒江
船尾
日方
大野
名高
0
1
2
3km
清水

図3　雑賀五組境界図

南から順に検討すると、市史図で明白な誤りとしてまず指摘しなければならないのが、小雑賀の所属である。小雑賀は和歌川東岸であり、市史図では「社家郷」(宮郷)に含めている。だが、『風土記』(第一輯四七〇頁)が記載しているように小雑賀は雑賀庄に属しているばかりでなく、東岸では唯一海部郡である。これは、郡界を定めた当時、古代紀ノ川の本流と考えられている和歌川が小雑賀の東側を流れていたためであろう。なぜなら、文明一二(一四八〇)年に、雑賀庄と日前宮領(宮郷)との間で蔵六芝と西之芝の所領をめぐって争いが起こっているが(戦国三五)、このうち西之芝は現在も小字名として残っており、小雑賀の東に接する中島に位置しているからだ。つまり、この芝は元は河原で、小雑賀の東のこの位置にかつて川が流れており、流路が変わったため所領の境が不明確になり、争論となったと判断できるのである。なお、地形的に見ると海が湾入して、古代紀ノ川はまさに小雑賀の東側で海に注いでおり、中島は地名が示すように河口州であったようだ。

これと同様に、雑賀庄の岡と宮郷との境も和歌川ではなく、その東岸にある。これは現在地名として岡円福院西ノ丁・東ノ丁や岡北ノ丁などが残っており、この辺りが岡の北東の端だったようだ。なお、北隣りの畑屋敷も宮郷ではなく、雑賀庄中之島に属する。東隣りの新内は宮郷に含まれる。

第四章で紹介した西本願寺所蔵の天正八(一五八〇)年と推定した「雑賀一向衆列名史料」で新内は「荒知」と記載されている。この地名は「荒地」からきており、かつてはここが河原だったと思われる。永承三(一〇四八)年の「紀伊国名草郡郡許院収納米帳」(平安一三八)には「吉田津」という湊が吉田にあり、この辺りに紀ノ川の一つの流路があったことは間違いない。

「日前(ひのくま)・国懸(くにかかす)宮四方指写」(鎌倉六八)によると、吉田と鈴丸との間に日前宮領と雑賀庄との境があり、もともとはこの川が境界だったのだろう。安政二(一八五五)年の「和歌山城下町絵図」(和歌山市立博物館蔵)を見ると、新内の円満寺のすぐ西に池（図4A）があり、常住院の西側（図4B）を通り橋向丁の大立寺の西側（図4C）まで水路が南流しており、これが旧河川の名残だと考える。また途中で切れているが、この池から東にも水路（図4E）が描かれている。新内の北東に隣接する中之島の「向芝」は芝地名から元は河原と考えられ、その東の黒田には「北河原」「東河原」の小字もあり、現在の大門川（和歌川上流）よりも南に、かつて川が流れていたようだ。吉田には「祓戸」という小字名が残っており、これは日前宮の神事である七瀬祓の「第二野乃辺戸」の祓所であったといわれているが、これがこの流路のちょうど南岸に位置する。

徳川家入国後、和歌川の東側にも城下町が拡大され、新町と呼ばれた。新町には元雑賀庄の岡領と中之島村の一部、元宮郷の新内村と太田村の一部とが組み込まれたが、岡領・中之島村と新内村との境が先の水路とほぼ一致し

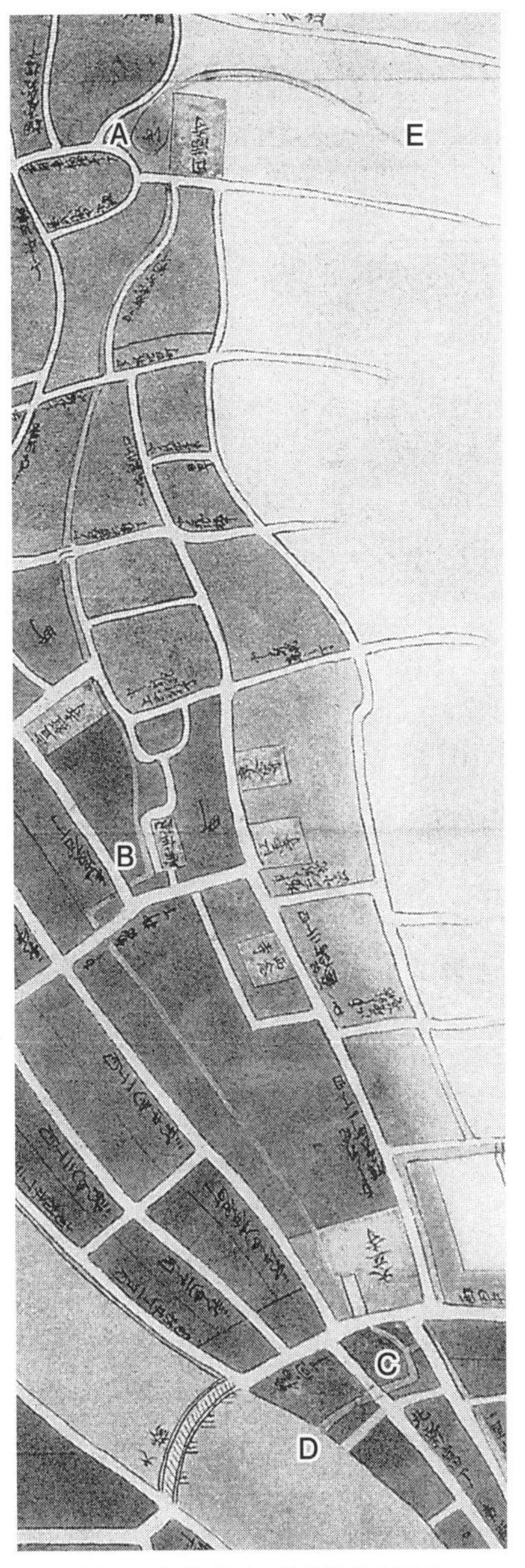

図4　和歌山城下町絵図（部分）
（和歌山市立博物館蔵）

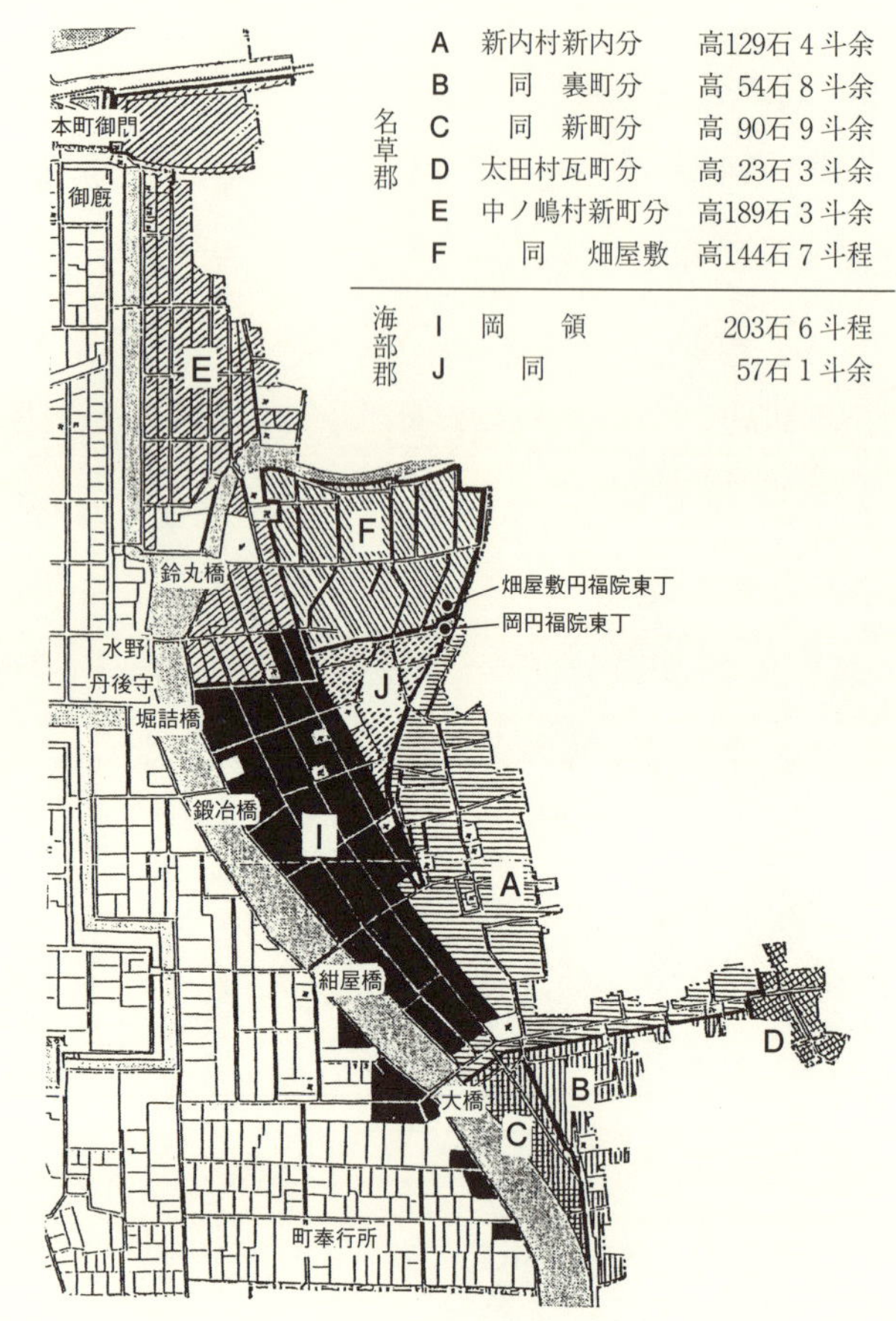

図5　町支配の内高付地（註2より部分図に加筆）

ている（**図5**）[2]。ただし、水路は大橋の南で和歌川に流入（**図4D**）しているが、境は橋の北側にある。それはさておき、和歌川が境ではなく、幕末まで水路として残っている旧河川の流路こそが、雑賀庄岡・中之島と宮郷の境界であったと考えて大過なかろう。

吉田の北側で問題となるのが、納定の処遇である。『風土記』では納定、すなわち「南出島村」について、「此村今は中野島の枝村なれとも旧は神宮郷の地なり故に今猶日前宮を産神とす」（第一輯一五五頁）とある。納定がいつ「神宮郷」から中之島の枝村となったのか不明であるが、**図3**では一応宮郷として処理した。ところで、『風土記』は「国造ノ旧記」に納定を「野上郷と書せり」（同頁）とも記述している。このことから、前述した「雑賀衆宛湯河直春起請文」の宛人のうち所在地不明である「野上　若林　治部」の「野上」は納定のことであるとの意見がある。しかし、納定はかつて神宮郷でのちに雑賀庄中之島の枝村になったのであり、「野上 若林 治部」は中郷に属している。納定だけが中郷の飛び地とは考えにくく、この説は妥当性に欠けるといわざるを得ない。

和歌川—大門川の北側で紀ノ川との間の地に、雑賀庄と宮郷それに中郷との境界があったが、これは有本のなかに存在したようだ。先の「日前・国懸宮四方指写」には、「他領　北有本郷道、同有本郷、神領　本有本郷刀弥名畠」とある。また、『風土記』は矢ノ宮の棟札から有本村を「雑賀荘」に入れ、「当村旧東西南北四に分る」とし、南有本がこの「本有本」で日前宮領であり、「其他三村皆当荘に属」したが、四村とも「皆河水の為に淪没」し、「今の有本は後世の新村ならん」（第一輯一五六〜一五七頁）と述べている。しかし、「吉田郷刀禰若島信直書状」（戦国二五一）の宛人は「中郷有本　孫四郎大夫」であり、中郷に属する有本もあったようだ。それゆえ、現在の有本の中に三組の境界があったと考えられるが、具体的にどこなのかは不明であり、この部分の線引きは全く仮のものである。

この地域の境が不明瞭である要因として、中之島の中世の状況がほとんど分からないことが大きく影響している。というのは、『風土記』が述べているように、中之島は「慶長以前村居七に分れ……浅野氏の時村居を一所に集め今の形に町造を」（第一輯一五一頁）なしたからだ。つまり、旧城下や有本と同様に中之島の中世景観の復元は非常に困難といわざるを得ないのである。

三　雑賀庄と十ケ郷との境界

今度は、紀ノ川北岸の雑賀庄と十ケ郷との境界について、検討したい。北岸で雑賀庄に属するのは、雑賀庄の惣

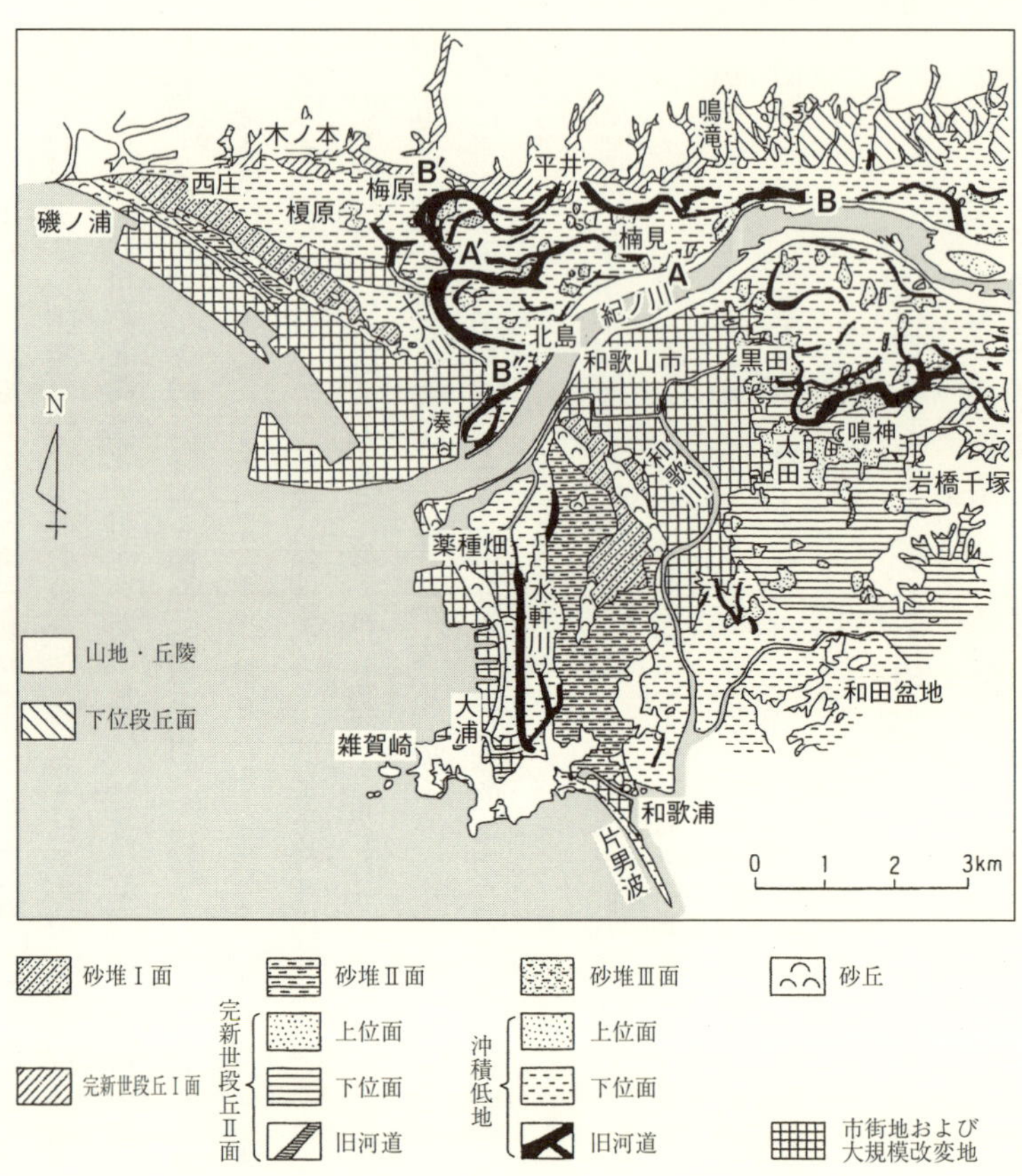

図6　和歌山平野の地形分類図（註３より一部加筆）

荘の宮座である矢ノ宮の棟札によると粟村・福島・梶取・延時・西土入・狐島・野崎・北島（『風土記』第一輯四六六頁）で、それに当然北岸の湊も含まれる。市史図は土入川と打出川から分岐する七箇川（『風土記』の和談川）の流路を雑賀庄と十ケ郷との境としている（**図１**）。つまり、ここでも現在の河川流路で分けているのだ。

まず東から検討すると、七箇川を境とすると、それより南の市小路と楠見中村、船所も雑賀庄になってしまうが、ここは楠見荘で十ケ郷に属する。**図３**では、市制町村制以前の旧村界で分けたが、それは七箇川より南で旧河道の一つ（**図6A—A′**）とほぼ一致しており、現在も粟・梶取と市小路、延時と次郎丸の境に水路が残っている。[3]

なお、市史図は「楠見」の位置を善明寺付近に落としているが、ここは市制町村制後に楠見村の一部となるのであって、善明寺は貴志荘で楠見荘ではない。楠見荘は船所・中村・市小路・次郎丸が属し、南北が短い旧河道に挟まれた荘園である。

次に、延時は打出川の外（西北）であるが、ここは矢ノ宮の棟札に登場するように雑賀庄である。また同様に、土入川の外（西）の湊と西土入は雑賀庄に入る。紀ノ川が現在の流路になる以前、北岸の湊と南岸の湊は陸続きの同じ村であり、雑賀庄に、属することは論をまたない。だが、仮製図で同じ土入村に属し、地形的にも同じ中州に位置する西土入と北土入が、前者が雑賀庄に、後者が十ケ郷の貴志荘に入ることについては一言述べる必要があろう。

『風土記』が西土入を雑賀庄に入れたのは、矢ノ宮の棟札だけでなく、本遇寺の方便法身尊像の裏書の記述による（第一輯一六七頁）。しかし、裏書の記載は不完全であり、原史料を引用しよう。ただし、この裏書も損傷のため判読できない部分がある。だが幸い、明治後半以降のものであるが、裏書等の「許状写」で不明箇所を補える（**図7**）。

図7　本遇寺方便法身尊像裏書

大谷本願寺釈（実如・花押）
永正元年甲子三月（廿六日）
本遇寺門徒紀伊国海郡
雑賀庄粟村□（郷）末時村
□（方）便法身尊像

当時すでに読めなかったのか、最後に書かれているはずの願主名が「許状写」にも記載されていない。また、この記録には「三月廿六日」と記述しているが、『風土記』には「三月廿五日」とあり、どちらが正しいのか現状では分からない。また、この地は江戸期以降は名草郡であるが、中世の郡界がどこなのかは微妙であり、雑賀庄はほとんど「海郡(部)」と裏書では記載されることが多く、郡名が間違いであったとしても問題にする必要はない。なお、筆跡は実如のものである。

西土入は裏書では「末時村」となっているが、「雑賀一向衆列名史料」では「松時」、第五章で紹介した「軍法浄光寺方折之日記」では「万時」とあり、いずれにしろ戦国期には「まつ(ん)とき村」と呼ばれていたようだ。それはさておき「許状写」によると、寛文一〇(一六七〇)年に下付された「木仏御札写」にも「雑賀之庄土入村惣道場本遇寺」とあり、西土入が雑賀庄であったことは間違いなかろう。これに対し、北土入の西教寺に寛永一八(一六四一)年に下付された阿弥陀仏像の「木仏之留」には「右木仏者興正寺門徒真光寺下紀州岸庄清雲依望也」[4]とあり、ここは貴志荘に属した。なお、本遇寺を兼務する西庄正圓寺の前御住職のお話では、本遇寺の檀家はほとんど雑賀姓か和田姓であるのに対し、北土入は貴志姓が多いとのことである。

この裏書の「本遇寺門徒」の記載については、第三章で論じた。ただし、ここにある「雑賀庄粟村郷」の地名について少し言及しておきたい。西土入も粟村郷内であるということは、紀ノ川北岸で名草郡に属することになる粟村の土橋から西土入にかけての雑賀庄一帯が、かつて粟村郷と呼ばれていたのではなかろうか。もちろん、同じ北岸でも海部郡の湊は除かれると考えた方がよかろう。

単に「粟村」ではなく、この「粟村郷」という地名は、管見の限り、他の史料で一回だけ登場する。それは嘉元四(一三〇六)年の「紀州粟村一郷無量寿院光明真言同文」(鎌倉一九七)で、この無量寿院は「爰紀州雑賀庄粟村郷」にあると述べている。これによると一四世紀初頭、この「粟村郷」一帯はすでに雑賀庄に含まれていたことになる。なお「長河南流」とあり、紀ノ川本流はもう今の流路と同じ粟村郷の南を流れていたようだ。永承三（一〇四八）年の「紀伊国名草郡郡許院収納米帳」（平安一三八）には「平井津」とあり、このときは粟村郷の北で平井の前を流れる古川から土入川のライン（図6B—B′—B″）が本流であったと考えられている。日下雅義氏は、一一世紀末の洪水で紀ノ川の河口が現在の和歌川河口から水軒川河口に変わったと推定しているが[5]、この部分の本流の移動もこれと連動した変化であろう。

ただし、この地域の郷名については他の名も見出される。それは、雑賀門徒年寄衆の一人である嶋本左衛門大夫の寺である狐島の「覚円寺縁起」には、「為地頭于雑賀島之郷、依之住狐島」とある。この周辺には、他にも福島や北島、鵜島などかつて中州であったと考えられる場所が多く、「島之郷」というのもあり得るので郷名とその範囲についてはなお検討する余地があろう。

紀ノ川北岸の雑賀庄が「粟村郷」であったのなら、南岸はどのようなまとまりになっていたのだろう。私見では、大きく四つの郷・村に分かれていたと考える。というのは、明徳三（一三九二）年の「廊ノ三郎近秀旦那売券」（室町一二）に「紀伊国天（海）郡サイカノ庄」の旦那として、「ナカシマ」「ウチ」「ヲカ」「サイカノサト」の四カ所が記載されているからだ。

このうち「サイカノサト」は、「雑賀」あるいは「本郷」と呼ばれた、雑賀本郷である。この範囲については、「まえがき」で述べたように、雑賀庄全体の鎮守である矢ノ宮を村の産土神とする関戸、西浜、宇須、塩屋、小雑賀の五村に、和歌浦と雑賀崎を加えた雑賀庄南部の地域である。次に、「ウチ」は宇治郷である。宇治郷には宇治・鷺森・市場（六日市）・三日市だけでなく湊も含まれる。というのは、雑賀門徒年寄衆の一人である宮本平大夫の寺である湊の善能寺の「由緒書」の冒頭に、「紀州海士郡雑賀庄宇治郷湊善能寺」とあるからだ。慶安三（一六五〇）年下付された親鸞御影の裏書の「留書」にも、「雑賀庄宇治郷湊善能寺」とある。[6]

ところで、よく史料に宇治・雑賀と併記して登場することが多い。たとえば、雑賀衆の史料としてよく引用される『多聞院日記』天文一一（一五四二）年三月八日条には、「宇治・サヰ四クサリノ大将」とある。「サヰ」は雑賀のことで、「四クサリ」は他の四組を意味し、「宇治・サヰ」とは雑賀庄のことだと推定されている。[7] また、元亀元（一五七〇）年八月二八日条の『尋憲記』にも「宇治・サイカ之衆」（戦国二七一）が登場する。宇治と並列された「サイカ」とは雑賀本郷のことと考えてよい。これらは、雑賀庄を代表する二つの郷を記入して、雑賀庄全体を表しているのではなかろうか。

「ナカシマ」と「ヲカ」は中之島と岡であるが、これは郷というよりは大きな村としてまとまっていたように思う。雑賀門徒年寄衆の筆頭であった岡了順の寺である岡の念誓寺に天文一二年に下付された親鸞御影の裏書には「紀州海士郡雑賀庄岡」とあり、郷名は書かれていない。また、天正六（一五七八）年に下付された証如御影裏書の写しには「紀州海士郡雑賀庄岡村」と明記されている。次に、中之島で開基した専光寺の明応三（一四九四）年の方便法身尊像の裏書には、「紀州海郡雑賀庄中嶋」とあり、こちらも郷名は書かれていない。

湊も宇治郷であることが判明したことにより、紀ノ川南岸の雑賀庄は宇治郷・雑賀本郷・岡・中之島の四つで全てカバーでき、先の売券の記述とも符合するのである。

四　他の組の境界

最後に、雑賀庄以外の五組の境界について、市史図の問題点について検討しておこう。まず指摘しなければならないのが、宮郷と南郷の境を和田川に求め、それより南を全て南郷としている点である（図1）。この点で第一に問題となるのが、和田川以南の和田・坂田・田尻と紀三井寺・内原・毛見・船尾の所属である。『風土記』は以上の村を神宮郷、すなわち宮郷に分類している。

『風土記』は紀州藩が各村を統括した「組」ではなく、かつての「郷荘」に分けて地誌を記述している。『風土記』はこの郷・荘について、巻頭凡例第一項に「中世以降郷荘を以て諸村を総ふ此編其制に従ふ」とあり、中世の地域的まとまりの残映と考えてよかろう。もちろん、『風土記』の分類をそのまま鵜のみにすることはできない。しかし、大いに参考にすべき文献であることも、また事実である。だが、市史図は『風土記』をあまり考慮していないようだ。

それでは、前記の村の所属について当時の史料で検討したい。まず天文五（一五三六）年の「日前宮神事用途分配注文」（戦国一五八）に「和田郷」「田尻郷」と「内原郷」が、天文一〇年の「日前宮井祭頭役次第」（戦国一六九）に前の二郷が登場する。さらに、日前宮文書の永禄一二（一五六九）年の「流鏑馬射手注文幷年貢日記」（戦国二五九）に、「和田・田尻なと石ニ九升」とある。また、天正三（一五七五）年推定の同名史料（戦国三〇一）はより明確に、「和田川ヨリ……南在所ノ東薬師山ノ南道マテハ上なミ、それより南五ケノ荘サカイハ下なミ」とあり、また「田尻・坂田はしノ北三丁かけ下なミ」とある。宮郷は国造家の紀氏が主宰する日前宮配下の村々が集合したものである。つまり、同所に年貢を納めている村は宮郷と考えてよい。

まず、「和田・田尻」および「田尻・坂田」とあるから、和田川より南の三村は宮郷に属すると判断してよい。しかも、『風土記』は和田村の項で天正一三年に没収された廃堂として「薬師堂」を挙げ、「国造家長禄三年の旧記に見ゆ寛永記に薬師堂庫裏寺領六町六段とあり」（第一輯三二三頁）と書いている。現在の静火神社のある山を『風土記』は「天霧山」と書いているが、現在でも薬師山と呼ばれているとのことである。(8) それゆえ、「それより南五ケノ荘サカイ」とあるので、『風土記』が記載するように、南郷に属する五箇荘との境である和田村の南端が宮郷と南郷の境目であったと判断してよい。

次に、紀三井寺・内原・毛見・船尾の所属について検討しよう。「内原郷」については前出した。また、「日前・国懸宮四方指写」(鎌倉六八)に、巽の神領として「舟尾郷」が、南と坤の神領として「毛見郷海」が登場する。

他方、紀三井寺の「金剛宝寺鐘銘」(戦国三〇六)は天正三年の年紀で「紀州名草郡神宮郷内紀三井山金剛宝寺」とあり、紀三井寺村も宮郷と考えてよい。そもそも、紀三井寺そのものの開創には国造家が関与していたとの説があり、国造家の代々でこの寺に隠居した者もおり、「紀三井寺国造」と呼ばれている。また、『風土記』(第一輯三三〇〜三三一頁)によれば麓の正眼寺(旧名、報恩寺)は国造家の建立したもので、紀三井寺の地は国造家と深い繋がりのある場所といえよう。

ところで、永禄一一年「流鏑馬射手注文幷年貢日記」(戦国二四六)に「山ヨリ南三ケ郷ハ、石二一斗六升ナリ」とある。この「山ヨリ南三ケ郷」という語句は、同様の他の日前宮文書にもしばしば使われている(戦国二七二・二八八・二九五・三〇一・五四六)。この「山」とは名草山のことと推察した。というのは、先の「日前・国懸宮四方指写」に名草山を「三井之神山」と記載しており、この山は日前宮とゆかりの深い神山と見なされていたようであるからだ。紀三井寺の地と国造家との深い繋がりも、名草山が日前宮の神山であったということがその前提としてあったからであろう。

それでは、「三郷」とはどこを指すのだろうか、それは内原・毛見・船尾の三郷のことと思われる。前述したように、この三つの郷名は史料に出てきた。他方、「紀三井寺」の名は、山内三カ所の霊泉にちなんでいるといわれるが、『風土記』には「紀三井寺は吉備寺ならん」（第一輯三三八頁）とし、「吉備毛見紀三井元皆一音にして此ノ辺の総名」（同三三五頁）とある。つまり、紀三井＝毛見（吉備）ということなのだ。その当否は判定しがたいが、地名としては紀三井寺村もかつては毛見郷に含まれていたと推察してよいのではなかろうか。

以上から、和田川以南の和田・坂田・田尻と紀三井寺・内原・毛見・船尾は、宮郷に属すると判断した。つまり、『風土記』の分類は妥当性が高いといえよう。なお、その間にある三葛は南郷に属する五箇荘に入っている。事実、「雑賀衆宛湯河直春起請文」で三葛の田所氏は南郷のところに書かれていた。このため、**図2・3**にあるように紀三井寺・内原・毛見・船尾は飛び地となってしまう。この点はすでに伊藤図でも表記されている。ところで、布引は近世では三葛の枝村であり、そうであるなら南郷に属することになろう。つまり、布引はそのまた飛び地となり、以前ここを南郷とした。しかし、これはあまりに不自然であり、近世に新村となったのであるから、戦国期は隣接する紀三井寺と同様に布引も宮郷に含めた方がよいのではなかろうか。

次に問題となるのが十ケ郷の境界だ。市史図は、十ケ郷を鳴滝川より西としている（**図1**）。だが、『風土記』が記載しているように鳴滝川より東の薗部以西にすべきであろう。なぜなら、薗部は貴志荘であるばかりでなく、薗部神社が「善明寺大谷平井薗部四箇村の産土神」（第一輯一七四頁）であるからだ。

雑賀五組の各境界における市史図の難点は、大半が現在の河川流路に境を求めたために生じている。その根底には、地誌の基本文献である『風土記』をほとんど無視しているという大きな問題がある。だが、本論で示した五組の範囲や境界図が全く正しいとは思っていない。また、『風土記』の記載も、より検討を加える必要があろう。あくまで「雑賀五組図」（**図2**）は、雑賀一揆をより理解するための、一つの叩き台を提出したにすぎない。いろいろ市史図の欠陥を指摘してきたが、要は、四〇年前に作製された地図に罪があるのではなく、それをそのまま使い続けてきたことの方が問題なのである。

註

（1）伊藤正敏「紀州惣国と在地領主」（『史学雑誌』一〇一―一一、一九九二年）六四頁。
（2）三尾功『近世都市和歌山の研究』思文閣出版社、一九九四年、付図2「町支配の内高付地」図の部分図。
（3）額田雅裕「和歌山平野における戦国時代ころの地形環境」（『和歌山地方史研究』四六、二〇〇三年、四〇頁）の「和歌山平野の地形分類図」に加筆。
（4）千葉乗隆編『木仏之留　御影様之留』同朋舎出版、一九八〇年、一三六頁。
（5）日下雅義『歴史時代の地形環境』古今書院、一九八〇年、一六七頁。
（6）註（4）前掲書、三九四頁。
（7）石田晴男「守護畠山氏と紀州「惣国一揆」」（『歴史学研究』四四八、一九七七年、のち『本願寺・一向一揆の研究』吉川弘文館、一九八四年、二八四～二八五頁）。
（8）和田在住の奥野氏の御教示による。

第Ⅲ部　「石山合戦」と雑賀一向一揆

第六章　天正三年の雑賀年寄衆関係史料

第一節　史料の紹介

二〇〇二年に本願寺史料研究所の御好意により、浄土真宗本願寺派（西本願寺）にある雑賀年寄衆に関する四点の文書の複写本を提供され、紹介する機会を得た。この「本願寺文書」に登場する雑賀年寄衆は、雑賀（鷺森）御坊を中心に結束した雑賀門徒（一向）衆の年寄衆であって、雑賀五組（搦）を基盤にした惣的結合集団である雑賀衆のそれではない。なお、地縁的結合集団である雑賀衆が、五組—惣郷・惣荘—惣村を基礎にしたのに対し、雑賀一向衆は本山—中本山—末道場という本末で組織されていた。

それでは、まず四点の史料を紹介したい。釈文には適宜読点を付け、旧字は新字に改めている。改行箇所などは史料と同じにした。また、（　）は解読者の註である。

史料1　天正三年五月二八日付雑賀年寄衆起請文

畏而申上候

一被仰出旨いさゝかにて不可

致他言事、
一御所様御事毛頭理様か
まゐす、無如在及心候、弥馳
走可申上事、右之趣少も
於相違者、忝も
御開山聖人様之可罷蒙御
罰候、依而せいし如件、
天正三年五月廿八日　了順（花押）
平大夫
高秀（花押）
源三大夫
定久（花押）
左衛門大夫
吉次（花押）
進上　慈敬寺殿
常楽寺殿

史料2　天正三年六月一七日付篠原松満家中起請文

敬白天罰起請文之事
右之意趣者、今度松満身上之儀
各以御馳走、御門跡様へ被申上、無

御別儀被仰合候段、畏存候、然上者阿州
淡州調略之事、松満幷同名其外
家中、以談合一書にて調、以下之事具
本願寺殿様申上候、然者其庄御門徒中
之儀も是以同前候、左候者、向後何方より
武略候共、大坂幷雑賀儀を相背許容
仕間敷候、若此旨於偽申者、日本国中
大小神祇・八幡大菩薩・春日大明神・天満
大自在天神・殊氏之神、可罷蒙各御罰
者也、仍起請文如件、

天正三年
　六月十七日　　篠原久兵衛尉 政安（花押）
　　　　　　　　篠原越前守 政秀（花押）
　　　　　　　　庄右近丞 村継（花押）
　　　　　　　　篠原因幡守 家盛（花押）
　　　　　　　　篠原三河守 政成（花押）

嶋本左衛門大夫殿
湊河平大夫殿
松田源三大夫殿

岡崎了順公
雑賀両郷
百人御書立衆中

史料3　(天正三年カ)八月二七日付篠原松満書状

今度各御上候儀
候条、可為御同道
相侍候処ニ御煩ニ付而、
無其義不及是非候、
然者身上之義、兼而
以申合候筋目、大坂へ
罷越候、弥御国へ
身上任置候間、尚以
御馳走可為本望候、
委曲各可申入候、
恐々謹言、
八月廿七日　篠原
松満(花押)

岡崎了順御房
　御宿所

史料4　（天正三年ヵ）七月一〇日付雑賀年寄衆書状写

為御使大坂■上之処、
于今御逗留不及是非、
仍今度於三州、信長
家康与数度、被及
一戦候処、毎篇被得
大利段、尤珍重令存候、
随而当年計策儀
聊無其由断候、既三好
山城信長かた一味、河
州表過半、属彼手候、
雖然阿州・淡州之
儀、連々自是依申
調、三山（三好山城）へ無許容対
大坂無別儀候、其上

公儀大坂御動座
五畿内之兵卒、此刻
可抽忠切催専ニ候、所
詮東国事、弥無御
由断、諸方御調略等
可被差急候、将亦山三兵
以別帋申入候、連綿
御存知候旨、可有演説候、
尚追々可得御意候、恐惶
謹言、
七月十日　吉次
定久
高秀
了順
八重森因幡守殿
まいる　人々御中

第二節　四人の雑賀年寄衆

天正三（一五七五）年五月二八日付の**史料1**は、本願寺の一門一家衆寺院である慈敬寺と常楽寺に宛て、秘密の保持とひたすら顕如に「馳走」する旨を誓った起請文である。これを提出した了順、平大夫高秀、源三大夫定久、左衛門大夫吉次とは何者であろうか。周知のように、この四人は「石山合戦」期の雑賀一向衆関係の史料にしばしば登場する。

結論を先に述べると、この四人が雑賀門徒を統率した年寄衆であると考える。雑賀年寄衆が四人であることは、雑賀惣門徒中宛の「常楽寺証賢・下間頼廉連署状写」（『和歌山市史』第四巻、和歌山市、一九七七年、戦国時代三〇四号。以下同書掲載史料は時代・番号のみ略記）で確認できる。この史料の釈文では「四人之手寄衆」とあるが、これは「四人之年寄衆」の誤読と考えてよかろう。また、「鈴木孫一も可参候」とあり、鈴木孫一は四人の年寄衆とは別格の扱いとなっている。なおこのとき、鈴木孫一は信徒であっても道場坊主ではなかった。孫一道場と呼ばれた平井の蓮乗寺に開基仏の方便法身尊像が現存しているが、下付されたのは天正八年である。

「土橋平尉宛明智光秀書状」（戦国三六三）に「知行等儀、年寄以国申談、後々迄互入魂難遁様、可相談事」とあり、惣的結合集団である雑賀衆にも年寄がいたことは間違いない。だが、雑賀門徒の年寄衆と一部重複していた可能性があるが、全く同一のものとは考えられない。雑賀衆の年寄には、当然この土橋や鈴木孫一が入っていないとおかしいからだ。

史料2と**史料4**も、この四人が一組となっている。これ以外に、天正五年推定の六月二七日付「下間頼廉書状」

（戦国三六四）ではこの四人に刑部大夫（『和歌山市史』の「掃部」は誤り）が、天正八年三月二〇日付の「雑賀衆誓紙写」（戦国四二〇）では鈴木孫一が、さらに、天正八年閏三月一三日付の「教如書状」（戦国四二三）では、岡の若手の太郎次郎が加わっているが、一貫して登場するのが彼ら四人である。天正八年四月八日付「雑賀衆起請文」（戦国四三四）では鈴木孫一をはじめ一一名が署名しているが、その最後を了順と交代した太郎次郎と他の三名が占めていた。なお、この「雑賀衆起請文」に書かれた了順以外の三人の花押は、**史料1**の花押と一致している。また、了順の花押は「雑賀一向衆列名史料」にあった彼の花押と同じであり、**史料1**は原本と考えて間違いない。

戦国時代における紀州の門徒組織は、本願寺において「雑賀衆」と呼ばれた雑賀門徒衆とそれ以外の門徒で構成された「紀州衆」との二つに分かれていたと考える。なぜなら、天文四（一五三五）年六月の『私心記』（『真宗史料集成』第三巻、同朋舎、一九七九年、所収）によると、「紀州衆」と「雑賀衆」とが同時期に別々に、大坂本願寺に上山しているからだ。このうち、「石山合戦」期において雑賀御坊に結集する雑賀門徒衆を率いたのがこの四人の年寄衆であった。「紀州衆」は、日高郡を本拠とする国人領主の湯河氏が建立した吉原坊舎（日高御坊の前身）と、同氏と関係の深い福蔵寺が統括したと思われる。

それでは、なぜこの四人なのだろうか。それは、雑賀門徒衆が大きな四つの本末で構成されていたからだ。旧仏光寺教団であった興正寺門徒の性応寺末と真光寺末、本願寺教団の浄光寺末と直末の四つである。これ以外の本末もいくつか存在したが、いずれも少数であった。第四章で紹介したように、それらは「方はつれ（外れ）」として一括されている。この四人の年寄衆こそ、各本末の代表の道場主だと考えてよい。性応寺末の代表が平大夫高秀（湊・平大夫道場／現、善能寺）、真光寺末が左衛門大夫吉次（狐島・左衛門大夫道場／現、覚円寺）、浄光寺末が了順（岡道場／現、念誓寺）、直末が源三大夫定久（松江東西道場／現、万福寺）だったのである。この四人の居住地は雑賀庄と十ケ郷であるけれども、この二組の代表というわけではなかった。それゆえ、当然土橋平次（若大夫）や鈴木孫一がなぜ選ばれていないのか納得できるのである。

なぜこの四人が各本末の代表になったのであろうか。それは各本末で、少し事情が異なるように思われる。まず、真光寺末の左衛門大夫と浄光寺末の了順は、それぞれの筆頭道場主であった。この両者は地縁的結合集団である雑賀一揆においても狐島と岡という地域の代表であった。しかし、性応寺末の平大夫と直末の源三大夫は、同程度の道場が他にもあり、筆頭とはいいがたい。ただし、四人に共通するのは俗世界において有力者であったということだ。寺伝等によると了順は岡の城主、左衛門大夫と平大夫はそれぞれ地頭職であり、源三大夫は南海大明神の別当職であったという。

それでは、ほぼ無条件の「馳走」を誓う起請文を、雑賀年寄衆が天正三年五月二八日に提出した意味はどこにあるのだろうか、この点については最後に検討したい。

第三節　篠原松満一党と雑賀衆

天正三（一五七五）年六月一七日付の**史料2**は、篠原松満家中が大坂本願寺と同様に雑賀一向一揆にも背かないことを、雑賀門徒の代表である四人の年寄衆と「雑賀両郷百人御書立衆中」とに誓った起請文である。なお、この「雑賀両郷」とは雑賀庄と十ケ郷の二組と考えてよい。また、「百人」とはもちろん実数ではなく多数という意味であり、「御書立衆」とは起請文等に名を連ねた人々のことと思われる。四人の年寄衆とは別に、雑賀庄と十ケ郷の主だった人々が起請文か何かを提出していたのであろう。

篠原松満家中が起請文を出す前に、雑賀側で起請文を出していたようだ。というのは、**史料2**を提出した際に、篠原松満家中が四人の年寄衆と「雑賀両郷百人御書立衆中」に宛てた書状の写しと思われる史料が、『石山法王御書類聚』に掲載されていた。[(1)] そこに「各御誓紙給り候」とあり、それぞれに誓紙を篠原一党に出したと推察できるからだ。以前、「雑賀両郷百人御書立衆中」を門徒衆と判断したが、宗派を別とする土豪衆である可能性の方が高いように思う。というのは、四人の年寄衆が雑賀全体の門徒衆を代表していると判断するから、これとは別に雑賀庄と十ケ郷の門徒衆だけが起請文を出す必要があるとは思えないからだ。そうであるなら、まさにこの両者、すなわち四人の年寄衆が代表する雑賀一向衆と、雑賀庄と十ケ郷における反信長派の土豪衆とが、雑賀一向一揆の実体を表しているといえるのではなかろうか。

第五章ですでに言及したが、本来雑賀一揆は、宗派に関係なく、雑賀五組の惣郷・惣荘・惣村を基盤にその代表が一揆を結んだ、一種の郡中惣ないしは惣国一揆であった。雑賀は、北陸のように真宗が地域を圧倒しておらず、門徒は三分の一ないし四分の一強の勢力にすぎない。これに対し、雑賀一向一揆は、雑賀五組のうち雑賀庄・十ケ郷を中心とした個々の土豪と雑賀一向衆とによる、天正期に成立した反信長連合であると定義できよう。つまり、雑賀庄・十ケ郷を中心とした個々の土豪が、この起請文の「雑賀両郷百人御書立衆中」であり、他方雑賀一向衆の代表が、この四人の年寄衆だったのである。なぜ、天正期に成立したのかについては最後に述べたい。

篠原家中の書状写しに「此方之義も、神文相認参着候」とあり、これが**史料2**と思われる。信長の雑賀攻めの際に落城した中野城で周知の中野道場（長徳寺）の門徒宅に、この書状の原本か写しがあったようだ。ただし、『石山法王御書類聚』自体に誤記・誤読が散見される。たとえば、「庄右近丞村継」が「庄七村継」となっている。おそらく「七」は「右」の誤読だろう。

八月二七日付の**史料3**は、篠原松満本人が了順に宛て、大坂へ同道できず一人上山するが、「馳走」は本望である旨を述べた書状である。篠原松満が雑賀にいたのは長めにとらえて、第五節で述べるように天正元年七月から同五年一月までの間である。だが、内容の点で**史料2**と対応しており、同じ天正三年の可能性が高いのではなかろうか。

史料3の差出人で**史料2**の本文に登場する「篠原松満」とは、誰であろうか。「徴古雑抄続編」の「篠原略系」に、三好の重臣であった篠原長房の子に「松光」とある。実は、この人物の母親は、本願寺一門一家衆である摂津富田教行寺実誓の娘であった。『私心記』永禄二（一五五九）年六月八日条に「富田息女、阿波篠原所へヨメ入也」とあり、「本願寺系図」にも「篠原右京進（長房）妻」と記載されている(2)。

元亀四（一五七三）年五月頃、篠原長房の居城である上桜城が主君の三好長治によって攻撃され、七月に長房と長男長重が討ち死にした。この上桜合戦に雑賀衆が長治側で参戦しており、長房の妻と松光以下の子供を引き取ったようだ。『昔阿波物語』に「上桜せめおとし候時は、紀州より鉄砲三千挺下り候故に、子供連とかみ様をば紀州衆もらひ申し候、兄の子は松光殿と申して八さいなり。……紀州衆は御門跡様の旦那故に、もらひたすけ申し候」（山本大校訂『第二期戦国史料叢書5　四国史料集』人物往来社、一九六六年、三一四頁、以下頁数のみ記載）とある。

ただし、『讃岐国大日記(3)』には、「三月二十二日夜、讃岐守、与三好氏具紀州雑賀衆三千人鉄砲千、来阿国亡篠原氏」とあり、先の「鉄砲三千挺」とはいいすぎで実態はこちらの方がより近いと思われるが、これとても数字が正確なわけではない。しかし、**史料2**、**史料3**と照らし合わせて、この「紀州衆」とは「雑賀衆」のことで、傭兵として鉄砲衆が渡海し、彼らのうちの雑賀門徒が長房の妻と松光（松満）以下の子供を引き取ったことは間違いなさそうだ。

『昔阿波物語』は、「三好（十河）存保に仕えていた道知が筆をとったもの」で「元亀三年以後は、自身の見聞きしたところを直接記した」もので、「覚違もある」が「高い価値を有する」と評価されている（三〇〇～三〇一頁）。見聞していない限りなかなか知りようのない篠原長房の家族の一件の記述が、ほぼ間違いないことから考えて、この判定は妥当なものと思う。

『昔阿波物語』に、「紀のみなとの大将分は植松ノ平大夫・久保町の才助・みなとの刑部・森土橋・鷺森の源左衛門、かだのむかひの者、此者共が元亀三年に上桜にて駟雲の子息達、御袋もらひ候て養ひ置く」（三二五頁）とある。「駟（紫）雲」とは篠原長房の法号である。なお、ここでは上桜合戦を前年の元亀三（一五七二）年としているが、現在は元亀四年説が有力だ。他方『三好軍記』にも、「紀伊ノ国ノ侍漆（湊）ノ刑部大輔・久保左助・植松平大夫・鷺ノ森源左衛門ト云者共、紫雲ノ内室ヲ生取リ、故郷ニ帰シ申タリ」とある。[4]

ここに登場する、「植松」と「久保」は、現在も湊の町名として残っており、「みなとの刑部」とあわせて雑賀庄湊の住人であろう。また、「森土橋」は「雑賀衆宛湯河直春起請文」（戦国二三二）等に記載された「湊　森五郎」との関係が想起され、これも湊の人ではなかろうか。ただし、「森」と「土橋」は別人で、「土橋」は雑賀衆の有力者として著名な土橋氏のことかもしれない。これに対し、「鷺森」はいわずと知れた鷺森御坊のある雑賀庄宇治の地名である。また、「かだのむかひの者」は、十ケ郷に属する加太の住人で、「刀禰公文」であった向井氏の者と考えてよい。[5]いずれにしろ、全て雑賀衆であった。

ただし、この面々は全て雑賀庄と十ケ郷に属するから、五組のなかでも海側の二組の人々が中心だったと思われる。「紀のみなとの大将分」とは、加太や宇治が入っていることから考えても、紀伊湊や雑賀庄内の湊という特定地域を指すのではなく、「雑賀の浦々の大将」という意味で述べていると考えた方がよさそうだ。彼らは傭兵としてこの合戦に参加したのである。

雑賀の傭兵の主力は、農業生産を中心とした陸側の中郷・宮郷・南郷の三組ではなく、沿岸部の雑賀庄と十ケ郷の海民だったのではなかろうか。『昔阿波物語』は、「紀州の者は、土佐前を船をのり、さつまあきない計仕る故、紀のみなとの商売人は、みな鉄炮壱挺宛は持ち申し候に付て、みなと計に三千挺御座候て、節々阿波へやとひくだし申し候」（三二五〜三二六頁）と述べている。やはり、渡海する船を持ち、かつ農業生産に従事せず土地に縛られないという、二重の意味で「自由」な集団こそ傭兵として相応しかったのだろう。これが特定の戦国大名に雇われると、後北条に仕えた紀州の梶原氏のようになるのである。さらに、「紀のみなとの商売人」は「さつまあきない」で早くから鉄砲を多く入手していたので、傭兵として活躍できたのであり、阿波へもしばしば渡っていったようだ。

非門徒である向井家の者が参加しているように、『讃岐国大日記』にある「紀州雑賀衆」とは、雑賀の門徒集団を意味するものではなく、雑賀五組を基盤とした地縁的結合集団を指す言葉として使われている。しかし、本願寺の一族であることを理由に、長房の妻と子供たちを引き取ったのであるから、雑賀門徒も雑賀衆の一員として多く参戦していたことは間違いない。特に、「植松ノ平大夫」は、ことによると篠原一党の起請文に登場する「湊河平大夫」すなわち宮本平大夫高秀かもしれない。

雑賀門徒衆は、長房の家族だけでなく、その一族郎党も引き取ったようだ。『昔阿波物語』は「駟雲の子息達、御袋もらひ候て養ひ置く」という文章に続いて、「その外、内衆は篠原伊賀・庄野右近・寄金和泉・同名又丞、人数七拾人かゝへ置き候事、百姓之分としてきとくなる事仕り候。信長殿以前は、主護（守）はなく、百姓持に仕りたる国にて候。紀州の衆は鉄炮を拵へ候て、ひろくなり候」（三二五頁）とある。この「七拾人」という数字がどこまで正しいのか確かめようがない。だが、**史料2**に連署した面々は、雑賀一向衆が抱えていた篠原松満の一族郎党と考えてよい。だから、大坂本願寺だけでなく雑賀年寄衆にも、起請文を提出したのだろう。たとえば、「内衆」の一人である「庄野右近」とは、**史料2**の「庄右近丞」のことだと思われる。

雑賀衆が全体として鉄砲で強力となり、長房の家族だけでなく、かなりの数の残党を抱えるほどの実力を、雑賀一向衆も備えていたことは間違いなさそうだ。まさに、ルイス・フロイスが述べたように、雑賀衆は「ヨーロッパ風に言えば、いわば富裕な農民」のような者であるが、少し異なるのは軍事において海陸共にその武勇で有名だったのである。(6) ところで、この篠原長房の妻と遺児を雑賀へ連れ帰ったことが、雑賀衆が本願寺に味方するようになった契機であるとの意見があるので、この点は最後に検討しよう。

第四節　岡了順と岡崎三郎大夫

史料2、**史料3**において、岡了順が「岡崎了順」と誤って書かれている。つまり、松江源三大夫が「松田源三大夫」と間違っているように、味方からも岡を「岡崎」と誤認されていたのである。ちなみに、湊平大夫も「湊河平大夫」となっている。ここで注意する必要があるのが、雑賀衆宛の「織田信長朱印状」(戦国三五四)に登場する「岡崎三郎大夫」である。すなわち、この「岡崎三郎大夫」は、「岡三郎大夫」の誤記ではなかろうか。それは、以下の理由による。

まず、「信長朱印状」の宛所となっているのは、「鈴木孫一、粟村三郎大夫、嶋本左衛門大夫、宮本兵部大夫、松田源三大夫、岡崎三郎大夫、土橋若大夫」の七人の雑賀衆である。このうち雑賀衆の両巨頭である「鈴木孫一」と「土橋若大夫」、それに「粟村三郎大夫」以外の四人に注目すると、「岡崎三郎大夫」以外の三人は、前述した雑賀門徒の年寄衆の本人か、もしくはその一党である。「嶋本左衛門大夫」と「松田源三大夫」すなわち松江源三大夫は年寄衆本人と考えてよい。また、「宮本兵部大夫」は宮本平大夫の誤記ないしは、その一党の人物と思われる。

宮本家が住持する善能寺の六代目明釈が書いた「縁起」（善能寺蔵）によると、二代目の宮本平大夫が「石山合戦」に参加し、三代目の宮本兵部大夫が足利義昭に味方したとある。同寺には、「平大夫」宛の顕如の感状（戦国四二九）と義昭の家臣である一色昭秀が「宮本兵部大夫」に宛てた書状が所蔵されている。これは、花押や料紙等から判断して、間違いのないものだ。両者とも善能寺の関係者と考えてよかろう。ただし、時期から考えて、「兵部大夫」は「平大夫」の誤記で、同一人物である可能性も捨て切れない。

岡了順以外の年寄衆の三人は、本人もしくはそれに代わる人物が記載されているのに、了順か、岡太郎次郎など岡の一党が登場しないのは不自然である。とりわけ、了順は四人の年寄衆のなかでも特別な存在であった。**史料2**で、他は「殿」であるが了順だけ「公」と書いている。前述の天正五年推定の六月二七日付「下間頼廉書状」（戦国三六四）では、了順だけ「御房」と敬称されていた。

了順こそ「石山合戦」期の雑賀（鷺森）御坊の最高責任者だったようだ。というのは、安永八（一七七九）年に書かれた『貽謀録』[7]（鷺森別院蔵）に、天正八年五月一八日付の清水屋敷の売券の写しが記載されている。顕如が大坂から鷺森へ退去して来たのでいろいろ物入りだったのだろうか、これは鷺森御坊が所有していた清水道場の屋敷と山を「清水惣中」に売却したときのもので、売主の署名が「雑賀御坊　了順」と書いてあるからだ。写しであるが、不審な点はない。つまり、この時期、鷺森御坊の管理責任者を了順が務めていたのである。その岡了順が信長朱印状に登場しないのは納得できない。

「岡崎三郎大夫」はこの信長朱印状以外には後年の戦記物ぐらいにしか出てこず、雑賀衆の当時の史料のなかに岡崎三郎大夫の名はない。ただし、江戸期の寺院史料には、「岡崎三郎大夫」の名が登場する。それは、岡崎荘小手穂の常福寺の「系図略記」である。そこには「石山合戦」において、「岡崎孫次郎、弟三郎大夫等御加勢申奉り、数度の勲功を残す」と記述している。(8) そして、兄の孫次郎が討ち死にしたので、三郎大夫が跡を継ぎ、四代教恵となったとする。この「岡崎三郎大夫」の存在が事実であったとしても、弟格の彼が雑賀門徒の指導者であったとは思えない。それに、天正五年の雑賀攻めの際、中郷・宮郷・南郷の三組は信長側についた。中郷に属する岡崎の人間が、雑賀一向一揆側の宛名に登場するのは不自然である。

この「系図略記」によると、天文一九（一五五〇）年に証如が黒江御坊を訪れた際、彼らの先代が見送りに同道したという。常福寺には証如の特徴の強い六字名号が所蔵されており、その可能性はある。しかし、「雑賀一向衆列名史料」に登場する岡崎の人間は「掃部太郎」であり、岡崎の道場は教明寺の前身と推定できる性応寺末の「甚九郎道場」と西教寺の前身と思われる浄光寺末の「藤大夫道場」しか記載されておらず、常福寺の前身の道場はどういうわけか見当たらない。なお、この「系図略記」は、元和四（一六一八）年に五代の鈴木源助重雄（教普）が記したものという。現在は複写本しか残っていない。

これに対し、岡においては「三郎大夫」が雑賀衆の当時の史料に登場する。それは有名な永禄五（一五六二）年七月の「雑賀衆宛湯河直春起請文」（戦国一三三一）で、雑賀庄の岡が「三郎大夫殿」とある。つまり、信長朱印状の「岡崎三郎大夫」は「岡三郎大夫」の誤りで、この起請文の「岡　三郎大夫」と同一人物である可能性が高い。これは、了順本人と考えてよいのではなかろうか。

これは、岡道場が岡地域で占める位置からも窺える。岡を統率した岡（岡本）家は兄弟で、一方はこの地の鎮守である岡宮の宮司に、他方は「氏寺」とでもいうべき岡道場の道場主になった。しかも、岡道場は岡家の自庵であり、それが岡全体の惣道場になっているのである。つまり、道場主の岡了順は、雑賀庄の有力地域であった岡の指導層の統括者だったのだ。それゆえ、彼が雑賀衆の主要メンバーの一人としての岡の代表者だったとしても、何ら不思議でない。なお、嶋本左衛門大夫も「狐嶋　左衛門大夫」とあり、狐島の代表として「雑賀衆宛湯河直春起請文」に名を連ねている。

松江源三大夫がほとんど「松田源三大夫」と誤記されたように、「岡崎三郎大夫」は岡三郎大夫のことと考えた方がよかろう。雑賀には松田という地名がなかったから、松江の誤記と分かったが、岡以外に岡崎も雑賀の地に存在したため、間違いに気付かなかったのである。

第五節　「石山合戦」と雑賀一向衆

史料1は間違いなく原文書である。**史料2**、**史料3**は、他に比較できる花押のある史料を知らないため、最終的な結論は留保するが、原本である可能性が高いと思う。これに対し、**史料4**は明らかに写しである。しかし、内容上も、所蔵者の点でも問題はなく、写しではあっても偽文書とは考えられない。本文に「三好山城信長かた一味」とあり、三好山城守康長が松井友閑を通じて信長に降ったのが天正三（一五七五）年四月であり、また、「今度於三州、信長家康与数度、被及一戦候」とは同年五月の長篠の戦前後のことだろうから、**史料4**も天正三年のものと考えてよかろう。

宛人の八重森因幡守は、甲斐の長延寺の家来のようだ(9)。長延寺は鎌倉常葉堂から出発した荒木門徒の古刹で、後北条氏の一向宗禁制で甲斐に逃れ、武田信玄の一族が入寺した。「石山合戦」期には、長延寺が武田家の使僧としてもっぱら東海・北陸方面を担当し、家来の八重森が畿内・西国方面を担当したという。この史料で、雑賀門徒衆が本願寺の一翼を担い、武田等の反信長側の戦国大名とも連係した行動を自主的に開始していることが窺える。

ところで、この文書のみで「本願寺あるいは本願寺宗主のもと、門徒と武家の間に結ばれた一揆であったということを示している(10)」との見解がある。だが、手紙のやりとりだけで「一揆」と規定してよいのであろうか。「一揆」と認定するには、少なくとも起請文等の存在が必要だと考える。もちろん、起請文だけで十分とはいえない。これは、足利義昭と本願寺とを核とした反織田信長連合の諸勢力が、互いに連絡を取っているのにすぎないといえよう。特にこの場合は、雑賀一向一揆の一翼を担う雑賀一向衆がようやく本願寺に味方するようになり、挨拶代わりに武田氏に書状を出したものと推測する。

それでは、天正三年の雑賀年寄衆に関係した以上四点の史料は、どのような歴史的意味を持つのであろうか。

元亀元（一五七〇）年九月一二日、本願寺は三好三人衆に加勢し、織田信長との戦い、いわゆる「石山合戦」が始まった。この際、雑賀門徒も含めて雑賀衆が、本願寺側ではなく信長側で出陣していたことは、すでに指摘されている(11)。というのは、この時点では守護畠山氏が健在で、「惣国一揆」の規制があったため、雑賀門徒衆が独自の判断で本願寺側につくことができなかったためである。守護畠山秋高は足利義昭が義秋だった頃に偏諱をうけ、信長の養女を娶っていた。ただし、紀州の畠山勢が信長方としてまとまっていたわけではなく、足利義昭の下知をうけて参戦した点は注意する必要がある。いずれにしろ、これまで雑賀衆や根来衆は一貫して畠山氏の催促に従っていた。鈴木孫一は三好三人衆方に入っていたが、これは、畠山秋高が動員をかける前に、すでに傭兵として個人的に参戦したためであると推定されている。

「惣国」の理解について、紀州一国規模と見るか、事実上雑賀一揆を指すものと考えるかで、意見が分かれている。しかし、たとえ「惣国」が一国規模のものだとしても、雑賀門徒衆を直接規制するのは雑賀一揆にほかならない。ここで問題となるのが、たとえ雑賀門徒が構成員のなかに含まれていたとしても、はたして本願寺と対立して信長側で出陣していた雑賀一揆が、一向一揆といえるのかという問題である。つまり、第Ⅱ部では雑賀衆と雑賀一向（門徒）衆との峻別を主張したが、同様に雑賀一揆と雑賀一向一揆とは別のものとして考えた方がよいのではなかろうか。

元亀三年四月に至っても、雑賀門徒衆は信長側である畠山秋高の旗下にいたという史料がある。『畠山記』によると、信長に反旗を翻した三好義継・松永久秀が畠山方の河内交野城を攻めた際の畠山勢のなかに、「鈴木孫市」や「岡崎三郎太郎」の名が見える（戦国二九一）。ただし、『畠山記』は史料としては問題があり、この記述はただちに採用できるものではない。

だが、雑賀一向衆が信長側で働いたとまでは断定し得ないにしても、元亀四（天正元）年までは積極的に本願寺に味方した様子は窺えない。そればかりでなく、本願寺にとっては痛手となる行為に加担している。それが、この「上桜合戦」だ。つまり、雑賀門徒もその一員であった雑賀衆が、傭兵として三好長治に参戦し、阿波上桜城の篠原長房を攻め滅ぼしたのである。三好長治は阿波一国に日蓮宗を強制して宗論を起こした人間であった。他方、元亀元年に三好三人衆と本願寺を救援するために阿波・讃岐の兵を率いてきたのが、篠原長房である。しかも元亀四年は、本願寺が密かに足利義昭と提携し、反信長の中心となって各方面に働きかけていた時期であり、四国で頼みとすべき彼を失ったことは大きな痛手であった。すなわち、雑賀門徒は本願寺の意向に頓着せず、自分たちの「仕事」を優先させ自由に行動しているのである。元亀段階では、雑賀一向衆はまだ組織だって本願寺に味方している状態とはいえない。

ここで検討しなければならないのは、近江の「北十ケ寺衆」に宛てた元亀三年四月一四日および一八日付の「下間正秀書状」（戦国二九二・二九三）である。なぜなら、この書状に「当寺へも紀州衆悉罷上候之条、可御心安候」とあるからだ。だが、この時期の雑賀衆の状況から考えて、この「紀州衆」とは、雑賀門徒衆以外の紀州の門徒集団のことではなかろうか。もし先の『畠山記』の記述が正しかったとしても、元亀三年の畠山秋高勢のなかに、湯河の名は見えない。湯河氏は天文期にすでに本願寺と良好な関係になっていた。それゆえ、このとき上山した「紀州衆」とは、湯河氏の勢力下にいた有田や日高などの門徒衆である可能性が高い。

次に、この「紀州衆」のなかに個々の雑賀門徒が含まれている可能性は否定できない。たとえば、直川の浄永寺には元亀二年二月付の「直川門徒」の「逆修講一結衆中」の板碑（戦国二八五）があり、これは「石山合戦」に出陣するにあたり、造った石碑だといわれている。また、雑賀衆の土豪の一人「乾源内太夫源重本」が戦勝祈願のため関戸の矢ノ宮へ元亀二年三月三日に石灯籠を奉納しており、これは「石山合戦」の勝利を願ったものだとの伝承がある。(12) もちろん、この板碑や石灯籠が、本当に「石山合戦」のためのものなのか検討する必要があろう。だが、伝承どおりであったとしても、この時期に雑賀衆の個々の土豪や門徒が「石山合戦」に参加しても何ら不思議でない。要は、雑賀門徒衆全体が組織として参戦しているかどうかが問題なのである。

しかし、天正期に入ると、信長と紀州勢との関係が一変する。この第一の要因は、信長と関係の深かった畠山秋高が、家来の遊佐信教により殺害されたことである。殺害の時期については元亀四年六月二五日と推定されている。(13) これで守護を推戴する必要はなくなったのだ。第二の要因は、将軍足利義昭と信長が反目し、対立した点に求められよう。特に、信長に追放された義昭が、天正元年一一月に移ってきたのが紀州海部郡由良の興国寺であり、ここから反信長戦線の結成をはかった点は注意する必要がある。

天正二年頃には雑賀門徒衆が大手を振って本願寺に味方できる状況になったことは間違いない。もちろん、雑賀五組や各惣郷・惣荘から全く自由になれたわけではなかろう。だが、これにより雑賀一揆の規制を離れ、雑賀門徒衆による独自の一向一揆への活動が始まったと考える。この動きを、石田晴男氏は天正五年に求めているが[14]、天正三年には始動していたのだ。すなわち、遅くとも天正三年には、雑賀門徒衆が組織全体として「石山合戦」に参加したことは、今回紹介した史料が如実に示しており、このため彼らの代表である四人の年寄衆が、歴史の前面に登場してきたのである。

ところが、『増補改定本願寺史』は「雑賀衆が本願寺方として登場するのは、天正三年以後である。その契機は、篠原長房の妻と遺児を雑賀へ連れ帰ったことにあった。雑賀衆は、篠原一族の旧地回復の意向の実現に尽力しだした[15]」と述べている。しかも、この「雑賀衆（五組）は門徒組織ではない」とした上での話であった。つまり、雑賀一向衆ではなく雑賀衆が本願寺に味方した契機が、この篠原一党を受け入れたことにあったというのである。はたしてこれは妥当なのだろうか。

まず、雑賀衆全体が本願寺に与したわけではない点は前述した。次に、雑賀衆は、篠原一族の旧地回復の意向の実現に尽力したのであろうか。篠原松満一党は天正五年正月に勢力を挽回するため阿波へ渡海したようだ。だが、一宮長門守らによって追い返された[16]。これに、はたして雑賀衆が同行したのであろうか。

問題は前に一部引用した『昔阿波物語』の次の記述をどう把握するかであろう。

> 天正五年正月早々に、篠原駟雲の子息たちを、阿波へけいこ（警固）を以て、別宮へをし入り申し候。按（案）内なしに、かさをし（嵩押）に仕り候に付て、一宮殿・伊沢殿御腹立てられ、をいもどし申し候。紀のみなとの大将分は植松ノ平大夫・久保町の才助・みなとの刑部・森土橋・鷺森の源左衛門、かだのむかひの者、此者共が元亀三年に上桜

にて駟雲の子息達、御袋もらひ候て養ひ置く。（三二一五頁）

川端泰幸氏はこの文章で、「雑賀門徒が松満を擁して阿波へ入ったことが記されている」と解釈している。[17]しかし、右の文章を素直に読めば、「天正五年」についての記述と「元亀三年」の話とは全く分けて理解すべきであろう。つまり、「紀のみなとの大将分」は「駟（紫）雲の子息達、御袋もらひ候て養ひ置く」ことを述べているだけで、「雑賀門徒が松満を擁して阿波へ入った」とまでは読み取れない。「紀のみなとの大将分」の前で文章が切れていると判断すべきである。これ以外には、天正五年正月に雑賀衆が阿波へ渡海したとする記述は『昔阿波物語』にない。川端氏は『昔阿波物語』しか引用していないが、はたして雑賀衆によるこのときの渡海について書いた史料が、別に存在するのであろうか。

次に、この天正五年正月に阿波に渡海したというのが本当なら、これは同年二月の信長による雑賀攻めの直前である。雑賀攻めのため信長は前年から宮郷・中郷・南郷の三組を調略しており、雑賀門徒衆は簡単に同道できるものではない。四人の雑賀年寄衆をはじめ主だった面々は、全て三月の投降の起請文に名を連ねているから、渡海していないのは間違いない（戦国三四六・三五四）。逆に、もし雑賀鉄砲衆が同道したなら、簡単に押し返されなかっただろう。

川端氏は先の文章から「松満の阿波復帰を目的として阿波へ入国した紀州衆の中に、「かだのむかひの者」がいた」[18]と述べている。加太の「向井家文書」には、天正期の史料が四〇点ほど存在するが、「石山合戦」に関係する史料は一点もない[19]。「石山合戦」に関与していない向井氏の一党が、「松満の阿波復帰」に協力するだろうか。先の記述は「かだのむかひの者」は、傭兵として上桜合戦に参加していたことを記述しているだけだと判断すべきであろう。このことは逆に、加太の向井の者まで名を連ねているということは、「紀のみなとの大将分」以下の文章は元亀三年の記述であって、天正五年正月に阿波に渡海したことを書いているわけではないことを示している。

篠原松満一党の旧地回復の試みは、これで終わったのではなかろうか。庄野右近ら家臣の一部はそのまま阿波に残り、十河存保に使えたようだ。他方、篠原松満たちはその後どうなったのか分からない。松満は自殺したとも、農民になったともいわれている。ただし、松満の母は豊臣秀吉の女官となり、兄弟の一人は秀頼に仕えたという。(20)ということは、「雑賀衆は、篠原一族の旧地回復の意向の実現に尽力」したとはいえないのである。

以上の状況から考えると、雑賀衆ではなくたとえ雑賀一向衆であったとしても、本願寺に味方した「契機は、篠原長房の妻と遺児を雑賀へ連れ帰ったことにあった」という『増補改定本願寺史』の主張は妥当でないと考える。

註

(1) 金龍静「石山法王御書類聚の紹介」(『戦国期の真宗と一向一揆』吉川弘文館、二〇一〇年)二六四～二六五頁。
(2) 『大日本史料』第十編之十六、東京大学出版会、一九七九年、一二一～一二三頁。
(3) 『香川叢書』第二、香川県、一九四一年。
(4) 註(2)前掲『大日本史料』第十編之十六、一三七頁。
(5) 向井氏が海運等に関わった史料はないので、これは向井氏ではないとの見解があるが、「紀州雑賀之内向井強右衛門尉とのへ」と記された天正九年の「村上武吉過所旗」が存在しており、海運に携わったのは間違いない。ただし、本文で記すように向井氏が「石山合戦」に参加したことを示す史料はないし、またこの過所旗は講和後の天正九年であるから、反信長の政治的な結び付きではなく、経済活動を通して入手したものと考える。
(6) 松田毅一ほか訳『フロイス日本史1』中央公論社、一九七七年、一五六頁。
(7) 「雑賀御坊(清水)屋敷売券写」(『海南市史』第三巻、海南市役所、一九七九年、六三九頁)に掲載。
(8) 和歌山市立博物館図録『雑賀衆と織田信長』和歌山市教育委員会、一九九八年、二八頁、図版B―10。
(9) 『甲斐国社記・寺記』第四巻、山梨県立図書館、一九六九年、五五八頁。

(10)　川端泰幸『日本中世の地域社会と一揆』法藏館、二〇〇八年、一七三頁。
(11)　石田晴男「守護畠山氏と紀州「惣国一揆」」(『歴史学研究』四四八、一九七七年、のち『本願寺・一向一揆の研究』吉川弘文館、一九八四年、二九七〜二九九頁)、弓倉弘年「元亀元年の雑賀衆」(『和歌山県立博物館研究紀要』二、一九九七年)。ところで、石田晴男氏はこの論文では元亀年間では雑賀衆は本願寺ではなく信長側だったと述べていた。「石山合戦」の開戦時点では守護畠山氏が健在で、「惣国一揆」の規制があったため、雑賀衆が独自の判断で本願寺側につくことができず、雑賀衆は本願寺側に立つことはなかったと解説している。ところが、石田氏は「「紀州惣国」再論」(『戦国期の真宗と一向一揆』(吉川弘文館、二〇一〇年)で「「雑賀五郷(組)」は、石山合戦期の分裂前には本願寺方として動いている」(八八頁)と述べている。この「石山合戦期の分裂」とは、信長による雑賀攻めの前の天正四年に、宮郷・中郷・南郷の三組が信長の調略に応じたことを指すのであろう。しかし、地縁集団である雑賀衆が組織全体として本願寺に味方したことはない。また本文で明らかにしたように、雑賀門徒衆が全体として本願寺に味方するのは天正年間に入ってからであり、元亀年間は信長側であった。石田氏がなぜ見解を変えたのか、不思議である。
(12)　田中敬忠『和歌祭の話』田中敬忠先生頌寿記念会、一九七九年、一二二一〜一二二三頁。
(13)　弓倉弘年『中世後期畿内近国守護の研究』清文堂出版、二〇〇六年、三六五頁。
(14)　石田註(11)前掲「守護畠山氏と紀州「惣国一揆」」、三〇一頁。
(15)　『増補改定本願寺史』第一巻、本願寺出版社、二〇一〇年、五九九頁。
(16)　若松和三郎『篠原長房』原田印刷出版、一九八九年、一五八頁。
(17)　川端註(10)前掲書、一七九頁。
(18)　同前、一八四頁。
(19)　『和歌山県史　中世史料二』和歌山県、一九八三年、二三〇〜四〇八頁。
(20)　若松註(16)前掲書、一五八頁・一六二頁。

第七章　天正六年の雑賀志衆関係史料

第一節　史料の紹介

本願寺史料研究所の御好意により、浄土真宗本願寺派（西本願寺）にある天正六（一五七八）年六月一三日付の雑賀衆に関する二点の文書の複写本を提供されたので、紹介したい。「本願寺文書」に登場するこの「雑賀衆」は、鷺森（雑賀）御坊を中心に結束した雑賀門徒（一向）衆であって、雑賀五組（搦）を基盤にした物的結合集団である雑賀衆とは違う。「雑賀志衆」と命名した理由について本文で検討している。

それでは、まず二点の史料を紹介したい。釈文には適宜読点を付け、旧字は新字に改めている。また、（　）は解読者の注である。なお、史料を翻刻するにあたり、同僚の学芸員である山下奈津子氏に貴重なご助言をいただいたので感謝申し上げたい。

史料1　天正六年六月一三日付中郷・宮郷門徒志衆連署起請文写

定条々事

一御上様之御儀、如何様共御意次第ニ請合、才

覚調儀可仕候事、
一かミへんニても又ハ何方ニても知行、礼樽なと
をも各請合上を以、相談可申事、同此内にても
かすむ事之有間敷者也、
一か様候儀、ひやうり（表裏）のやから有之共、一人おとしに
自然あるにおひてハ、惣中同前にもち可申
者也、兎角此衆中申合候儀をハひより別
心あるましく候、縦父子共ニても何かた申儀　上様
御為に不可然候ハヽ、一言も同心申間敷者也、於
此上者、只々（カ）御にらい御上人様之御はツを可罷蒙
儀必定也、仍互之支証文之状、衆儀如件、

天正六年六月十三日

わさ　西衛門介
　　重教
同　左衛門二郎
　　算長
いわし　神主
　　次典
同　孫九郎太
　　吉久
同　源太夫
　　正久
鳴神　宮内大夫
　　吉久
鳴神　源三太
　　守勝
岡崎　藤大夫
同　掃部太郎

史料2　天正六年六月一三日付雑賀庄・十ケ郷門徒志衆連署起請文写

定条々事
一御上様之御儀、如何様も御意次第ニ請合、
調才覚可被遣可仕事、
一上辺にても又ハいつかたにても知行、礼物、
たる（樽）なとも、各之請合之上以、相すまし可
申事、幷此内にて少も万事かすむる事
有間敷候、
一如此申合する共、へんしゆ（変種）のやからいかほと
てき（出来）候共、しやういん（承引）申ましく候、万一ひとり
おとしにへんしゆのやから色をかへ申共、惣中
同前ニもち可申候、幷於此一儀たとへおやにて候共
子にて候共何かと申候者、上儀御ため不可然事候ハ、一
こん同心申ましき物也、右趣少も相たかい
申間敷候、万一ひとりおくれ候ハ、御によらい
さま御上人さま御はツをこふむルへき物也、仍定
証文如件、
天正六年六月十三日

さいか本郷

源次大夫家定　　太次郎
十郎二郎　　十郎左衛門
衛門大夫　　与三大夫
三郎大夫　　甚五郎
掃部左衛門　　平内大夫
藤衛門　　くほ 源四郎大夫
ウス 三郎左衛門　　ウス 左衛門五郎
ハラ 助左衛門　　ハラ 藤内大郎
同 源六　　コサイカ 源五郎
コサイカ 二郎兵衛　　同 刑部二郎大夫
新七郎

中之嶋之分

九郎大夫　　治部大郎
甚大夫　　源左衛門
新五郎　　源三郎
なし 源三郎　　甚九郎
さへもん三郎

岡　分

二郎衛門　　前嶋太郎

惣五郎　光則

湊之分

亀大夫信正　　衛門大郎正吉

治部左衛門吉成　　五郎大夫友信

長左衛門

きし　　くすミ

源三大夫宗清　　孫二郎大夫

忠二郎忠家　　藤二郎

彦三郎正次

三郎大夫

太郎大夫

源内大夫

若大夫

まつへ

源大夫吉久

大夫大郎

まず、この史料が写しであると判断したのは、花押が書かれていないからである。

それでは、連署起請文写で誓約した内容を検討しよう。第一は、「御上様」の「御意次第ニ請合」という内容である。本願寺文書であるこの史料の「上様」とは、当然このときの宗主である顕如と考えてよい。すなわち、どのようなことがあっても顕如の意思に従うというものだ。第二に「知行、礼物」を「請合」ている。この「知行」とは知行地のことではなく、職務を遂行するという別の意味であろう。つまり、どこにおいても任務を遂行し、礼物をごまかすことなく納めるというのである。

最後に罰文が来る。まず、「ひやうりのやから」や「へんしゆのやから」といった裏切り者が出たとしても、「惣中」すなわち志衆全体で請合った内容は各自が必ず堅持すると書く。とにかく、顕如のためにならないようなことには同意せず、できない場合は罰を受けるのは必定であると誓う。もちろん真宗門徒であるから神は登場せず、如来＝阿弥陀仏と、上人＝本願寺宗主の罰しか書いていない。

第二節　連署者の検討

それでは、起請文写に連署しているのは、どのような人たちであろうか。このことの解明は、史料の位置づけに関わる問題となろう。この点で、**史料1**について『増補改訂本願寺史』は、天正五（一五七七）年の織田信長の雑賀攻めで信長に味方した「中郷らの有力者」が、その後本願寺方となることを誓った史料と推察している(1)。それでは、なぜこのように判断したのであろうか。それは信長による雑賀攻め後の雑賀の状況をどう理解するかに関わる問題であるから、この点をまず確認しよう。

信長の雑賀攻めで痛手を被ったのは、いったん降伏した雑賀一向一揆側であろうか。雑賀一向一揆とは、雑賀五組のうち雑賀庄・十ケ郷を中心とした個々の有力土豪と雑賀一向衆とによる、天正期に成立した反信長連合のことである。その後の状況を見ると、打撃を受けたのは雑賀一向一揆側ではなく、むしろ信長に味方した南郷・宮郷・中郷の三組の側であったといえよう。

南郷の大野荘においては、信長の雑賀攻めの直後、大野十番頭の門徒と非門徒との間で深刻な対立が生じた。前者が名高に後者が日方に陣取り、天正五年八月に戦闘に及び、鈴木孫一が他の組の一向一揆勢を率いて支援し、門徒側が勝利したといわれている。これが、「井松原合戦」と呼ばれているものだ。(2)

土地争いなどで雑賀庄と何かにつけ対立していた宮郷は、三月七日付「紀州御門徒衆惣中宛下間頼廉書状」(『和歌山市史』第四巻、和歌山市、一九七七年、戦国時代三五〇号。以下、同書掲載史料は時代名と番号のみを略記)によると、「湊衆以取扱宮郷衆悔先非、於向後者雑賀令一味同心」とある。仲介した「湊衆」は門徒も含まれているにしても門徒集団ではないから、この「宮郷衆」は門徒衆ではなかろう。前掲『和歌山市史』も『大系真宗史料　文書記録編12　石山合戦』(法藏館、二〇一〇年、五頁)も、この書状を天正五年と比定しているが、三月七日は雑賀攻めの最中であり、信長勢の大軍が在陣するなかで宮郷衆が変心するとは思えないし、できないだろう。これは天正六年のことと考えるが、雑賀一向一揆側が優位となり、宮郷側が恭順したようだ。

中郷は、根来の勢力が優勢であったため信長方に付いたのであろう。雑賀衆の土橋氏と関係の深い泉識坊を除き、根来寺の主流は一貫して信長側であったからだ。だが、中郷は門徒も多かったから、それが本願寺方に付いたため、分裂して相対的に弱体化したことは間違いない。つまり、織田信長の雑賀攻めの後に雑賀一向一揆側が優勢となったため、信長に味方した「中郷らの有力者」が、その後、本願寺方となることを誓うような歴史的状況が確かに存在したのである。『増補改訂本願寺史』が**史料1**をそのように判断したのもやむを得なかったともいえよう。しかし、結論を先に述べると、**史料1**については、以下の理由からこの認定は成立しないと考える。

第一は、**史料1**に連署している九名が、織田信長の雑賀攻めで信長に味方した「中郷らの有力者」といえるかどうかの問題である。名前の肩に地名が書かれていた。**史料1**で登場するのは、和佐・岩橋・鳴神・岡崎である。雑賀五組でいうと、鳴神は宮郷で、それ以外は中郷に属する。その意味では「中郷らの有力者」といえるだろう。

しかし、九名のうち「鳴神宮内大夫吉久」と「岡崎藤大夫」は、第四章で紹介した天正八年と推定できる「雑賀一向衆列名史料」において、「浄光寺方御請之衆」に登場する「なるかミ・宮内道場」（第四章**表Ⅳ**—4、以下同表）と「岡崎・藤大夫道場」（Ⅳ—5）の道場主と判断してよかろう。岡崎や鳴神の浄光寺末の門徒衆は、天正三年には本願寺側で「石山合戦」に出陣していた。第五章に掲載した天正三年八月晦日付の「軍法浄光寺方折之日記」（本脇八幡神社文書、国文学研究資料館蔵）に、「一方　岡崎、鳴神、荒内、黒田」とあるからだ。つまり、彼らは道場主で元から本願寺方だったと判断してよかろう。

なお、**史料1**の岡崎の「掃部太郎」は、「雑賀一向衆列名史料」のうち、いつのものか分からない「浄光寺方」と書かれた付属文書（第四章**史料9**）に「岡崎掃部太郎」とあり、この人物かもしれない。そうであるなら、彼も雑賀一向一揆側の人間である。

次に、**史料1**の「いわし神主次典」と「同源太夫正久」は、弘治三（一五五七）年四月一九日付の「岩橋荘神主等連署芝去状」（戦国一二一）の筆頭と二番目に登場する「神主」と「源大夫」との関連が想起される。この「源大夫」は、雑賀一揆の最重要史料である永禄五（一五六二）年七月付「雑賀衆宛湯河直春起請文」（戦国一三一）で、中郷の最初に岩橋の代表として登場する。つまり、彼らは岩橋の有力者と考えてよい。

それでは、岩橋の神主とは誰であろうか。岩橋荘は、足利義満が石清水八幡宮に寄進する以前は湯橋荘と呼ばれ、庄司湯橋氏が統括し、当地の高橋大神の宮司でもあったという。それゆえ、この神主は湯橋氏の当主ということが、まず考えられる。文明一八（一四八六）年に蓮如が紀州を訪れた際、この湯橋家に逗留しており、この頃すでに真宗の教線が伸びていた。これは、浄光寺の布教によるものと考えてよい。湯橋家の当主は神主であったため自ら仏門には入らず、荘内に真宗の自庵を設け、僧を雇っていたが、他方根来寺に係累を入れ子院の威徳院持ちでもあった。これは、荘全体としては真言宗の影響が強かったからであろう。ところが、威徳院において湯橋家の係累が絶えると、逆に岩橋荘での根来寺の押領が強まったという。

天正五年信長の雑賀攻めの際、中郷が信長方に付いたのは根来の勢力が優勢であったためといえよう。特に、中郷の東隣りの小倉荘は、根来衆の頭目の一つである杉坊持ちの津田氏の拠点で、杉坊こそ信長派の中心人物であったからだ。たとえば、湯橋家の「長泰年譜」は、浄光寺の「手継」にて「当荘之門徒を召連石山城へ馳参」る際、「根来へ憚り姓名を仮ニ高柳監物と名乗る石山軍記ニも相見候」と記述している。つまり、当時の中郷は、門徒が公然と本願寺を支援できる状況ではなかったのだ。だが、ある程度の勢力を保持していたことも事実で、密かに加勢していたのである。(3)

「高柳監物」の高柳は、湯橋家の屋敷がある小字の地名である。湯橋家が「当荘之門徒を召連」て「石山合戦」に参戦したとの記述は、信用してもよいのではなかろうか。『陰徳太平記』に、「石山合戦」で「功を建つる事、雑賀の者第一たり」と述べ、「先陣の部将」の一人として「高柳監物」が登場する。(4)もちろん、江戸時代の軍記物であり、どこまで信憑性があるか心許ない。だが、「雑賀一向衆列名史料」で浄光寺方に「岩橋」（Ⅳ—6）と記載されていた。また、先の「軍法浄光寺方折之日記」には、「一方　岩橋、直川」とあり、岩橋の門徒衆は浄光寺末勢の有力な一翼を担っていたことは間違いない。

ところで、湯橋家の「長泰年譜　三」[5]の系譜によると、「石山合戦」期の湯橋氏の家長は「政成」で、**史料1**の「次典」ではない。しかも、同史料の「政成」のところに、「岩橋荘神社天文天正両度依兵火炎上、古例之祭祀社儀断絶、神田没収、於是神主職事政成不相続之」とあり、湯橋氏の当主「政成」は神主にならなかったようだ。岩橋荘の宮座は「五司・十名・平座」で構成されており、「社司番頭総座主」が湯橋庄司家であった[6]。天正期は二番頭以降の者が神主を務めたのだろう。「雑賀衆宛湯河直春起請文」で岩橋の代表であった「源大夫」も「五司」の一人ではなかろうか。

湯橋家の当主が「石山合戦」に参戦した可能性は高いが、「当荘之門徒を召連」たのであるから、それ以外の岩橋の門徒たちも本願寺方であったと判断してよい。湯橋家の自庵道場は屋敷とは別の小字にあったが、高柳には宗津保宮内大夫の自庵道場があった。この人物も「五司」の一人と考えてよく、神主は彼の一党かもしれない。「源大夫」ともども本願寺方として参戦したのではなかろうか。そうであるなら、「鳴神宮内大夫吉久」や「岡崎藤大夫」と同様、「いわし神主次典」と「同源太夫正久」も雑賀一向一揆側の門徒の可能性が高いように思う。

史料1に連署した九名のうち他の四名は、どのような人物か分からない。上記した五名は浄光寺末の可能性が高い。これに対し、和佐荘には浄光寺末の道場はなく、興正寺下の真光寺末の道場が三つと端坊末の道場（のち、興正寺末）が一つあった。なお、岩橋荘にも興正寺下真光寺末の道場が一つある。こうした道場からも「石山合戦」に参戦したであろう。彼ら四名も門徒である公算が大きいように思う。それはともかく、少なくとも「鳴神宮内大夫吉久」と「岡崎藤大夫」が署名していることから、信長に味方した「中郷らの有力者」が、その後本願寺方となることを誓った史料とはいえないだろう。これが第一の理由である。

第二の理由として、この点は**史料2**の存在からも指摘できる。**史料2**は**史料1**と日付も内容も全く同じだ。**史料2**に書かれている地名は、雑賀五組のうち雑賀庄と十ケ郷である。「さいか本郷」、「中之嶋」、岡、湊が雑賀庄、「きし」(貴志)、「くすミ」(楠見)、「まつへ」(松江)は十ケ郷に属する。信長の雑賀攻めの際、この二組は基本的に信長側ではなく雑賀一向一揆側であった。つまり、このことからも両史料は、信長に味方した雑賀衆がその後本願寺方となることを誓った史料とはいえないのである。

それでは、**史料2**に連署しているのはどのような人々なのだろうか。最も明確な人物は、湊の「亀大夫信正」である。「雑賀一向衆列名史料」において「方はつれ御請之衆」に登場する「ミナト・浄法道場」（Ⅲ—1）の代表者が津村亀大夫であった。津村亀大夫は、本願寺が講和することに従うと誓った天正八年の「雑賀衆起請文」（戦国四三四）に、雑賀一向一揆の他の中心メンバーとともに連署している。なお、「ミナト・浄法道場」（養専寺）は、興正寺下端坊末であった。

亀大夫ほど明確ではないが、**史料2**において「雑賀一向衆列名史料」との関係が想定できる可能性がある者を列挙しよう。まず、中之島の「九郎大夫」と楠見の「孫二郎大夫」との相関が類推できる人物として、「性応寺方御請之衆」に中之島の「九郎大夫道場」（Ⅰ—13、西覚寺）と「楠見道場」（Ⅰ—19、阿弥陀寺）の「孫二郎大夫」がいる。なお、「雑賀衆起請文」（戦国四三四）にも「孫二郎大夫」が登場するが、略押なので同一人物かどうかは分からない。

次に、貴志の「源三大夫宗清」と「若大夫」は、「浄光寺方御請之衆」の「中野道場」（Ⅳ—12、長徳寺）の「源三大夫」と「若大夫」、同じ貴志の「三郎大夫」は「真光寺方御請之衆」の「中野・三郎大夫道場」（Ⅱ—26、西教寺）、また貴志の「太郎大夫」は「直参方御請之衆」の「中村・梅原両道場」（Ⅴ—6・7、空山寺・徳号寺）の「大郎大夫」との関連が、それぞれ窺える。

なお、中之島に「源三郎」が二人書かれているが、「雑賀一向衆列名史料」のうち一連の「御請之衆」の史料ではなく、いつのものか分からない「性応寺方」と書かれた付属文書（第四章**史料7**）に、「中嶋東道場」（専光寺）と「中嶋西道場」（西覚寺）とにそれぞれ「源三郎」がいる。湊の「治部左衛門吉成」は、この「性応寺方」と書かれた付属文書における湊の「治部左衛門尉」、また湊の「長左衛門」は同様の「浄光寺方」と書かれた付属文書（同**史料9**）の「ミナト長左衛門」との関係が想定できよう。

ただし、地名と名前が同じであっても、花押が書かれていなければ、最終的には同一人物と確定できない。しかしながら、**史料2**に湊の「亀大夫信正」が登場することから、**史料1**と同様に連署しているのは、雑賀庄と十ケ郷における真宗門徒である可能性が高いように思う。そうであるなら、この二通の天正六年六月一三日付「連署起請文写」は、どういうことで作成されたものなのだろうか。その背景を探ってみよう。

第三節　史料の歴史的意味

織田信長の雑賀攻めの後、雑賀においては逆に雑賀一向一揆側が優勢になった。しかし、和泉においては貝塚をはじめとした寺内破却が進んだ。信長は和泉における定番として佐野に織田信張だけでなく杉坊を配置している。これにより、紀州から陸路による本願寺支援がより困難になったであろう。しかし海路は、天正四年七月の「第一次木津川口の海戦」で勝利した毛利・雑賀側が握っていた。本願寺は引き続き雑賀鉄砲衆の支援を求めている。淡路岩屋は毛利と本願寺にとって海上連絡の要地であった。また、天正六年二月、三木城主別所長治の離反により反信長側が東播磨で優勢となり、対岸の岩屋はますます重要性を増す。三月一一日付「紀州門徒惣中宛顕如書状」（戦国三二〇）だけでなく、三月八日に毛利勢（戦国三五一）からも雑賀御坊惣中に岩屋へ渡海するよう要請している。さらに、四月中旬には毛利氏の大軍が西播磨の上月城を包囲した。五月二日、顕如は紀州惣門徒宛に、雑賀鉄砲衆が上月城へ出陣するよう求めている（戦国三八〇）。ところが渡海の要請にはなかなか応じず、岩屋では中国衆との喧嘩口論が発生し、播磨から勝手に帰国したようだ（戦国三五八・三八二）。

そもそも、雑賀門徒衆にとって播磨への出兵は、間接的に本願寺への支援になっているかもしれないが、直接本山を防衛するものではない。まして信長側であったこともある武将への協力であり、豹変激しい戦国期においては、またいつ何時裏切られるとも限らない。本願寺から要請があったとしても、これは自衛のための戦いではなく、武将同士の闘争への加勢であり、簡単に応じられるものではなかろう。これに加え、合戦が長引き、毛利勢とも反目が生じている。過大な要求や無意義な要請に難色を示すような状況が、紀州や雑賀の門徒衆に見られるようになったのである。

しかし、これはやむを得ないことと考える。細川政元が実如に対し一向一揆勢の加勢を求めたことにより、「河内錯乱」・「大坂一乱」が生起した。また、証如期には細川晴元の同様の要請の結果、天文の畿内一向一揆が起こり、山科本願寺が焼失し、畿内の多くの本願寺教団の寺院・道場が破却された。これまでの状況を見てきた紀州の門徒衆にとって、本山の防衛には進んで応じたとしても、戦国大名間の戦いへの加勢は簡単に受け入れられるものではなかったのである。それでは、こうした紀州や雑賀の門徒衆の主体的な対応を見て、本願寺はどのように対処したのだろうか。

天正六年半ば頃、紀州惣門徒や雑賀御坊宛の本願寺側の書状に新たな語句が登場する。それは「志次第」や「自飯米衆」・「志衆」という言葉である。七月四日付「雑賀御坊宛下間仲之・頼龍連署状」（戦国三八六）では、「大船一艘」と「警固六艘」が着岸したが、要請どおり「警固船十五艘」を大坂へ送るよう求めているが、「自余ハ不相構志次第方々より火急ニ舟馳走被申」とある。また、三日後の七月七日付「紀州惣門徒宛顕如書状」（戦国三八七）には、今度は高砂へ「人数二千」を渡海させるよう要求しているが、「もし国之談合調かね候ハヽ、志次第ニ可有渡海事」と書いていた。さらに、七月一七日付「紀州惣門徒宛下間仲之・頼龍書状」（戦国三八九）に、本願寺上山について「とゝのおりかね候て相延候ハヽ、自飯米衆・志衆被申合、五百丁早々可被参候」とある。

大坂へ「大船一艘」と「警固六艘」を送ったのに、さらに残りの警固船九艘を催促され、三日後に高砂へ「人数二千」を渡海するよう要請があり、その一〇日後には鉄砲「五百丁」を上山するよう求められているのである。もちろん、これ以前も支援の依頼に対応していた。これはあまりにも過度の要求といわれても仕方がなかろう。

上記の「国之談合調かね候」の「国」とは、紀州惣門徒のことと判断してよい。つまり、紀州や雑賀の門徒組織としては、度重なる要求や意義が感じられない要請には安易に受諾していない状況が見られ、本願寺は新たに「志衆」や「自飯米衆」への呼びかけを開始したようだ。本来、本願寺への門徒の支援は「自飯米」が基本であった。それゆえ、本願寺ではなく紀州や雑賀の門徒組織が、これまで派遣者に兵糧を支給していたということであろう。

ついには、天正六年九月二四日付で顕如は紀州惣門徒宛に「鉄炮千丁」を派遣するよう要請しているが（戦国三七三、『和歌山市史』の天正五年比定は誤り）、この消息に「志衆・自飯米衆へも申下候」とあるように、同日付で同様の内容の志衆・自飯米衆宛書状案が存在しており（戦国三九六）、彼らにも直接消息を送るようになったようだ。「鉄炮千丁」というのは最大の催促数であるが、戦国大名ではない者にとって膨大な量ではなかろうか。なお、この書状案に、「国へも鉄炮千丁申下候」とあり、「国」とは紀州惣門徒のことと考えて間違いない。二日後の九月二六日付「紀州惣門徒宛顕如書状案」（戦国三九七）では、「国衆油断にて此分に候条、志在之衆は……志次第ことく〳〵可令参着事」とある。

以上の状況を見ると、本願寺側の過剰な要求や無意義な要請に対し、自主的で自立した自由な集団である雑賀門徒衆は組織として難色を示すようになり、「志衆」や「自飯米衆」という言葉が天正六年半ば頃に登場する。ということで、天正六年六月一三日付の**史料1・2**は、本願寺の呼びかけに応じて雑賀門徒の志衆が提出した連署起請文の写しと推察した。

これまで述べてきたように、雑賀一向衆の組織原理は本末が基本であった。天正八年の講和受け入れに関する史料と考えられる「雑賀一向衆列名史料」も、雑賀一向衆の陣立てに関する天正三年八月晦日付の「軍法浄光寺方折之日記」にしても、本末で区分けされている。これに対し、**史料1・2**は雑賀五組の組を基本に提出されていた。つまり、本末ではなく地縁に基づいているのである。これは、どこの末道場であるかに関係なく、志を持った門徒たちが組ごとに結集しているということであろう。他方、署名者には雑賀門徒衆の年寄衆が一人も名を連ねていない。ということは、他の戦国大名を支援するために播磨へ渡海することに、雑賀門徒衆は組織として異論があったということではなかろうか。

第四節　本願寺の門徒統制と雑賀門徒衆

第六章で明らかにしたように、「石山合戦」が始まった際、雑賀門徒も含めて雑賀衆は、本願寺側ではなく信長側で出陣していた。その後も、雑賀門徒衆は信長側で働いたとまでは断定し得ないにしても、元亀四（天正元）年までは積極的に本願寺に味方した様子は窺えない。それればかりでなく、本願寺にとっては痛手となる行為に加担していた。それは、元亀四年五月頃、阿波上桜城の篠原長房を主君三好長治が攻め滅ぼした「上桜合戦」である。他の雑賀衆とともに門徒衆も、傭兵として三好側で出陣していた。

元亀元年に三好三人衆と本願寺を救援するために阿波・讃岐の兵を率いてきたのが、篠原長房である。しかも元亀四年は、本願寺が密かに足利義昭と提携し、反信長の中心となって各方面に働きかけていた時期であり、四国で頼みとすべき彼を失ったことは大きな痛手であった。つまり、雑賀門徒は本願寺の意向に頓着せず、自分たちの「仕事」を優先させ自由に行動しているのである。

天正期になり雑賀門徒衆が本願寺を支援するようになってからも、上記のようにあまりにも過剰な要求や意義が感じられない要請には簡単に受諾していない状況が見られるのである。こうした雑賀門徒衆の自主性はどこから来ているのであろうか。

本願寺による門徒統制については、笠原一男氏がかつて「本福寺跡書」(7)を使って考察している。(8)本願寺教団では破門＝勘気といった形で門徒統制が行なわれたとする。その破門も、一般の諸宗とは性格を異にしていたという。「本福寺跡書」には、「御勘気アリテ地獄ヘヲチストイフコトナシ。又今生ニハ人ニヘタテラレ、カツエシナストイフコト更ニナシ」とある。すなわち、本願寺の勘気を被った門徒は、後生では地獄に落ちないことはない。今生では他の門徒から隔てられ、飢死（かつえし）しないことはさらにないというのである。というのは、「火ノトリカヨワカシ、目ヲミアハセタモノモ無間地獄ヘヲトスヘシ」とあるからだ。つまり、火種を貸したものや、目を見合わせたものまで無間地獄へ落とされるというのであるから、破門されたものは村落の生活や共同作業から完全に閉め出され、一家全員が飢死してしまってもおかしくない。これを避けるには「人ノヤウシニナスカ」、「他宗ノ出家ニナリトモマツナ」さなければならないと、子供を他宗で出家させるか、養子に出す必要があったというのである。

もっとも、「本福寺跡書」によれば、蓮如以前に破門＝勘気を被る者は数えるほどしかなかったのが、各地に「御一家ノヲシヒロマラセタマフテ、国々ノ坊主衆ノトカノミイテ」くるようになったという。つまり、蓮如の子や孫たちによって一門一家衆が形成されて、本願寺の門徒統制が強まったというのである。これは逆にいえば、一門一家衆がいない地域では、以前と同様に門徒統制が緩やかだったことを意味していた。「本福寺跡書」は、「ソノ国、ソノ郡ニ御坊ノ御サナキ坊主ハ、カマヘテ一人モ他宗ニ子ヲナサ、レ」というほどの気楽さだと羨んでいる。この「御坊」とは一門一家衆寺院の意味で使用している。これに加え、真宗地帯でなければ他宗の人も多く、破門されたからといって村落の生活や共同作業から完全に閉め出されたことは無かっただろう。

ただし、「本福寺跡書」に記されたことは特殊な事例で、どこまで一般化できるのか疑問視されている。つまり、本福寺に圧迫を加えた一門一家衆である近松顕証寺蓮淳の特異な性格によるものだというのである(9)。これは、今後検討されなければならない。もっとも、一門一家衆による本願寺の門徒統制が一般的であったとしても、紀州門徒がそれを免れていたことは間違いない。

紀州には一門一家衆寺院は存在しない。宗主兼帯である鷺森御坊は、江戸初期までは近隣の自庵道場の坊主衆が共同で運営していた。また、雑賀において門徒は、多くても三分の一ほどの勢力にすぎなかった。これが紀州全体では六分の一程度だったのである。しかも、真宗寺院だけしかない村は少なく、ほとんどが他宗の寺院と共存していた。雑賀門徒衆の自主性が強く、自由に振る舞えたのはこのような地域だったことが作用しているのではなかろうか。もっとも、雑賀門徒衆だけでなく雑賀衆自体が、非常に自立性の強い集団であったから、そのことも反映しているに違いない。

ところで、破門＝勘気を被った者は地獄に落とされると本願寺において認められていたということは、本当のことであろうか。もちろん、当時の一般門徒がそのように信じていたというのはありがちなことであろう。そのこと と、本願寺において是認されているということは、全く次元の違う話であり、現在の感覚でいえば受け入れがたいことである。なぜなら、人々の往生を本願寺宗主が判定するということは、もちろん親鸞や蓮如の教えではないからだ。

破門＝勘気を被った者は、地獄に落とされるということではないにしても、往生できないのは当然のことと、大坂本願寺において考えられていたようだ。蓮如の子供の実悟は「実悟記」[10]で、「善知識の仰に違ふ事ありて御勘気をかうふる人は、不可往生と云事、歴然也」と記している。ただし、実悟の名誉のために述べておくと、彼は法然と蓮生（熊谷直実）を例に出し、以下の法然の言葉を記して、そうした考えを戒めたのである。

一度本願に帰しつゝ、弥陀をたのみ奉る信心は、仏よりさづけ給心也。たのむ衆生の心は、弥陀如来の心光に摂取したまふてすて給ふべからず。坊主の勘気をかうふりたるとて信心を御取かへし有べき歟、とぞおほせらる。

弥陀の本願に帰し信心決定した者を、弥陀如来は決して捨てることはなく、たとえ坊主の勘気を被ったからといって、信心を取り返されるわけではないと法然が述べていると、実悟は諌めていたのである。往生できるかどうかは、阿弥陀に帰命するかどうかの問題であって、宗主であっても人間が決められることではない。ところが、実悟がわざわざ法然の言葉を述べて注意を喚起したということは、当時の本願寺では、信心決定した者といえども宗主などの善知識の勘気を被ると、来世では往生できないと、本気で考えられていたことを示しているといえよう。

証如・顕如の逸脱ぶりは、彼ら自身の手紙からも窺える。証如は天文元年比定の八月九日付「野田惣中宛消息」で、本願寺のために合戦で「うちしにのかたく〳〵は、こくらくのわうしやうをとけられ候ハんする事、うたかいなく候、いよ〳〵ちそうたのみ入候[11]」と書いていた。また、「顕如文案」には、「可有馳走事肝要候、しからハ往生極楽之本意、更ニ不可有疑候[12]」とある。

神田千里氏はこれらの手紙について、「証如も顕如も親鸞の教義を知らずにこのように書いたとは思えない。動員にあたって門徒たちの聞きたい言葉を記したのであろう[13]」と好意的に解釈している。当時の門徒たちが、本願寺のために戦って死んだ者は極楽往生すると信じていても、それはやむを得ないことといえよう。しかし、これは間違いなく自力そのものである。門徒たちの聞きたい言葉だったとしても、絶対他力の浄土真宗において、こともあろうに本願寺の宗主が自力を認めるのは論外であろう。

たしかに、顕如はこの文案以外の消息では、信心決定による往生と御恩報謝による支援を弁別して書いており、これは思わず筆が走ってしまったのかもしれない。しかし、人々の往生を本願寺宗主が判定するという、いわゆる「後生御免」が、経典や親鸞の言葉にその根拠がないにもかかわらず、大坂本願寺において行なわれていることを、実悟は悲しみを込めて繰り返し批判していた。証如や顕如が親鸞の教義を心底理解していたなら、実悟は諫める必要はなかっただろう。

これは当時の門徒の間で、本願寺の動員命令に従わない者は破門され、往生できないと信じられていたことを意味する。こうしたなか、雑賀門徒衆をはじめとした紀州門徒は、それに臆することなく、過剰な要求や無意義な要請に安易に応じていなかった。こうした本願寺に対し、雑賀門徒衆が自主的に行動したとしても、ある意味当然のことといえよう。

本願寺が織田信長との戦いを決断した「要素」の一つに、あくまで「仮説」としてではあるが、以下の点が指摘されている。「「戦争」が政権への求心力を高めるための格好の契機になりうるものであったことを考えるならば、本願寺に石山合戦を決断させたいま一つの要素として、「護法のための戦い」を契機に、門徒衆の自立志向の抑制という積年の課題を克服し、門徒衆を宗主のもとに再結集させようとする意図があった可能性も想定することができる」というのである。[14]そのような狙いが全くなかったとはいえないものの、織田信長との戦いを決断した「要素」の一つとまで主張できるだろうか。

「石山合戦」で大坂本願寺を中心となって支えた雑賀門徒衆ですら、顕如の意向に頓着せず、内容次第では自らの判断で支援するかどうかを決定していた。それも、元亀年間という「石山合戦」の初期だけでなく、天正六年という後期においてもその傾向は変わっていない。つまり、「門徒衆の自立志向の抑制」は成功していないといえよう。しかも、「石山合戦」が本願寺の東西分派の要因となったことを考えると、顕如（准如）派も教如派も門徒を統制しきれていなかったことを示しているのではなかろうか。

それはともかく、主体性の強い雑賀門徒衆が本願寺の要請に安易に応じない状況に対して、本願寺が新たに「志衆」や「自飯米衆」への呼びかけを開始した。これに応えたのが、本章で紹介した雑賀門徒の志衆による「連署起請文写」だったと考えてよかろう。

註

（1）『増補改訂本願寺史』第一巻、本願寺出版社、二〇一〇年、六〇二頁。
（2）「井松原合戦」（『海南市史』第二巻、海南市、一九九〇年）九三八頁。
（3）湯橋家の両史料は、森岡清美「「辻本」考」（『真宗教団における家の構造』お茶の水書房、一九七八年）に引用されているが、和歌山市史編纂室旧蔵影写本（和歌山市立博物館保管）で訂正している。
（4）『陰徳太平記 四』東洋書院、一九八二年、二一八頁。

（5）和歌山市史編纂室旧蔵影写本。
（6）安藤精一『近世宮座の史的研究』吉川弘文館、一九六〇年、一一三～一一九頁。
（7）『大系真宗史料　文書記録編3　戦国教団』法藏館、二〇一四年、一八八～一八九頁および二〇二～二〇五頁。
（8）笠原一男『一向一揆の研究』山川出版社、一九六二年、三九一～四一六頁。
（9）谷下一夢「顕証寺蓮淳について」（『増補真宗史の諸研究補遺』同朋舎、一九七七年）。
（10）『蓮如上人行実』大谷大学出版部、一九二八年、一六七～一六九頁。
（11）『大系真宗史料　文書記録編4　宗主消息』法藏館、二〇一四年、三八頁。
（12）同前、三七四頁。
（13）神田千里『一向一揆と石山合戦』吉川弘文館、二〇〇七年、二〇七頁。
（14）山田康弘「戦国期本願寺の外交と戦争」（『中世の寺院と都市・権力』山川出版社、二〇〇七年）四〇六～四〇七頁。ただし、この点以外の山田氏の論述は妥当なものと考えている。

第八章　雑賀衆と「石山合戦」

はじめに

これまで雑賀衆と雑賀一向衆の異同を明らかにし、また、「本願寺文書」の天正三年、天正六年、それに天正八年と考える史料を紹介して、各時期の雑賀一向一揆の状況を検討してきた。最後を飾る本章では、「石山合戦」の開戦要因や雑賀衆と火縄銃との関係という重要事項に言及しつつ、雑賀一揆と雑賀一向一揆の違いを見定め、「石山合戦」の各段階におけるそれぞれの動きを、以前の章の記述と一部繰り返しになるが、これまでの分析を踏まえつつ時代を追って叙述したい。

まず第Ⅱ部で明らかになった点を確認しよう。雑賀衆は、「石山合戦」において多数の鉄砲を駆使し、また水軍としても奮闘して織田信長と抗戦し、大坂本願寺を直接支えた集団としてあまりにも有名だ。この活躍に幻惑され、雑賀衆は土橋氏のような非門徒もいるが、基本的には門徒集団であり、雑賀一揆は一向一揆であるというのが通説となってきた。だが、雑賀衆には門徒が含まれているが、門徒集団ではない。雑賀は、北陸のように真宗が地域を圧倒しておらず、門徒は三分の一ないし四分の一強の勢力にすぎなかった。また、雑賀五組は雑賀衆の構成単位であっても、門徒組織ではない。雑賀一向衆はこの組を基盤とはしていないのである。

両者の混同が、雑賀衆や雑賀一揆についての誤った理解や議論の混乱を招いているように思う。ここで一つ注意すべきは、本願寺関係史料に登場する「雑賀衆」は、雑賀一向衆の意味で使われているという点である。これは「紀州衆」や「近江衆」が紀州や近江の全ての人々を指すのではなく、紀州門徒、近江門徒を意味しており、ひとり「雑賀衆」だけが非門徒も含んだ雑賀の全構成員を示すとは理解できない。

雑賀衆は宗派に関係なく、組―惣郷・惣荘―惣村単位で一揆を結んだ地縁集団である。これに対し、雑賀（鷺森）御坊に結集する門徒集団である雑賀一向衆は、地縁ではなく道場を単位とし本末（本山―中本山―末寺・末道場）を軸に行動している。「石山合戦」において、同じ村でも本末が異なる道場が複数あるところでは、村単位ではなく、それぞれの本末ごとに出陣していた。つまり、両者の組織原理は全く違っているのである。この点を踏まえて、雑賀衆や雑賀一向衆と「石山合戦」との関係について見ていきたい。

第一節　「石山合戦」の発端と開戦要因

元亀元（一五七〇）年九月一二日、本願寺は三好三人衆（三好長逸・三好宗渭・石成友通）に加勢し、織田信長との戦い、いわゆる「石山合戦」が始まった。本願寺はなぜ争いに加わったのであろうか。この問題を検討する前に、永禄一一（一五六八）年の織田信長の上洛から、元亀元年に「石山合戦」が勃発するまでの畿内の状況を簡単に見ておこう。

永禄一一年九月、織田信長は足利義昭を擁して上洛する。このため、それまで畿内をある程度制圧していた三好三人衆は、京都を離れ近郊で様子を窺う体制をとった。だが、信長に駆逐され、阿波に帰国する。一〇月、足利義

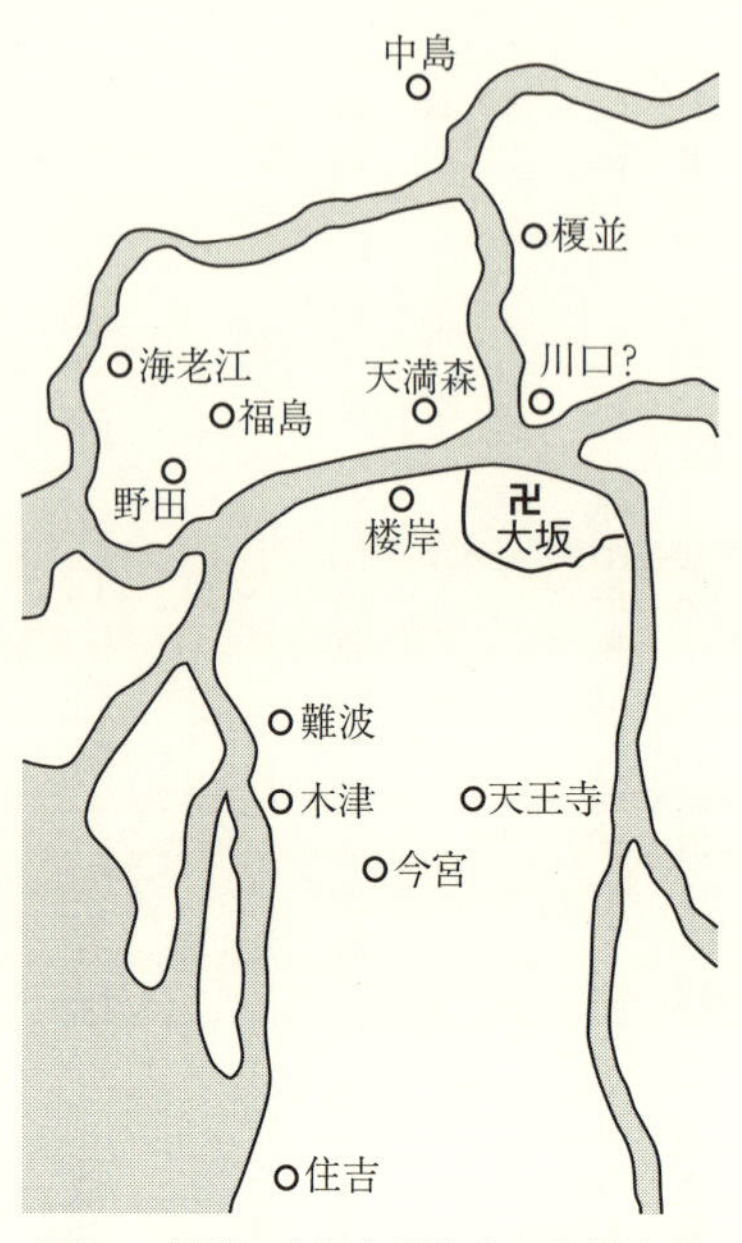

図1 信長の大坂本願寺攻め関係地図

昭は将軍宣下を受けた。その直後、信長は大坂本願寺に五〇〇〇貫、堺に二万貫の矢銭を課したという。本願寺が危惧を抱いたことは間違いない。翌年一月、三好三人衆は京都本圀寺の将軍仮御所を襲撃したが、失敗して退散した。

元亀元年、信長方は浅井氏の離反により近江の状況が悪化し、六月末に姉川の戦となる。また同月、摂津池田氏において義昭・信長側であった池田勝正が追放される事態となった。この機会をとらえ七月二一日に、三好三人衆が一万三〇〇〇ほどの軍勢で渡海して、大坂本願寺北方の摂津中島・天満森に陣を張り、野田・福島に砦を築いた（以下、**図1**参照）。

将軍義昭はこの状況を受け、畿内の守護たちに三好討伐の命令を下す。八月二三日に岐阜から京都に入った信長は、二五日には出陣し、大坂本願寺南方の天王寺に布陣した。紀州の畠山秋高など近隣の守護たちも馳せ参じている。三好方は野田・福島の砦に籠城した。信長は九月八日に本陣を天満森に、さらに一二日には敵城近い海老江城に移し、鉄砲を撃ちかけ、攻勢に出た。ところがその夜、鐘が打ち鳴らされたのを合図に本願寺が信長勢を襲撃し、形勢が逆転する。息を吹き返した三好側は水攻めを敢行し、また近江に浅井らが出陣したこともあって、義昭・信長方は京都に退却した。これが信長上洛から「石山合戦」開戦に至る畿内の状況である。

信長上洛以来、畿内近国から北陸に至る広大な地域のほぼすべての大名勢力が、信長の積極的な領土拡張戦争によって信長派と反信長派の二大陣営に収斂し、しかも両者の対立が急速に先鋭化していたという。ただし、元亀元年当時の信長は周囲を朝倉・浅井・六角・延暦寺・三好三人衆などの反信長派に包囲され、きわめて苦しい状況にあったと指摘されている。それゆえ、信長というよりも本願寺側の方が積極的に仕掛けた、という可能性も十分あるのではなかろうか、との意見がある。(1) たしかに、攻撃を仕掛けたのは本願寺であった。

本願寺はなぜ織田信長に戦いを挑んだのであろうか。開戦原因が信長方の寺地明け渡し要求であるとのそれまでの説を、神田千里氏は「俗説」として退けた。しかし、元亀元年の「九月二日付濃州郡上惣門徒中宛顕如消息」(『大系真宗史料　文書記録編12　石山合戦』法藏館、二〇一〇年、五頁、以下『大系』と略)等に「去々年以来、懸難題申付」とあり、さらに「可破却由、慥告来候」と記述している。神田氏は同様の文書が複数あることから、これを原本ではないにしても忠実な写しであると認定している。だが、これは「蜂起を促すための檄」であり、本願寺に破却を通告しているなら、「軍事の天才織田信長」が不意打ちを受けるような至近距離に出陣するとは思えないから、「事実と考えるのは躊躇される」と主張した。まさに、信長方は本願寺の攻撃に「仰天」したというのである。(2)

それでは、神田氏は開戦要因をどのように判断しているのだろうか。神田氏は「本願寺は幕府に関係していた武将たちの間に潜在していた対立を契機に蜂起した」とする。すなわち、足利「義栄を擁立した三好三人衆を支持するグループと義昭を擁立した織田信長を支持するグループとの対立は、義昭・信長の入京後も続き」、本願寺は前者に味方して挙兵したと主張した。(3)

神田氏は、本願寺が三好三人衆側に味方した理由をどのように考えているのであろうか。神田氏は、「将軍が義栄から義昭へと変化することによって、幕府は反キリシタンから親キリシタンへと立場を変えていったことになる。しかも、反キリシタンであった前政権は、一方で親本願寺派の立場をとっていたとすれば、このような変化が本願寺に新政権警戒の態度をとらせたとしてもおかしくない」というのである。そもそも、「教団存続のために、場合によっては幕府中央の政争に介入するという方針は、戦国時代の本願寺が割合頻繁にとってきた方法であった」とし、これを論拠とした。(4)

この論拠に対し仁木宏氏は、天文四（一五三五）年、天文一揆が終結して以降、「石山合戦」が勃発するまでの三五年間、本願寺は「公式な形ではただの一度も一向一揆をおこさなかった」。戦国末期畿内の社会秩序のなかで、本願寺は武家同士の対立に巻き込まれず、たくみに生き抜き、「「一人勝ち」のような形で勢力を伸ばしていった」と主張した。(5)

これは仁木氏の見解に軍配を上げたい。本願寺は天文の畿内一向一揆の際には山科本願寺が灰燼に帰すなど、煮え湯を飲まされた。これに懲りた本願寺が、「割合頻繁」に「幕府中央の政争に介入」したと認定できるだろうか。このときから「石山合戦」まで三五年の間、基本的に「幕府中央の政争に介入」していない。それに、神田氏自身認めているように、当時キリシタンは取るに足りない勢力であった。義昭側が親キリシタンであることの理由だけで、本願寺が信長に戦いを挑んだとは考えられないだろう。それに、三好三人衆もキリスト教に寛容的であったと指摘されている。(6)それゆえ、止むに止まれぬ理由があったと推察した方がよかろう。

それでは、その理由とは何なのだろうか。仁木氏は「元亀元年、中島攻撃に向かう信長方の周辺では次のような噂が流れていたという。信長が本願寺に大坂の地を立ち退くように求めている。中島の三人衆が没落すれば次の標的は大坂の本願寺だ、と（『細川両家記』）。これが、一揆蜂起の直接的な原因であろう」とする。(7)

信長が本願寺の寺地明け渡しを要求したことを証明する明確な史料はない。しかし、本願寺に大坂の地を立ち退くように求めているというのが単なる噂でしかなかったとしても、仁木氏の指摘から判断して、信長が大坂の「寺内」破却を意図していると、少なくとも本願寺側は思っていたのではなかろうか。顕如が「可破却由、慥告来候」という消息を送ったのは、「蜂起を促すための檄」の意味も多少あったろうが、それ以上に本心から危機意識を持った訴えだったと推測してよかろう。

さらに仁木氏は、より本質的な要因があったと述べている。すなわち、「より根本には、大坂を中心とする寺内町ネットワーク、あるいはそれをもふくみ込む戦国期畿内社会のシステム（「権門体制」）そのものを打倒する必要を信長が意識していたこと、また本願寺も信長の狙いがそこにあると感じとっていたことが両者の対立を決定的にしたというべきであろう」と主張した。「織田政権にとって「大坂並」体制は、「百姓王孫」思想とならんで、徹底的に打倒せねばならない存在だった」というのである。(8)

しかし、これは「「大坂並」体制」、つまり「寺内町ネットワーク、あるいはそれをもふくみ込む戦国期畿内社会のシステム」だけの問題なのだろうか。金龍静氏は、鍛代敏雄氏の研究に注目し、「少数の「町の寺内」（従来の典型的寺内町）と、多数の農村集落型・城塞的な土豪居館型・惣村の環濠集落型の「村の寺内」とが存在し、主流はむしろ、「村の寺内」だ」と指摘している。(9)

「石山合戦」において本願寺方で戦った寺内町もあったが、信長方または中立の寺内町も多かった。鍛代氏は、本願寺の呼びかけに対し「寺内町を拠点とした一揆蜂起は、畿内教団の基盤である摂津・河内においてさえ、大坂・枚方・富田の三寺内町に過ぎず、天文末期以後成立した新興寺内町は一揆の拠点たりえなかったとみざるをえない」と評価している。信長も、本願寺方として一揆蜂起しなかった寺内町に対しては、原則的に武力破壊は行なっていない。寺内町の多くは近世になると、領主権力から認められ城下町や在郷町に転化していくのであり、信長政権と本質的に対立するものであったのか検討する必要があろう。鍛代氏は「領主権力から都市化を保障され建設された寺内町と、諸役を忌避するために農村内に生じた「寺内」とは別の指向性があった」と述べている。[10]

金龍氏は「村の寺内」について、「寺内の不入特権の可否に端を発した、徳川家康勢と三河一向衆の戦い」があり、「続いて信長も美濃一帯で、村の寺内の根こそぎ的な破却・一掃を断行した」とする。さらに、「永禄十一年、織田信長は足利義昭を奉じて上洛、南近江の一向衆は六角勢とともに、この信長軍に抵抗」したが、これは「東海域で繰り広げられた「寺内」破却・解体が、新占領地の南近江でもはじまったためと推測」されるのである。そしてついに「元亀元年（一五七〇）九月、顕如は檄を飛ばし、諸国の門末全てが信長打倒に立ち上がるよう命じた。その檄文に、信長が「去々年以来」難題を要求して来ている、との文言が記されている。おそらく、寺内破却・解体の波がついに大坂本願寺にまで押し寄せてきたのだろう」と述べている。[11]

もっとも、本願寺が開戦に踏み切った直接の動機が、「寺内破却・解体の波がついに大坂本願寺にまで押し寄せてきた」と認識したためであるが、三好三人衆に加担した素因はすでにあったと金龍氏は指摘している。永禄七（一五六四）年以降、領国ともいうべき加賀をはじめとした北陸一向衆に対する越前の朝倉や越後の上杉から攻撃を受けたため、これを防ぐ目的で本願寺は翌八年に甲斐の武田と同盟した。この結果、上杉・武田・後北条の東国大名間の覇権争いの渦の中に巻き込まれる。また、主な目的は南近江における一向宗禁制解除と門徒の赦免・還住にあったが、念頭には越前への牽制のためもあり、九年に本願寺は六角と和睦した。この結果、本願寺は親三好三人衆・反足利義昭の側に立つことになる。これが「数年後の織田信長勢との全面対決（石山戦争）への大きな素因」となったとする。[12]

ただし、本質的には、「一向一揆運動と寺内化運動とを両軸とする宗教運動によって勢力を増大させてきた一向衆と、もっぱら自己の力量によって支配力を増大させてきた信長権力、この両勢力がともに確固たる存在であったために、激突は必至であった」とする。さらに、「石山合戦」を「政治史でなく宗教史の流れから捉え返すと、この戦いは、仏法・王法のもたれあいを拒否し、仏法の自立性＝政教分離を主張した蓮如教団と、仏法を王法の下へ屈伏させようとした新興武家権力（織田信長）という、同じ発想から出発し、一世紀におよぶ曲折を経て別方向へ進んだ二大勢力の最終的な激突と見ることができる」、そうであるなら、「拠って立つ思想と目指す方向性の全く異なった両勢力による、まさに「戦争」そのものであったと見ることができよう」と金龍氏は主張している[13]。

この「戦争」という概念が適用できるのかの可否は議論のあるところで、その点は保留するにしても、「石山合戦」の開戦要因については基本的に金龍氏の主張が妥当だと考える。ただし、挙兵の原因を探るという行為は、どうしても本願寺が決起したことが必然であるかのように捉えてしまいがちだ。信長が大坂の「寺内」破却を意図していると、少なくとも本願寺側は思っていた可能性が高いとしても、だからといってその認識が正しかったとは限らない。また結果論かもしれないが、最後は大坂本願寺の地を明け渡したのであるから、開戦を避けるという選択もあっただろう。特に、多くの門徒の命が失われたのであるから、果たして本願寺の判断が妥当であったのか、検討する余地はある。

第二節　「石山合戦」の開戦と雑賀衆

「石山合戦」が始まった際、雑賀門徒も含めて雑賀衆が、本願寺側ではなく信長側で出陣していたことは、弓倉弘年氏がすでに指摘している[14]。というのは、この時点では守護畠山氏が健在で、雑賀一揆＝「惣国一揆」の規制もあったため、雑賀一向衆が独自の判断で本願寺側につくことができなかったのだ。そもそも雑賀の門徒たちは、本願寺が挙兵するとは思っていなかったのではなかろうか。

紀伊および河内守護でもある畠山秋高は信長の養女を娶っており、信長側であった。特に畠山氏の河内支配において、三好氏と対抗するため、信長の軍事力に依拠する面が多かったのである。ただし、紀州の畠山勢は、単に信長のためというよりは、足利義昭の下知をうけて参戦した点は注意する必要があろう。特に、畠山秋高は義昭がまだ義秋を名乗っている時期に、唯一「秋」の字を賜った大名であり、相当早い段階で両者は結び付いていたのである[15]。いずれにしろ、これまで雑賀衆や根来衆は一貫して畠山氏の催促に従っていた。鈴木孫一は三好三人衆方に入っていたが、これは畠山秋高が動員をかける前に、すでに傭兵として個別に加勢していたためであると推定されている。

ところで、神田氏は、信長方が本願寺の攻撃に「仰天」した根拠として、雑賀衆が信長の軍勢に加わっていた点を挙げている。すなわち、「信長方は「仰天」したと『細川両家記』は伝えているが、事実、おそらく寝耳に水だったと思われる。というのは、信長の軍勢には紀州雑賀勢という、本願寺の軍事力の中核的な存在が加わっていたからである。信長としても、まさか本願寺が攻撃をしかけてくるとは思っていなかったにちがいない」というのである[16]。

しかし、雑賀の門徒衆をはじめとした雑賀一向一揆勢が大坂本願寺に加勢し、「本願寺の軍事力の中核的な存在」となるのは天正期に入ってからである。「石山合戦」が勃発するまで、門徒を含め雑賀衆は一貫して紀伊守護畠山氏の催促に従っていた。それゆえ、雑賀一向衆はこのときはまだ「本願寺の軍事力の中核的な存在」ではなかったし、信長側である畠山勢に雑賀衆が加わっているのは自然なことであった。このことで「信長としても、まさか本願寺が攻撃をしかけてくるとは思っていなかった」との認定は成立しない。

神田氏の意見に対し仁木宏氏は、信長側が「仰天」したというのは真実ではないと主張する。まず、「信長軍の天満森進駐は、「相城用意」をともなったことからみても、事実上、本願寺への敵対を意味した」と述べている。『言継卿記』元亀元（一五七〇）年九月九日条に信長が天満へ陣替えした際、「大坂之辺相城用意」（『大系』七頁）とある。これは『信長記』に「大坂十町計西ニろうの岸と申地御取出被相構」、「大坂之川向に川口と申在所」（『大系』三八九頁）にも相城を構えたとある。仁木氏は『邦訳日葡辞書』を引用し、「相城」とは「ある城を包囲している敵が、その城を攻めるために築いた櫓やとりで（砦）」のことであり、信長が構えた両方の相城とも、大坂本願寺に対峙する位置にあった。これは、「事実上、本願寺への敵対を意味した」とする。(17)

それに仁木氏は、九月六日条の『尋憲記』には「世上之説、大坂より諸国へ悉一きをこり候へと申ふれ候由」（『大系』六頁）とあって、世間には本願寺が諸国に一揆を指令しているとの噂がすでに流れていた。また、烏丸光康による信長と本願寺との和平調停の動きが開戦以前からあったから、「本願寺が信長方に対して開戦することを、朝廷や公家たちは十分予想していたといえよう」。それゆえ、「信長方、仰天」というのは、真実ではないと主張した。(18)

他方、仁木氏はこの論文で「石山合戦」の開戦期において雑賀衆が大坂方で参陣している記事が『二条宴乗記』に書かれており、「やはり雑賀衆がこの時、本願寺方として戦っていることが確認される」と述べている。それは以下の元亀元年九月一九日条（『大系』一一頁）である。(19)

十九日　天晴、大坂衆、春日井表へ働、信長、馬被出、十万斗にて春日井人数可打取とて、海老江ヨリ東へ被打出、大坂衆、川引取、北カシラニ成而居所へ、川を馬千斗ニて越被申候、野村越中打死、丸井同打死、大坂ニサヰカ衆・加賀田江打死、双方十人つゝ打死

二条宴乗はこのとき、大坂本願寺に滞在しており、きわめて信憑性が高い史料である。ただし『信長記』では、「野村越中討死」（『大系』三九〇頁）は九月一九日ではなく一四日のことになっており、日が違う。いずれにしろ、

この「サキカ衆」とはどのような人々なのであろうか。

これに関連して、『陰徳太平記』（『和歌山市史』第四巻、和歌山市、一九七七年、戦国時代二八三号。以下、『和歌山市史』第四巻は『市史』と略、また同書掲載史料は時代名と番号のみを略記）に、「紀州ノ雑賀ノ鋖（鈴）木孫市カ一族」に言及して以下の記述がある。

鋖（鈴）木・下間ノ者共モ、一騎当千ノ名ヲ得タル兵ナレハ、身命ヲ泥土ヨリモ軽ンジテ戦、野村越中守ヲ討取テ、大ニ勇ノ色ヲ増、

『陰徳太平記』という江戸時代の軍記物は、史料として問題があろう。ただし、「野村越中守ヲ討取」のことは『二条宴乗記』や『信長記』にも登場する。日はどうあれ二条宴乗はこれに雑賀衆が関与していると考えていたようだ。それが、『陰徳太平記』が述べているように、三好三人衆側で出陣していた鈴木孫一の一党だったとしても不思議ではない。

しかも、『二条宴乗記』には信長側が「川を馬千斗ニて越」えてくるのを討ち取ったように書いているので、おそらく火縄銃で応戦したと推察してよい。鈴木孫一は鉄砲衆を率いていたから、彼らの手柄だったと二条宴乗は認識したのではなかろうか。当時の状況から、この「サキカ衆」は鈴木孫一勢の可能性が高いように思う。そうであるなら、雑賀衆の大半が信長側で出陣していたことと矛盾しないのである。

三好三人衆側に与していた雑賀衆は、鈴木孫一一党だけではない。「佐武伊賀働書」[20]によると、「石山合戦」が始まる以前の元亀元（一五七〇）年八月一七日、織田側の三好義継と畠山秋高が兵を置いていた河内古橋城を三好三人衆勢が攻めた際、三人衆側で佐武伊賀が出陣している。これも畠山秋高が動員をかける前であり、傭兵として加勢していたと判断してよい。佐武はこの後、河内榎並の城の攻撃に加わり、一〇月二二日には河内阿保の城攻めで

負傷している。

ただし、佐武はもっぱら河内での争いについて語っているが、大坂本願寺での戦闘については回想していない。三好三人衆側であったことは間違いないにしても、先の野村越中守を討ち取った戦いに参加していた可能性は低いと思う。もし出陣していたなら、自慢話として語っていたであろう。「大海と申所は淡路安宅殿知行にて候故我等に預被申候」と述べているので、三好三人衆側でも淡路の安宅氏に雇われたのかもしれない。

「石山合戦」開戦以降も、雑賀門徒を含めた雑賀衆は信長側で出陣していたようだ。元亀三年四月に至っても、雑賀門徒は信長側である畠山秋高の旗下にいたという史料がある。『畠山記』によると、信長に反旗を翻した三好義継・松永久秀が畠山方の河内交野城を攻めた際、これを救援した畠山秋高勢のなかに根来衆とともに「雑賀ノ鈴木孫市・土橋平次・岡崎三郎太郎・的場源七郎」らの名が見える（戦国二九一）。ただし、『畠山記』は史料として問題があり、この記述はただちには採用できない。

だが、第六章で明らかにしたように、雑賀一向衆が信長側で働いたとまでは断定し得ないにしても、元亀四（天正元）年までは積極的に本願寺に味方した様子は窺えない。それればかりでなく、本願寺にとっては痛手となる行為に加担しているのである。それは、元亀四年五月頃、阿波上桜城の篠原長房を主君三好長治が攻め滅ぼした「上桜合戦」だ。雑賀衆は傭兵として阿波へ渡海し、三好側で参戦している。これに雑賀門徒も雑賀衆の一員として出兵しているのは間違いない。篠原長房の妻は本願寺の一門一家衆である教行寺の娘で、落城後、妻子だけでなくその一党まで雑賀門徒衆が引き取っているからだ。

三好長治は阿波一国に日蓮宗を強制して宗論を起こした人間だ。他方、元亀元年に三好三人衆と本願寺を救援するために阿波・讃岐の兵を率いてきたのが、篠原長房である。しかも元亀四年は、本願寺が密かに足利義昭と提携し、反信長の中心となって各方面に働きかけていた時期であり、四国で頼みとすべき彼を失ったことは大きな痛手であった。つまり、雑賀門徒は本願寺の意向に頓着せず、自分たちの「仕事」を優先させ自由に行動しているのである。元亀段階では、雑賀一向衆はまだ組織だって本願寺に味方している状態とはいえない。

ところで、元亀三年四月一四日および一八日付の「北十ケ寺衆宛下間正秀書状」（戦国二九二・二九三）に、大坂本願寺に「紀州衆」が上山していると述べている。だが、この時期の雑賀一向衆の状況から考えて、この「紀州衆」とは雑賀一向衆以外の紀州の門徒集団のことではなかろうか。つまり、紀中の国人領主である湯河氏と関係の深い吉原御坊や福蔵寺に結集する有田郡や日高郡などの門徒衆である可能性が高い。また、「石山合戦」における「紀州日高之河原者助五郎」の働きに対する感状が存在する(21)。

どうも鉄砲を駆使した雑賀門徒の活躍が目立ってしまって、他の紀州門徒も「石山合戦」に参戦していたことが無視されがちであるように思う。ただし、この「紀州衆」のなかに個々の雑賀門徒が含まれているかもしれない。要は、雑賀一向衆全体が組織として参戦しているかどうかが問題なのである。

それではなぜ、元亀年間に雑賀一向衆は本願寺に味方しなかったのであろうか。もちろん、信長方の守護畠山秋高が健在で、その規制があったためもあろう。第三章で明らかにしたように、証如期の畿内一向一揆をはじめとした「享禄・天文の争乱」においても、雑賀門徒衆は本願寺に加勢していない。天文年間、雑賀一向衆が他の紀州門徒とともに大坂本願寺に上山するのは、畿内一向一揆が収束し、本願寺が畠山氏と同盟してからであった。「元亀・天正の争乱」というべき「石山合戦」は、以前の「河内錯乱」や「享禄・天文の争乱」を見てきた雑賀門徒衆にとって、同じように本願寺が戦国大名間の戦いに加担しただけと認識されても仕方がなかったと思われる。第七章で述べたように、雑賀衆と相似して雑賀一向衆も自立性の強い集団であることも影響し、本願寺が争いに首を突っこんだからといって、ただちに味方しなければならないとは感じなかったのではなかろうか。

次に、本願寺が開戦に踏み切った直接の動機が、「寺内破却・解体の波がついに大坂本願寺にまで押し寄せてきた」と認識したためであったとしても、雑賀自体においては切迫した問題とは思わなかったのではなかろうか。というのは、雑賀においては、鷺森を除いて寺内と呼べるものはほとんど存在しなかったからだ。また、鷺森にしても永禄六年に移転したときにはあまり民家がなく、徐々に寺内が形成されたとしても、元亀年間では小規模なものであっただろう。

もちろん、雑賀にも環濠集落はあった。太田などはその典型であろう。濠跡が検出されており、これが戦国期の城である太田城であった。しかし、それは寺内ではない。戦国大名が存在せず、各地の代表が一揆を結んだ地域権力である雑賀一揆においては、不入特権を認めさせた寺を中心とする「村の寺内」は必要なかったのである。守護の統制など制限があったにせよ、門徒も含めた雑賀衆こそ地域の主人公であった。それゆえ、雑賀一向衆にとって「寺内破却」は自らの問題とはあまり感じられなかったのではなかろうか。

それでは、なぜ天正期になり雑賀一向衆は本願寺側に立つようになったのであろうか。その点を述べる前に、雑賀衆は鉄砲衆として有名であるが、なぜ彼らが早くから火縄銃を導入することができたのか考察しよう。

第三節　雑賀衆と鉄砲

雑賀衆が「石山合戦」において鉄砲衆として活躍したことは周知のことであろう。『信長記』（戦国二七八）は、「根来・雑賀・湯川・紀伊州奥郡衆二万計罷立……鉄炮三千挺有之由候……御敵身方之鉄炮、誠日夜天地も響計候」

と開戦時の様子を語っている。この「鉄炮三千挺」はもちろん実数ではなく、「多数の」という形容詞の意味でしかない。信長方の紀州勢二万のうち、鉄砲衆は根来・雑賀が中心であろうし、他方、大坂方には鈴木孫一の一党がおり、「敵身方之鉄炮、誠日夜天地も響」ばかりの鉄砲合戦が繰り広げられたようだ。

雑賀一向衆だけでも鉄砲を数多く所持していたことは、「石山合戦」期の顕如や下間頼廉等によるたびたびの催促状からも窺える（戦国三〇四・三六四・三七三・三七六・三八九・三九三）。紀州熊野衆や紀州惣門徒（雑賀を含む）に宛てたものもあるが、雑賀御坊や雑賀門徒に送った書状が少なくない。なぜ雑賀衆は多数の火縄銃を保有していたのであろうか。

鉄砲伝来について通説では、天文一二（一五四三）年、種子島に漂着したポルトガル人によってもたらされたことになっている。その根拠となっているのが『鉄炮記』である。この『鉄炮記』（戦国一七二）には、鉄砲伝来を知った根来寺の杉坊が「津田監物丞」を種子島に派遣し、一挺入手したと書かれていた。他方、堺の有力な鉄砲鍛冶であった芝辻家の『鉄炮由緒書』（戦国一七三）には、種子島に漂着した紀州那賀郡小倉の「津田監物等長」が鉄砲一挺を与えられ、翌一三年に帰国して根来の門前町である坂本に住む堺の鍛冶職人「芝辻清右衛門」に製作させたと記述している。

根来衆の頭目の一つである杉坊は、代々「津田監物」を名乗る那賀郡小倉の土豪津田氏が建立した行人方の有力子院である。同じく頭目である泉識坊は、雑賀衆の有力土豪である土橋氏持ちの子院であり、根来に鉄砲が伝来したなら、ただちに雑賀衆にも情報がもたらされたと考えても大過なかろう。それに、小倉は雑賀五組の中郷に隣接し、津田氏が和佐の和佐氏や岩橋の湯橋氏らと何らかの関係を持っていたことは想像に難くない。なお、根来寺の威徳院は湯橋氏持ちの子院であった。さらに、「佐武伊賀働書」を見ると、雑賀での内紛には根来衆が、根来での内輪もめには雑賀衆がそれぞれ出張し、鉄砲も使用している。つまり、根来を通じて雑賀に鉄砲が伝来した可能性があるということが、第一にいえるのである。

ただし、『鉄炮記』も『鉄炮由緒書』も慶長期の史料で、前者は種子島時尭を顕彰するため、後者は芝辻家の由緒を喧伝するために書かれたものであり、どこまで史実と認定できるのかは疑問視されている。このため鉄砲伝来についても、種子島への漂着が最初とはいえず、倭寇による中国との密貿易や東南アジアからの交易によって、「分散波状的」に伝来したとする説が今では有力である。

『鉄炮記』や『鉄炮由緒書』の記述がどこまで信頼できるか疑問であったとしても、根来衆が多数の鉄砲を所持していたこと、また、堺と関係を保持していたことは間違いなかろう。永禄一二（一五六九）年に信長が堺を制圧下に置こうとした際、堺側は老人・女性・子供などの「足弱」や荷物を「根来・粉河・槇尾などへ隠し運の由」と『細川両家記』（戦国二五四）は伝えており、堺と根来寺などが緊密な関係にあったことが窺える。

第二に、鉄砲に関しては、実は早くから本願寺に伝来していた。『私心記』[22]天文二〇年一二月六日条に、下間頼言が鉄砲で射止めた雁の汁を実従に差し出している。それよりも重要なのは、『天文日記』[23]天文二一年一二月七日条によると、本願寺が第一三代将軍足利義藤（義輝）に焔硝（黒色火薬）一〇斤を献上している点だ。鉄砲だけを持っていても、もちろん何の役にも立たない。当然、弾や火薬が必要であり、おそらく堺を通じてであろうが、本願寺は火薬を調達できる能力を持っていたのである。雑賀門徒は天文期から本願寺の番衆として上山している。当然、鉄砲の情報を得ていたであろう。本願寺を通して雑賀に鉄砲が伝来した可能性も捨て切れない。

しかし第三に、なんといっても注目すべきは『昔阿波物語』の次の記述である。

紀州の者は、土佐前を船をのり、さつまあきない計仕る故、紀のみなとの商売人は、みな鉄炮壱挺宛は持ち申

し候に付て、みなと計に三千挺御座候て、節々阿波へやとひくだし申し候。(24)

雑賀の中心地である紀伊湊をはじめとした紀州の商人たちは、遅くとも南北朝期から土佐沖を通って薩摩で交易を行なっていたようだ。康永三（一三四四）年の「足利幕府奉行人連署奉書」によると、雑賀五組の南郷に属する冷水（清水）浦の住人が薩摩において船の積荷を奪い取られる事件が起こっており、間違いなかろう。(25)『応永記』には「堺ノ浦・清水ノ浦、中国ノ船ノ通路モ其便リ可有」（室町三九）とあり、清水は堺と並び称される湊だったようだ。また、『天文日記』天文七年一月一七日条によると、中国貿易に携わる堺の豪商たちが紀伊湊・藤白その他一、二カ所の港を避難場所として使用したいと証如に申し出ており、紀州には有用な湊が多かったのである。なお、紀州側より渋々了承した返答が二月五日条に載っている。それによると外国と貿易するような「大船」は紀州にはなく、国内での交易に従事する「小船」しかなかったようだ。

当時薩摩は外国との貿易が盛んであった。火縄銃が、種子島への漂着だけでなく、倭寇による中国との密貿易や東南アジアからの交易によって「分散波状的」に伝来したなら、雑賀衆は「さつまあきない」によって直接鉄砲を入手できるのである。それに、こうした貿易に携わった後期倭寇は、どちらかというと中国人が多かったが、日本人も参加しており、紀州の人間もいた。彼らが鉄砲を早くから手にする機会があっただろう。

雑賀衆は根来寺や本願寺を通さなくても、直接鉄砲を入手する機会が多かったといえよう。それに高額であっても鉄砲は、海上交易において効果的な武器だったことは、想像に難くない。なぜなら、海賊を防ぐには、乗り移られる前に遠距離から防御できる鉄砲が非常に役立ったと思われる。風の影響もあり、揺れる船上から矢を放っても命中率は小さいだろう。その点、乗組員が各自鉄砲を撃てば、有効に阻止できたに違いない。それゆえ、「紀のみなとの商売人は、みな鉄炮壱挺宛は持ち申し候」といわれているのである。また、鉄砲だけを持っていても機能しない。その点、「さつまあきない」に従事する「紀のみなとの商売人」は、鉛や焔硝も容易に入手できた。

当時、薩摩における交易の中心地は坊津である。『鉄炮記』にある根来寺の杉坊が早々と鉄砲の情報を得たというのが事実であるなら、それは坊津から知らせがあったのではなかろうか。なぜなら、根来寺と関係の深い一条院という真言宗の寺が坊津にあったからだ。いずれにしろ、種子島だけでなく薩摩と紀州との結び付きが、早くから雑賀や根来に鉄砲を伝来させたと考えて大過なかろう。

火縄銃の特徴からも、薩摩と紀州との関連が窺えるのである。太田宏一氏によると、紀州と薩摩の火縄銃には、他にはない共通した特徴があるという。それは、薩摩製の機関部は内カラクリであるが、紀州製と同様にカニ目がなく、火挟が内部の棒状カムで作動する点が酷似し、他に類例がないとのことだ。ただし、消耗品である火縄銃は戦国期のものはほとんど残存しておらず、これはあくまで江戸期の火縄銃についての話と限定を付けなければならない。(26)

火縄銃は消耗品というだけでなく、耐用回数も限られていた。つまり、常に修理を必要とするのである。そのためには、修理に携わる鉄砲鍛冶が近くに居なければならない。雑賀には「雑賀鉢」（カバー写真参照）という独特の兜があり、それを製作した春田系の甲冑師が雑賀庄宇治にいた。甲冑を造れる鍛冶は、当然鉄砲も製作できる。

また、堺の鉄砲鍛冶が根来だけでなく雑賀（和歌山）にも住んでいたようだ。慶長期の資料であるが、大坂城攻撃に使用した慶長大火縄銃（堺市博物館蔵）は、銃身は国友で造られているが、羽子板の銘によると和歌山に住む堺の鎌倉屋藤兵衛が金具を製作したことが分かる。また、「知新集」によると、堺の有力な鉄砲鍛冶である榎並屋系の職人が、当時城主であった浅野氏に従って、元和五（一六一九）年に和歌山から広島へ移住しているのである。(27)

火縄銃の特徴からも、堺筒の一部と紀州筒との関係が見て取れるという。これも江戸期の火縄銃であるが、太田氏によると、堺製の火縄銃のなかに紀州製の火縄銃と酷似するものがあるとのことだ。典型的な紀州筒は、無柑子の八角銃身に片富士形の元目当で、用心金や火挟の断面が角張っており、カニ目のない外カラクリを持つなどの特徴があり、これが堺筒の一部と共通し、外見上の区別は難しいほどであるという(28)（カバー写真参照）。

雑賀衆は、「さつまあきない」で高価であっても必要かつ最新の武器である鉄砲を早くから入手していただけでなく、弾や火薬も調達できた。また、この地には火縄銃を製造・修理する鉄砲鍛冶が住んでいたと判断してよい。それだからこそ、雑賀衆は多数の鉄砲を所持し、時には傭兵として雇われ、合戦の際に活躍できたのである。

第四節　雑賀一向一揆の成立と「石山合戦」

「石山合戦」開戦以後の元亀期の状況を簡単に述べると、信長との戦いは近江各地や特に伊勢長島で苛烈を極めた。しかし、大坂本願寺を主戦場とした戦闘はほとんど起こらず、元亀三（一五七二）年九月頃、足利義昭が両者の和睦を斡旋している。ところが翌年二月、今度は義昭が信長との関係を絶ち、挙兵したのである。

天正期に入ると、雑賀一向衆は本願寺側に立つことができるようになった。それはなぜか。第一の要因は、この将軍足利義昭と信長が反目して対立した点に求められよう。特に、信長に追放された義昭が、天正元（一五七三）年一一月に移ってきたのが紀州海部郡由良の興国寺であり、ここから反信長戦線の結成をはかった点は注意する必要がある。第二の要因は、信長と関係の深かった畠山秋高が、義昭側となった守護代遊佐信教により殺害されたことである。殺害の時期については改元前の元亀四（一五七三）年六月二五日と推定されている(29)。これで守護家の畠山氏は事実上滅亡した。つまり、雑賀衆は守護を推戴する必要はなくなったのである。

この第一の要因にこそ、土橋氏など非門徒の土豪衆が本願寺に加勢した真の動機があると考える。すなわち、彼らにとっては信長を選ぶか義昭に付くかの選択であって、将軍に従ったまでのことなのだ。現在の眼で見れば、室町幕府はすでに滅んでいたという評価であっても、当時の彼らにとって将軍の権威はなお大きく、しかも地元に動座していたのである。土橋や鈴木等の土豪たちには足利義昭側から働きかけている（戦国三六八・三六九）。なお、土橋氏が「石山合戦」の講和になかなか応じなかったのは当然であろう。彼らにとっては、本願寺ではなく義昭こそが重要だったからだ。

第三の要因として、第三章で述べたように、本願寺は天正二年頃、いざという際の退去地を鷺森とすることに決めていた節がある。大坂の後背地であり雑賀鉄砲衆に守られた雑賀は、移転先として最適だっただろう。雑賀の御坊が永禄六（一五六三）年に和歌浦御坊山（現、秋葉山）から鷺森へ遷った際、六間四方の本堂を移築していたようだ。だが、天正二年頃八間半に七間の本堂と六間半に四間半の御主殿を新たに造営し、以前の本堂を対面所に改修した。これは「石山合戦」の最中であり、本来なら鷺森御坊の増築整備などせずに、その費用を戦費にまわさなければならない時期である。それにもかかわらず、本堂と門主が居住するための御主殿を新築し、門主が多くの門徒と引見するための対面所に、以前の本堂を改装したということは、本願寺はいざという際には鷺森へ退去することを、この時点で決めていたと推察できよう。そうであるなら、本願寺は雑賀一向衆に対し、本願寺側に立つよう強く働きかけたに違いない。これこそが、雑賀一向衆が「石山合戦」への参加を積極化させた最大の要因と考える。

平成二四～二七（二〇一二～一五）年度の鷺ノ森遺跡（城北小学校）発掘調査の結果、かつての御坊境内（第二次大戦後、境内が縮小）があった少し南側から大規模な堀跡が検出された。徳川家康の浜松城では一〇メートルほどの堀が、山科本願寺の発掘では最大で一二メートルの堀が検出されているが、鷺森は深さ二メートル余りで上端幅一六～一七メートルもある。鷺森へ御坊が移転したときに堀が掘られていたとしても、御坊の堀としては強大だ。これは本願寺が退去してきた際の防御の堀と判断してよい。この天正二年の鷺森御坊の増築整備にともない、堀を拡張し、掘った土砂で土塁を積み上げた公算が大きいように思う。特に、上端幅一六～一七メートルの堀跡から、南の裏門に通じる幅三メートルほどの橋の橋脚が、根積みの石塊とともに発掘された。当然、東の表門の所にも橋が架かっていただろうし、これだけの橋が建設されたのは、このときの可能性が最も高いのではなかろうか。

以上、天正期になって、ようやく雑賀一向一揆が成立したと考える。雑賀一揆は、宗派に関係なく、雑賀五組の惣郷・惣荘・惣村を基盤にその代表が一揆を結んだ、戦国時代に成立した一種の郡中惣ないしは惣国一揆であった。すなわち、雑賀一揆は特定の宗教との結び付きを持たない地域権力なのである。これに対し、雑賀一向一揆は、雑賀庄・十ケ郷を中心とした個々の有力土豪と雑賀一向衆とによる、天正期に成立した反信長連合であると定義できよう。なお、有力土豪には鈴木孫一のような門徒もおれば、土橋氏のような非門徒もおり、彼らは雑賀一向衆とは別に独自に行動していたと思われる。

守護の統制がなくなり、雑賀一揆の規制を脱し、雑賀一向衆は本願寺を助けるため組織的に動き始めた。石田晴男氏は天正五年信長の雑賀攻めの後、「門徒衆による独自の一向一揆への活動が始まる」[30]と述べているが、それ以前にすでに開始していたのである。

天正二（一五七四）年四月、信長との和議が決裂し、本願寺は再度挙兵する。ただし、戦闘はあったものの、決定的な戦いには至っていない。「年代記抄節」に、その際「サイカ衆、大坂へ加ル」（『大系』一二六頁）とある。この「サイカ衆」とは雑賀一向一揆勢のことと思われるが、これが事実かどうか確認できない。

播磨良紀氏は正月一九日付「本願寺顕如書状案」（戦国二九九）に「最前雑賀誓紙之旨」とあることから、「天正二年末か同三年正月に雑賀から本願寺に対し誓紙が出される」[31]と述べている。たしかに、『市史』はこの文書を天正三年と比定した。他方、『大系』では天正六年としている。しかし、「三好彦二郎生害」とあり、三好長治が自刃したのは天正四年一二月という説が有力である。また、「漸芸州並東北出勢之筈」とあり、後述するように、毛利が本願寺に加勢するのは早くても天正四年であるから、天正五年正月の文書と推定するのが妥当であろう。

とはいえ、第六章で紹介したように、天正三年五月二八日、雑賀において主要な四つの本末の代表である四人の雑賀門徒年寄衆（浄光寺末の岡了順・性応寺末の宮本平大夫・直末の松江源三大夫・真光寺末の嶋本左衛門大夫）が本願寺に起請文を提出しており、遅くともこのときには本願寺に味方することを約束したことは間違いない。しかし、それ以前から雑賀一向衆は出陣していたようだ。

天正三年四月、織田信長は大軍を率いて河内高屋城の三好康長を攻め、最終的に降伏させることになるが、この際大坂本願寺にも来襲した。「石山合戦」開戦期の戦いを「第一次大坂合戦」と呼ぶならば、これは「第二次大坂合戦」となろう。四月一二日に信長は本陣を河内誉田から住吉に移し、一三日には天王寺に布陣した。この四月一三日、今宮表での戦いで雑賀庄中之島の孫大郎が一番槍の高名をたて、下間正秀から四月一五日付で感状（戦国三一三）をもらっている。

これまで、この感状は天正四年と比定されてきた。しかし、中之島の孫大郎の道場である孫一郎道場（専光寺）には、特別に親鸞御影が下付されている。当時、一般道場に親鸞絵像を下付することは、ほとんどなかった。これは、寺伝にも述べられていることだが、一番槍の高名で特別に許可されたと認識してよい。これが下付されたのが、天正四年二月一〇日である。裏書は剥落が激しく、文面全体を確認できるのは後年の写しであるが、辛うじて干支の「丙」の字が読めるので、丙子の天正四年と判断してよい。

金龍氏が紹介した『石山法王御書類聚』において、下間正秀の感状を写した頭註に、「此後四月廿一日ニ為御褒美、頂戴之御本尊。御裏書天正三年亥紀州名草郡雑賀中之嶋願主康恵と被遊候」とある。[32]この「本尊」は現存していない。しかし、親鸞御影は存在しており、この「本尊」が下付されても不思議ではなかろう。それゆえ、この感状は天正三年で間違いないと考える。他方、天正四年とすると、信長が明智光秀・荒木村重らに大坂出陣を命じたのは四月一四日であり、一番槍の高名をたてるような本格的な戦闘が前日に発生した可能性はきわめて低いだろう。

ところで、青木忠夫氏が紹介した「元亀三壬申九月一日、御影様被成御免候時注文」で、親鸞御影の下付先として「願人　雑賀　鈴木孫一郎」と書いている。青木氏はこの「鈴木孫一郎」を鈴木孫一のことであるとした。しかし、同じく青木氏が紹介した「古今万御礼日記」では、親鸞御影は「中ノ島孫一郎ニ御免」となっている。青木氏も述べているように、両史料とも下付時期は天正四年と推定でき、礼金総額は銭約一〇〇貫でほぼ同額である。青木氏は二幅とも雑賀に下付されたとするが、[33]親鸞御影は直参本寺といった地域教団の拠点以外では、この時期よほどのことがない限り下付されない。

中之島の孫一郎道場である専光寺に、このときの親鸞画像は現存しているが、蓮乗寺をはじめとした鈴木孫一が関係する道場には天正四年の親鸞画像は存在しない。それゆえ、雑賀に下付された親鸞御影は専光寺の一幅であると考えるべきであろう。親鸞御影の授与ではなく下付の許可は、今宮表での戦いで雑賀庄中之島の孫大郎が一番槍の高名をあげた恩賞と考えてよい。これに対し、天正四年では、鈴木孫一は門徒であっても、道場坊主ではなかった。鈴木孫一の道場であった蓮乗寺が開基したのは、同寺の方便法身尊像の裏書を見ると「石山合戦」講和後の天正八年である。道場でもないところに、親鸞画像が下付されるだろうか。親鸞御影が下付されたのは孫一郎道場（専光寺）であって、鈴木孫一に授与されたのではないと考えてよい。

なお、青木氏が紹介した史料によると、親鸞御影の礼金総額は銭約一〇〇貫で、それは御影様に二貫、阿弥陀堂に一貫、あとは顕如に二〇貫、教如に一〇貫をはじめ、その家族、下間氏、女房衆から琵琶法師や下層の勤仕者まで、本願寺家中のほぼ全員の取り分の合計であった。永禄から天正頃はおおよそ銭一貫が銀五両であるから、銀五〇〇両という莫大な金額である。ちなみに、銭一貫は現在の金額約一〇万円との説[34]があり、それだと一千万円となる。親鸞画像は他の下付物と比べても格段に高額だったのであるが、道場坊主にとっては特別のものだったといえよう。しかし、本願寺の組織自体や実費を払うのは当然としても、自弁で出陣し、一番槍の活躍に対し下付するのであるから、顕如をはじめ本願寺家中が自分たちの取り分を少しは遠慮してもよいのではと思うのは、現代の感覚であろうか。

天正三年、本願寺側は紀州門徒衆への支援要請を強めている。八月二二日、顕如は紀州坊主衆・門徒衆に大坂籠城を求めた（戦国三〇二）。第五章で紹介したように、これを受け、天正三年八月晦日付で浄光寺末の雑賀門徒の面々が動員された陣立の記録が、本脇の射箭頭八幡神社に残っている。また、写しであるが、常楽寺証賢らが一〇月に紀州熊野衆中に鉄砲衆の上山を求めた文書が存在する（戦国三〇三）。ただし、五月に長篠の戦で武田勢が敗北し、八月に越前一揆も壊滅したため、本願寺は信長に二度目の和議を一〇月に申し入れ、成立した。

もっとも本願寺は、信長が表裏を為すと考え、再び相手方が合戦を仕掛けてくると予想していたようだ。天正三年一〇月八日付の雑賀門徒衆代表二名の誓紙に「今度御無事之儀、彼方やかて可被表裏とおほしめされ候由。被仰聞候」（『大系』一七六頁）とあるからだ。実際、この講和はただちに破綻した。

ところで、この誓紙を提出した二名は「了」と「源」となっている。「了」は岡了順で間違いないと思う。問題は「源」で、『大系』は松江源三大夫とするが、鷲尾教導氏は源内大夫としている[35]。松江源三大夫は直末であり、浄光寺末の岡了順とでは、本願寺系のみとなり、雑賀門徒衆全体を代表しない。第四章で述べたように、この源内大夫とは前出の中之島の孫一郎道場の代表であり、興正寺系の性応寺末である。源内大夫は天正八年の「雑賀衆起請文」（戦国三〇二）でも、鈴木孫一に次いで署名しており、門徒の有力土豪と考えてよい。つまり、この二名は雑賀門徒衆の両系統の中心人物であり、「源」は源内大夫と推定すべきであろう。鷲尾氏は原史料を見て、「雑賀衆起請文」の花押と比較して判断した可能性が高いのではなかろうか。

天正四年四月一四日、信長は明智光秀・荒木村重らに大坂出陣を命じ、七つの相城を構築し、包囲網を敷いた。いわゆる「第三次大坂合戦」の始まりである。これ以降、雑賀一向一揆勢の活躍が特に顕著になる。

五月三日、信長勢は木津の本願寺方砦を攻めたてた。これに対し、本願寺から一万余りが出撃し、雑賀鉄砲衆をはじめとした数千挺の鉄砲で撃退する。さらに、信長側の天王寺砦に攻めかかった。戦況悪化の報告を受けた信長は、京都からただちに自ら出馬し、押し返したのである（「天王寺の戦い」）。本願寺側も多くの戦死者を出したが、信長側も原田直政らが討ち死にし、信長自身も足に鉄砲傷を負った。偽の首を用意して鈴木孫一と下間頼廉を倒したという流言を、信長が広めたのはこのときである。いかに、雑賀鉄砲衆に閉口していたか窺えよう。

この戦いの後、信長側は本願寺を兵糧攻めにするために包囲を強めた。このため、本願寺側は以後籠城戦を余儀なくされる。この包囲網を突破するために派遣されたのが毛利の水軍である。これに雑賀の水軍が協力した。天正四年二月、足利義昭が紀州由良から備後の鞆へ動座し、それまで織田と良好な関係にあった毛利氏を、反信長側に付かせたのである。七月一三〜一四日の「第一次木津川口の海戦」で、周知のように、毛利・雑賀連合軍が「ほうろく火矢」で織田方水軍に大勝利を収め、大量の兵糧・弾薬を本願寺に搬入した。その後も、しばしば雑賀と毛利の舟が本願寺に物資を運び入れている。

第五節　織田信長の雑賀攻め

本願寺を支える上で雑賀一向一揆勢は大きな役割を果たしていた。このため、「第三次大坂合戦」の最中、信長は雑賀攻めを意図し、雑賀五組のうち宮郷・中郷・南郷の三組への調略を強めたようだ。天正四（一五七六）年と確定してよい五月二一日付「下間頼廉書状」（戦国三二〇）に、「敵の内輪」の情報から雑賀への「調略」について言及しており、間違いなかろう。実際、五月一六日に三組惣中宛（戦国三一七）に、また五月一九日に宮郷の太田源三大夫と神崎中務丞（戦国三一八・三一九）にも、「就雑賀成敗、可抽忠節之由、神妙候」と書いた「信長朱印状」を発行している。さらに、宮郷太田村には天正四年五月付で信長は禁制を与えた（戦国三二二）。

よく雑賀衆のうち宮郷・中郷・南郷の三組が、これにより裏切ったかのようにいわれるが、三組がそれ以前に組織的に反信長戦線に加わった形跡は見当たらない。元亀段階では雑賀一揆は信長側であった。三組は天正期の初めは積極的には態度を表明せず、天正四年頃再び信長に味方したと考えた方がよかろう。もちろん、三組内の門徒たちの多くは本願寺側についていた。前節で述べた浄光寺末の雑賀門徒の陣立表に、三組の道場も記載されている。これにより雑賀一揆は、当時の主要な政治対立である信長対反信長の戦いに巻き込まれ、信長側についた三組の土豪たちを中心にした反一向一揆連合と、雑賀一向一揆に分裂したのである。ただし、分裂したからといって、雑賀一揆が解体したわけではない。

ところが播磨良紀氏は、天正四年の時点では、「対信長戦争には、紀州や雑賀の門徒衆だけでなく、根来寺衆や雑賀惣国十ヶ郷の代表でもある孫一も参加していることから、雑賀惣国としての参戦がなされていたといえる」と述べている。しかし、孫一は門徒であり、彼が参加しているからといって、ただちに惣国として参戦がなされているとは、当然評価できない。また、根来衆が参加している根拠として、「卯月十五日付紀州門徒惣中宛顕如書状」（戦国三一二）をもとに、淡路岩屋の陣中における中国衆と紀州衆との喧嘩口論に「根来寺の泉識（ママ）坊・岩室坊・杉之坊が関わって」いると解釈されているが、果たして妥当なのだろうか(36)。

この書状を『市史』は天正四年のものと比定している。だが、天正四年四月段階で、果たして毛利勢は岩屋に出陣していたのだろうか。毛利輝元が信長との絶縁を毛利清元に報じたのは五月七日という。また、毛利出陣の噂により、信長が淡路の安宅信康に警戒を命じたのが五月二三日とある。同年と確定してよい六月二八日付「顕如書状案」（戦国三一三）でも、すでに岩屋に出兵している様子は窺えない。つまり、四月一五日に岩屋には中国衆はまだ出陣しておらず、紀州衆との喧嘩口論は発生しないし、根来衆も関与できないのだ。この文書の内容は、本願寺側からの協力要請に対する根来衆内での調停が不調に終わったことを述べているのにすぎないと解釈する。なお、『大系』（二三六頁）はこの文書を天正五年と比定しているが、妥当だと思う。

以上述べたように、雑賀一揆が惣国として反信長側についたという評価は成立しないと判断してよかろう。つまり、雑賀一揆は信長側で出陣したことはあっても、組織全体として本願寺のために参戦した事実は、一切確認できないのである。構成員のなかに門徒が含まれていたとしても、このような雑賀一揆を一向一揆の範疇に含めることは決してできないと考える。

それでは、天正期における根来寺と信長の関係はどうだったのであろうか。天正元年に信長と対立した足利義昭が、吉川元春に対して発給した御内書(37)に「根来寺已下不可存疎略由候」とある。これが事実であれば当初は義昭側に付いたのかもしれない。たしかに畠山秋高死後の天正元年、根来寺がまずは義昭に同調した可能性はある。しかし、もしそうであったとしても、それは一時的なことであった。天正二年一〇月二〇日、信長方は「根来寺御在陣衆中」に河内高屋攻めの加勢を求めている（『大系』一四八〜一四九頁）。また、『信長記』を見ると天正三年四月と翌年四月の本願寺攻めに、信長方で根来衆が出陣していた。参戦していないのに、あえて根来衆のみ陣立に書き加える必要はないから、信用してよかろう。「三組惣中宛信長朱印状」（戦国三一七）に「根来寺事、是又無二可馳走之旨申遣候」とある。信長の雑賀攻めの直前の天正五年二月一八日に、根来寺の老衆等が高野山の金剛峯寺惣分に対し、雑賀成敗のため信長方に参陣するよう呼びかけている（戦国三三七）。これは一部の坊院が信長に味方したということではなく、根来寺の主流が大勢として天正期も基本的に信長側に付いていたと判断すべきであろう。

しかし、『史料綜総』[38]の天正五（一五七七）年二月一三日条に「紀伊畠山貞政、同国雑賀及ビ根来ノ衆徒ト謀リ、兵ヲ挙グ」とあり、これを引用してあたかも雑賀衆全体と根来衆とが信長に対し挙兵したかのように、しばしば語られてきた。有田川下流域を基盤とする畠山貞政は、守護家ではなく奉公衆家と考えられるが、たしかに雑賀衆や根来衆と挙兵したという記述は、細川家の『綿考輯録（細川家記）』[39]に載っている。しかし、これは江戸中期の編纂物であり、細川家に関する記述以外は信憑性が薄い。特に、畠山貞政が「石山合戦」に関与したという史料は、管見の限りこれ以外にはなく、史実とは認定しがたい。

ただし、根来寺や雑賀衆などが泉州に出兵したと書いた顕如の書状が存在する。それは、たつの市徳行寺蔵の二月一六日付「播州坊主衆中・門徒衆中宛顕如消息」[40]である。そこに、「根来寺与雑賀其外紀州諸侍、悉令一統泉州へ打出」と書かれている。次節で述べるように、『増補改訂本願寺史』はこれを天正六年としている[41]が、五年と推定する。この消息に「信長至泉州」とあり、五年だと妥当するが、六年二月に信長は泉州に来ていないからだ。

また、この消息には「根来寺惣分当寺へ一味之事候」とあるが、これは前述の「金剛峯寺惣分宛根来寺老衆書状」と矛盾する。どちらが真相なのだろうか。義昭・本願寺側も信長の調略に対抗して、土橋氏と関係の深い泉職坊を通して、根来寺に何度も働きかけていたのは間違いない。このため、根来寺が本願寺側に付くような希望的観測も流れていたようだ。しかし、これは「雑説」にすぎず、現実ではなかった。天正五年と推定してよい二月一八日付「紀州坊主衆中・門徒衆中宛顕如消息案」（戦国三三八）に「根来寺之儀如何候哉、爰元色々雑説候間、与方(カ)之儀無心許候」とある。事実、雑賀攻めの際、泉職坊は信長と戦ったが、杉坊をはじめとした根来衆の主流は宮郷・中郷・南郷の雑賀三組の大半とともに信長側に付いていた。

天正五年二月一三日、信長は雑賀攻めのため京都を出陣した。軍勢は三万とも、時には一〇万ともいわれているが、多くの武将を動員しているから大軍であったことは間違いない。一七日貝塚寺内を攻撃した信長勢は、山手勢、浜手勢、信長本隊の三隊に分かれ、雑賀に襲来した。山手勢は雄山峠を越え、杉坊と三組衆に導かれ小雑賀に陣取り、雑賀一向一揆勢の本陣ともいうべき御坊山と和歌川を挟んで戦闘が行なわれる。孝子峠から侵入した浜手勢は雑賀側の中野城を攻略し、鈴木孫一構を攻撃した。信長本隊は直接戦闘に加わらず、紀泉国境付近に在陣し、各部隊に指示を出しながら、背後を警戒しつつ和泉の掌握に努めたようだ。

雑賀攻めは最終的な決着を見ないまま、雑賀一向一揆側が恭順する旨を申し入れ、三月一五日付で信長は赦免している。信長も京・大坂を留守にして、いつまでも雑賀にかかずらっていられなかったであろう。ところで、雑賀においては、信長の攻撃で痛手を被ったのは、いったん降伏した一向一揆側であろうか。否、その後の状況を見ると、打撃を受けたのはむしろ三組の側であったといえよう。

南郷の大野荘においては、天正五年の信長の雑賀攻めの直後、門徒と非門徒との間で深刻な対立が生じた。大野中村の岡本弥助と大野十番頭の一員である鳥居の稲井蔵之丞（「雑賀衆宛湯河直春起請文」に登場）が、信長の雑賀攻めの先陣に加わっていたため、雑賀一向一揆側が大野十番頭に対し両者の首を要求したという。これへの対応をめぐって、大野十番頭が門徒と非門徒とで分裂し、前者が名高に後者が日方に陣取った。そしてついに天正五年八月に戦闘に及び、鈴木孫一が他の組の一向一揆勢を率いて支援し、門徒側が勝利したといわれている。これが、「井松原合戦」と呼ばれているものだ。

この「井松原合戦」の記録[42]はいずれも後年のもので、記載内容にどこまで信憑性があるか、検討しなければならない。しかし、天正五年八月一日付と推定できる、信長の近臣万見重元が淡輪氏へ送った書状（戦国三六七）に、「三搦面へ自雑賀取懸候由」とある。これは、「雑賀」から三組へ兵を出したとの報告に対する返書で、別に織田信張からも知らせてきたと述べている。また、このときの兵乱で日方の永正寺が焼失しており、詳細はさておいても、合戦があったことは間違いなかろう。

大野荘の浄土宗寺院は圧倒的に鎮西派で、ほとんどが永正寺の末寺である。「井松原合戦」の戦死者について、「永正寺第四世伝誉上人の代々過去帳」に、「日方之人数俗名法名を悉く一所にしるセり[43]」とあるから、日方側（非門徒側）の多くは浄土宗鎮西派の信徒と思われる。すぐ近くの黒江御坊が無傷なのに、同寺が焼失したのはこのためだろう。

中郷は根来の勢力が優勢であったため信長方に付いたのであろう。だが、門徒も多かったから、それが一向一揆側に付いたため、内部分裂で相対的に弱体化したことは間違いない。天正四年五月に顕如は三ケ郷門徒に働きかけている（戦国三二一）。補論2で紹介したように、宮郷においても『石山法王御書類聚』によると、宮郷惣道場であった太田の道場（玄通寺）に、天正五年一月二四日付で一向一揆側に付いた門徒たちに顕如が与えた「大田退衆中」宛の感状（戦国三二九）が所在していた[44]。

さらに、土地争いなどで何かにつけ雑賀庄と対立していた宮郷は、三月七日付「紀州御門徒衆惣中宛下間頼廉書状」（戦国三五〇）によると、「湊衆以取扱宮郷衆悔先非、於向後者雑賀令一味同心」とある。仲介した「湊衆」は門徒も含まれているにしても門徒集団ではないから、この「宮郷衆」は門徒衆ではなかろう。『市史』も『大系』も天正五年と比定しているが、三月七日は雑賀攻めの最中であり、信長勢の大軍が所在するなかで宮郷衆が変心するとは思えないし、できないだろう。これは天正六年のことと考えるが、一向一揆側の攻勢で宮郷側が恭順したようだ。

信長の雑賀攻めによって、逆に雑賀一向一揆側が優勢となった。それまで雑賀一揆を形成していた勢力バランスが崩れたといえよう。

第六節　「石山合戦」の終結と雑賀衆

雑賀攻めからの退却時、信長は和泉において定番として、佐野に織田信張だけでなく杉坊を配置した。義昭・本願寺側も根来にその後も働きかけている（戦国三一二・三六六）が、杉坊を中心とした根来寺の主流は、引き続き信長側であったと認識すべきである。杉坊が定番となったということは、根来寺は織田権力の下で和泉等の権益を黙認されていたということであろう。そうであるなら、あえて反信長側に付く必要はない。これに対し織田信張などは、紀伊方面への対応のため根来寺を味方に付けておく必要があるので、和泉における根来の横暴に不満を抱いていたが、黙認していたのである(45)。

『増補改訂本願寺史』は前出の二月一六日付「播州坊主衆中・門徒衆中宛顕如消息」（たつの市徳行寺蔵）を天正

六（一五七八）年と推定し、「根来寺与雑賀其外紀州諸侍、悉令一統泉州へ打出」とあることから、「根来寺側は、翌天正六年初めまでには雑賀と一味することを決めた」[46]と判断している。はたしてこれは妥当なのだろうか。織田権力の下で和泉等の権益を容認されているのであれば、根来寺は本願寺や雑賀一向一揆に味方する必然性はない。杉坊が佐野に定番として配置されているのであるから、根来寺の主流は引き続き信長側であったと見るべきであろう。

ここで気になる史料がある。天正五年一〇月に泉職坊が岩室坊とともに和泉郡の極楽寺に出した禁制が存在する。[47]これは岩室坊が雑賀方であった泉職坊に与したのであろうか。もしそうなら、根来衆の過半が本願寺方になったことを意味することになる。しかし、三月一八日付「中嶋坊宛泉職坊書状」[48]によると、泉職坊は秀吉らの「才覚」で和睦した。また、全体の状況から判断すると、むしろ泉職坊が岩室坊を含めた根来寺の主流に従ったとも捉えることができよう。三組に対する雑賀側の攻撃の主体は、鈴木孫一に率いられた雑賀一向衆であり、土橋氏の関与は確認できないし、まして泉職坊まで与したとは主張できない。信長の雑賀攻めを経験し、いかなる結果になっても土橋氏と泉職坊とのどちらかが生き残れるよう、関ヶ原の戦での真田氏のように、二様の対応をとったと考えられないだろうか。

それはさておき、通説では天正五年四月二二日に、根来寺や松浦氏等による和泉一国の一揆寺内破却を監督するよう、信長は柴田勝家に命じている（『大系』二三七頁）。ただし、天正五年だと勝家は越前に赴いており、天正三年ではないかとの説が有力だ。[49]いずれにしろ、信長の雑賀攻めの後、貝塚だけでなく泉州の寺内破却が進んだことは間違いない（以下、**図2**参照）。紀州から陸路による本願寺支援がより困難になったであろう。しかし、海路は毛利・雑賀側が握っていた。本願寺は引き続き雑賀鉄砲衆の支援を求めている。

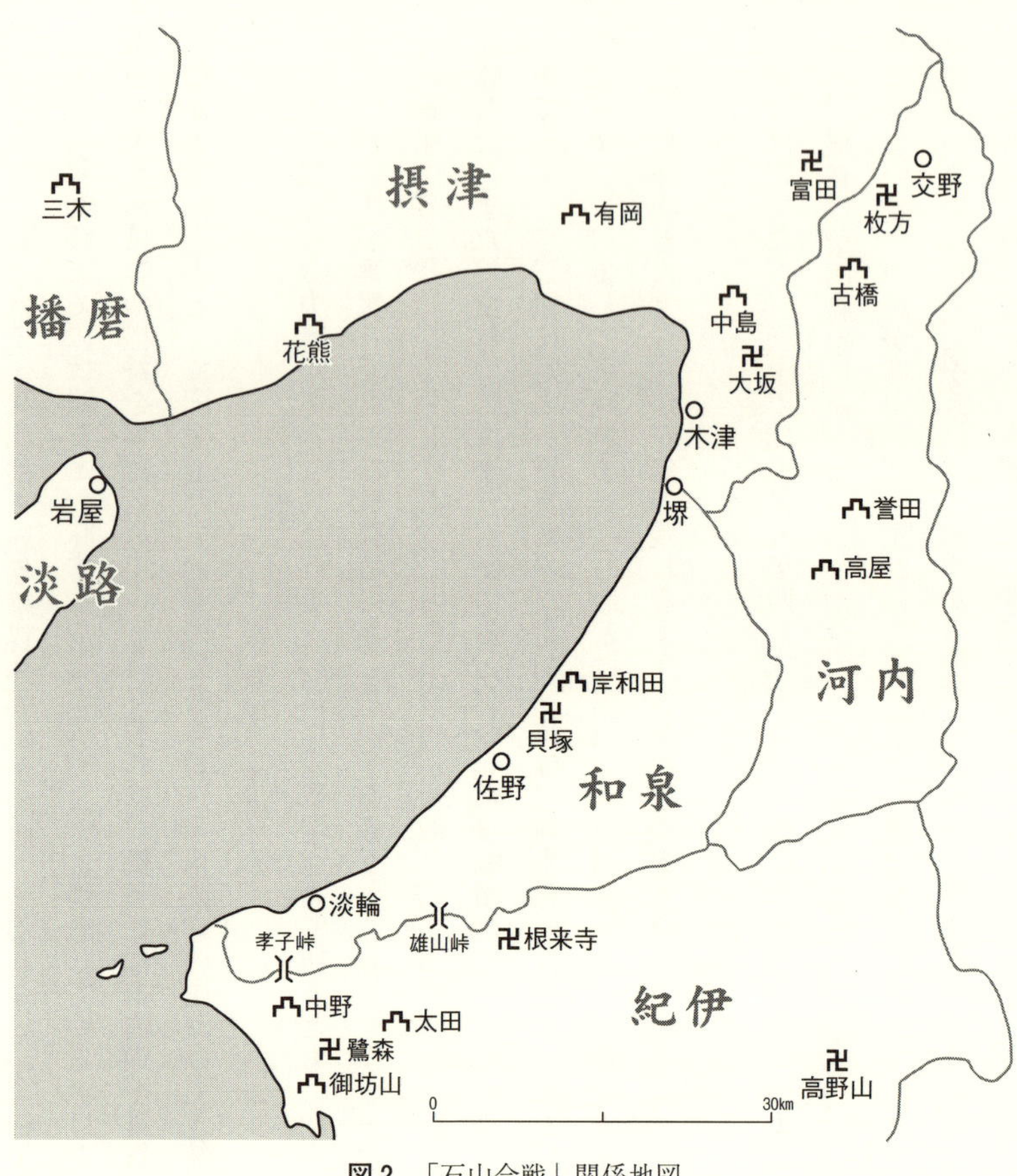

図２　「石山合戦」関係地図

淡路岩屋は毛利と本願寺にとって海上連絡の要地であった。また、天正六年二月、三木城主別所長治の離反により反信長側が東播磨で優勢となり、対岸の岩屋はますます重要性を増す。三月一一日付「紀州門徒惣中宛顕如書状」（戦国三一〇）だけでなく、三月八日に毛利勢（戦国三五一）からも雑賀御坊惣中に岩屋へ渡海するよう要請している。さらに、四月中旬には毛利氏の大軍が西播磨の上月城を包囲した。五月二日、顕如は紀州惣門徒宛に雑賀鉄砲衆が上月城へ出陣するよう求めている（戦国三八〇）。ところが渡海の要請にはなかなか応じず、岩屋では中国衆との喧嘩口論が発生し、播磨から勝手に帰国したようだ（戦国三五八・三八二）。

そもそも、雑賀門徒衆にとって播磨への出兵は、間接的に本願寺への支援になっているかもしれないが、直接本山を防衛するものではない。まして信長側であったこともある武将への協力であり、豹変激しい戦国期においては、またいつ何時裏切られるとも限らない。本願寺から要請があったとしても、これは自衛のための戦いではなく、武将同士の闘争への参戦であり、簡単に応じられるものではなかろう。これに加え、合戦が長引き、毛利勢とも反目が生じている。過大な要求や無意義な要請に難色を示すような状況が、紀州や雑賀の門徒衆に見られるようになったのである。

しかし、これはやむを得ないことと考える。細川政元が実如に対し一向一揆勢に加勢させるよう要請したことにより、「河内錯乱」・「大坂一乱」が生起した。また、証如期には細川晴元の同様の要請の結果、天文の畿内一向一揆が起こり、山科本願寺が焼失し、畿内の多くの本願寺教団の寺院・道場が破却された。これまでの状況を見てきた紀州の門徒衆にとって、本山の防衛には進んで応じたとしても、戦国大名間の戦いへの参加は簡単に受け入れられるものではなかったのである。それでは、こうした紀州や雑賀の門徒衆の対応を見て、本願寺はどのように対処したのだろうか。

天正六年半ば頃、紀州惣門徒や雑賀御坊宛の本願寺側の書状に新たな語句が登場した。それは「志次第」や「自飯米衆」「志衆」という言葉である。七月四日付「雑賀御坊宛下間仲之・頼龍連署状」（戦国三八六）では、「大船一艘」と「警固六艘」が着岸したが、もともとの要請どおり「警固船十五艘」を大坂へ送るよう求めるとともに、「自余ハ不相構志次第方々より火急ニ舟馳走被申」とある。また、三日後の七月七日付「紀州惣門徒宛顕如書状」

（戦国三八七）には、今度は高砂へ「人数二千」を渡海させるよう要求しているが、「もし国之談合調かね候ハヽ、志次第ニ可有渡海事」と書いていた。さらに、七月一七日付「紀州惣門徒宛下間仲之・頼龍書状」（戦国三八九）に、本願寺上山について「と、のおりかね候て相延候ハヽ、自飯米衆・志衆被申合、五百丁早々可被参候」とある。大坂へ「大船一艘」と「警固六艘」を送ったのに、さらに残りの警固船九艘を催促され、三日後に高砂へ「人数二千」渡海するよう要請があり、その一〇日後には鉄砲「五百丁」を上山させるように求められているのである。もちろん、これ以前も支援の依頼に対応していた。これはあまりにも過度の要求といわれても仕方がなかろう。

上記の「国之談合調かね候」の「国」とは、紀州惣門徒のことと判断してよい。つまり、紀州や雑賀の門徒組織としては、度重なる要求や意義が感じられない要請には簡単に受諾していない状況が見られ、本願寺は新たに「志衆」や「自飯米衆」への呼びかけを開始したようだ。本来、本願寺への門徒の支援は「自飯米」が基本であった。それゆえ、本願寺ではなく紀州や雑賀の門徒組織がこれまで人員に対し兵糧を支給していたということであろう。

ついには、天正六年九月二四日付で顕如は紀州惣門徒宛に「鉄炮千丁」を派遣するよう要請しているが（戦国三七三）、同日付で同様の内容の「志衆・自飯米衆宛書状案」が存在しており（戦国三九六）、彼らにも直接書状を送るようになったようだ。「鉄炮千丁」というのは最大の催促数であるが、戦国大名ではない者にとって膨大な量ではなかろうか。なお、この書状案に、「国へも鉄炮千丁申下候」とあり、「国」とは紀州惣門徒のことと考えて間違いない。二日後の九月二六日付「紀州惣門徒宛顕如書状案」（戦国三九七）では、「国衆油断にて此分に候条、志在之衆は……志次第ことごとく可令参着事」とある。

以上の状況を見ると、本願寺側の過剰な要求や無意義な要請に対し、主体性の強い雑賀門徒衆は組織として難色を示すようになり、「志衆」や「自飯米衆」という言葉が天正六年半ば頃に登場する。第七章で紹介した天正六年六月一三日付の史料は、本願寺の呼びかけに応じて雑賀門徒の志衆が提出した連署誓紙の写しと推察した。

これまで、雑賀一向衆の組織原理は、本末が基本であった。天正八年の講和受け入れに関する史料と考えられる「雑賀一向衆列名史料」も、雑賀一向衆の陣立てに関する天正三年八月晦日付の「軍法浄光寺方折之日記」にしても、本末で区分けされている。これに対し、天正六年の志衆の誓紙は雑賀五組の組を基本に提出されていた。つまり、本末ではなく地縁に基づいているのである。これは、どこの末道場であるかに関係なく、志を持った門徒たちが組ごとに結集しているからであろう。他方、署名者には雑賀門徒衆の年寄衆が一人も名を連ねていない。ということは、他の戦国大名を支援するために播磨へ渡海することに、雑賀門徒衆は組織として異論があったということであろう。

第七章で述べたように、人々の往生を本願寺宗主が判定するという、いわゆる「後生御免」が、経典や親鸞の言葉にその根拠がないにもかかわらず、大坂本願寺において行なわれていた。「後生御免」を実悟が悲しみを込めて繰り返し諫めているように、もちろんこれは浄土真宗の教えからの逸脱であった。とはいえ、一般門徒の間で、本願寺の動員命令に従わない者は破門され、往生できないと信じられていたとしても不思議ではなかろう。ところが、雑賀門徒衆をはじめとした紀州門徒は、当時の間違った考えにとらわれることなく、過剰な要求や無意義な要請に安易には応じていなかった。とりわけ、「鷺森辻本三十六人」を中心に共同で御坊を管理運営していた雑賀一向衆は、本山の催促であったとしても、その是非を自主的に判断していたのである。信仰心が篤かったとしても、本願寺の命令を盲目的に受け入れるべきではない。

信長は天正六年四月四日、織田信忠を大将として大坂本願寺に大軍を差し向けた。だが、本願寺は籠城したままで、ほとんど戦闘になっていない。他方、信長は海路を遮断するため、志摩の九鬼嘉隆に大型鉄艦の建造を命じていた。天正六年六月二六日、大船七隻が堺を目指し出航する。淡輪沖で雑賀の水軍が襲いかかったが、蹴散らされた。一一月六日、毛利・雑賀連合水軍が木津川口で決戦を挑んだが、周知のように大敗北を喫したのである（「第二次木津川口の海戦」）。

本願寺には物資がまだ大量にあったようだが、この敗戦により籠城が困難になることは目に見えており、講和は時間の問題となった。しかし、ちょうどこの頃、有岡城主荒木村重が信長から離反し、毛利・本願寺側に付いたのである。雑賀一向一揆勢では鈴木孫一や中村左衛門九郎等の門徒の有力土豪が荒木支援に赴き、もっぱら支城の花隈城に詰めている（戦国四〇六・四一〇）。だが天正七年一一月、有岡城が陥落し、天正八年一月、三木城も開城した。ついに、正親町天皇の勅命により、天正八年閏三月、顕如は信長からの講和条件を受け入れる。

しかし、講和反対派は教如を擁して徹底抗戦をとなえた。第四章で明らかにしたように、雑賀年寄衆も宮本平大夫や松江源三大夫の講和派と嶋本左衛門大夫や岡太郎次郎の抗戦派に分かれていたようだ。ただし、雑賀一向衆内部における講和をめぐる対立は、ほどなく解消されたと考えられる。天正八年四月八日付「雑賀衆起請文」（戦国四三四）こそ、雑賀一向衆の誓紙そのものと思われるが、ここに「向後弥可為御門跡様次第候」とあり、嶋本左衛門大夫と岡太郎次郎とが他の有力者とともに名を連ねているからだ。

おわりに

天正八（一五八〇）年四月九日に顕如は大坂を退去し、鷺森御坊に入って天正一一年までここが本願寺となる。遂に教如も再度和睦して、八月二日には雑賀へ立ち退いたが、その際大坂本願寺は焼失した。一〇年間に及んだ

「石山合戦」は終結したのである。これで、反信長連合である雑賀一向一揆は幕切れとなった。だが、雑賀一揆が消滅したわけではない。

ただし、それまで雑賀一揆を形成していた勢力バランスが「石山合戦」により崩壊したのは間違いない。雑賀一向一揆側の最有力土豪である鈴木孫一や土橋平次の力が相対的に増し、雑賀一揆の規制に従う存在でしかなかった彼らが、その主導権を握る立場にまで、「石山合戦」の過程で成長したといえよう。この二大勢力が激突するのは時間の問題であった。その際には、顕如ですら彼らを制御できなかったのだ。

「石山合戦」講和後の天正一〇年、両者は戦闘に及んだ。正月、鈴木孫一が土橋平次（若大夫）を殺害した。さらに、織田信張の支援を受け、土橋構を襲撃し、落城させる。その際、泉職坊も討ち取られたという（戦国四八七・四八八・四九三・四九四）。ところが、六月の本能寺の変により土橋の残党が蜂起した。信長方であった鈴木孫一勢を攻撃し、孫一は雑賀から退去する（戦国五〇三）。

両者の確執が生じた直接の原因は、十ケ郷木本の土地争いであったという（戦国四七九）。また、彼らの衝突の背景には、信長に付くか、土佐の長宗我部に与するかの路線対立があったことは確かである。しかし、路線対立が発生したのは、雑賀一揆全体の統制を脱し、逆にそれを牛耳るだけの力量を彼らが獲得したからだといえよう。そうした状況を生んだのが、「石山合戦」だったのである。

天正一三年、その雑賀一揆も羽柴秀吉の紀州攻めにより結末を迎えた。これが紀州における中世の終焉である。雑賀に変わって和歌山という地名が秀吉の手紙に登場し、和歌山城が創建された。「雑賀」は雑賀本郷の矢ノ宮周辺を指す地名として残っている。

註

（1） 山田康弘「戦国期本願寺の外交と戦争」（『中世の寺院と都市・権力』山川出版社、二〇〇七年）三八五～三九二頁。
（2） 神田千里『一向一揆と戦国社会』吉川弘文館、一九九八年、二六八・二九六頁。
（3） 同前、二七〇頁。
（4） 神田千里『信長と石山合戦』吉川弘文館、一九九五年、四九～五一頁。
（5） 仁木宏『空間・公・共同体』青木書店、一九九七年、一四三頁。ただし、中立・友好を基本とする本願寺の対大名外交政策の維持は、現実には容易でなかったことが指摘されている（山田註(1)前掲論文、三七九～三八五頁）。
（6） 山田註(1)前掲論文、四一〇～四一一頁。
（7） 仁木註(5)前掲書、一四九頁。
（8） 同前、一四九頁。
（9） 金龍静『一向一揆論』吉川弘文館、二〇〇四年、三二七頁。
（10） 鍛代敏雄『中世後期の寺社と経済』思文閣出版、一九九九年、二一〇～二一二頁。
（11） 金龍註(9)前掲書、三二七～三二九頁。
（12） 同前、三二八～三二九頁。なお、この点は神田氏も同様の見解だと認識してよい（『宗教で読む戦国時代』講談社、二〇一〇年、一〇八～一〇九頁）。ただし、金龍氏が述べているように、これはあくまで素因である。反信長の大名連合と密接な関係にあるからといって、本願寺が戦いに加担するには、それに踏み出すだけの動機があったと考えるべきであろう。
（13） 金龍註(9)前掲書、三三二～三三三頁。
（14） 弓倉弘年「元亀元年の雑賀衆」（『和歌山県立博物館研究紀要』二、一九九七年）。石田晴男「守護畠山氏と紀州「惣国一揆」」（『歴史学研究』四四八、一九七七年、のち『本願寺・一向一揆の研究』吉川弘文館、一九八四年、二九七～二九九頁）。
（15） 弓倉弘年『中世後期畿内近国守護の研究』清文堂出版、二〇〇六年、三六五～三六六頁。

(16) 神田註(4)前掲書、二〇〜二一頁。
(17) 仁木宏「『二条宴乗記』に見える大坂石山寺内町とその周辺――「石山合戦」開戦時を中心に――」(『人文研究(大阪市立大学文学部紀要)』四九―六、一九九七年) 七七頁。
(18) 同前、七九頁。
(19) 同前、九四頁。
(20) 『南紀徳川史』第六冊、南紀徳川史刊行会、一九三一年、二二四〜二三四頁。なお「佐武伊賀働書」については、武内雅人「「佐武伊賀働書」史料解題の改訂及び補遺」(『紀州経済史文化史研究所紀要』三二、二〇一一年) を参照されたい。
(21) 吉田徳夫「湯浅地域の寺院史料の考察」(『関西大学法学論集』四六―二、一九九六年)。
(22) 『真宗史料集成』第三巻、同朋舎、一九七九年、所収。
(23) 同前。
(24) 『第二期戦国史料叢書5　四国史料集』人物往来社、一九六六年、三三五〜三三六頁。
(25) 小山靖憲「中世賀太荘の漁業」(『紀州経済史文化史研究所紀要』一二、一九九二年) 一七頁。
(26) 太田宏一「雑賀衆と鉄砲」(『和歌山地方史研究』四二、二〇〇二年、一五頁)。
(27) 『新修広島市史第六巻　資料編その二』広島市、一九五九年、一九三頁。
(28) 同前、一四頁。
(29) 弓倉註(15)前掲書、三六五頁。
(30) 石田註(14)前掲書、三〇一頁。
(31) 播磨良紀「雑賀惣国と織豊政権の戦い――雑賀惣国の結集を中心に――」(『和歌山地方史研究』四六、二〇〇三年) 七頁。
(32) 金龍静「石山法王御書類聚の紹介」(『戦国期の真宗と一向一揆』吉川弘文館、二〇一〇年) 二七〇頁。
(33) 青木忠夫『本願寺教団の展開』法藏館、二〇〇三年、一五九〜一六三頁。
(34) 早島有毅「戦国仏教の展開における本願寺証如の歴史的位置」(『大系真宗史料　文書記録編9　天文日記Ⅰ』法

藏館、二〇一五年）五〇六頁。
(35)『増補津村別院史』思文閣出版、一九八三年復刻、一二三頁。
(36) 播磨註(31)前掲論文、七頁。
(37)『大日本古文書　吉川家文書』東京帝国大学史料編纂掛、一九二五年、八二号。
(38)『史料綜総』巻十一　安土時代之二・桃山時代之一、東京大学出版会、一九六五年。
(39) 国立国会図書館デジタルコレクション。なお、この史料から石田氏は註(14)前掲論文で「雑賀成敗に際して湯河勢は畠山貞政を立てて信長勢と戦う」（三〇〇頁）と述べているが、湯河に関する記述はない。また、辻善之助『日本仏教史』第七巻（岩波書店、一九五二年）は「畠山貞政は岩室城を出て逃れ去った」（一四四頁）と書いているが、信長勢が攻め寄せてもいない有田郡の岩室城から、なぜ脱出しなければならないのか不思議でならない。
(40)『顕如』宮帯出版社、二〇一六年、一四五頁。
(41)『増補改訂本願寺史』第一巻、本願寺出版社、二〇一〇年、六〇二頁。
(42)「井松原合戦」（『海南市史』第二巻、海南市、一九九〇年）九三八頁。
(43) 同前。
(44) 金龍註(32)前掲論文、二五七頁。
(45) 平井上総「織田権力の和泉支配」（『織田権力の領域支配』岩田書院、二〇一一年）一〇三～一〇四頁。
(46) 註(41)前掲書、六〇二頁。
(47) 図録『戦乱の中の岸和田城』岸和田市立郷土資料館、二〇〇四年、史料№12。
(48) 同前、資料№10—2。以上の写真版を見ると「泉識坊」ではなく、「泉職坊」である。
(49) 平井註(45)前掲論文、九〇頁。

補論5　秀吉の朝鮮侵略における降倭部将沙也可と「雑賀孫市」

――鈴木孫一一族のその後――

はじめに

豊臣秀吉の朝鮮侵略における降倭部将沙也可が、「雑賀孫市」の嫡男である「雑賀孫市郎」であるかのような議論が盛んに行なわれている。文禄・慶長の役で、豊臣家の鉄砲頭になっていた「雑賀孫市郎」が二二歳の若さで雑賀衆を率いて渡海したが、朝鮮側に付き沙也可を名乗って他の雑賀衆とともに侵略軍と戦ったというのである。

これはもともと沙也可を小説にした神坂次郎『海の伽倻琴――雑賀鉄砲衆がゆく――』（徳間書店、一九九三年）で語られたフィクションであった。根拠は、ただ沙也可の朝鮮語の読みが「サイエカ」で「雑賀」と音が似ているということだけの話であり、研究の対象とするほどのものではなかった。しかし近年、これが史実であるかのように語られるだけでなく、和歌山において政治家や行政に働きかけて石碑や看板を設置して、既成事実化されようとしている。つまり、見過ごしにできない事態になってきているので、警鐘を鳴らす意味で、この問題を取り上げたのである。

本論を執筆したのは、単に沙也可が「雑賀孫市」の嫡男「雑賀孫市郎」であるという説を否定するという消極的理由だけではない。鈴木孫一とその一族についての新しい史料が、彼の寺として有名な平井の蓮乗寺で発見された。

これにより、水戸藩史料で「雑賀孫市」と記載のある鈴木孫三郎重朝が、「石山合戦」で活躍した鈴木孫一重秀の「一子」である可能性が高まったのである。またそこには、地元に残った孫一の弟「孫六」の一門についても記載されていた。これを紹介し、前記の誤った主張に終止符を打つとともに、これまで論議されてきた鈴木孫一と彼の一族について新たな判断材料を提供しようと考えた次第である。

一　沙也可をめぐる議論

まず、沙也可＝「雑賀孫市郎」説の最大の問題点が何かといえば、沙也可（のちに金忠善、号が慕夏堂）の伝記である『慕夏堂文集』の記述を故意に無視している点にある。特に重要なのは、天正二〇（文禄元、一五九二）年の朝鮮出兵において、『慕夏堂文集』の本文に「清正之先駆渡海、於四月十三日而超海」（一丁）とある点だ。つまり、沙也可は加藤清正の先駆けとして渡海したと書いているのである。ということは、「雑賀孫市郎」が沙也可であると主張するならば、この人物が加藤清正の配下であったことを証明しなければならないのである。しかし、沙也可＝「雑賀孫市郎」説の主張者はその作業を全く行なっていないどころか、そもそも沙也可が加藤清正の先鋒であったという点について一切触れていないのである。なお『慕夏堂文集』は、早稲田大学図書館所蔵本がインターネットで閲覧できるので参照されたい。

『慕夏堂文集』は、沙也可本人の筆によるものとの体裁をとっているが、六代のちの子孫である金漢祚が書いたものとの説が有力だ。つまり、子孫により祖先顕彰のために書かれていて、ある程度潤色されていると思われる。また、年月日なども かなり怪しい。たとえば、「四月十三日」（朝鮮暦）に渡海したのは小西行長軍であり、清正が釜山に上陸したのは朝鮮暦で一七日である。このため、沙也可を小説にした神坂次郎『海の伽倻琴』は小西行長軍で渡海したことにしている。

しかし、月日についての間違いはよくあることで、加藤清正軍の正確な渡海日が分からず、侵略軍が最初に朝鮮に到着した日を子孫が調べて書いたとしても致し方なかろう。それよりも重要なのは、清正の配下で渡海したという点である。加藤清正であろうと、小西行長であろうと、どの部隊に属していたかということは、投降して朝鮮王朝臣下となった金氏にとってはそれほど重要ではなく、作意を凝らす必要はなかろう。これは、沙也可の金氏の家で加藤清正の部下であったと伝承されてきたことを示していると考えてよい。しかも、沙也可の孫の金振鳴による「墓誌」にも、加藤清正の先鋒として渡海したと書かれていると指摘されているのである(1)。孫が清正の配下であったと書いているのであるから、これはかなり信憑性が高い事項といえよう。

次に、『慕夏堂文集』に「以所領兵三千帰附」（本文一丁）とある。沙也可が三〇〇〇の兵を率いたとなると、万石以上の禄高を有する大名クラスの人物ということになる。もちろん、この「三千」というのは実数ではなく単に多いという形容詞にすぎず、大名クラスの人物というわけではない。ただし、その後の朝鮮側の待遇を考えると、かなりの武将だと思われる。

以上の点を踏まえて注目しなければならないのは、加藤清正の配下であった降倭部将が、日本側と朝鮮側の史料に登場することである。これは、豊臣秀吉による朝鮮侵略研究の第一人者である北島万次氏がすでに明らかにしてくれている(2)。

まず、「吉川家譜」と太田一吉の家臣の日記である「大河内秀元朝鮮日記」に、慶長二（一五九七）年一二月に加藤清正の部下だった「岡本越後守」という八〇〇〇人を率いる降倭部将が、蔚山に籠城する清正に対し明け渡しの使者として派遣された旨が書かれていた。他方、「降倭越後」による同様の記述が、朝鮮側の『再造藩邦志』と『朝鮮王朝実録』に記載されているのである。この「降倭越後」が、日本側の史料に登場する「岡本越後守」と同じ人物と推察してよかろう。しかも、『朝鮮王朝実録』には金応瑞が彼を使者として派遣したとあり、この史料の別の記事には「沙也可」が登場し、金応瑞の配下であったことが書かれているのである。

次に、加藤清正の配下であった降倭部将である別名の「越後守」が、「宇都宮高麗帰陣物語」に登場する。それは「阿蘇宮越後守」で、彼は朝鮮側に付いた一〇〇〇人の日本人を含めた二〇〇〇人を率いる武将であった。この阿蘇宮は、秀吉に反抗した肥後国一揆の阿蘇大宮司との関係が窺われる。阿蘇大宮司惟光は朝鮮出兵に反対した梅北一揆に関係し、切腹させられたという。肥後国一揆鎮圧の翌年に、清正が肥後の領主になった際、在地土豪を家臣団に組み入れた。配下となった「阿蘇宮越後守」が阿蘇氏の一族だとすると、もともと秀吉政権に反感を持っており、朝鮮侵略の際に率先して投降する理由が存在したのである。

以上の北島氏の論証によると、沙也可も越後守も加藤清正の配下で、また、かなりの兵を統率する武将であり、しかも金応瑞の配下で日本軍と戦っていた。この「越後守」は正式に与えられた官職名ではなく、自称と考えるべきであろうが、いずれにしろ、岡本越後守と阿蘇宮越後守は同じ人物で、沙也可である可能性がきわめて高いのではなかろうか。

ところが、沙也可＝「雑賀孫市郎」説の主張者は、「岡本越後守」について触れながら、北島氏の研究を完全に黙殺している。それどころか、「薩摩焼宗家十四代目の沈寿官氏」の説として、沙也可について「紀州雑賀衆・岡本越後守説」を紹介し、「岡本越後守は、雑賀一族滅亡後、九州に逃れ、阿蘇氏に仕え朝鮮に渡った記録[3]」がある、と述べているのである。だが、この記録が何という史料なのか全く明らかにしていない。

さらに、この「雑賀一族滅亡」について、「天正十三年に雑賀一族が豊臣秀吉に滅ぼされる」[4]と述べている。そもそも、この「雑賀一族」というのはいったいどのような集団を指しているのであろうか。雑賀姓は雑賀庄雑賀本郷（現、和歌山市雑賀地区）に多いが、秀吉の紀州攻めの際に戦った形跡はなく、滅亡していない。本願寺はもちろん、雑賀衆のうち門徒衆の多くは秀吉と争ってはいないのである。また、天正一三（一五八五）年の秀吉による太田城水攻めで、城に籠る太田の面々をはじめとした五三名が斬首された。だが、それ以外の者は赦されている。「雑賀一族が秀吉に滅ぼされた」というのは、いったい何のことを述べているのか、理解に苦しむ。

もし岡本越後守が「紀州雑賀衆」であるとするなら、「岡本」姓で可能性があるのは雑賀一向一揆の指導者である岡了順（念誓寺）の一族で、雑賀庄岡にある岡宮宮司の岡本氏ぐらいのものだ。なお、和歌浦の地士となった岡本氏も彼らの一党である。ところが、「宇野主水日記」天正一三年三月二四日条（『和歌山市史』第四巻、和歌山市、一九七七年、戦国時代五五九号。以下、同書掲載史料は時代名と番号のみを略記）に「雑賀御坊より注進有之、鷺森寺内・宇治・岡無別儀、湊・中嶋一円放火」とあり、秀吉の紀州攻めで岡は戦場になっておらず、戦闘がなかったと判断してよかろう。また念誓寺にも岡宮にも、一族で加藤清正の部将になった者がいたとか、朝鮮に出兵したという記録はない。

そもそも雑賀衆で、管見の限り、加藤清正の配下になった者は見当たらないのである。水戸徳川家に出仕した鈴木孫三郎[5]については後述するが、それ以外の主だった雑賀衆の仕官先は、浅野家（佐武伊賀と長男、中村善等、木本庄司右衛門）と紀州徳川家（的場源四郎、田所平左衛門、神前中務、佐武伊賀の次男・三男、保手五郎右衛門）で、紀州藩の六十人組地士となっているものも多い。また、雑賀一向一揆を担った真宗の道場坊主は、四人の雑賀門徒の年寄衆である宮本平大夫高秀（湊・平大夫道場／現、善能寺）、嶋本左衛門大夫吉次（狐島・左衛門大夫道場／現、覚円寺）、岡了順（岡道場／現、念誓寺）、松江源三大夫定久（松江東西道場／現、万福寺）をはじめ、ほとんどが寺院の住職となっている。さらに、庄屋となった岩橋の湯橋家のように、上層農民になった者も少なくない。『南紀徳川史』に紀州の地士の史料が掲載されているが、加藤清正の配下になった人物の記述はない。周知のように、徳川頼宣の正室は清正の娘である。もし、紀州から清正の部下になった者がいたなら、記載されないはずはなかろう。

清正配下には雑賀衆は見当たらない。しかし、同じ九州の黒田家と細川家の家臣には雑賀姓の人物がいる。しかし、雑賀姓だからといって雑賀衆とは限らない。長禄二（一四五八）年六月二一日付「室町幕府奉行人連署奉書案」（東寺百合文書八函三〇七、インターネットで閲覧可能）の最初の署名者が「雑賀飛騨妙金」である。また、遠州の守護大名であった斯波氏の家臣雑賀氏は中村（現、掛川市）を領し、文安年中（一四四〇年代）に城を築いたと伝承されている。事によるとこの両氏は、元は紀州雑賀の出身かもしれないが、明らかに戦国時代の雑賀衆ではない。どこかの大名に彼らの一党が仕官することは十分考えられよう。

北島万次氏を代表とする沙也可＝岡本越後守（阿蘇宮越後守）説に問題がないわけではない。それは、この人物が朝鮮出兵における加藤清正の陣立書に記載されていないのである。もっとも、陣立書に朝鮮側に投降したような記述はない。そこで丸山雍成氏は、加藤清正の陣立書に掲載されている部将クラスの人物で、行方不明者または戦死者で可能性のある人間を抽出し、原田五郎衛門信種が沙也可であるとの説を主張した(6)。清正配下の誰が降倭部将となったのかを解明することは十分意味があるし、原田信種もその一人である可能性は高いと思う。しかし、原田が沙也可であると申し立てるには、日本側と朝鮮側の史料に登場する「越後」なる人物との関係を検討しなければならないであろう。原田の故郷に「可也山」があるという点を丸山氏が指摘するが、「沙也可」＝「サイカ」説と同様に根拠としては弱いのではなかろうか。

他方、たしかに岡本越後守（阿蘇宮越後守）は加藤清正の陣立書に登場しない。清正配下で越後守を冠する人物に側近の加藤万兵衛がいるが、彼は降倭していない。そもそも沙也可が「越後守」を名乗ったとしても、本当の名前を秘匿している可能性がある。また、部将クラスではなく、もう少し下級であったのが、投降後の活躍で朝鮮において武将となったのかもしれない。

ところで、加藤氏の『御侍帳』や『分限帳』の類に、「越後」や「阿蘇」の残された家族が記載されているという。「越後」の後室と思われる「越後後宅」に二〇人扶持、また「阿蘇神主母」に二一人扶持が与えられているのである。[7]先の太田一吉の家臣が書いた「大河内秀元朝鮮日記」によると、蔚山に籠城する加藤清正に対し岡本越後守が明け渡しの使者として派遣された際、翌日の会談の場で清正を生け捕りにする陰謀が仕組まれていると告げ、太田が感謝して故国の妻子の無事を伝えたという。先の扶持米は、こうしたことに対する特別の措置かもしれない。いずれにしろ加藤清正の配下には、故国に家族を残した沙也可の可能性の高い「越後」なる人物が、存在したことが窺えるのである。

沙也可＝「雑賀孫市郎」説の主張者は文禄・慶長の役で、「豊臣家の鉄砲頭になっていた孫市郎も二十二歳の若さで雑賀衆を率いて従軍する」[8]と述べていた。この二二歳というのは『慕夏堂文集』の記述であり、このようなところは参考にしているのである。それはさておき、「孫市郎」が「雑賀衆を率いて従軍」したと主張するなら、他の雑賀衆の人々も清正の配下になったり、朝鮮に鉄砲衆として出兵したことになろう。しかし、そのような史料は見当たらない。ただし、豊臣秀長の家老で和歌山城の城代となり、のちに城主となる桑山氏が水軍として遠征しているから、そこに雑賀衆が含まれている可能性は十分ある。しかし、彼らはあくまで水軍として兵站や海戦に従事しているのであって、鉄砲衆として上陸しているわけではない。

「鉄砲頭になっていた雑賀孫市郎」が率いた雑賀衆が朝鮮側に付いているとすると、いったい彼らは誰なのであろうか。また、雑賀衆が鉄砲衆として朝鮮に出兵したというなら、それはどの史料に書かれているのであろうか。こうしたことを、沙也可＝「雑賀孫市郎」説では一切示しておらず、歴史的事実とは認定できない。

歴史とは現在と過去との対話である。まず対話しなければならない相手は、過去の史料であろう。沙也可＝「雑賀孫市郎」説の主張者は、史料との対話を行なっておらず、一方的に自分がいいたいことを語っているだけである。つまり、この説の最大の問題は、都合の悪い史料や研究を無視し、また、自分の主張する根拠を全く示さず、一切論証をしていない点にある。ストーリーをヒストリーにするためには、史料に基づく実証が不可欠なのだ。

しかも、史実であることを証明することなく、本当のことであるかのように操作した上で政治家や行政に働きかけ、建碑やイベントを行なって、既成事実化しているのはきわめて問題だ。これでは歴史の捏造と批判されてもしかたがない。もし沙也可＝「雑賀孫市郎」で街おこしをしたいのであれば、歴史ではなくあくまで小説の舞台としてやるべきである。

二　鈴木孫一と「雑賀孫市」

「雑賀孫市」という人物が信頼できる史料で登場するのは、水戸徳川家の重臣となった「鈴木孫三郎重朝」を初代とする「雑賀孫市」で、「雑賀家累代霊簿」（日光雑賀家蔵）や水戸藩の「水府系纂」に記載されている。ただし、実際に「雑賀孫市」を名乗ったのは、二代目の鈴木孫三郎重次からであるとの説がある。また、雑賀姓は当主である「孫市」が名乗り、他の一族は鈴木姓であった。これに対し、戦国・織豊期の確かな史料に書かれているのは、

「雑賀孫市」ではなく「鈴木孫一」（戦国二三一・三五四・三六九・四二〇・四三四・四七九・四八九）である。つまり、雑賀衆には「雑賀孫市」という名の人物はおらず、登場するのは鈴木孫一なのだ。

周知のように、この「鈴木孫一」は歴代の名であった。「石山合戦」期は、「鈴木孫一重秀」と自署した史料の写しが「本願寺文書」にある（戦国四二〇）。「鈴木孫一」を「雑賀孫市」や「鈴木孫市」と書くのは、江戸期の史料や軍記物、小説の世界の話であり、歴史学の文献ではこの名称を戦国・織豊期については使うべきではない。たしかに、『畠山記』には「鈴木孫市重意」（戦国二二四）とあるが、これは後年書かれた信憑性の薄い史料である。

次に、織豊期の確実な史料で鈴木孫一一族とおぼしき人物として記載があるのは、「鈴木孫一郎」（戦国六三〇）と「鈴木孫三郎」（戦国六三八・六四二・六五〇）であり、「雑賀孫市郎」は登場しない。このうち「鈴木孫三郎」については後で検討する。

「鈴木孫一郎」は、「伊達家文書」にある天正一七（一五八九）年霜月の小田原陣陣立書（戦国六三〇）に登場する。ただし、「伊達家文書」にある別の小田原陣陣立書には「す、木孫一」と書かれているとのことである(9)。それゆえ、鈴木孫一の誤記の可能性が高いように思う。小田原陣陣立書の「鈴木孫一郎」は「百五十」を率いていた。天正一二年に秀吉が尾張・美濃方面に出兵した際のものと推測されている「羽柴秀吉陣立注文」（戦国五四五）が「秋田家文書」にあり、「鉄炮衆」として「鈴木孫一殿　弐百」とある。このことから考えて、この「百五十」も鉄砲衆で、「鈴木孫一郎」は鈴木孫一と判断してよいのではなかろうか。

天正八年の「石山合戦」講和後、雑賀衆の最有力土豪である鈴木孫一と土橋平次との間で対立が表面化した。両者の確執が生じた直接の原因は、十ケ郷木本の土地争いであったという（戦国四七九）。また、彼らの衝突の背景には、信長に付くか（鈴木側）、土佐の長宗我部に与するか（土橋側）の路線対立があったことは確かである。天正一〇年正月、鈴木孫一が土橋平次（若大夫）を殺害する。さらに、織田信張の支援を受け、土橋構を襲撃し、落城させた（戦国四八七〜四八八・四九三〜四九四）。ところが、六月の本能寺の変により土橋氏の残党が蜂起する。信長方であった鈴木孫一勢を攻撃し、孫一は雑賀から退去した（戦国五〇三）。この後、鈴木孫一が秀吉に服属したのは間違いなかろう。

これ以外に「鈴木孫一郎」が登場する別の史料がある。それは青木忠夫氏が紹介した「元亀三壬申九月一日、御影様被成御免候時注文」で、親鸞御影の下付先として「願人　雑賀　鈴木孫一郎」と書いている。青木氏はこの「鈴木孫一郎」を鈴木孫一のことであるとした(10)。しかし、これは鈴木孫一があまりにも有名であったため、「孫一郎道場」（専光寺）が「鈴木」姓であると勘違いした誤記の可能性が高い。この問題はすでに第八章で述べた。

ところで、「孫市郎」と彫られた墓が平井の蓮乗寺にある。正面が「釈法誓墓」とあり、左側面に「雑賀住平井孫市郎藤原義兼」と彫られている。ただし、墓の右側面に「天正十七年乙丑五月二日」とあり、この日に没したか、最初の石碑を建立したときかは分からないが、いずれにしろ文禄の役以前であり沙也可のものではない。また、右側面に「天保三年壬辰五月上旬改」の字も彫られており、裏面には「当寺九世現住正因再建之」とあるから、このとき再建されたもので天正期の記述がどこまで事実か分からない。

実はこの孫市郎の墓が岡崎御坊にもある。墓碑は「平井住鈴木孫市郎義兼　法名釈法誓墓　先祖代々」と彫られている。この孫市郎の姓は鈴木であり、蓮乗寺の墓碑の「平井」は姓名ではなく、地名と推測した方がよかろう。裏面に「若山住四代目平井屋善兵衛父鈴木孫七郎建之」と「寛政十二年庚申秋七月」と刻まれており、後年に建てられたものであることは明らかである。しかも、「釈法誓」は「若山住四代目平井屋善兵衛父鈴木孫七郎」の先祖であり、蓮乗寺の有力檀家だったのであろうが、鈴木孫一の係累とは思えない。そもそも鈴木孫一家の姓は「藤いと判断してよかろう。

原」ではなく「穂積」であり、また代々「義」ではなく「重」の字を使用しており、同じ鈴木でも同族とはいえな

余談ながら、天保一〇（一八三九）年に紀州藩の手で完成した『紀伊続風土記』は、和歌浦妙見堂山について「雑賀城跡」という項目をたて、「鈴木孫市」の父の「鈴木佐大夫の城地なり」と述べ、「佐大夫は七万石許を領す」とある。(11)この伝承があたかも史実であるかのように、しばしば扱われている。しかし、これは三〇〇年ほど後の記述で、戦国・織豊期の史料には「鈴木佐大夫」も「雑賀城」も一切登場しない。雑賀衆の最も確実な史料は永禄五（一五六二）年七月付「雑賀衆宛湯河直春起請文」（戦国一三一一）であるが、「鈴木孫一」の本拠は十ケ郷であり、和歌浦を含む雑賀庄雑賀本郷は鈴木氏が代表になっていない。また、関戸以南の雑賀庄雑賀本郷は、東本願寺末となった寺院を除くと、全て旧仏光寺教団であった興正寺門徒の性応寺末の寺院・道場であった。他方、鈴木孫一の道場は本願寺教団の浄光寺末であるが、浄光寺末の寺院・道場は雑賀庄岡や中郷岡崎より南には存在しない。それゆえ、鈴木氏の居城が和歌浦にあったというなら、浄光寺末寺院がないのはあまりにも不自然である。それに、「和歌山市域（紀ノ川以南）の中近世城館跡調査報告」で、「雑賀城跡」について「山塊上に堀切や土塁などの施設は認められず」、「山城としての実態を伴わない」と結論されている。(12)以上から、「鈴木佐大夫」も「雑賀城」も史実とは認定できない。

なお、『紀伊続風土記』は城下の「雑賀町」について「天正の比雑賀孫市此地に住す故に名つくといふ」(13)と書いている。しかし、これも根拠薄弱な話である。城下町が建設される以前、「雑賀町」辺りは河川の合流地点であり、外堀（現、市堀川）ができるまで低湿地で、人が住めるような環境だったとは思えない。「和歌町」には、城下町建設後、和歌浦からの転居者が多かったように、「雑賀町」は雑賀本郷からの移住者を中心に町造りされたから名付

けられたのではなかろうか。

三 鈴木孫三郎重朝について

「鈴木孫三郎」が「水府系纂」以前に登場する文書が、今のところ三つ確認されている。まず文禄期の「名古屋(護)城内在陣之軍勢」（戦国六三八）に名を連ねていた。「弓鉄炮衆」に「百人 鈴木孫三郎」とある。このことは「水府系纂」においても、「雑賀孫市」と改名した「鈴木孫三郎重朝」の本文の所に書かれていた。ただし、与力同心として付けられたのは「二百人」となっている。

この「名古屋(護)城」は、朝鮮出兵の前線基地である肥前名護屋城のことだ。この史料から「鈴木孫三郎」が朝鮮に渡海したかのように解釈している向きがあるが、全くの誤りである。なぜなら、この在陣衆には、派遣された加藤清正や小西行長をはじめ黒田、鍋島、宗等の名はなく、日本に留まった徳川家康や前田、上杉等が記載されている。これは、明らかに渡海軍ではなく名護屋の待機軍と考えてよい。

次に、文禄四（一五九五）年正月の「豊臣秀吉朱印状」（戦国六四二）では、「鈴木孫三郎」は美濃の土岐での警備にあたっている。それゆえ、「鈴木孫三郎」は朝鮮に渡海していないと判断して間違いない。なお、これは秀吉が草津温泉に湯治に出かけたときのもので、いわば私的な催しの警固についているのであり、他の大名の家臣を動員するとは考えられず、鈴木孫三郎は秀吉の直臣であったと推察してよかろう。

「鈴木孫三郎」が三番目に登場するのが、慶長五（一六〇〇）年八月五日付の「宇喜多秀家等連署状」（戦国六五〇）である。これは、水戸徳川家の重臣となった「雑賀孫市」の末裔である日光雑賀家が所蔵していて、太田宏一氏による調査写真を見る限り、間違いのない史料と評価してよい。これは「鈴木孫三郎」宛に宇喜多秀家や毛利輝元、石田三成らが連署し、有名な徳川方の鳥居元忠を討ち取ったことに対して恩賞を与える内容になっている。「水府系纂」にも、関ヶ原の戦の前に伏見城で鳥居元忠を仕留めたことや上記の連署状をもらったことが書かれており、水戸徳川家の重臣となった「雑賀孫市」がこの「鈴木孫三郎」と推定して間違いない。そもそも水戸家に仕えるのに、徳川方の鳥居を討ち取ったことを明らかにすることは、何のメリットも無いから信用してよかろう。

以上のことから、鈴木孫一の一族かもしれない「鈴木孫一郎」や「鈴木孫三郎」、それに墓碑の「鈴木（平井）孫市郎」も、沙也可と主張されている「雑賀孫市郎」には該当しない。それでは、「雑賀孫市の嫡男」という主張は正しいのであろうか。

「水府系纂」には「鈴木孫三郎重朝」の先祖について「其先未詳」とあり、鈴木孫三郎重朝が鈴木孫一重秀の子であることが疑問視されてきた。「水府系纂」は編者の佐野郷成が記した序文によると、元禄一二（一六九九）年に二代藩主の光圀が、寛文九（一六六九）年に編纂された「水城実録」を改正し、正確な藩士の名籍履歴を記録するよう命じたことで編纂されたものである。それゆえ、すでに雑賀家は水戸藩の重臣となっているのであるから、登用してもらうために先祖の活躍をあえて述べる必要はなかろう。それに、雑賀家は三〇〇〇石の大身であった。「寛文分限帳」で三〇〇〇石以上の藩士は、松平家や三河武士を除くと、付家老の中山備前守とその子大膳、最上義光の子孫である山野辺土佐守、朝倉義景の一族である真木隼人と雑賀孫市である(14)。つまり、土豪出身は雑賀家ぐらいのものなのだ。

しかも、三代雑賀孫市重義は藩祖徳川頼房の子であった。三代重義が死んだのは寛文八年であるが、「水府系纂」の前段である「水城実録」は慶長八年から寛文八年までの家臣の履歴である。それゆえ、家康の孫が継承した雑賀家にとって、鈴木孫一が「石山合戦」で活躍したとはいえ、家が元は紀州の土豪であったことなど、知っていても書きたくもなかったのではなかろうか。「水府系纂」に「其先未詳」とあるからといって、鈴木孫三郎重朝が鈴木孫一重秀の子であることを疑問視する必要はない。

　鈴木孫一の嫡男について、平井の蓮乗寺に興味深い史料が残されていた。それは、蓮乗寺が慶応三（一八六七）年一一月に「寺社御役所」に提出した「内存奉願上口上」の控えである。そこに、「鈴木孫市」の「一子豊若二代孫市与名改、御神君様思召を以御取立被成下、知行三千石被下置、其後水戸様江御附被遣、則雑賀孫次郎ニ而御座候」と書いている。

　この史料で鈴木孫一ではなく「鈴木孫市」となっており、また「雑賀孫次郎」とあるが、水戸家の史料では間違いなく「鈴木孫三郎」であり、この史料に書かれていることが、どこまで事実か検討する必要があろう。だが、少なくとも蓮乗寺においては、水戸家の雑賀孫市が鈴木孫一の「一子豊若」であると、江戸時代に伝承されていたことは間違いなかろう。もっとも、「豊若」という名前はのちの軍記物に登場するので、本当にその名前であったのか確証はない。しかし、沙也可となったと一部の人たちが主張する「雑賀孫市郎」が「雑賀孫市の嫡男」ではなく、水戸家の重臣となった「孫市」こそが「一子」であったと、鈴木孫一の寺である蓮乗寺においては言い伝えられていたことを示しているのである。

　なお、「水府系纂」によると、常陸国那珂湊の浄土真宗本願寺派浄光寺には鈴木孫三郎重朝の孫にあたる唯弘が入寺している。この浄光寺にも、「鈴木孫市」の子の幼名が「豊若丸」であったという伝承が残っているようだ。

　それでは、蓮乗寺のこの史料はどこまで信頼できるのだろうか。この点で、この「口上」に、徳川頼宣入国の節として「鈴木孫市」の弟の家について、以下のように書かれている。

弟孫六実子弐人御座候、権左衛門、常之丞と申者養育致居候処、思召を以、権左衛門儀召被出、知行被下置、大御番被仰付、屋敷をも納領仕、今相勤有之候鈴木権左衛門ニ而御座候

鈴木孫一の弟「孫六」に実子が二人あり、「権左衛門」と「常之丞」という名前で、頼宣が入国した際、鈴木権左衛門家が紀州徳川家に仕官したというのである。「鈴木権左衛門」は確かに紀州藩の家臣であった。「和歌山御家中御目見以上以下伊呂波惣姓名帳」に「御切米弐拾五石　虎之間席並御書院番　鈴木権左衛門」として登場する。(15)

文政三（一八二〇）年に書かれた大御番の鈴木権左衛門家の系譜が、和歌山県立文書館にある。(16)だが、「元祖　鈴木権左衛門」が「元禄年中」に召出されており、蓮乗寺の「口上」と時期が合致しない。ただし、この「元祖　鈴木権左衛門」について「始常之丞」と添書されている。これは、兄の権左衛門家が何らかの理由で途絶えたため、弟の常之丞家を世襲した者が引き継ぎ、新たに鈴木権左衛門家をたてたと考えるのが合理的ではなかろうか。

ところで、「鈴木孫六」も江戸期の史料や軍記類によく登場する。そこでは、鈴木孫一と孫六が一括りで語られているものもある。ただし、鈴木孫一の弟が本当に「孫六」という名前であったか検討する必要があるにしても、子供の「権左衛門」と「常之丞」がいたことが紀州藩の史料で確認できるから、鈴木孫一に弟がいて、地元に残ったのは間違いないと判断してよかろう。

日光雑賀家が所蔵する「水府系纂」にも弟の家に男子が二人いて、一人が紀州徳川家に仕えたことが載っていた。すなわち、「二弟アリ鈴木孫三郎某紀州頼宣卿ニ仕フ次ニ金大夫某ト云」と書かれているのである。ただし、鈴木孫一の弟の子ではなく、系図部分では「鈴木孫三郎重朝」の弟となっており、本文では二代雑賀孫市重次の弟となっていて、矛盾しているだけでなく、紀州側が「鈴木孫三郎」などとなっており、名前が違う。この「水府系纂」には元治元（一八六四）年の事項が載っており、幕末に書かれたもののようだ。それゆえ、どこまで真実か分から

ない。ただし、弟の家の二人のうち一人が頼宣に取り立てられたという状況は同じである。正確な記述ではないが、水戸でも紀州側の大体の様子が言い伝えられていたのではなかろうか。

おわりに

鈴木孫一の寺である蓮乗寺の史料に書かれた「鈴木孫市」の弟の家の記述が、紀州藩の史料でほぼ間違いのないものと確認できた。このことから、水戸家の重臣となった「雑賀孫市」が鈴木孫一の「一子」であるとの蓮乗寺の伝承は、ある程度信頼してよいと思われる。鈴木孫三郎は孫一の子ではなく、弟ではないかとの推測もあった。だが、蓮乗寺の史料で弟の方は雑賀に残っているから、この見解は成立しないと考えてよい。

ところで「佐武伊賀働書」によると、「孫一子にて候もの人質に出し候つる間我等も山のたうげまてをくり候」[17]とあり、孫一の子が人質に出されている。これは、天正一三年の秀吉紀州攻めのときのものと以前考えられていた。これに対し、武内雅人氏は天正五年の信長の雑賀攻めのときのものではないかと指摘している[18]。たしかに、秀吉が「近々に中国へ馬を出候」とあり、また荒木村重も攻撃側で登場するから、その可能性が高いかもしれない。だが、不審な点もある。佐武と的場源四郎が「大将仕小雑賀の城三十二日もち申候」とあり、この点は符合しない。なぜなら、小雑賀こそ雑賀側を攻撃した際の信長勢の拠点だった場所であり、そこに雑賀勢の城が残っていたとは考え難いからだ。それに、天正五年だとすると鈴木孫一はただちに信長に反旗をひるがえしているから、このとき人質を出した可能性は低いように思う。天正一三年だとすると「孫一子」が鈴木孫三郎である公算が大きいが、五年だとこの子は誰なのだろうか。もっとも、このとき人質となった孫一の長男が殺害されたので、残った子供が「孫一」ではなく「孫三郎」を名乗ったとも考えられる。しかし、これは想像以上のものではなく、このことを示す史料はなにもない。いずれにしろ、この点の解明は今後の課題としたい。

鈴木孫一は秀吉の旗下で「鉄炮衆」として「弐百」を率いていたが、鈴木孫三郎も秀吉の配下で「弓鉄炮衆」として「百人」ないし「二百人」の頭であった。これは、鈴木孫三郎が孫一の子で、父の跡を継ぎ、秀吉直参として鉄砲衆を統率したと推測するのがきわめて自然であろう。降倭部将沙也可が鈴木孫一の嫡男ではなく、水戸家の重臣となり「雑賀孫市」を名乗ったとする鈴木孫三郎が、孫一の「一子」である可能性が非常に高いと判断してよいのではなかろうか。

註

(1) 中村栄孝『日鮮関係史の研究』中、吉川弘文館、一九六九年、四二六頁。
(2) 北島万次『豊臣秀吉の朝鮮侵略』吉川弘文館、一九九五年、二一八〜二二〇頁および二二八〜二三三頁。
(3) 辻健『降倭将軍沙也可の果たせぬ夢』私家版、二〇〇六年、二七頁。
(4) 同前、六頁。
(5) 「長晟公大坂御陣侍帳并和歌山御在城」(広島市立中央図書館蔵)。
(6) 丸山雍成「朝鮮降倭部将「沙也可」とはだれか」(『大蔵姓原田氏編年史料』文献出版、二〇〇〇年)。
(7) 同前、四六三頁。
(8) 辻註(3)前掲書、六頁。
(9) 鈴木真哉『紀州雑賀衆鈴木一族』新人物往来社、一九八四年、一九四頁。
(10) 青木忠夫『本願寺教団の展開』法藏館、二〇〇三年、一五九〜一六三頁。
(11) 『紀伊続風土記』和歌山県神職取締所、一九一〇年復刻、第一輯五〇〇頁。

(12)「和歌山市域（紀ノ川以南）の中近世城館跡調査報告」（『和歌山城郭研究』一二、二〇一三年）一二頁。
(13)註(11)前掲書、第一輯八八頁。
(14)三鬼清一郎「水戸藩家臣団の形成過程」（『名古屋大学文学部研究論集（史学）』七四、一九七八年）。
(15)「和歌山御家中御目見以上以下伊呂波惣姓名帳」（『和歌山県史　近世史料一』和歌山県、一九七七年）七〇〇頁。
(16)『紀州家中系譜並に親類書書上げ（上）』和歌山県、二〇一一年、三〇五頁、資料番号七三一一。
(17)『南紀徳川史』南紀徳川史刊行会、一九三一年、第六冊、二三三頁。
(18)武内雅人「「佐武伊賀働書」史料解題の改訂及び補遺」（『紀州経済史文化史研究所紀要』三二、二〇一一年）二〇～二一頁。

初出一覧

第一章　「紀伊真宗の開教と展開」『講座蓮如』第五巻、平凡社、一九九七年
　補論1　「蓮如筆「紀伊国紀行」をめぐって」『和歌山市立博物館研究紀要』一〇号、一九九六年
第二章　「真宗教団と被差別民」『実如判五帖御文の研究』研究篇下、法藏館、二〇〇〇年
　補論2　「紀州那賀郡井坂・蓮乗寺文書「大田退衆中宛顕如消息」について」『和歌山研究所通信』四八号、二〇一四年
第三章第一節　新稿および「岡崎西教寺所蔵二幅の方便法身尊像」『和歌山地方史研究』三五号、一九九八年
　　第二節　新稿および「大坂本願寺を訪れた「紀州こうの宮社家衆」」図録『中世の村を歩く』和歌山県立博物館、二〇一一年
　　第三～四節　新稿および「鷺森御坊及び寺内と戦国期の宇治」『和歌山地方史研究』七〇号、二〇一六年
　補論3　「鷺森御坊及び寺内と戦国期の宇治」『和歌山地方史研究』七〇号、二〇一六年
第四章　「雑賀一向衆列名史料について」『本願寺史料研究所報』二五号、二〇〇〇年
第五章　「雑賀衆と雑賀一向衆」『和歌山地方史研究』四六号、二〇〇三年および「雑賀一揆と雑賀一向一揆」『真宗教団の構造と地域社会』清文堂出版、二〇〇五年
　補論4　「戦国期における雑賀五組（搦）の境界」『和歌山市立博物館研究紀要』一八号、二〇〇四年
第六章　「天正三年の雑賀年寄衆関係史料」『本願寺史料研究所報』二七号、二〇〇二年
第七章　新稿
第八章　「雑賀衆と「石山合戦」」『顕如』宮帯出版社、二〇一六年
　補論5　「秀吉の朝鮮侵略における降倭部将沙也可と「雑賀孫市」をめぐって」『和歌山地方史研究』七二号、二〇一七年

＊一部の論文を除き、表記を統一し、加筆・修正を加えた。

あとがき

本来、明治後期・大正初期の社会運動史や政治思想史を専門としていた者が――もっとも、最近は南方熊楠のことぐらいしか研究していないが――、真宗史に関与するようになったのは、いつのことであったろうか。

おそらく、最初に赴任した和歌山市立博物館において、一九九〇年春開催の企画展「鷺森本願寺の歴史と寺宝」の副担当となり、その準備のため紀伊真宗の資料調査を始めてからのことであったと思う。主担当は雑賀鉢・火縄銃等の武器武具類を専門とする太田宏一氏であり、浄土真宗本願寺派の僧侶であったということで、補助者となったと記憶する。もちろん、真宗のことはある程度知識があったが、法宝物の分析については一からの勉強であった。当時はまだ、展覧会を何もかもほぼ一人で担当するという特異な業務形態ではなく、複数で準備したこともあり、鷺森別院だけでなく関係する寺院も調査したので、特別展ではなく企画展という規模の小さい展覧会で、図録も白黒版の小冊子しか発行できなかったが、比較的良い展示ではなかったかと自負している。以後、太田氏とは共同で地元の真宗寺院調査を継続し、氏が主宰する一九九八年の特別展「雑賀衆と織田信長」等に一部結実した。

一九九八年の「蓮如上人五百回遠忌」にあたり、浄土真宗教学研究所と本願寺史料研究所の編集による『講座蓮如』（平凡社）の出版が企画された。この第五巻と第六巻はいわば「地域教団篇」ということで、各地の真宗史の論稿が掲載されることになった。そこで、それに先立ち各地の基本文献・資史料を収集する作業が必要となり、本願寺史料研究所から紀州について調査要請を受けたのである。それまで同研究所や真宗史研究者と全く交際が無かったから、これは先の企画展か図録を見て委託されたのではなかろうか。さらに、この講座の原稿執筆を依頼された。和歌山には薗田香融先生が居られたが、あまりにも大御所であり、頼みづらかったのでお鉢が回ってきたのかと想像している。このとき上梓したのが本書第一章の元になっている論稿で、これが紀伊真宗史研究の出発点となった。

『講座蓮如』の研究会で初めて真宗関係の研究者と交流できた。特に、金龍静氏からはその後もいろいろ御教示を賜るとともに、寺院調査にも同行させていただいた。また、一九九九年に上場顕雄氏・大澤研一氏・吉井克信氏らの呼びかけで大阪真宗史研究会が設立されると、参加が認められ、見識を深めることができた。さらに、本願寺史料研究所からは「石山合戦」期の雑賀門徒衆に関する本願寺文書の御示教を賜り、同所の研究所報に紹介する機会を得た。これは本書に掲載させていただいている。

ところで、歴史の研究者にまず必要とされるのは批判的精神ではなかろうか。合衆国大統領として初めて広島を訪れたオバマ大統領は、「メッセージに謝罪が含まれるか」との記者の質問に対し、「含まれない」と答えた後で、次のように語ったという。「それについて、疑問を呈し、検証するのは歴史家の仕事です」と。「歴史家の検証に委ねる」というのはよく語られるフレーズであろう。つまり、歴史研究に携わる者は、原爆投下に限らず歴史的事項に対し、それをそのまま受け入れるのではなく、常に疑問を呈し、検証することが求められているということである。その際堅持しなければならないのが、批判的精神であると考える。

著者は僧侶として浄土真宗の信仰を保持している。他方、研究者としては真宗史に限らず、基本となる史料批判をはじめ、歴史的事項について常に批判的精神を発揮しなければならない。親鸞の教えが正しいからといって、宗主をはじめ本願寺教団が間違いを犯さないわけでは決してない。本書はある程度過誤を抽出できていると思う。もちろん、やり過ぎだと感じる方もいるだろうし、不十分だと見なす人もいるだろう。

ところで、本書で指摘した本願寺の過去の問題点は、現在も解消されていないのではと訝っている。実悟が嘆いたような、本願寺宗主が人々の往生を判定したり、自力を奨励するような消息を出したりするといった教義の間違いは、当然のことながら現在では見られない。むしろ形而下の話である。本書で明らかにしたように、本願寺からのあまりにも過剰な要求や無意義な要請に対し、自主的で自立した自由な集団である雑賀門徒衆は組織として異論をとなえたようだ。これは「石山合戦」という戦時の話であり、こうした依頼はある意味やむを得ないことかもしれない。ところが、平時の現在でもこの過度な請求は何ら変わっていないのである。もちろん、他派のことは分からないので、これは西本願寺に限ったことかもしれない。

自坊は檀家二〇軒余りの小さな寺で、兼務でようやく生活をしているが、二〇一二年の「親鸞聖人七五〇回大遠忌」にあたって、第八章で述べた早島有毅氏の換算で銭八貫目の懇志が課せられた。それも束の間、「専如門主伝灯奉告法要」ということで、二〇一六年に銭六・五貫目余りの依頼を受けたのである。檀家さんが二〇倍以上ある知り合いの寺院は、前回が銭八〇貫目、すなわち八〇〇万、今回は六五〇万ほどの懇志を要求されたという。ちなみに、知己のお東の寺院は檀家が拙寺の約七倍あるが、「宗祖親鸞聖人七五〇回御遠忌」の懇志は二割ほど多いだけで銭一〇貫目に満たなかったとのことだ。

まだ住職になる以前であるので正確には分からないが、一九九八年の「蓮如上人五百回遠忌」の際には懇志の集計が最終的に二五〇億円以上に達したというから、親鸞聖人の大遠忌と同額ほど賦課されたであろう。またその前には、「顕如上人四百回遠忌」を記念して、鷺森別院の建て替え工事が一九九四年に完成したが、当然懇志を出している。しかも、あまり時を経ずして新しい本堂の屋根に不具合が生じ、追加請求された。当然これは、ここ一年半ほどお葬式のなかったような小規模な拙寺でも、「宗費」や「教区費」等といった相当額の賦課金を毎年払っており、その上での話である。この賦課金も最近一〇年余りで約一・五倍に値上がりした。

毎回二〇〇億以上の懇志が本山に集まっているが、そうした浄財が利権の温床になっているとの指摘さえある。その真偽のほどは分からない。とはいえ、法要にかかる費用など募集を必要最小限にすべきではなかろうか。もちろん、本山や別院の建て替え費用などにはある程度応じるべきだと考える。しかし、一般寺院が地震等で被災した場合、本山はどの程度援助しているのであろうか。この点で、西本願寺はかつて地震保険を勧誘し、拙寺も応じていた。ところが、阪神淡路大震災後、一方的に本山は保険の契約を打ち切ったのである。著者と違い、実直で篤信の前住職も、これには呆れ、怒っていた。一将功成りて万骨枯る。本願寺の過誤は現在も改まっていないと感じているのは筆者だけであろうか。

『二水記』（『大日本古記録』岩波書店、所収）天文元（一五三二）年八月二四日条に「晩頭京勢帰洛す、甲乙人手ごとに取り物あり、財宝まことに山のごときか」とあり、山科本願寺を焼打ちして帰ってきた軍勢が手に手に宝物を持っている様子を見て、公家の鷲尾隆康が本願寺には財宝が山のごとくあるのかとの感想を述べていた。事実、山科本願寺の発掘調査で、日本で初めて出土した「景徳鎮産の五彩磁器」をはじめ「高級品である青磁・染付・白磁・天目などの輸入陶磁器の破片が千点以上出土」し、木地に黒漆を何重にも塗り重ねて作った漆層に文様を彫刻した「堆黒（ついこく）」などの超高級品が多数発掘されている（柏田有香「山科本願寺のお宝」『リーフレット京都』二一五、二〇〇六年）。これなども末寺・末道場や門徒の懇志で購入したものであろう。昔も今も状況はあまり変わらないようだ。「当時の本願寺の財力の大きさと、優雅な暮らしぶりが浮かび上がってきました」と、発掘担当者は印象を語っている。

どうも零細寺院の住職が日頃発している繰り言を、「あとがき」という相応しくない場所に記して、お見苦しい限りであるが、同じように感じている御同朋も多いのではなかろうか。少なくともこれは、著者が浄土真宗本願寺派の僧侶であっても、本願寺が常に正しいという立場には、決して立っていないのは、歴史を学ぶ者として何事にも批判的精神を発揮している表れと、ご容赦いただきたい。

ところで、顕如が紀州惣門徒宛に鉄砲一〇〇〇丁を派遣するよう催促した天正六（一五七八）年推定の九月二四日付消息は自坊の所蔵であるが、初代の武内太郎善勝が髷に結わえて運んだと言い伝えられてきた。本書で明らかにしたように、主体性の強い雑賀門徒衆はこうした過大な要請に難色を示している。事によると、受け取りを拒否したのかもしれない。伝承が事実であるなら、その際、善勝は情けないと感じたのか、自分も当然だと認めたのか、その場でどのような思いを抱いたのであろうか。いずれにしろ、天正元年開基という比較的に後発で弱小な拙寺にこの文書が伝来したのは、持ち帰らざるを得なかったという事情によるものかもしれない。それはともかく、善勝をはじめ拙寺の先祖が各場面でどのような思いを抱いたのか、また本書にどのような感想を持つのか、いろいろ想像している。父である前住職には個々の論文は読んでもらっていたが、一書にまとまった形では呈示できなかった。本書を仏前に供えざるを得なかったことは残念でならない。

所収の論稿を調査するにあたって、いちいちお名前を挙げないが、鷺森別院をはじめ本書に登場する各寺院、本願寺史料研究所だけでなく各機関と多くの研究者や発掘担当者、それに資料所蔵者の方々に大変お世話になった。この場を借りて厚く御礼申し上げたい。

最近の困難な出版事情にかかわらず、出版を引き受けていただいた法藏館、とりわけ編集実務でお世話になった大山靖子さん、田中夕子さんに謝意を申し上げたい。本書を上梓するにあたって、薗田香融先生にお口添えいただいた。先生の御存命中に完成できなかったことは、不本意の極みである。特に、「石山合戦」という語彙の修正は、先生が一番望んでおられたことであった。しかし、一応代案は提示したものの、本文においてその要望に応えられなかったことは、慙愧に堪えない。あまりにも「石山合戦」という歴史名称が広く普及しているため、近代史畑の筆者などが太刀打ちできるものではなく、戦国・織豊期の専門研究者に委ねざるを得なかった。

ただし、門外漢であるがゆえに史料を見ていると、たとえば雑賀一揆は一向一揆であるかのような、これまでの研究で常識と考えられてきたものに、素朴に疑問を抱くことができたように感じている。しかしながら、基本的な点で間違いがあるかもしれない。このため、現在の職場の同僚で新進気鋭の戦国・織豊期の若手研究者である新谷和之氏や樋原愛氏に、原稿に目を通していただいた。厚く御礼を申し上げたい。もちろん、文責は全て筆者にある。

最後に、私事にわたるが、今は亡き父母をはじめ長年の研究生活を支えてくれた家族に感謝の気持ちを記すことをお許しいただきたい。

二〇一八年三月——善勝寺開基四四五年——

武内善信

索　引

＊寺社・地名は、一部を除き基本的に天正頃の所在地を（　）で表示した。

あ行――

か行——

さ行――

た行——

な行——

は行——

ま行——

や行——

ら行——

わ行——

武内善信（たけうち　よしのぶ）

1954年和歌山県生まれ。1976年同志社大学文学部（文化史学専攻）卒業。同大学院法学研究科（政治学専攻）博士課程後期満期退学。和歌山市立博物館を経て、現在和歌山市和歌山城整備企画課学芸員。南方熊楠研究会会長。浄土真宗本願寺派善勝寺住職。
著書に『闘う南方熊楠』（単著、勉誠出版、2012年）、『南方熊楠 珍事評論』（共編著、平凡社、1995年）、論文に「新仏教徒・毛利紫庵の思想と行動」（『同志社法学』59－2、1986年）など。

雑賀一向一揆と紀伊真宗

二〇一八年一〇月二〇日　初版第一刷発行

著　者　武内善信
発行者　西村明高
発行所　株式会社　法藏館
京都市下京区正面通烏丸東入
郵便番号　六〇〇-八一五三
電話　〇七五-三四三-〇〇三〇（編集）
〇七五-三四三-五六五六（営業）

印刷・製本　中村印刷株式会社

© Y. Takeuchi 2018 *Printed in Japan*
ISBN 978-4-8318-6250-1 C3021
乱丁・落丁の場合はお取り替え致します

越前一向衆の研究	小泉義博著	一〇、〇〇〇円
本願寺蓮如の研究 上	小泉義博著	一一、〇〇〇円
本願寺蓮如の研究 下	小泉義博著	一三、〇〇〇円
本願寺教団の展開 戦国期から近世へ	青木忠夫著	一〇、〇〇〇円
戦国期本願寺教団史の研究	草野顕之著	九、八〇〇円
浄土真宗と部落寺院の展開	和田幸司著	八、四〇〇円
近世国家における宗教と身分	和田幸司著	一三、〇〇〇円
朝鮮日々記を読む 真宗僧が見た秀吉の朝鮮侵略	朝鮮日々記研究会編	七、五〇〇円

価格税別

法藏館